“十四五”普通高等教育规划教材
黑龙江省高等学校课程思政建设示范课程配套教材
高等学校 MOOC(慕课)课程配套教材

现代企业管理学

主　编　苗雨君　李亚民
副主编　陈学千　毕颜杰
参　编　陈红梅　史宝玉　赵英姝

中国财经出版传媒集团
中国财政经济出版社

图书在版编目（CIP）数据

现代企业管理学／苗雨君，李亚民主编．--北京：中国财政经济出版社，2020.12（2023.1重印）
黑龙江省高等学校课程思政建设示范课程配套教材
高等学校MOOC（慕课）课程配套教材
ISBN 978-7-5223-0265-2

Ⅰ.①现… Ⅱ.①苗… ②李… Ⅲ.①企业管理-高等学校-教材 Ⅳ.①F272

中国版本图书馆CIP数据核字（2020）第261316号

责任编辑：田明晖　　　　责任校对：徐艳丽
封面设计：陈宇琰　　　　责任印制：史大鹏

中国财政经济出版社 出版
URL： http：//www.cfeph.cn
E-mail：cfeph@cfeph.cn

社址：北京市海淀区阜成路甲28号　邮政编码：100142
营销中心电话：010-88191522　编辑部门电话：010-88190670
天猫网店：中国财政经济出版社旗舰店
网址：https：//zgczjjcbs.tmall.com
北京中兴印刷有限公司印刷　各地新华书店经销
成品尺寸：185mm×260mm　16开　18.5印张　450 000字
2021年2月第1版　2023年1月北京第2次印刷
定价：49.00元
ISBN 978-7-5223-0265-2
（图书出现印装问题，本社负责调换，电话：010-88190548）
本社质量投诉电话：010-88190744
打击盗版举报热线：010-88191661　QQ：2242791300

前言

面对世界环境的巨大变化，国内外学术界和企业界在管理理论与实践上作出重大变革和创新，越来越多的高校进行了应用型本科教育的人才培养。案例教学法是一种在高校培养高素质应用型创新人才的重要教学形式，是适应素质教育、突出能力培养的一种全方位的积极教学手段。为了使教材尽量适应高校培养高素质应用型创新人才的时代新要求，以习近平新时代中国特色社会主义思想为指导，以立德树人为根本任务，加强课程思政教学，齐齐哈尔大学近些年在“现代企业管理学”课程思政教学方面作了深入的研究，深感迫切需要结合“现代企业管理学”课程思政教学、MOOC（慕课）课程进行“现代企业管理学”（2020 年黑龙江高等学校课程思政建设示范课程）配套教材的编写。《现代企业管理学》教材充分吸收国内外管理案例教学实际的有用经验和最新的研究成果，在理论和框架结构上力求有所突破，以形成一部真正适应高校培养高素质应用型创新人才培养的教材。

本书围绕着一条主线展开，即“基础——教学——实训”，力图满足高等学校非管理类专业学生学习“现代企业管理学”课程的需要，将管理的基本原理、企业管理理论与实践的新发展融会到一起。在结构上将本书编写分为三篇：基础篇、教学篇和实训篇，共 14 章。基础篇包括现代企业与管理认知、管理基本理论与方法、管理案例教学法，每章在内容体系安排上按照“章前导读——教学内容——实践训练”顺序进行写作；教学篇包括企业战略管理、企业组织管理、企业经营决策、市场营销、生产运营管理、企业财务管理、人力资源管理、企业信息化管理、企业形象管理、企业创业管理，按照“教学内容精要——基本理论知识——教学案例选编——经典管理故事”进行写作；实训篇包括管理案例实践训练教学，按照“实训项目——素质拓展——管理游戏”进行写作。

本书获得了 2020 年度校级教材建设立项资助、是黑龙江省高等学校课程思政建设示范课程、齐齐哈尔大学优秀课程、超星平台《现代企业管理学》MOOC（慕课）配套教材和“齐齐哈尔大学教材建设基金资助出版”教材。本书构思新颖，实用性强，具有一定的知识性、实践性和趣味性，是一部管理理论、管理实践与案例教学相结合的新著。适合作为高等学校经济管理类各专业的专业基础课教材，也可作为研究生和企业岗位培训的参考书。教学使用的电子教案、教学配套课件请向作者（miaoyujun@163.com）索取。

前　言

本书由苗雨君、李亚民担任主编，陈学千、毕颜杰担任副主编，陈红梅、史宝玉、赵英姝参编。全书框架由苗雨君（齐齐哈尔大学）设计、总纂、统稿，并编写了第一章，第三章，第八章，第十三章，第十四章和各篇导语、章前导读及参考文献等；李亚民（东北农业大学）编写了第二章；陈学千（齐齐哈尔大学）编写了第四章、第五章和第九章；毕颜杰（黑龙江大学）编写了第七章；陈红梅（齐齐哈尔大学）编写了第六章；史宝玉（齐齐哈尔大学）编写了第十章和第十二章；赵英姝（齐齐哈尔大学）编写了第十一章。

本书从体例安排到内容设置，从知识点的归纳到教学方法的运用，都进行了大胆探索和尝试。编者参阅了大量的参考资料，引用了不少书籍和网上资料，在此向原作者表示感谢！本书的编写，得到了有关领导和学者、教授的大力支持，在此一并表示谢意。由于时间和水平有限，疏漏和不足之处在所难免。希望广大读者多提宝贵意见，以便日后充实与完善。

编　者

2020 年 12 月

目录

第一篇

基 础 篇

开篇语

有人说，“管理”高深莫测。其实，“管理”并非深奥无比、难以理解，也并非只存在于领导或管理人员当中。一个人如果不具备基本的管理本领，他的事业注定一无所成，他的生活注定杂乱无章，何谈抱负、何谈理想，又有什么美好未来和幸福人生可言？英国大学者罗素曾说：“如果你不会管理，你的生命将是一团糟。”有人说，管理既是成功的要素，也是失败的根源。

美国著名管理学大师杜拉克指出，现在已经进入一个企业管理的新时代。在这个时代，知识越来越比资本、土地等其他资源值钱。在知识经济到来的年代里，在市场经济高度发达的今天，企业已成为市场经济的主体，企业发展的两翼，一是企业管理，二是科学技术。

基础篇目的在于将学生引入到本课程中来，通过课程基本理论和管理案例教学法的学习，使学生了解课程基本理论中的现代企业、管理认知和管理思想及管理理论的基本知识，掌握管理基本原理与方法，掌握管理案例教学法的基本方法，让学生在思想上做好准备，以新的学习态度和方法来迎接新课程的学习。基础篇主要介绍现代企业、管理认知、管理思想及管理理论，管理基本原理与方法，管理案例教学法研究。

第一章

现代企业与管理认知

【章前导读】

授人以渔

从前，有一个老渔翁在河边钓鱼，旁边有个小孩看他钓鱼。老渔翁技术纯熟，一上午的时间就钓到满篓的鱼。老渔翁看小孩很可爱，要把整篓的鱼送给他。可小孩却摇摇头。老渔翁诧异地问："我送鱼给你，你为什么不要呢？"小孩说："我要你手中的钓竿。"老渔翁问："你要钓竿干吗？"小孩说："一篓的鱼，我三天就吃完了，要是我有钓竿，就可以自己钓鱼，一辈子也吃不完。"老渔翁笑着说："光有钓竿也不行，还得学会钓鱼的技术。"最后，老渔翁为孩子的理想和诚恳所感动，不但赠予小孩钓竿，还将钓鱼的技术倾囊相授，小孩这才道谢而去。

管理启示：做人的道理也是这样。不能光靠人家的施舍，那样将会永远没有出息。有眼光的人不但吃鱼，更要学会钓鱼，学会自己把握自己的命运。理想和愿望固然美好，但成功更需要脚踏实地、坚韧不拔的实际行动。要获得成功，除了拥有过人的本事、过人的胆识、过人的计谋，还要成为过人的"渔夫"，才能成为时代的强者。这就是要渔而不只是要鱼的道理所在。不授鱼，而授予"渔"，说明只有掌握了管理理论和技巧，企业和管理者才会受用不尽。

资料来源：黄国庆，巢莹莹．管理学概论．北京：清华大学出版社，2010

第一节

现代企业及法律形式

现代企业是国民经济巨系统中的一个子系统。它的投入与生产都离不开国民经济这个巨系统，它所需要的生产要素由国民经济各个部门向其投入，它所生产的产品又需要向其他部门输出。可见，国民经济巨系统乃是企业系统的外部环境，是企业不可控制的因素。企业内部条件是企业本身可以控制的因素。当企业外部环境发生变化时，企业可以通过改变内部条件来适应这种变化，以保证达到既定的经营目标。

一、企业的概念及基本要素

（一）企业的概念及特征

1. 企业的概念

企业一般是指以盈利为目的，运用各种生产要素（土地、劳动力、资本、技术和企业家才能等），向市场提供商品或服务，实行自主经营、自负盈亏、独立核算的法人或其他社会经济组织。

现代经济学理论认为，企业本质上是“一种资源配置的机制”，其能够实现整个社会经济资源的优化配置，降低整个社会的“交易成本”。

企业，是按投资者、国家和社会所赋予的受托责任，从事生产、流通或服务性等活动，为满足社会需要并获得盈利，进行自主经营，自负盈亏，独立核算，独立的享有民事权利和承担民事责任的团体法人。企业是在一定的财产关系基础上形成的，企业的行为倾向与企业产权结构之间有着某种对应关系，企业在市场上所进行的物品或服务的交换实质上也是产权的交易。

企业是指依法设立的、以营利为目的的、从事生产、流通或服务等活动，为满足社会需要进行自主经营、自负盈亏、承担风险、实行独立核算的经济组织。

2. 企业的特征

（1）企业是从事生产经营活动的社会经济组织。企业是国民经济的基本经济单位和微观经济的基础，从事生产经营活动是企业的天然使命和社会职责，同时，企业又是一个自主经营的经济实体。

（2）企业是以盈利为目的经济组织，盈利是企业设立的出发点，是得以生存的条件，也是企业与其他社会组织最本质的区别。

（3）企业是实行独立核算、自负盈亏的社会经济组织，不实行独立核算的社会经济组织不能称其为企业。

（4）企业是依法设立，享有民事权利，承担民事义务的社会经济组织。企业通过依法设立，可以取得相应的法律地位，获得合法的身份，得到国家法律的认可和保护。

（二）企业基本要素

企业从事生产经营活动，创造社会财富，需要具备以下一些基本的要素：

（1）拥有一定数量的资金和一定技术水平的生产设备；
（2）具有开展一定生产规模和经营活动的场所；
（3）具有一定技能、一定数量的生产者和经营管理者；
（4）从事社会商品的生产、流通等经济活动；
（5）自主经营，独立核算；
（6）生产经营活动的目的是获取利润。

任何企业都应具有这些基本要素，其中最本质的要素是企业的生产经营活动要获取利润。但同时又必须承担社会责任，为社会提供服务，否则企业就不可能生存和发展。追求利润不是企业的唯一目的，利润只是为社会提供服务的合理报酬，是服务的结果。因此，企业要把为社会提供服务作为自己的宗旨。在追求利润的同时，要讲企业生产经营之道，这代表了当今企业发展的趋势。

二、企业的类型

从不同的角度，按照不同的标准可将企业划分成不同的类型。

（一）按企业资产的所有制性质分类

按照企业资产的所有制性质可将企业分成如下几种类型：

1. 国有企业

也称全民所有制企业。它的全部生产资料和劳动成果归全体劳动者所有，或归代表全体劳动者利益的国家所有。

2. 集体所有制企业

简称集体企业。在集体企业里，企业的全部生产资料和劳动成果归一定范围内的劳动者共同所有。

3. 私营企业

这是指企业的全部资产属私人所有的企业。

4. 混合所有制企业

这是指具有两种或两种以上所有制经济成分的企业，如中外合资经营企业、中外合作经营企业、国内具有多种经济成分的股份制企业等。

（二）根据企业制度的形态构成分类

这是国际上对企业进行分类的一种常用方法。按此方法可将企业分成业主制企业、合伙制企业和公司制企业。这种分类方法划分而成的企业类型也称法律形式。

1. 业主制企业

它是由一个人出资设立的企业，又称个人企业。

2. 合伙制企业

它是由两人或数人约定，共同出资或以技艺共集一处设立的企业。

业主制企业和合伙制企业统称为古典企业。

3. 公司制企业

公司是指依公司法设立，具有资本联合属性的企业。对公司企业可进一步按照其股东的责任范围进行分类，将公司分为：

（1）无限公司：是由两个以上的股东出资设立，股东对公司债务负无限连带责任的公司。

(2) 有限责任公司：是由一定数量的股东出资设立，各股东仅以出资额为限对公司债务负清偿责任的公司。

(3) 两合公司：是由一名以上的无限责任股东和一名以上的有限责任股东共同出资设立，无限责任股东对公司债务负无限连带责任，而有限责任股东仅以出资额为限承担有限责任的公司。

(4) 股份有限公司：是由一定数量以上的股东出资设立，全部资本分为均等股份，股东以其所持股份为限对公司债务承担责任的公司。

(三) 按企业生产经营业务的性质分类

这种分类方法也是我国常用的企业分类方法。按这种分类方法分成的主要企业类型有：

1. 生产企业

生产企业就是生产物质商品的企业，他们从大自然中取得物质产品或将原材料加工为物质商品。生产企业是物质财富的创造者，是国民经济的基础部门。生产企业包括农业企业、工业企业和建筑业企业。

2. 流通企业

流通企业是指国民经济中的流通领域中的企业，包括商业企业、货物运输企业、邮政和电信企业。

3. 服务企业

服务企业就是为企业、政府、事业单位和居民提供各种服务的企业。服务企业包括银行、保险、租赁等金融企业，房地产开发企业，旅客运输企业，旅游企业，居民服务企业，娱乐企业，技术服务企业及其他服务企业。

三、企业的产生与发展

(一) 企业的产生

企业是社会生产力发展到一定水平的结果，是商品生产与商品交换的产物。在资本主义社会之前，虽然也有一些手工作坊具有一定的生产规模和拥有一定量的劳动者，但是生产的目的不是为了进行商品交换，不发生经营活动，严格上讲不是企业。只是到了资本主义社会，随着社会生产力的提高和商品生产的发展，社会的生产者才发生根本的变化，才产生严格意义上的企业。

(二) 企业的发展

企业的发展历史，大致经历了以下几个时期。

1. 手工业生产时期

手工业生产时期主要是指从封建社会的家庭手工业到资本主义初期的工场手工业时期。工场手工业比起家庭手工业有了进步，主要表现在以下方面：

(1) 规模扩大，到17世纪，在美国有的工场手工业雇佣几百工人，成为大型工场；

(2) 产业结构变化，在采矿、冶金、加工、制盐、造纸等行业，普遍建立起工业工场；

(3) 采用机器生产，1736年英国一家大型呢绒工场竟拥有600台织布机；

(4) 生产形成分工，按某一产品生产要求，分解成若干个作业阶段。

这时期的工场手工业实际上已具有企业的雏形。

2. 工厂生产时期

到工业革命时期，工场手工业逐步发展到建立工厂制度，作为真正意义上的企业这时才诞生。

19 世纪 30 至 40 年代，建立了工厂制度。到 19 世纪 50 至 60 年代，出现了工业化高潮，工厂大工业迅速发展，工厂制度在采掘、煤炭、机器 制造、运输、冶金等行业相继建立。

工厂制度的建立，是工场手工业发展的质的飞跃，它标志着企业的诞生。这一时期工厂的特征主要有：

（1）工厂资本雄厚，小型生产者不易与之抗争；

（2）机械生产，节省人力，生产效率与效益显著提高；

（3）手工业者失业，或沦为雇工，形成了一批掌握生产技术和工艺的产业队伍；

（4）工厂内部劳动分工深化，生产走向社会化。

3. 企业生产时期

19 世纪末至 20 世纪初期，随着自由资本主义向垄断资本主义过渡，工厂生产与管理思想发生很大变化，企业发展十分迅猛。这一时期企业生产主要特征表现如下：

（1）生产规模空前扩大，产生了垄断企业组织，如托拉斯、辛迪加、康采恩等。形成了各部门的所谓“大王”，如汽车大王福特，石油大王洛克菲勒，钢铁大王摩根，同时一些世界闻名的大托拉斯，如美国钢铁公司、福特汽车公司、杜邦火药公司、通用电气公司、美国电报电话公司等都已组成或形成一个个企业集团。

（2）采用新技术、新设备，不断地进行技术革新，使生产技术有了迅速发展。

（3）建立科学管理制度，形成一系列科学管理理论，特别是美国工程师泰勒的代表作《科学管理原理》一书的出版，标志着企业从传统经验型管理进入到科学管理阶段。

（4）管理思想在企业中形成，企业里形成了一支专门的管理队伍。

（5）企业之间的竞争日益激烈，加速了企业之间的兼并，使生产进一步走向集中。同时，跨国公司开始出现，并且不断发展。

（6）企业的社会责任改变，不仅在整个社会经济生活中的作用越来越大，同时渗透到政治、经济、军事、外交、文化等各个方面。

随着新技术革命的发展，科学技术成果应用到社会和经济发展的各个方面，产生出一系列全新的市场需求，开拓出一系列全新的经济领域，产生一大批现代新兴企业，这代表着现代企业发展的方向，显示出无穷的生命力。

四、企业的法律形式

在市场经济的条件下，企业是法律上和经济上独立自主的实体。即企业的组织形式或所有制形式或企业制度。

企业制度是指建立在一定财产关系基础上企业各方面的权、责、利关系的总称。

（一）企业的设立

1. 企业设立的条件

（1）投资人符合要求；

（2）有合法的企业名称；
（3）有投资人的出资；
（4）有固定的生产经营场所和必要的生产经营条件；
（5）有必要的从业人员；
（6）有合伙协议或公司章程；
（7）有公司的组织机构；
（8）股份有限公司的股份发行符合法律规定。

2. 企业设立的基本程序

（1）个人独资和合伙企业设立的程序为：①向工商行政管理机关提交申请；②进行工商登记，领取营业执照；

（2）公司设立的程序为：①发起人订立发起协议；②制定公司章程；③向政府有关部门申请批准；④认购股份或缴纳出资；⑤成立股东会或召开公司创立大会；⑥建立公司组织机构，并确定董事长、董事、监事、经理人选；⑦向工商行政管理机关申请设立登记，领取营业执照；⑧有限责任公司向股东签发出资证明书，股份有限公司依法公告。

另外，企业设立后，还要进行税务登记。

（二）企业的法律形式

1. 业主制企业（或独资企业）

这种企业在法律上为自然人企业，不具法人资格，是最古老最简单的企业形式。出现资不抵债或倒闭的情况，业主要用自己的全部家庭财产对企业承担连带责任。

优点是：
（1）规模小，内部管理机构简单，建立和歇业简单易行；
（2）产权能较为自由地转让；
（3）经营者与所有者合一，经营方式灵活迅速，有较强自主性；
（4）利润归个人所有，保密性强；
（5）精打细算，勤俭节约。

缺点是：
（1）受个人出资的限制，多数企业本身财力有限，由于受偿债能力的限制，取得贷款的能力较差，难于从事需要大量投资的大规模企业活动；
（2）企业的生命力弱，寿命有限，企业的存在完全取决于业主个人。

2. 合伙制企业

经营所得或亏损抵债，每个合伙人都要以自己出资以外的财产按入股比例承担责任。即承担无限连带赔偿责任。如果有的合伙人个人财产不够索赔标准，其他合伙人要代为清偿。既相互代理制度。

优点是：
（1）从众多合伙人处筹集资金，共同承担责任，使企业的资金来源和信用能力有所提高，可以提高竞争能力扩大经营领域，在一定程度上可以个弥补个体企业在资金、知识、能力等方面的缺陷。
（2）全体合伙人对企业的债务负有无限连带责任和相互代理偿还责任，使合伙人对企业的盈亏都十分关心。

缺点是：

(1) 合伙制企业是合伙人之间根据契约建立的，合伙人的增减都打破原有的合伙关系，会造成法律上的复杂性和企业的不稳定性，限制其增加资金的能力。

(2) 所有合伙人都有权代理企业从事经济活动，且重大决策要所有合伙人一致同意，易造成决策上的延误和差错，管理协调难。

(3) 全体合伙人对企业的债务负有无限连带责任和相互代理偿还责任，使那些不能控制企业的合伙人面临很大的债务风险。

3. 公司制企业

是按着较为严格的法定程序成立的。由两个以上股东出资建立、有独立的法人财产、独立的法人地位、能够以法人财产为基础来享有民事权利、承担民事责任的经济组织。

国际上划分公司的标准有两个：一是按公司股东的债务责任；二是公司是否将资本平分为股份，将公司制企业分为无限责任公司、有限责任公司、股份有限公司和两合公司。

其特点是：①公司是法人。以盈利为目的社团法人。②公司法人财产具有整体性和延续性。股东一旦投资就不可抽回，只能转让。另外股东的个人生命已经不能影响公司的生命，股东的变动不会影响法人财产权的行使。③公司实行有限责任。对股东而言，他们以其出资额为限，对公司的债务承担有限责任，经营风险低。对公司法人而言，公司法人以其全部法人财产对其债务负责。④实现了股东所有权与法人财产权的分离，实行专家管理，冲破了家族的局限，不受出资者素质的影响，提高了效率。

第二节

管理认知与企业管理职能

管理是伴随着集体劳动产生的，而且随着社会分工和社会化大生产的发展，管理的重要性日益突出。管理工作跟组织活动是密不可分的，也正是因为有了管理，才使得不同组织的绩效有着天壤之别。管理职能是管理者对管理对象发生作用和影响的手段，是在一定技术经济条件下，在管理活动中反复出现的带有共性管理活动的理论概括。

一、企业管理的概念及性质

（一）管理及企业管理的概念

1. 管理的概念

管理活动自古即有，从字面上看，管是主其事，理是治其事，管理是管辖、治理、控制的意思。关于管理的定义，许多中外学者对管理作出了不同的解释，其中较有代表性的解释有：

(1) 古希腊谚语认为管理是“胡萝卜加大棒”。“胡萝卜加大棒”是激励方式中的一种，这种暗喻是指管理的中心工作是运用奖励和惩罚两种手段以诱发人们所要求的行为。它来源于一则古老的故事——“要使驴子前进”，就在它前面放一个胡萝卜，或者用一根棒子在后面赶它。激励对发挥人的最大潜能具有重要的作用，在组织管理中，实施惩罚的威胁或者给予奖励的引诱（胡萝卜加大棒），是组织鼓励员工执行自己意图时最常用的方法。

（2）科学管理创始人，美国的费雷德里克·泰勒认为管理就是“确切地知道你要别人干些什么，并注意用最好最经济的方法去干”。根据泰勒的观点，管理者应该头脑清晰，在脑海中有完整的计划和方法，然后明确地分配工作，并教授大家好的工作方法，通过集体努力，去实现工作目标。

（3）现代经营管理之父，法国的亨利·法约尔认为管理就是实行计划、组织、指挥、协调和控制。计划，就是为探索未来制定行动计划；组织，就是建立企业的物质和社会的双重结构；指挥，就是使其人员发挥作用；协调，就是连接、联合、调和所有的活动及力量；控制，就是注意是否一切都按已制定的规章和下达的命令进行。“管理”同别的基本职能一样，是一种分配于领导人与整个组织成员之间的职能。

（4）决策理论学派的主要代表人物赫伯特·西蒙认为管理就是决策。决策贯穿管理的全过程，决策是管理的核心。西蒙指出组织中经理人员的重要职能就是作决策。他认为，任何作业开始之前都要先做决策，制定计划就是决策，组织、领导和控制也都离不开决策。决策贯穿于管理的全过程和管理的所有方面，任何组织都离不开对目标的选择，任何工作都必须经过一系列的比较、评价、拍板后才能开始。如果决策错了，执行得越好，所造成的损失就越大。

（5）美国著名管理学家哈罗德·孔茨把管理看作是一种“技术”，管理是一种在正式组织团体中通过别人并同别人一道完成工作任务的技能；在正式组织团体中创造一种环境，使人们能为达到团体目标，互相协作地完成工作的技能；一种消除完成工作障碍的技能；是有效地实现目标最大化的技巧。简单地说，“管理就是设计一种良好环境，使人在群体里高效率地完成既定目标。”

（6）美国著名管理学家彼得·德鲁克认为，“管理就是谋取剩余”，这主要是强调管理的作用。所谓“剩余”就是产出大于投入的部分。他认为，任何管理活动都是为了一个目的，就是要使产出大于投入。

（7）罗宾斯认为，管理是一个协调活动的过程，以便能够有效率和有效果的同别人一起或者通过别人实现组织的目标。他认为效率是指以尽可能少的投入获得尽可能多的产出；效果是指所从事的工作和活动有助于组织达到其目标。管理当局既要正确的做事，又要做正确的事。

我国的一些学者也提出了自己的观点：

（1）徐国华等（1998）指出，管理是通过计划、组织、控制、激励和领导等环节来协调人力、物力和财力资源，以期更好地达成组织目标的过程。

（2）周三多教授认为：管理是社会组织中，为了实现预期目标，以人为中心进行的协调活动。

（3）杨文士教授认为：一定组织中的管理者，通过实施计划、组织、人员配备、指导与领导、控制等职能来协调他人的活动，使别人同自己一起实现既定目标的活动过程。

（4）芮明杰教授认为：管理是对组织的有限资源进行有效整合，以达成组织既定目标与责任的动态创造性活动。

（5）邢以群教授认为：管理是一个由计划、组织、领导、控制等职能组成的系统过程，是人们综合运用人力资源和其他资源以有效地实现目标的过程。

管理定义的多样化，既反映了人们研究立场、方法、角度的不同，也反映了管理科学的不成熟性。为了反映管理的本质，学者博采众长，形成了现代管理学中的管理概念，即管理是依据事物发展的客观规律，通过计划、组织、领导、控制和创新等职能，综合运用人力资源和其他资源，以有效地实现目标的过程。

2. 企业管理的概念

企业管理是根据企业特性及其生产经营规律，按照市场反映出来的社会需求，对企业的生产经营活动进行计划、组织、控制，充分利用各种资源，实现不同时期的经营目标，不断地适应市场变化、满足社会需求，同时求得企业自身的生存和发展的活动。这一定义包括以下几个要点：

（1）企业管理的对象。企业管理就是内外结合的生产经营活动。

（2）企业管理的主体。企业的厂长、经理以及由他们为中心组成的企业管理系统来进行，在这个系统中的人，就是企业管理的主体。

（3）企业管理的职能。企业管理是管理者通过计划、组织、控制等职能进行的。只有熟悉和灵活综合运用这些管理职能，才能顺利地完成管理的任务。

（4）企业管理的目的。企业的管理目的就是综合利用资源，实现企业目标，在满足社会需求中获取更多的利润。

（5）企业管理的依据。管理依据是企业的特性，及由此表现出来的生产经营规律。

（二）管理的分类

对管理进行分类，是为了从外延上了解管理，不同角度有不同的类别。

1. 按管理的特征（方式）划分

（1）硬性指令型的开环管理。这是一定历史时期形成的管理类型，其特征是由上至下单方向、不容置否的命令，这种管理类型简称为开环管理，如图 1－1 所示，或 V 型管理，如图 1－2 所示。

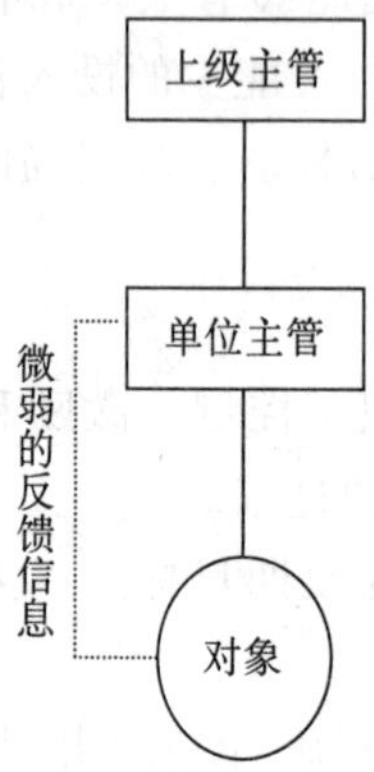

图 1－1　开环管理模式

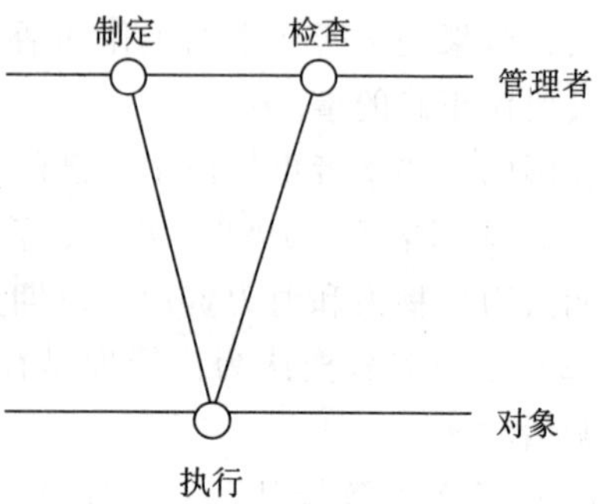

图 1－2　V 型管理模式

（2）反馈信息型的闭环管理。这是近代发展起来的新管理类型，强调管理者与管理对象都参与管理，其特征是由上至下，再由下至上构成一个封闭的信息回路，循环往复，重视管理对象的反馈信息，随时调整指令，简称为闭环管理，如图 1－3 所示，或 M 型管理，如图 1－4 所示。

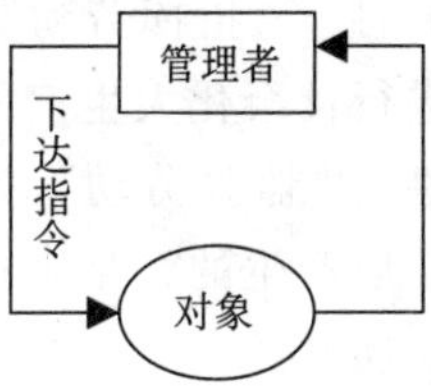

图 1－3　闭环管理模式

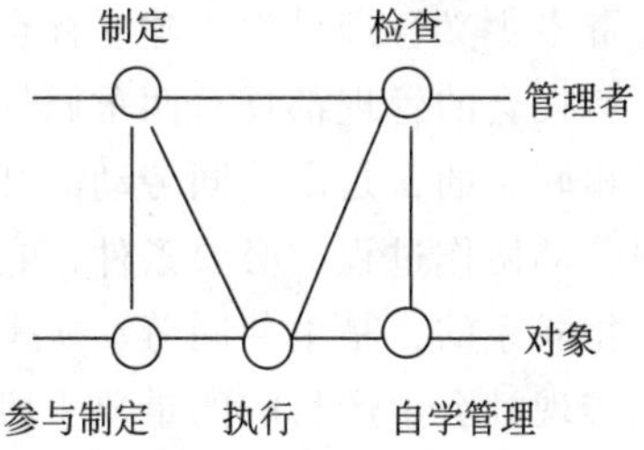

图 1－4　M 型管理模式

2. 按管理的职能划分

按管理的职能划分，管理有计划、组织、指挥、协调、控制、领导、激励、沟通、创新等管理。对管理的职能，早期的管理理论一般认为，管理有计划、执行、控制三大基本职能。法国的法约尔认为，管理有五大职能：计划、组织、指挥、协调和控制。美国的古利克提出，管理有七项职能，即计划、组织、人事、指挥、协调、报告、预算。管理的基本职能包括计划、组织、领导、控制和创新。管理的基本职能如图 1－5 所示：

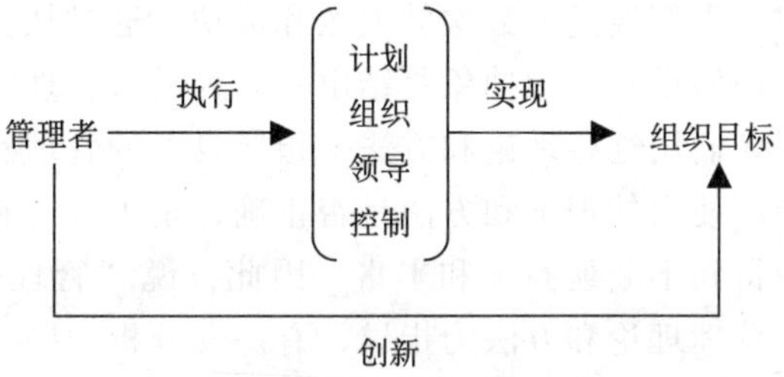

图 1－5　管理基本职能

3. 按管理的层次划分

按管理的层次划分管理有高层管理、中层管理和基层管理。不同管理人员在行使管理基本职能时的侧重点不同，如图 1－6 所示。一般而言，高层管理人员花在组织和控制工作上的时间要比基层管理人员多，而基层管理人员花在领导工作上的时间要比高层管理人员多。

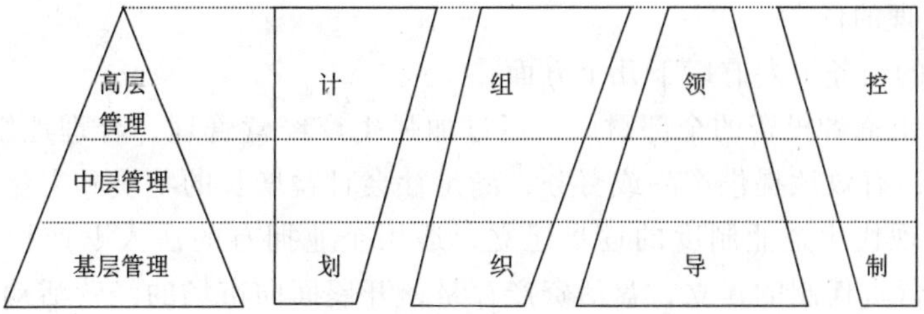

图 1－6　管理者的层次分类与管理职能

4. 按不同的历史阶段划分

按不同的历史阶段划分，分为古代管理、传统管理、科学管理及现代管理。

（三）企业管理的性质及任务

1. 企业管理的性质

（1）管理的两重性。管理的性质是两重的，这是马克思主义管理理论的主要内容，是研究资本主义管理科学，建立社会主义管理科学的理论基础和基本出发点。马克思认为，任何社会的管理都具有两重属性——自然属性和社会属性。“指挥劳动”是同生产力直接相联系的，是由共同劳动的社会化性质产生的，是进行社会化大生产的一般要求和组织劳动协作过程的必要条件，它体现了管理的自然属性。“监督劳动”是同生产关系直接相联系的，是由共同劳动所采取的社会结合方式的性质产生的，是维护社会生产关系和实现社会生产目的的重要手段，它体现了管理的社会属性。

管理的两重性是相互联系、相互制约的。一方面，管理的自然属性不可能孤立存在，它总是在一定的社会形式、社会生产关系条件下发挥作用；同时，管理的社会属性也不可能脱离管理的自然属性而存在，否则，管理的社会属性就会成为没有内容的形式。另一方面，管理的两重性又是相互制约的。管理的自然属性要求具有一定的“社会属性”的组织形式和生产关系与其相适应；同样，管理的社会属性也必然对管理的科学技术等方面发生影响或制约作用。马克思关于管理两重性的理论，是指导人们认识和掌握管理的特点和规律，实现管理任务的有力武器。

（2）管理的科学性与艺术性。管理的科学性是管理作为一个活动过程，其间存在着一系列基本客观规律。人们经过无数次的失败和成功，通过从实践中收集、归纳、检测数据，提出假设，验证假设、从中抽象总结出一系列反映管理活动过程中客观规律的管理理论和一般方法。人们用这些理论和方法来指导自己的管理实践，又以管理活动的结果来衡量管理过程中所使用的理论和方法是否正确，是否行之有效，从而使管理的科学理论和方法在实践中得到不断地验证和丰富。因此，说“管理是一门科学”，是指它以反映管理客观规律的管理理论和方法为指导，有一套分析问题、解决问题的科学的方法论。

管理的艺术性指在掌握一定理论和方法的基础上，灵活运用这些知识和技能的技巧和诀窍。管理的艺术性就是强调其实践性，没有实践则无所谓艺术。这就是说，仅凭停留在书本上的管理理论，或背诵原理和公式来进行管理活动，是不能保证其成功的。主管人员必须在管理实践中发挥积极性、主动性和创造性，因地制宜地将管理知识与具体管理活动相结合，才能进行有效的管理。所以，管理的艺术性，就是强调管理活动除了要掌握一定的理论和方法外，还要有灵活运用这些知识和技能的技巧和诀窍。

2. 企业管理的任务

企业管理的任务主要有以下几个方面：

（1）运用出资者投资的全部财产，通过加强生产经营管理，合理地组织生产要素，依据社会需求，有效地提供产品或劳务，满足社会日益增长的物质和文化生活的需要。

（2）随着现代化企业制度的逐步建立，运用企业拥有的法人财产权，通过资本金制度和资产经营责任制的建立，盘活资产存量，开展面向市场的经营活动，加强资产价值形态的管理，提高综合经济效益，保证资产的保值增值。

(3) 在进行企业制度创新过程中，着力抓好现代企业组织制度和现代企业管理制度的建设，使企业能够依据市场法则健全自主经营、自负盈亏、自我发展和自我约束的机制，不断地增强企业适应外部环境的能力，增强企业的活力，使企业成为真正的市场竞争主体。

(4) 努力适应社会主义市场经济的需要，依靠科技进步和管理现代化，努力开发新产品，增加产品品种和数量，提高质量，降低成本，采用现代营销方式求得较高的市场占有率，不断提高企业的经济效益。

(5) 不断对职工和管理进行文化、科学技术以及思想品德教育，将精神文明建设与企业文化建设有机地结合起来，培养一批思想过硬、技术较高和善于管理现代企业的职工队伍、技术队伍和管理队伍，以适应当今世界竞争日益激烈的形势。

二、管理职责与管理技能

(一) 管理者的角色与职责

1. 管理者的角色

亨利·明茨伯格（Henry Mintzberg）研究发现管理者扮演着10种角色，这10种角色可被归为三大类：人际角色、信息角色和决策角色，如图1-7所示。

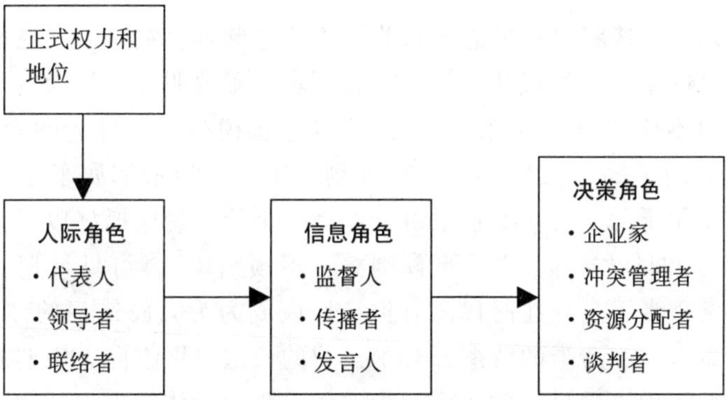

图1-7　管理者的角色

(1) 人际角色。人际角色归因于管理者的正式权力。管理者所扮演的三种人际角色是代表人角色、领导者角色和联络者角色。作为所在单位的领导，管理者必须行使一些具有礼仪性质的职责。例如，管理者有时必须参加社会活动，如出席社区的集会或宴请重要客户等。这时，管理者扮演着代表人的角色。由于管理者直接对所在单位的成败负责，他们必须在单位内扮演领导者角色。这时，管理者和员工一起工作并通过员工的努力来确保目标的实现。管理者还必须扮演联络者的角色。没有联络，管理者就无法与别人一起工作，也无法与外界建立联系。

(2) 信息角色。在信息角色中，管理者负责确保和其一起工作的人能够得到足够的信息。管理职责的性质决定了管理者既是其所在单位的信息传递中心，也是别的单位的信息传递渠道。管理者必须扮演的一种信息角色是监督者角色，监督的目的是获取信息。管理者可通过各种方式获取一些有用的信息，如通过密切关注组织自身状况以及外部环境的变化，通过接触下属，利用个人关系网等方式来获取信息，管理者识别潜在的机会和威胁。作为传播者，管理者把监督获取的大量信息分配出去，传递给有关员工。管理者有时也因特殊目的而隐藏特定的信息。管理者的最后一种信息角色是发言人角色。管理者必须把信息传递给外界，例如，必须向董事和股东说明组织的财务状况和战略方向，必须向消费者保证组织在切实履行社会义务，以及必须让政府官员对组织遵守法律的良好表现感到满意。

（3）决策角色。在决策角色中，管理者处理信息并得出结论。管理者负责作出决策，并分配资源以保证决策方案的实施。管理者所扮演的第一种决策角色是企业家角色。作为企业家，管理者对发现的机会进行投资，如开发新产品、提供新服务或发明新工艺等。管理者所扮演的第二种决策角色是冲突管理者。一个组织不管被管理得多么好，它在运行的过程中总会遇到冲突或问题，管理者必须善于处理冲突和解决问题。管理者所扮演的第三种决策角色是资源分配者。作为资源分配者，管理者决定组织资源用于哪些项目。例如，当管理者选择把时间花在某个项目上时，他实际上是在分配时间这一种资源。管理者是否在信息获取上为他人提供便利，通常决定着项目的成败。管理者所扮演的最后一种决策角色是谈判者角色。管理者把大量的时间花在谈判上，谈判对象包括员工、供应商、客户和其他组织。无论是何种类型的组织，其管理者为确保组织目标的实现都必然要进行谈判工作。

2. 管理者的职责

作为一个管理者，能将自己的思想行为和事业紧紧揉合在一起，在员工中产生巨大的凝聚力，使自己的事业取得成功，是一个管理者的重要职责。作为一个管理者，首先应该是抓大事，而不应“事必躬亲”。毛泽东同志曾说过，领导者的责任，归结起来，主要是“出主意、用干部”两件事。一切计划、决策、指示都属于出主意一类；一切选才、用人都属于用干部一类。概括地讲，作为一个管理者应抓好以下几项工作。

（1）目标规划和科学决策。“凡事预则立，不预则废”，可见计划、决策是工作成败的关键。现代管理者不是封建时代的官僚，而应成为为人民造福的“公仆”，应当对本公司的发展前景有一张清晰的蓝图，对本公司的长远发展方向、中期和近期的奋斗目标了如指掌，并对实现这些目标的途径和步骤做出明确具体的规划，这是作为现代管理者的第一件大事。

科学决策，就是管理者运用科学的思维方法，对准备行动的若干方案进行选择，以期达到最优目标。当前，社会分工越来越细，每一个决策的失误，都会带来很大损失，作为一个管理者应该经常提醒自己决策是否具有科学性。

（2）制定规范和组织协调。建立合理而有效的组织机构，制定各种全局性的管理制度，协调好内部各种人员的关系，保证目标规划的实现，是管理者的又一项重要工作。现代管理者应靠制定各种规章制度，靠各种经济责任制的落实，靠科学的管理方法。只有这样，才能更好地调动每个员工的积极性。

协调是谋求大家行动上的步调一致，沟通则是求得思想上的共同了解，没有恰当的协调和有效的沟通，再好的计划也不能付诸实施。管理者必须注意做好组织的协调和沟通，使整个公司或部门形成一个坚强的集体，而我们的各级管理就好比是一个乐队的指挥，一个高明的指挥，要能够在不干扰整体演奏的情况下，及时、巧妙地对某些乐器加以指挥和调整。

（3）选才用人和放权。任何一个管理者的思想、意图都需要下属去贯彻执行，管理者不一定处处比自己的下属高明然而，其工作要想收到事半功倍的效果，必须善于选才用人。古今中外大凡有远见者都很注重举贤、用贤和育贤。古人云：己无智，而能用人之智，不愧为智也。己无才，而能用人之才，不愧为才也。唯己无用，而又不能用人，乃真无用者矣。同样，金无足赤，人无完人。世界上很难找到全才，只能找到适合某一项工作的人才。俗话说，弯木适做犁，直木宜做梁。也就是说，管理者要擅用人的长处。

作为一个管理者应按照下级的管理范围逐级放权。这样不仅可以减轻管理的负担，放开手脚抓大事，而且把权分给下属，人尽其才，各司其职，既提高了管理效能，又调动了下属的积极性。同时，作为一个管理者还要把培养自己的接班人作为一项重要任务努力去完成。

（二）管理技能

美国管理学专家卡特兹（Robert L. Katz）认为，管理者应具有三种基本的管理技能：技术技能、人际技能、概念技能。

1. 技术技能

技术技能是指熟悉和精通某种特定专业领域的知识，诸如工程、计算机科学、财务、会计或者制造等。对于基层管理者来说，这些技能是重要的，因为他们直接处理雇员所从事的工作。

2. 人际技能

人际技能是指成功地与别人打交道并与别人沟通的能力，这种技能对于各个层次的管理者都是必备的。

3. 概念技能

概念技能是指管理者对复杂情况进行抽象和概念化的技能。对于高层管理者来说，这种技能是非常重要的，因为他们要负责的计划、决策等都需要有对各事物间关系的理解能力。

处于较低层次的管理人员，主要需要的是技术技能与人际技能；处于较高层次的管理人员，更多地需要人际技能和概念技能，同时由于他们最接近现场作业，技术技能格外重要。如图 1－8 所示，为各种层次的管理人员所需要的管理技术比例。

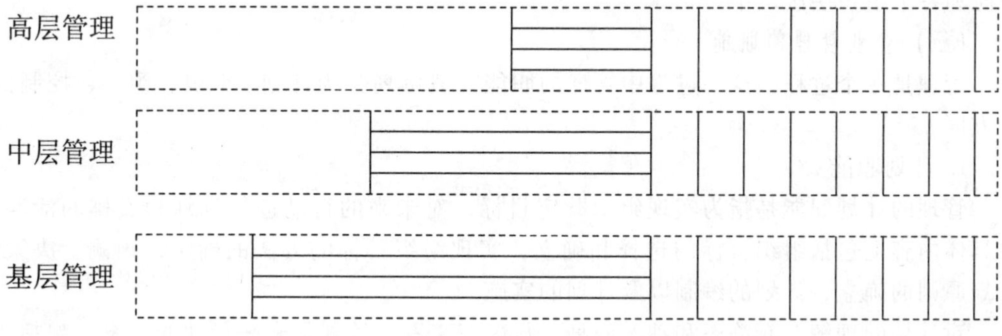

图 1－8　各种层次的管理人员所需要的管理技能比例

三、企业管理的职能

（一）管理的职能

1. 管理职能划分

在20世纪初，法国工业家法约尔（Fayol，1916）在其著作《工业管理与一般管理》中写道，所有管理者都行使着五种管理职能：计划、组织、指挥、协调和控制。到20世纪50年代中期，美国加州大学洛杉矶分校两位教授孔茨和奥唐奈（Koontz and O'Donnell，1955）在《管理学》教科书中，把管理的职能划分为以下五种：计划、组织、人员配备、指导和控制。大多数当今流行的教科书中，管理职能一般被压缩为四种：计划、组织、领导和控制。

2. 管理职能的相互关系

“决策与计划”“组织”“领导”“控制”和“创新”这五种管理职能各有自己独特的表现形式：决策职能通过方案的产生和选择以及通过计划的制定表现出来；组织职能通过组织结构的设计和人员的配备表现出来；领导职能通过领导者和被领导者的关系表现出来；控制职能通过对偏差的识别和纠正表现出来；创新职能通过组织提供的服务或产品的更新和完善以及其他管理职能的变革和改进来表现其存在，对一个有活力的组织来说，创新无处不在、无时不在，是各项管理职能的灵魂和生命。各种管理职能不是孤立的，它们的相互关系可以通过图1－9看出。

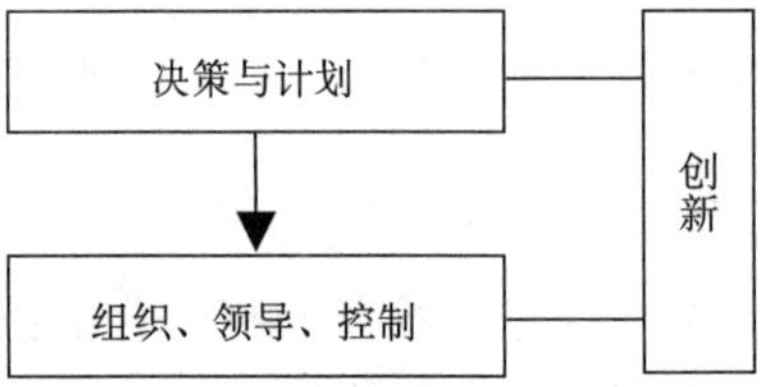

图1－9 各种管理职能的相互关系

它们的相互关系可作如下理解：①决策是计划的前提，计划是决策的逻辑延续。管理者在行使其他管理职能的过程中，总会面临决策和计划的问题，决策和计划是其他管理职能的依据；②组织、领导和控制旨在保证决策的顺利实施；③创新贯穿于各种管理职能和各个组织层次之中。

（二）企业管理的职能

管理是一个过程，这一过程中管理的职能一般可划分为计划、组织、领导、控制四个方面。

1. 计划职能

管理的计划职能是指为实现组织既定目标，对未来的行动进行规划和安排的活动。在具体内容上包括组织目标的选择和确立，实现组织目标的方法的确定，预测、决策、计划原则的确立，计划的编制以及计划的实施。

对计划的理解，有静态和动态两种。从静态来看，计划是未来行动的方案，包括未来行动所要达到的目标及相应的措施；从动态来看，计划是一种联系现在与未来的行动，通过对过去和现在情况的分析，对未来进行预测，描绘未来的图景，并努力实现预定的目标。

在管理科学中，研究的是计划的动态过程，也就是说，要研究计划是如何产生的这一过程，从而探索制定计划的一系列科学程序和方法，为管理提供科学的计划决策。

管理的计划职能就是要选择组织的整体目标和各部门的目标，决定实现这种目标的行动方案，从而为管理活动提供基本依据。因此，计划职能是管理的首要职能，是从现在通向未来的桥梁。

2. 组织职能

组织一词最直观的意思是机构或企业的代名词。从管理活动的实践的角度来看，组织作为管理的一项基本职能，它的含义应该是静态的人的集合组成的机构和动态的组织活动过程的统一。具体来看，动态的组织活动过程是通过分工与合作，设置相应的职位机构，使每一个职位的权力与责任相结合，以达到某种特定的目标。

因此，管理的组织职能实质上就是要设计和维持一整套职位系统，使人们在从事集体活动中合理分工合作，以达成共同目标。

3. 领导职能

领导是一种影响并感召人们和群体去追求某些目标的行为与过程。虽然管理者的任务不仅仅是领导，但有效的领导是管理成功的关键。

领导的实质体现在感召和追随上，也就是说，领导者的感召力和人们的追随意愿使一个人能成为领导人。人们愿意追随那些能满足他们需要和要求的人；领导者也要在了解人们的需要和要求，了解激励的前提下，运用所具有的权力影响和感召人们实现组织的目标。因此，领导职能的内容是激励、指导、引导、促进和鼓励。

4. 控制职能

控制是促使组织的活动按照计划规定的要求展开的过程。控制职能是按照既定的目标、计划和标准，对组织活动各方面的实际情况进行检查和考察，发现差距，分析原因，采取措施，予以纠正，使工作能按原计划进行，或根据客观情况的变化，对计划做适当的调整，使其更符合于实际。

控制职能与计划职能密不可分。计划是控制的前提，为控制提供目标和标准，没有计划就不存在控制；控制是实现计划的手段，没有控制工作，事先拟定的计划是不会自动实现的。控制活动为计划的实现提供保证。

管理的上述四种职能是相互关联、不可分割的一个整体。通过计划职能，明确组织的目标与方向；通过组织职能，建立实现目标的手段；通过领导职能，把个人的工作与所要达到的集体目标协调一致；通过控制职能，检查计划的实施情况，保证计划的实现。管理的这四种职能的运用，归根结底是为了实现组织的目标。

第三节

管理思想及管理理论

自从人类开始有组织的活动，就产生了管理活动。在漫长的人类的经济活动中，人们不断地积累和总结经验，产生了管理思想。随着生产力的发展，科学的进步，对管理思想的不断思考、概括、升华，并在实践中反复验证，产生了早期管理思想和管理理论。

一、早期管理思想

（一）早期的管理活动和管理思想

1. 中国古代管理思想

（1）中国古代的管理思想。古代管理思想主要体现在先秦到汉代的诸子百家思想中，如儒家、道家、法家、兵家、商家等。许多古代经典著作，如《论语》《道德经》《孙子兵法》《九章算术》《三国演义》《红楼梦》等，充分反映了我国古代成功的管理思想和经验。《老子》主要体现了管理者的权变谋略和在管理过程中的境界、素质及管理原则的思想；《孙子兵法》主要体现了管理者在人事、决策、环境、组织等方面的战略思想；《韩非子》主要体现了管理者的统御谋略思想；《论语》《孟子》《荀子》主要体现了管理者如何处理人际关系的谋略思想；《三国演义》主要体现了管理者的创造性管理思维；《红楼梦》主要体现了管理者以法治家的时效管理思想；而《九章算术》则是我国古代培训管理人员及供他们日常应用的手册，其中2/3的题目可与财政或工程官员职能相对应，堪称两千年前世界管理数学之最。

中国古代政治管理思想主要有两个特点：一是宗法思想渗透一切，等级观念浓厚；二是实行“仁”“德”之治，重德轻刑，重义轻利。儒家极力倡导的“仁、义、礼、智、信”观念贯穿于政治管理思想中，主张“德主刑辅”和“重义轻利”，强调“德治”和“仁政”。

古代军事管理思想中最有代表性的，首推我国战国时代的军事著作《孙子兵法》。《孙子兵法》对战争规律和军事管理作了哲学概括，因而不仅对于军事管理具有经典性的指导意义，对于管理决策论的研究，也有重要意义。《孙子兵法》中“知彼知己，百战不殆”；“得道多助，失道寡助”；“不战而胜，是为上策”的战略思想；“避实而击虚”，“因敌变化而取胜”的应变策略，在现代管理中，至今仍被很多人奉为经典。现存《孙子兵法》13篇，共6000余字。这13篇分别为计篇、作战篇、谋攻篇、形篇、势篇、虚实篇、军争篇、九变篇、行军篇、地形篇、九地篇、火攻篇、用间篇。其中第一篇为总纲，第二篇至第六篇论述战略决策，第七篇至第十三篇讲战略实施和战术方法。

白圭是战国时期商业致富之术的鼓吹者，被后世商贾奉为商业的祖师。经营原则是“乐观时变”，即善于预测市场行情，并根据预测进行动态决策。“乐观时变”的主要内容既是后来的需求供给理论的简单雏形。

经商要注意把握“人弃我取，人取我与”的原则，不要盲从；同时，在看准了时机之后，决策要及时、果断，做到“趋时若猛兽鸷鸟之发”。

我国西周时期就提出了“量入以为出”的财政原则。荀子提出：“田野县鄙者，财之本也，垣窌仓廪者，财之末也；百姓时和、事业得叙者货之源也，等赋府库者，货之流也”。他强调富国必须从发展经济、增加生产着手。

（2）中国古代的管理实践。我国古代工程建设和管理的实践很多，其中最具代表性的，莫过于万里长城和都江堰水利工程，两者集中体现了我国古代人民在工程组织中的系统管理思想。

万里长城是世界七大奇迹之一，是宇航员在月球上能见到地球上的唯一人造工程，这样浩大的工程是靠严密的组织和完善管理才得以完成的。据“春秋”记载，当时的计划十分周到细致，不仅计算了城墙的土石方量，连所需的人力、材料，以及从何处征集劳力，他们往返的路程、所需口粮，各地应担负的任务也都一一明确分配。在工程上，明代是由镇城、路城、卫城、关城、堡城、城墙、放台、烟墩等不同等级、不同形式、不同用途的建筑，组合形成的一个完整的防御工程体系。在管理上，沿线设九个镇，每镇设总兵，上受兵部指挥，每镇之下又分别设“路”“关”及城堡、墩台。这种“金字塔式”的管理系统，使命令可以自上而下的传达，又能使敌情信息可以自下而上的层层反馈。长城的整个建造、使用、管理构思充分体现了系统工程和系统管理的思想。

2. 中国近代管理实践和管理思想

近代的中国社会是一个半殖民地半封建的社会，处于外国列强入侵、封建制度没落的内外交困之中。我国近代企业是在这种独特的环境下生存下来的。其生存和发展的过程是不断与帝国主义、封建主义以及后来形成的官僚垄断资本做斗争的过程。

（1）官办军用企业。从 19 世纪 60 年代起，在曾国藩、李鸿章、左宗棠、张之洞等一批有实力的督抚的倡导和支持下，兴起了一个官办军用工业运动。据统计，从 1861 年曾国藩建立安庆军械所到 1890 年张之洞创办湖北枪炮厂的 30 年间，共建军用企业 24 个，产品基本上都是枪炮弹药。官办军用企业的管理体制和组织机构与以前历代皇朝的官营手工业制度具有明显的沿袭性，除了传统管理工人的手段外，还加上了统帅军队的经验。

（2）“官督商办”和“官商合办”企业。从 19 世纪 70 年代起，一批有民间资本参加的企业出现了，但直到甲午战争之前，基本上所有民用工业均采用“官督商办”形式。这种经营方式也有很大的弊端，如“所有盈亏，全归商人，与官无涉”，是一句空话，官府坐收官利，入股商民在企业经营管理方面没有任何权力，商人很快就丧失了积极性。

（3）洋务派改变策略，以“官商合办”的管理体制取代“官督商办”形式，即由官方和商方通过合同规定各自的权利、义务及盈余分配办法，各按认股比例出资，各举代表参加企业工作。但在实际操作中，企业大权仍操纵于官方委派的人手中，商人依然常视官商合办为畏途。由于“官商合办”和“官督商办”形式越来越失去吸引力，人们开始谋求私营企业的发展。在 1904—1908 年间，向公司注册局注册的公司达 272 家，其中一半以上采用的是股份有限公司形式。在这些企业中，家长式管理是最为普遍的管理模式，也有少数民族资本家从提高企业效率和增进职工的主动性和积极性角度采取了一定程度的民主化措施。

（4）民族资本企业为了在竞争中取胜，力求创造名牌，在国内外市场上赢得声誉，打开销路。范旭东经营的天津永利碱厂生产的“红三角”牌纯碱，因质量优良获万国博览会金质奖章；吴蕴初经营的上海天厨味精厂生产的“天厨”牌味精，朱裴卿经营的天津东亚毛纺厂生产的“抵羊”牌毛线，五洲皂厂生产的“固本”牌肥皂，三友实业社的“铁锚”牌毛巾，这些都是畅销全国的名牌产品。民族资本企业以“国人愈爱国货，国货愈宜精良”自勉。汉阳的周恒顺机器厂积极倡导“精工明料”，在生产上建立了一套严格的质量管理制度。

（5）注重研究市场动向，根据市场的变化和趋势及时修订产销计划，掌握企业经营的主动权，做到以销定产，以销定进，加速资金周转。著名实业家穆藕初曾提出：企业必须积极采取措施，对原料之多寡、产品之优劣、社会之需要等进行精密的调查，并在这个基础上不断改善经营管理，才能做到“来源出路，节节灵通”，使企业发展立于不败之地。

民族资本主义企业在激烈的市场竞争中取胜，不仅要注重产品质量，还要把“服务周到热情”作为经营活动中最重要的准则。

（6）近代企业大多制定并实施了严格的规章制度，其内容主要包括：要求职工听从指挥，服从调遣；要求职工不得玩忽职守；要求职工提高工作效率；要求职工改善服务态度等。这些制度有加强企业经营和管理的作用。

（二）中世纪的西方管理实践与管理思想

1.“重商主义”思想

公元6世纪到18世纪，在欧洲大体上是奴隶社会末期直至资本主义萌芽时期，社会生产力、商品生产有一定的发展，并产生了所谓的“重商主义”。从管理来看，主要出现两种类型的社会经济活动的组织形式：一种是商业行会（Trade Union）和手工业行会（Craft Guild）；一种是厂商组织（Firm organization）。为了筹措资金，有两种主要的形式：合伙（Partnership）和联合经营（Joint Venture），二者都是未来公司的前身。

2. 威尼斯兵工厂管理实践

在中世纪，管理实践和管理思想都有很大发展。1436年，意大利的威尼斯建立了政府造船厂（即兵工厂），它的管理方法与今天的汽车制造厂惊人的相似，15世纪世界最大的几家工厂之一的威尼斯兵工厂（Aresenal of Venice），早在当时就采用了流水作业，建立了早期的成本会计制度，并进行了管理的分工，其工厂的管事、指挥、领班和技术顾问全权管理生产，而市议会通过一个委员会来干预工厂的计划、采购、财务事宜。这又是一个管理实践的出色范例，也体现了现代管理思想的雏形。威尼斯兵工厂的管理实践颇具特色，在生产中实行了系统管理，以会计和成本来节约人力、物力。威尼斯兵工厂的管理实践：①组织机构和领导工作。在兵工厂的管理工作中，较好地体现了互相制约和平衡的原则。②部件储存。这有助于实行装配线作业和精确计算存货，节省时间和劳力，加快了安装船只的速度。③装配线生产。兵工厂在安装舰船时采用了类似于现代装配线生产的制度，生产效率很高。④部件标准化。⑤会计控制。兵工厂的会计制度使它能追踪并评价所有的费用，进行管理控制。⑥存货控制。由专人负责检查并由专人记录。⑦成本控制。兵工厂还利用成本控制和计量方法来帮助作出管理决策。⑧人事管理。兵工厂有严密的人事管理制度，严格规定上下工和工间休息的时间等。

二、古典管理理论

（一）泰勒与“科学管理”理论

1. 泰勒及其贡献

弗雷德里克·温斯洛·泰勒（Frederick Winslow Taylor），出生于美国费城一个富有的律师家庭，1875 年，他进入一家小机械厂当徒工，1878 年转入费城米德瓦尔钢铁厂（Midvale Steel Works）当机械工人，先后被提升为车间管理员、小组长、工长、技师、制图主任和总工程师，并在业余学习的基础上获得了机械工程学士学位。为了改进管理，在米德瓦尔钢铁厂进行各种试验。1898—1901 年间，又受雇于伯利恒钢铁公司（Bethlehem Steel Company）继续从事管理方面的研究。从 1881 年开始，进行了一项“金属切削试验”，由此研究出每个金属切削工人工作日的合适工作量。经过两年的初步试验之后，给工人制定了一套工作量标准。1898 年泰勒受雇于伯利恒钢铁公司期间，进行了著名的“搬运生铁块试验”和“铁锹试验”。

泰勒在管理方面的主要著作有：《计件工资制》（1895）、《车间管理》（1903）、《科学管理原理》（1912）。泰勒通过这一系列的著作，总结了几十年试验研究的成果，归纳了自己长期管理实践的经验，概括出一些管理原理和方法，经过系统化整理，形成了“科学管理”的理论。由于他的杰出贡献，他被后人尊为“科学管理之父”。

2. “科学管理”理论的主要内容

（1）制定工作定额。科学管理的中心问题是提高效率。泰勒认为，要制定出有科学依据的工人“合理的日工作量”，就必须进行工时和动作研究。定出一个工人“合理的日工作量”，这就是所谓的工作定额原理。

（2）挑选“第一流的工人”。所谓第一流的工人，泰勒认为：“每一种类型的工人都能找到某些工作使他成为第一流的，除了那些完全能做好这些工作而不愿做的人。”泰勒认为，健全的人事管理的基本原则是：使工人的能力同工作相配合，管理当局的责任在于为雇员找到最合适的工作，培训他成为第一流的工人，激励他尽最大的努力来工作。

（3）实施标准化管理。要使工人掌握标准化的操作方法，使用标准化的工具、机器和材料，并使作业环境标准化，这就是所谓标准化原理。

（4）实行差别的计件工资制度。为了鼓励工人努力工作、完成定额，泰勒提出了这一原则。这种计件工资制度包含三点内容：一是通过工时研究和分析，制定出一个有科学依据的定额或标准；二是采用一种叫做“差别计件制”的刺激性付酬制度，即计件工资率按完成定额的程度而浮动；三是工资支付的对象是工人而不是职位，即根据工人的实际工作表现而不是根据工作类别来支付工资。泰勒认为这样做，既能克服消极怠工的现象，更重要的是能调动工人的积极性，从而促使工人大大提高劳动生产率。

（5）强调工人和雇主之间的“精神革命”。工人和雇主两方面都必须认识到提高效率对双方都有利，都要来一次“精神革命”，相互协作，为共同提高劳动生产率而努力。对雇主来说，关心的是成本的降低；而对工人来说，关心的则是工资的提高，所以泰勒认为这就是劳资双方进行“精神革命”，从事协调与合作的基础。

（6）计划职能同执行职能分开，变传统的经验工作法为科学工作法。所谓经验工作法，是指每个工人用什么方法操作，使用什么工具等，都由他根据自己的或别人的经验来决定。泰勒主张明确划分计划职能与执行职能，由专门的计划部门来从事调查研究，为定额和操作方法提供科学依据；制定科学的定额和标准化的操作方法及工具；拟定计划并发布指示和命令；比较“标准”和“实际情况”，进行有效的控制等工作。至于现场的工人，则从事执行的职能，即按照计划部门制定的操作方法和指示，使用规定的标准工具，从事实际的操作，不得自行改变。

(7) 实行“职能工长制”。泰勒主张实行“职能管理”，即将管理的工作予以细分，使所有的管理者只承担一种管理职能。泰罗认为这种“职能工长制”有三个优点：① 对管理者的培训所花费的时间较少；② 管理者的职责明确，因而可以提高效率；③ 由于作业计划已由计划部门拟定，工具与操作方法也已标准化，车间现场的职能工长只需进行指挥监督，因此非熟练技术的工人也可以从事较复杂的工作，从而降低整个企业的生产费用。

(8) 在组织机构的管理控制上实行例外原理。泰勒等认为，规模较大的企业组织和管理，必须应用例外原理，即企业的高级管理人员为了减轻处理纷乱烦琐的日常事务负担，把例行的一般日常事务授权给下级管理人员去处理，自己只保留对例外事项（重要事项）的决定和监督权。这种以例外原理为依据的管理控制原理，以后发展成为管理上的分权化原则和实行事业部制管理体制。

(二) 法约尔及其管理过程理论

亨利·法约尔（Henry Fayol），法国人，1860 年从圣艾帝安国立矿业学院毕业后进入康门塔里 - 福尔香堡（Comentry - Fourchambault）采矿冶金公司，成为一名采矿工程师，并在此度过了整个职业生涯。从采矿工程师后任矿井经理直至公司总经理，由一名工程技术人员逐渐成为专业管理者，他在实践中逐渐形成了自己的管理思想和管理理论，对管理学的形成和发展作出了巨大的贡献。后人称他为“经营管理之父”。

法约尔 1916 年问世的名著《工业管理与一般管理》，是他一生管理经验和管理思想的总结。法约尔是第一个概括和阐述一般管理理论的管理学家。

1. 企业的基本活动

法约尔指出，任何企业都存在着六种基本的活动，而管理只是其中之一。这六种基本活动是：① 技术活动（指生产、制造、加工等活动）；② 商业活动（指购买、销售、交换等活动）；③ 财务活动（指资金的筹措和运用）；④ 安全活动（指设备维护和职工安全等活动）；⑤ 会计活动（指货物盘存、成本统计、核算等）；⑥ 管理活动（其中又包括计划、组织、指挥、协调和控制五项职能活动）。

2. 管理的五项职能

在企业六种基本活动中，管理活动处于核心地位，即企业本身需要管理，同样的，其他五项属于企业的活动也需要管理，如图 1 - 10 所示。

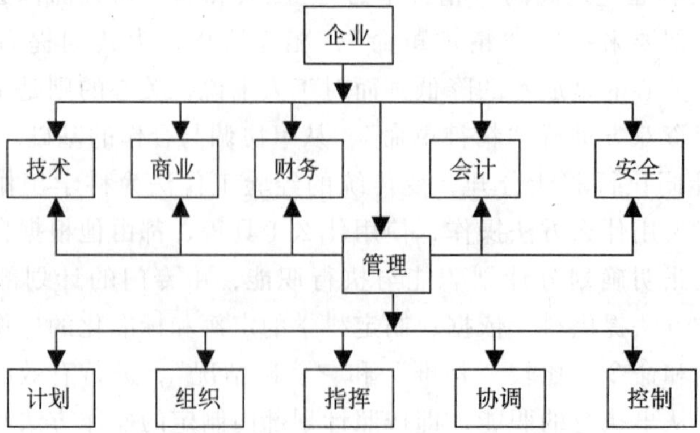

图 1 - 10 法约尔提出的管理五项职能

3. 法约尔的 14 条管理原则

法约尔根据自己的工作经验，归纳出简明的 14 条管理原则。

（1）分工。他认为这不仅是经济学家研究有效地使用劳动力的问题，而且也是在各种机构、团体、组织中进行管理活动所必不可少的工作。

（2）职权与职责。他认为职权是发号施令的权力和要求服从的威望。职权与职责是相互联系的，在行使职权的同时，必须承担相应的责任，有权无责或有责无权都是组织上的缺陷。

（3）纪律。纪律是管理所必需的，是对协定的尊重。这些协定以达到服从、专心、干劲等目的。也就是说组织内所有成员通过各方所达成的协议对自己在组织内的行为进行控制，它对企业的成功与否极为重要，要尽可能做到严明、公正。

（4）统一指挥。指组织内每一个人只能服从一个上级并接受他的命令。

（5）统一领导。指一个组织，对于目标相同的活动，只能有一个领导，一个计划。

（6）个人利益服从整体利益。即个人和小集体的利益不能超越组织的利益。当二者不一致时，主管人员必须想办法使他们一致起来。

（7）个人报酬。报酬与支付的方式要公平，给雇员和雇主以最大可能的满足。

（8）集中化。这主要指权力的集中或分散的程度问题。要根据各种情况，包括组织的性质、人员的能力等，来决定“产生全面的最大收益”的那种集中程度。

（9）等级链。指管理机构中，最高一级到最低一级应该建立关系明确的职权等级系列，这既是执行权力的线路，也是信息传递的渠道。一般情况下不要轻易违反它。但在特殊情况下，为了克服由于统一指挥而产生的信息传递延误，法约尔设计出一种“跳板原则”，也叫“法约尔天桥”（Fayol bridge），图 1 - 11 中 C - H 就是一个法约尔天桥。

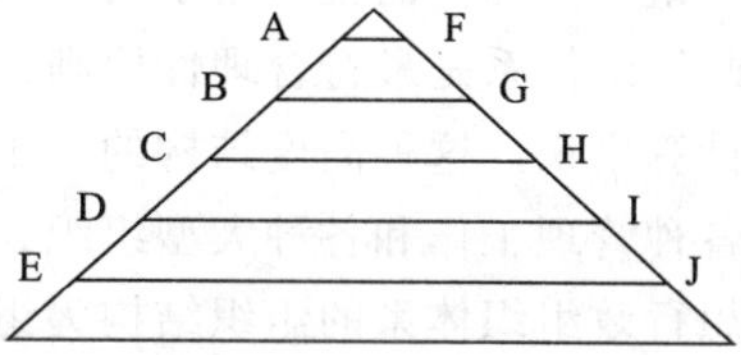

图 1 - 11 法约尔天桥

（10）秩序。指组织中的每个成员应该规定其各自的岗位，“人皆有位，人称其职”。

（11）公正。主管人员对其下属仁慈、公平，就可能使其下属对上级表现出热心和忠诚。

（12）保持人员的稳定。如果人员不断变动，工作将得不到良好的效果。

（13）首创精神。这是提高组织内各级人员工作热情的主要源泉。

（14）团结精神。指必须注意保持和维护每一集体中团结、协作、融洽的关系，特别是人与人之间的相互关系。

4. 在学校进行管理教育的必要性和可能性

法约尔认为，人的管理能力可以通过教育来获得，可以也应该像技术能力一样，首先在学校里，然后在车间里得到。为此，他提出了一套比较全面的管理理论，首次指出管理理论具有普遍性，可以用于各个组织之中，他把管理视为一门科学，提出在学校设置这门课程，并在社会各个领域宣传、普及和传授管理知识。

（三）韦伯的理想的行政组织体系理论

马克斯·韦伯（1864—1920）出生于德国，一生担任过教授、政府顾问、编辑等职务，是德国社会学家，经济学家和德国古典管理理学的代表人物。他的主要著作有《社会和经济组织的理论》《新教的理论和资本主义的精神》和《经济史》。在管理思想上的最主要贡献是提出了所谓理想行政组织体系理论，被后人称为“组织理论之父”。

理想的行政组织体系理论的核心是组织活动要通过职务或职位而不是通过个人或世袭地位来管理。“理想的”，不是指最合乎需要，而是指现代社会最有效和最合理的组织形式。之所以是“理想的”，因为它具有如下一些特点：

（1）实行职责分工。对每个职位上的组织成员的权力和责任都有明确的规定，并作为正式职责使之合法化。

（2）自上而下的等级系统。官员们按职务等级系列和权力等级进行安排，形成一个自上而下的等级严密的指挥体系，每一职务均有明确的职权范围。

（3）人员的任用。人员的任用完全根据职务的要求，通过正式的考评和教育、训练来实现。

（4）职业管理人员。管理人员有固定的薪金和明文规定的晋升制度，是一种职业管理人员，而不是组织的所有者。

（5）遵守规则和纪律。组织中包括管理人员在内所有成员必须严格遵守组织的规则和纪律。

（6）组织中人与人的关系。组织中人与人之间的关系以理性准则为指导，不受个人感情的影响。这不仅适用于组织内部，而且适用于组织与外界的关系。

韦伯认为这种理想的行政组织体系是最符合理性原则、效率最高的。组织的领导者和成员的成果，都能精确地计算出来。这种高度结构的、正式的、非人格化的理想的行政组织体系能适用于所有的各种管理工作和各种大型组织，如教会、国家机构、军队和各种团体。韦伯所设计的理想行政组织体系的组织结构为组织结构理论的发展勾勒出了基本的框架。

三、行为科学理论

行为科学理论应用于管理学，主要是对工人在生产中的行为以及这些行为产生的原因进行分析研究。

（一）梅奥及其霍桑试验

1. 霍桑试验

乔治·埃尔顿·梅奥（George Elton Mayo），是原籍澳大利亚的美国行为科学家。1924—1932年间，美国国家研究委员会和西方电气公司合作，由梅奥负责进行了著名的霍桑试验（Hawthorne Experiment），即在西方电气公司所属的霍桑工厂，为测定各种有关因素对生产效率的影响程度而进行的一系列试验，由此产生了人际关系学说，试验分四个阶段。

第一阶段：工场照明试验（1924—1927年）。该试验是选择一批工人分为两组，一组为“试验组”，先后改变工场照明强度，让工人在不同照明强度下工作；另一组为“控制组”，工人在照明度始终维持不变的条件下工作。试验者希望通过试验得出照明度对生产率的影响，但试验结果发现，照明度的变化对生产率几乎没有什么影响。这个试验似乎以失败告终。但这个试验得出了两条结论：①工场的照明只是影响工人生产效率的一项微不足道的因素；②由于牵涉因素太多，难以控制，且其中任何一个因素足以影响试验结果，故照明对产量的影响无法准确测量。

第二阶段：继电器装配室试验（1927 年 8 月—1928 年 4 月）。旨在试验各种工作条件的变动对小组生产率的影响，以便能够更有效地控制影响工作效果的因素。研究小组做了材料供应、工作方法、工作时间、劳动条件、工资、管理作风与方式等各个因素对工作效率影响的实验，比如增加工间休息，公司负责供应午餐和茶点，缩短工作时间，实施每周五天工作制，实行团体计件工资制，并允许女工在工作时间自由交谈。结果发现无论各个因素如何变化，产量都是增加的，由于督导方法的改变，工人工作态度也有所变化，因而产量增加。

第三阶段：大规模的访问与调查（1928—1931 年）。两年内他们在上述试验的基础上进一步开展了全公司范围的普查与访问，调查了 2 万多人次，发现所得结论与上述试验所得相同，即“任何一位员工的工作绩效，都受到其他人的影响”。于是研究进入第四阶段。

第四阶段：接线板接线工作室试验（1931—1932 年）。以集体计件工资制刺激，企图形成“快手”对“慢手”的压力以提高效率，历时 6 个月。公司给他们规定的产量标准是焊合 7312 个接点，但他们只完成了 6000 ~ 6600 个接点。试验发现，工人既不会为超定额而充当“快手”，也不会因完不成定额而成“慢手”，当他们达到他们自认为是“过得去”的产量时就会自动松懈下来。其原因是，生产小组无形中形成默契的行为规范，即工作不要做得太多，否则就是“害人精”；工作不要做得太少，否则就是“懒惰鬼”；不应当告诉监工任何会损害同伴的事，否则就是“告密者”；不应当企图对别人保持距离或多管闲事。根本原因有三个：一是怕标准再度提高；二是怕失业；三是为保护速度慢的同伴。这一阶段的试验，还发现了“霍桑效应”，即对于新环境的好奇和兴趣，足以导致较佳的成绩，至少在初始阶段是如此。

2. 人际关系学说

根据霍桑试验的结果，梅奥于 1933 年出版了《工业文明中的人类问题》一书，提出了与古典管理理论不同的观点，形成了人际关系学说，它的主要观点有以下几方面。

（1）工人是“社会人”，而不是单纯追求金钱收入的“经济人”。作为复杂的社会系统成员，金钱并非刺激积极性的推动力，他们还有社会、心理方面的需求，比如安全感、归属感等方面的需要，而后一方面所形成的动力，随着生产力的进步，对效率更有影响。

（2）企业中除了正式组织外，还存在非正式组织。非正式组织是企业成员在其共同的工作过程中，由于具有相同的社会感情而形成的非正式团体，如价值、爱好、行为观等，这种无形组织有它特殊的感情、规范和倾向，左右着成员的行为，非正式组织不仅存在而且同正式组织相互依存，对生产率的提高有很大影响，非正式组织对正式组织的作用也非常明显。

(3) 新型的领导在于提高职工的“满足度”，以提高士气提高劳动生产率。新型的领导在于通过对职工的“满足度”的增加来提高士气，生产率的升降主要取决于工人的士气，即工作的积极性、主动性与协作精神，而士气的高低则取决于人群关系对工人的满足程度，即他的工作是否被上级、同伴和社会承认，满足程度越高，士气也越高，生产效率也就越高。

（二）行为科学理论

行为科学应用在管理学上，主要是对工人在生产中的行为及这些行为产生的原因进行分析研究，包括人的本性和需要、行为的动机、人际关系等。

1. 突出人的因素和对人的研究

行为科学反映了人类社会发展的进步要求。行为科学贯彻了以人为本的思想，以人力资源为首要资源，高度重视对人力资源的开发和利用，提倡以人道主义的态度对待工人，通过改善劳动条件，提高劳动者工作生活的质量，培训劳动者的生产技能，调动人的积极性，进而提高劳动效率。

2. 吸收和借鉴相关学科成果形成了完善的学科体系

行为科学积极吸收了心理学、社会学、人类学等学科的科学知识，应用社会调查、观察测验、典型试验、案例研究等科学方法对人的行为、特别是职工在生产中的行为进行研究，提出了一些调动人的积极性的学说和方法，并在企业中实际应用，收到了相当的效果。许多管理学家、社会学家和心理学家从行为的特点、行为的环境、行为的过程以及行为的原因等多种角度开展对人的行为的研究，形成了一系列的理论，使行为科学成为现代西方管理理论的一个重要流派。

3. 提出了一系列具体要求以提高管理水平

行为科学理论解决的关键问题是号召人们掌握一种综合的管理技能，这些技能对处理人群问题至关重要。这些技能包括：①理解人类行为的诊断技能；②对工人进行咨询、激励、引导和信息交流的人际关系技能。梅奥等人创立的人际关系学说为行为科学的发展奠定了基础，他们提出的社会人、非正式组织等概念已被大多数行为科学家所接受。他们的成果使管理者在对待下属问题上发生了巨大的变化，对管理思想的发展作出了巨大的贡献。

四、西方现代管理理论

（一）现代管理理论阶段的主要学派

西方现代管理理论不是一种管理理论，而是对各种不同管理学派理论的统称。1961年哈罗德·孔茨在美国《管理学杂志》上发表《管理理论丛林》一文，把各种管理理论划分为6个学派，1980年哈罗德·孔茨在美国《管理学杂志》上发表《再论管理理论丛林》一文，在6个学派的基础上，又增加了5个学派，共划分为11个学派。

（二）现代管理理论主要内容

1. 管理科学学派

“管理科学”理论是指以现代自然科学和技术科学的最新成果（如先进的数学方法、电子计算机技术以及系统论、信息论、控制论等）为手段，运用数学模型，对管理领域中的人力、物力、财力进行系统的定量的分析，并作出最优规划和决策的理论。从历史渊源来看，“管理科学”是泰勒科学管理的继续和发展，因为它的主要目标也是探求最有效的工作方法或最优方案，以最短的时间、最少的支出，取得最大的效果。“管理科学”理论的主要内容包括以下三个方面：

（1）运筹学。运筹学是“管理科学”理论的基础，以杰出的物理学家布莱克特（P. M. S. Blackett）为首的一部分英国科学家为了解决雷达的合理布置问题而发展起来的数学分析和计算技术。为达到一定的目的，运用科学的方法（主要是数学的方法），进行数量分析，统筹兼顾研究对象的整个活动及所有各个环节之间的关系，为选择出最优方案提供数量上的依据，以便作出综合性的合理安排，最经济最有效地使用人力、物力、财力，以达到最大的效果。

（2）系统分析。系统分析这一概念是由美国兰德公司1949年首先提出的。运用科学和数学的方法对系统中事件的研究和分析，就是系统分析。其特点就是解决管理问题时要从全局出发，进行分析和研究，制定出正确的决策。因此，系统分析一般有如下步骤：第一，弄清并确定这一系统的最终目的，同时明确每个特定阶段的阶段性目标和任务；第二，必须把研究对象看作是一个整体，是一个统一的系统，然后确定每个局部要解决的任务，研究它们之间以及它们与总体目标之间的相互关系和相互影响；第三，寻求达到总体目标及与其相联系的各个局部任务和可供选择的方案；第四，对可供选择的方案进行分析比较，选出最优方案；第五，组织各项工作的实施。

（3）决策科学化。这是指决策时要以充足的事实为依据，采取严密的逻辑思考方法。对大量的资料和数据按照事物的内在联系进行系统分析和计算，遵循科学程序，作出正确决策。

2. 社会合作系统学派

这个学派认为，人与人的相互关系就是一个社会系统，它是人们在意见、愿望以及思想等方面的一种合作关系。从社会学的角度来分析各类组织。美国的切斯特·巴纳德是这一学派的创始人，其著作《经理的职能》对该学派有很大的影响。学派的理论有以下一些要点：

（1）组织是一个社会协作系统。这个系统能否继续生存，取决于：① 协作的效果，即能否顺利完成协作目标；② 协作的效率，即在达到目标的过程中，是否使协作的成员损失最小而心理满足较高；③ 协作目标能适应协作环境。

（2）指出正式组织存在的三个条件：① 有一个统一的共同目标；② 其中每一成员都能够自觉自愿地为组织目的实现作出贡献；③ 组织内部有一个能够彼此沟通的信息联系系统。此外，还指出，在正式组织内部还存在着非正式组织。

（3）对经理人员的职能提出三点要求：① 建立和维持一个信息联系的系统；② 善于使组织成员能够提供为实现组织目标所不可少的贡献；③ 规定组织目标。此外，美国的怀特·贝克（White Bake）从社会学角度提出“组织结合力”的概念，对管理理论也有很大意义。贝克指出，企业中的组织结合力包括：① 职能规范系统，即由于协作而划分和安排工作岗位所产生的合作系统；② 职位系统，即直线的职权层次；③ 沟通联络系统；④ 奖惩制度；⑤ 组织规程，即使企业具有特征和个性的构想与手段。

3. 经验或案例学派

这个学派主张通过分析经验（案例）来研究管理问题。最早提出这一见解的是美国的德鲁克、戴尔（E. Dale）、纽曼（W. Newman）、斯隆（A. P. Sloan）等人。认为应该从企业管理的实际出发，以大企业的管理经验为主要研究对象，通过研究各种各样成功和失败的管理案例，就可以了解怎样管理，这一学派的主要观点大致如下：

（1）作为企业主要领导的经理，其工作任务着重于两方面：① 造成一个“生产的统一体”，有效调动企业各种资源，尤其是人力资源作用的发挥；② 经理作出每一项决策或采取某一行动时，一定要把眼前利益与长远利益协调起来。

（2）对建立合理组织结构问题普遍重视。如德鲁克认为，当今世界上管理组织的新模式可以概括为以下五种：① 集权的职能性结构；② 分权联邦式结构；③ 矩阵结构；④ 模拟性分散管理结构；⑤ 系统结构。他还强调，各类组织要根据自己的工作性质、特殊条件以及管理人员的特点，来确定本组织的管理结构，切忌照搬别人的模式。

（3）对科学管理和行为科学理论重新评价。这一学派中的许多人提出，科学管理和行为科学理论都不能完全适应企业实际需要，只有经验学派将这二者结合起来才真正实用。

（4）提倡实行目标管理。德鲁克首先提出目标管理的建议，其后又有许多学者共同参与了研究。总之，经验或案例学派并未形成完整的理论体系，其内容也比较庞杂，但其中的一些研究反映了当代社会化大生产的客观要求，是值得注意的。

4. 决策理论学派

该学派的主要代表人物是曾获诺贝尔经济学奖的赫伯特·西蒙（Herbert Simon）。这一学派是在社会系统学派的基础上发展起来的，其理论要点如下：

（1）决策贯穿于管理的全过程，管理就是决策。

（2）决策过程包括 4 个阶段：① 搜集情况阶段，即搜集组织所处环境中有关经济、技术、社会各方面的信息以及组织内部的有关情况。② 拟定计划阶段，即在确定目标的基础上，依据所搜集到的信息，编制可能采取的行动方案。③ 选定计划阶段，即从可供选用的方案中选定一个行动方案。④ 评价计划阶段，即在决策执行过程中，对过去所做的抉择进行评价。这四个阶段中的每一个阶段本身都是一个复杂的决策过程。

（3）在决策标准上，用“令人满意”的准则代替“最优化”准则。以往的管理学家往往把人看成是以“绝对的理性”为指导，按最优化准则行动的“理性人”。西蒙认为事实上这是做不到的，应该用“管理人”假设代替“理性人”假设。这种“管理人”不考虑一切可能的复杂情况，只考虑与问题有关的情况，采用“令人满意”的决策准则，从而可以作出令人满意的决策。

（4）一个组织的决策根据其活动是否反复出现可分为程序化决策和非程序决策。此外，根据决策条件，决策还可以分为肯定型决策、风险型决策和非肯定型决策，每一种决策所采用的方法和技术都是不同的。

（5）一个组织中集权和分权的问题是和决策过程联系在一起的，有关整个组织的决策必须是集权的，而由于组织内决策过程本身的性质及个人认识能力的有限，分权也是必需的。

5. 社会技术系统学派

创立这一学派的是英国的特里斯特（E. L. Trist）及其同事，根据对煤矿中“长壁采煤法”研究的结果认为，要解决管理问题，只分析社会协作系统是不够的，还必须分析研究技术系统对社会的影响，以及对个人的心理影响。认为管理的绩效，以至组织的绩效，不仅取决于人们的行为态度及其相互影响，而且也取决于人们工作所处的技术环境。管理人员的主要任务之一就是确保社会协作系统与技术系统的相互协调。这个学派的大部分著作都集中于研究科学技术对个人、对群体行为方式，以及对组织方式和管理方式等的影响，因此，特别注重于工业工程、人—机工程等方面问题的研究。其代表著作有《长壁采煤法的某些社会学的和心理学的意义》《社会技术系统的特性》等。

6. 群体行为学派

这个学派同人际关系行为学派密切相关，它关心的主要是一定群体中的人的行为，而不是一般的人际关系和个人行为；它以社会学、人类文化学、社会心理学为基础，而不是以个人心理学习为基础。这个学派着重研究各种群体的行为方式，从小群体的文化和行为方式到大群体的行为特点，均在研究之列。有人把这个学派的研究内容称为“组织行为”（organizational behavior）研究，其中“组织”一词被用来表示公司、企业、政府机关、医院以及任何一种事业中一组群体关系的体系和类型。这个学派的最早代表人物和研究活动就是梅奥和霍桑试验。20 世纪 50 年代，美国管理学家克里斯·阿吉里斯（Chris Argyris）提出所谓“不成熟—成熟交替循环的模式”，指出“如果一个组织不为人们提供使他们成熟起来的机会，或不提供把他们作为已经成熟的个人来对待的机会，那么人们就会变得忧虑、沮丧，甚至还会按违背组织目标的方式行事。”

7. 人际关系行为学派

这个学派的依据是，既然管理就是让别人或同别人一起去把事情办好，因此，就必须以人与人之间的关系为中心来研究管理问题。这个学派把社会科学方面已有的和新近提出的有关理论、方法和技术用来研究人与人之间以及个人的各种现象，从个人的个性特点到文化关系，范围广泛，无所不包。这个学派的学者大多数都受过心理学方面的训练，注重个人行为的动因，把行为的动因看成为一种社会心理学现象。其中有些人强调处理人的关系是管理者应该而且能够理解和掌握的一种技巧；有些人把“管理者”笼统地看成是“领导者”，甚至认为管理就是领导，结果把所有的领导工作都当成为管理工作；还有不少人则着重研究人的行为与动机之间的关系，以及有关激励和领导问题。所有这些，都提出了对管理人员大有助益的一些见解。例如马斯洛的“需要层次理论”；赫兹伯格的“双因素理论”；布莱克和穆顿的“管理方格理论”。

8. 系统管理理论

系统管理理论是应用系统理论的范畴、原理，全面分析和研究企业和其他组织的管理活动和管理过程，重视对组织结构和模式的分析，并建立起系统模型以便于分析。这一理论是卡斯特（F. E. Kast）、罗森茨威克（J. E. Rosenzweig）和约翰逊（R. A. Johnson）等美国管理学家在一般系统论的基础上建立起来的，其理论要点主要以下几个：

（1）企业是由人、物资、机器和其他资源在一定的目标下组成的一体化系统，它的成长和发展同时受到这些组成要素的影响，在这些要素的相互关系中，人是主体，其他要素则是被动的。

（2）企业是一个由许多子系统组成的、开放的社会技术系统。企业是社会这个大系统中的一个子系统，它受到周围环境（顾客、竞争者、供货者、政府等）的影响，也同时影响环境。在企业内部又包含着若干子系统，它们是：① 目标和准则子系统，包括遵照社会的要求和准则，确定战略目标；② 技术子系统，包括为完成任务必需的机器、工具、程序、方法和专业知识；③ 社会心理子系统，包括个人行为和动机、地位和作用关系、组织成员的智力开发、领导方式，以及正式组织系统与非正式组织系统等；④ 组织结构子系统，包括对组织及其任务进行合理划分和分配、协调他们的活动，并由组织图表、工作流程设计、职位和职责规定、章程与案例来说明，还涉及权力类型、信息沟通方式等问题；⑤ 外界因素子系统，包括各种市场信息、人力与物力资源的获得，以及外界环境的反映与影响等。此外，还有一些子系统，如经营子系统、生产子系统等。这些子系统还可以继续分为更小的子系统。

（3）运用系统观点来考察管理的基本职能，可以提高组织的整体效率，使管理人员不至于只重视某些与自己有关的特殊职能而忽视了大目标，也不至于忽视自己在组织中的地位与作用。

9. 权变管理理论

权变管理理论是 20 世纪 70 年代在美国形成的一种管理理论。这一理论的核心就是力图研究组织的各子系统内部和各子系统之间的相互联系，以及组织和它所处的环境之间的联系，并确定各种变数的关系类型和结构类型。它强调在管理中要根据组织所处的内外部条件随机应变，针对不同的具体条件寻求不同的最合适的管理模式、方案或方法。美国尼布拉加斯大学教授卢桑斯（F. Luthans）在 1976 年出版的《管理导论：一种权变学》一书中系统地概括了权变管理理论，主要内容有以下几个。

（1）过去的管理理论可分为四种，即过程学说、计量学说、行为学说和系统学说，这些学说由于没有把管理和环境妥善地联系起来，其管理观念和技术在理论与实践上相脱节，所以都不能使管理有效地进行，而权变理论就是要把环境对管理的作用具体化，并使管理理论与管理实践紧密地联系起来。

（2）权变管理理论就是考虑到有关环境的变数同相应的管理观念和技术之间的关系，使采用的管理观念和技术能有效地达到目标。在通常情况下，环境是自变量，而管理的观念和技术是因变量。这就是说，如果存在某种环境条件下，对于更快的达到目标来说，就要采用某种管理原理、方法和技术。

（3）环境变量与管理变量之间的函数关系就是权变关系，这是权变管理理论的核心内容。环境可分为外部环境和内部环境。外部环境又可以分为两种：一种是由社会、技术、经济和政治、法律等所组成；另一种是由供应者、顾客、竞争者、雇员、股东等组成。内部环境基本上是正式组织系统，它的各个变量与外部环境各变量之间是相互关联的。决策、交流和控制、技术状况等管理变量包括上面所列四种学说所主张的管理观念和技术。

权变管理理论的最大特点是：① 它强调根据不同的具体条件，采取相应的组织结构、领导方式、管理机制。② 把一个组织看作是社会系统中的分系统，要求组织各方面的活动都要适应外部环境的要求。

10. 沟通（信息）中心学派

这一学派同决策理论学派关系密切，它主张把管理人员看成为一个信息中心，并围绕这一概念来形成管理理论。这一学派强调计算机技术在管理活动和决策中的应用，强调计算机科学同管理思想和行为的结合。大多数计算机科学家和决策理论家都赞成这个学派的观点。这个学派的代表人物有：美国的李维特（H. J. Leavitt），其代表作是《沟通联络类型对群体绩效的影响》；申农（Claude Shannou）和韦弗（Warren Weaver），其代表作是《沟通联络的数理统计理论》。

除上面介绍的几个学派外，还有一些学派，如管理过程学派以及近几年出现的还不太成熟的经理角色学派等，在管理理论丛林中也都是比较活跃和有代表性的。这里限于篇幅，就不一一介绍了。从理论上讲，经过一定阶段的发展需要走向统一，走向更高级的新的管理理论方面去；从实践上看，在现代化管理工作中，分散的、各抒已见的理论应用起来也会有很大局限性，因而也需要有一套系统的、全面的管理理论来指导。

实践训练

访问某一个企业或一位管理者

［实训项目］

通过访问某一个企业或一位管理者，培养学生关注企业，了解企业和学习管理学的兴趣，提高参加社会实践活动的主动性、积极性和创造性。

［实训内容］

1. 要求学生了解该企业的某一基本业务职能，如计划管理、生产管理、技术管理、营销管理、物资设备管理、财务管理、行政管理、人事管理、后勤管理等。

2. 向管理者了解他的职位、工作职能、胜任该职务所必需的管理技能的情况，企业管理者应该具有哪些方面的素质和能力。

［实训组织］

1. 把全班同学分成两大组，第一组学生访问企业，第二组访问某位管理者。

2. 第一组学生以5~7人为一个小组，走访某一个企业。

3. 第二组学生以3~5人为一个小组，走访某一位管理者。

［实训考核］

1. 要求每位学生写出访问报告或小结。

2. 要求学生填写实训报告。其内容包括：① 实训项目；② 实训目的；③ 实训内容；④ 本人承担的任务及完成情况；⑤ 实训小结。

3. 教师评阅后写出实训评语，实训小组进行全班交流。

第二章

管理基本原理与方法

【章前导读】

管理的任务

现代人类的目标和抱负，需要前所未有的努力合作才能实现。我们之所以能改造贫民区，治理污染，给予个人自我表现的机会，提高生活水平和实现社会的及个人的许多目标，全依赖于联合行动。如果个人，甚至一个群体，只想实现自给（生产他们自己所需的食物、衣着和住房），那么充其量也只能勉强维持生存。

但当人们在各种企业中联合起来，共同经营他们的资源，同众多的人或企业相互交换他们的产品时，他们就掌握了走向共同富裕繁荣的手段。

管理的任务就是使这种合作努力得以顺利进行，这就需要管理人员把人力、机器和资金这样一些未经组织的资源转变为一个卓有实用价值的企业。

资料来源：［美］W·H. 纽曼，小C·E. 萨默．管理过程——概念、行为和实践．北京：中国社会科学出版社，1995，5

第一节

管理基本原理

原理是指某种客观事物的实质及其运动的基本规律。管理原理是对管理工作的实质内容进行科学分析总结而形成的基本真理，它是现实管理现象的抽象形式，是对各项管理制度和管理方法的高度综合与概括，因而对一切管理活动具有普遍的指导意义。

一、系统原理

（一）系统与管理系统

系统是指由若干相互联系、相互作用的部分组成，在一定环境中具有特定功能的有机整体。就其本质来说，系统是“过程的复合体”。在自然界和人类社会中，一切事物都是以系统的形式存在的，任何事物都可以看作是一个系统。管理系统是指由管理者、管理对象等若干个相互联系，相互作用的要素和子系统，按照管理整体目标结合而成的有机整体。

对管理系统的概念，应从以下几个方面理解：第一，管理系统是整体的，发挥着整体功能，管理系统中，任何一个子系统都必须是为实现管理的整体功效和目标而服务的。第二，管理系统是由若干要素或子系统构成的，各个要素或子系统之间是相互联系、相互依存的。第三，管理系统在结构上是分层次，系统内可划分为若干个子系统，而管理系统又从属于更大的社会系统。

管理系统一般主要由以下要素构成：

1. 管理目标

管理目标是管理整体功能的集中体现，是管理系统建立与运行的出发点，也是管理系统正常运行的管理效果，管理系统必须围绕管理目标正常运行，管理者所有的管理行为都是为了实现管理目标。

2. 管理者

管理者是主体，是管理系统中最核心、最关键的要素，管理系统中的许多活动和行为都要靠管理者去实施，管理者是整个管理系统的统帅者，是发挥管理系统整体功效、实现管理目标的关键力量。

3. 管理对象

管理对象是管理者为实现管理目标，通过管理行为作用其上的客体。管理对象包括各类社会组织及其构成要素与职能活动，资源或要素是构成组织的基本单位，其动态组合与运行构成了职能活动，资源与活动又共同构成了完整的组织及其行为。资源、活动、组织是具有不同形态的，它们都受管理行为的作用，共同影响管理成效和目标的实现。

4. 管理环境

管理环境是指存在于社会组织内部与外部的影响管理实施和管理功效的各种因素的

总和，任何管理活动都存在于一定管理环境之中，必须受管理环境的影响，反过来又会对管理环境起到反作用，所以管理环境也是管理系统的组成部分。

5. 管理方法

管理方法是管理者为实现组织目标，组织和协调管理要素的工作方式、途径或手段。管理方法是实施管理行为的途径或手段，对管理功效及目标实现具有直接的意义，所以，管理方法是管理系统的重要因素。

（二）系统原理要点

1. 整体性原理

整体性原理指系统要素之间相互关系及要素与系统之间的关系以整体为主进行协调，局部服从整体，使整体效果为最优。实际上就是从整体着眼，部分着手，统筹考虑，各方协调，达到整体的最优化。

从系统目的的整体性来说，局部与整体存在着复杂的联系和交叉效应。当局部和整体发生矛盾时，局部利益必须服从整体利益。

从系统功能的整体性来说，系统的功能不等于要素功能的简单相加，而是往往要大于各个部分功能的总和，即“整体大于各个孤立部分的总和”。系统要素的功能必须服从系统整体的功能，否则，就要削弱整体功能，从而也就失去了系统功能的作用。

2. 动态性原理

系统作为一个运动着的有机体，其稳定状态是相对的，运动状态则是绝对的。系统不仅作为一个功能实体而存在，而且作为一种运动而存在。系统内部的联系就是一种运动，系统与环境的相互作用也是一种运动。系统的功能是时间的函数，因为不论是系统要素的状态和功能，还是环境的状态或联系的状态都是在变化的，运动是系统的生命。掌握系统动态原理、研究系统的动态规律，可以使我们预见系统的发展趋势，树立起超前观念，减少偏差，掌握主动，使系统向期望的目标顺利发展。

3. 开放性原理

对外开放是系统的生命。例如，工业企业系统必须通过投入和产出与外部社会进行交流，从而获取盈利，盈利则是企业生存发展的必要条件。在管理工作中，任何试图把本系统封闭起来与外界隔绝的做法，都只会导致失败。明智的管理者应当从开放性原理出发，充分估计到外部对本系统的种种影响，努力从开放中扩大本系统从外部吸入的物质、能量和信息。

4. 综合性原理

系统的综合性原理包括的含义，一方面是系统目标的多样性与综合性。系统最优化目标的确定，是靠从各种复杂的甚至对立的因素中综合的结果。综合性原理的另一方面是系统实施方案选择的多样性与综合性，就是说同一问题可以有不同的处理方案，为了达到同样一个目标，有各种各样的途径与方法。方案的多样性要求我们必须进行综合研究，选出满意方案。系统的综合性原理的又一重要方面是由综合而创造，现在一切重大尖端科学技术，无不具有高度的综合性，世界上没有什么新的东西不是通过综合而得到的，管理者既要学会把许多普普通通的东西综合为新的构思、新的产品、创造出新的系统，又要善于把复杂的系统分解为最简单的单元去解决。

5. 环境适应性原理

如果系统与环境进行物质、能量和信息的交流，能够保持最佳适应状态，则说明这是一个有活力的理想系统。否则，一个不能适应环境的系统则是无生命力的。系统对环境的适应并不都是被动的，也有能动的，那就是改善环境。环境可以施加作用和影响于系统，系统也可施加作用和影响于环境。作为管理者，既要有勇气看到能动地改变环境的可能，又要冷静地看到自己的局限，这样才能实事求是地作出科学的决策。

（三）系统原理的具体应用——整分合原则

系统原理对管理活动的最基本要求，就是要从整体出发，制定管理系统的目标，根据科学的分解，明确各子系统的目标，进而在合理分工的基础上进行总体的组织综合，从而保证管理目标的顺利实现。这种对系统的整体把握、科学分解、组织综合的要求，就是整分合原则。

整分合原则是指为了实现管理目标，在整体规划下明确分工，进而在分工基础上再进行有效地综合。其中，整体是前提，分工是关键，综合是保障。整分合原则在具体操作中，一般要经过三个阶段：第一阶段，把握整体目标，即在对系统本身的环境分析的基础上，从系统整体的角度设计和确定系统的总体目标；第二阶段，系统分解，即在整体目标指导下，对计划、任务分解，对系统内各部门及个人的职责与任务进行分配；第三阶段，综合协调，即在系统内按照系统内在的联系把各部门、各环节有效地结合起来，协调它们之间的关系，整合力量，促进系统整体目标的实现。

二、人本原理

（一）人本原理及其特点

1. 人本管理

管理的人本性是指在管理过程中以人为中心，把调动人的积极性放在首位。现代管理思想把人的因素放在第一位，重视处理人与人的关系，强调人的自觉性和自我实现精神，主张以人及人的积极性、主动性、创造性为管理的核心和动力。为了实现管理目标，一切管理工作必须以提高人的素质、调动人的积极性、主动性和创造性，做好人的工作为根本。人本管理是企业管理中最重要的管理，是企业管理之本，人本管理就是要求企业管理必须以人为中心，以做好人的工作为根本。

2. 人本管理的特点

“以人为本”的管理，指在企业管理过程中以人为出发点和中心，围绕着激发和调动人的主动性、积极性、创造性展开的，以实现人与企业共同发展的一系列管理活动。其具有下列几个特点：①以人为本的管理主要是指在企业管理过程中以人为出发点和中心的指导思想；②以人为本的管理活动围绕着激发和调动人的主动性、积极性和创造性来展开；③以人为本的管理致力于人与企业的共同发展。

（二）人本原理内涵与基本原则

1. 人本原理内涵

管理的人本原理就是指管理者在管理活动中充分重视人的作用，尊重人、理解人，并通过满足人的需要来调动人的积极性、主动性和创造性。对这个原则的理解可以从以下几个角度入手。

第一，人本原理是对人的本质属性认识的深化。关于人性理论的探索和研究，为人本原则的形成奠定了坚实的基础。例如，美国心理学家谢恩在归纳前人理论的基础上提出了人性的四种假设，即“经济人”“社会人”“自我实现人”和“复杂人”的假设。“经济人”假设认为，人的一切行为都是为了最大限度地满足自己的私利，人都要争取自己的经济利益；“社会人”假设认为，人们在工作中得到的物质利益，对于调动人们的积极性，只发挥次要作用，更重要的是在工作中与周围的人友好相处，良好的人际关系对于调动人的工作积极性是决定性的因素；“自我实现人”假设认为，人都要发挥自己的潜力，表现自己的才能，只有人的潜力充分表现出来了，人才会感到最大的满足；“复杂人”假设则认为，人是复杂的，人的需要也是复杂的，不仅人与人不同，而且一个人在不同时间、不同地点、不同的环境下也是不一样的。根据“复杂人”的假设，提出了一种新的管理理论，称之为权变理论，由于该理论不同于 X 理论，也不同于 Y 理论，所以把它称为超 Y 理论，超 Y 理论就是“以人为中心”管理思想的具体体现。

第二，树立“以人为中心”的管理思想，是做好管理工作的根本保证。管理过程中的各种客观因素及各个环节，都需要由人来控制，管理职能活动的有效发挥，管理目标的最终实现，都要由人来完成。离开了人的活动，管理活动就无从谈起。

第三，充分发挥人的主观能动性的主要途径就是重视人的需要。这里所讲的“人的需要”指的是绝大多数成员的需要，是由管理系统中全体成员的基本和共同的利益所决定的。对此，我们应该摒弃一种错误的观念，即认为以人为本就是以“少数人”为本、甚至以某个人为本，这种观念与人本原理是相违背的。

第四，在管理工作中坚持人本原理的关键是充分发挥人的主观能动性。人的主观能动性是人类积极、主动地探索和改造客观世界的动力源泉，在管理系统的所有要素之中，只有人具有这种主观能动性，主动性强，而其他要素都是被动的，由人来支配和操纵的。如何创造条件，充分调动人的能动性，使人们能够积极地、主动地从事到管理活动中去，就成为管理工作者的中心任务。

2. 人本管理的基本原则

以人为本的管理要以人的全面发展为核心，人的发展是企业发展和社会发展的前提。以人为本管理的基本原则有：①重视人的需要；②激励员工为主；③培养员工；④组织设计以人为中心。

3. 现代管理的核心是使人性得到最完美的发展

人之初，性本善还是性本恶？这个问题已经争论了许多世纪。这个争论，不论在中外古代的伦理思想中，还是在现代管理学的研究中，都得到了不同程度的反映。这两种相互对立的观点都可在社会生活中找到支持或反对的论据与事例。这个事实本身就表明，世界上并不存在绝对善或恶的人性。人性是受后天环境影响而形成的，因而也是可以塑造和改变的。不同的时代，人性都不可避免地打上历史的烙印。在封建社会，人身依附成为人性中最普遍的现象。君臣之间、官民之间、夫妇之间、父子之间、地主农民之间、师徒之间等，几乎无不以人身依附作为建立正常关系的准则，并且以是否完全遵守这一准则作为评价人性是否完美的标准。一切管理也都是建立在一方完全无条件服从另一方的基础之上的。资本主义社会彻底摧毁了这种封建的人身依附关系，建立了以人的利己本性为基础的商品经济关系。资本家拥有资本，劳动者拥有自己的劳动力，人们都是“平等”的“商品”所有者，都是为了利己的目的通过市场进行“自由”的交换和买卖，相互讨价还价，然后成交、签订协议。因而“利己”和“守信”就成为资本主义条件下人际关系的基本准则，并以能否遵守这一准则作为评价人性是否正常、完美的标准。一切管理活动也都建立在这一准则之上。

只有管理者的人性达到比较完美的境界，才能使企业职工的人性得到完美的发展，而职工队伍的状况又是企业成功的关键。尊重人、依靠人、发展人、为了人是人本原理管理思想的基本内容和特点。

（三）人本原理的具体应用——民主管理

1. 民主管理

人本原理强调“以人为中心”，它是一种充分尊重人的价值的管理，它要求管理者与被管理者之间的关系建立在平等信任的基础上。因此，在管理方式上往往表现为广泛的民主参与，即实行民主管理。这种民主的管理，能够使每一位组织成员树立起较强的主人翁意识，增强他们的责任感，这样，就从根本上促进了他们的积极性、创造性的充分发挥。

2. 民主管理方式

民主的管理方式，就是在管理中遇事经常与下属商量，鼓励他们参与管理，具体的做法就是：第一，让员工通过正规的渠道，对社会、对本组织的活动目标、计划、管理人员的任免等提出合理化的建议，参与高层决策；第二，通过自己的代表或群众组织（如工会等），直接参与管理工作；第三，对社会及本组织的活动进行广泛的监督，同时监督管理机构和管理者的工作。这也就是对管理者进行的管理，因而员工成了管理管理者的主体。为了保证这种管理方式成为一种经常性的活动，并具有实质性的意义，民主管理应当成为一种制度。

民主参与管理并不意味管理者权力和责任的“放纵”，不是说谁想干什么就干什么，在民主管理中，被管理者进入了管理者队伍，就意味着：接受更多的责任和义务，受到更多的限制和制约。民主管理无非是打破了从上到下的单向的逐层管理，在管理系统的每一个层次都保证上下左右的相互监督、相互限制。

三、效益原理

（一）效益的概念与分类

1. 效益的概念

任何组织的管理都是为了取得更好的效益，效益的高低直接影响着组织的生存和发展。效益是管理的永恒主题。什么叫效益？效益、效果与效率有什么样的关系？

效益是指有效产出与投入之间的一种比例关系，是一种有益的效果，具体地说，它反映了人们的投入与所带来的利益之间的关系。在管理学中，效果、效率和效益都是对投入与产出之间关系的评价，效果是指单位时间经过转换而产出的有用成果，效果的概念侧重于主观的方面，强调合乎目的的程度；效率是指单位时间内所取得的效果的数量，反映了劳动时间的利用状况，效率的概念侧重于客观的方面的评价；效益则要求从主观与客观两个方面的统一中来进行判断，当效益的评价发生在造成这种结果的系统之内，它是指效果与效率的统一；当站在这一系统之外作出效益的评价时，所强调的则是这一结果的外部积极影响。

2. 效益的分类

一般地，效益可以分为经济效益和社会效益。经济效益是指人们在社会经济活动中所取得的收益性成果，它是通过提高经济活动的效果而得到的实际经济利益。这也就是说，是以最小代价，创造出最大价值，获得最佳经济效果。它是对管理的经济目标实现程度从数量方面进行评价的依据。所谓社会效益，是指劳动所产生的成果对社会产生的有用的和积极的影响程度和做出的贡献。这种效益与经济效益的关系是矛盾统一的，一方面，经济效益好，社会效益也好；反之，经济效益差，社会效益也不好；另一方面，二者之间的关系又是矛盾的，有时候，经济效益好，社会效益并不好。

经济效益和社会效益之间既有联系，又有区别。经济效益是社会效益的基础，社会效益是促进经济效益提高的重要条件。它们的主要区别是经济效益较社会效益直接、明显，容易计算，而要衡量计算社会效益就较困难。管理实践中，坚持两种效益的统一观点，确立科学的效益观，把长远和眼前、局部和全局的效益统一于经济和社会效益的协调统一之中。现代管理工作在处理经济效益与社会效益的关系上，应该是统筹兼顾，最大限度地追求经济效益与社会效益的同步增长，既反对单纯追求经济效益而不顾社会效益的倾向，也反对片面讲求社会效益而不讲经济效益的做法。当经济效益与社会效益发生矛盾时，应当从全局出发协调两者的关系，但是基本的原则是要让经济效益服从社会效益。

（二）效益影响因素与效益评价

1. 影响管理效益的因素

管理的效益取决于以下因素：

（1）取决于管理者。管理者是管理主体，在管理活动中居于主导地位，起核心作用。管理者的思想观念、行为方式对管理效益的影响是十分明显的。管理者的思想观念、行为方式对管理效益的影响，是通过计划、组织、人员配备、领导和控制等职能和环节而实现的。

（2）管理对象。管理的效益指标往往要通过管理对象才能实现，因此，管理对象也是影响管理效益的重要因素。现代管理的对象是由人、财、物、时间、空间、信息等要素组成一个有机体系，其中，人是最重要的。一般地讲，人的素质水平低，经济发展只能采取粗放型增长方式实现，其效益是比较低下的；人的素质水平高，加之其他相应的财、物、信息等条件，经济发展才可以采取集约型或知识密集型的增长方式来实现，这种增长方式的效益就要高得多。

（3）管理环境。效益是通过有效的管理活动来实现的，而管理活动又是在外部客观环境的影响下进行的，因此，管理环境也是影响管理效益的一个重要因素。影响管理效益的环境因素有：政治环境、经济环境、科学技术环境和社会心理环境。

2. 效益的评价

效益的评价可由不同主体（如首长、群众、专家、市场等）从多个不同角度去进行，因此没有一个绝对的标准。不同的评价标准和方法，得出的结论也会不同，甚至相反。有效的管理首先要求对效益的评价尽可能公正和客观，因为评价的结果直接影响组织对效益的追求和获得，结果越是公正和客观，组织对效益追求的积极性就越高，动力也越大，客观上产生的效益也就越多。

追求效益要学会自觉地运用客观规律。例如，必须学会运用价值规律，随时掌握市场情况，制定灵活的经营方针，灵敏地适应复杂多变的竞争环境，满足社会需求。只有这样才能够获得好的效益。

（三）效益原理的内容及要求

1. 效益原理的内容

在管理中，重视效益，追求效益，以最小的消耗和代价获取最佳的经济效益和社会效益，追求管理的整体效益和长期效益，这就是管理的效益原则的基本要求。管理者必须把树立正确的效益观念作为管理工作的前提，这就要求管理者自觉地克服一切忽视效益的管理思想和方式，把追求效益作为管理活动的准则。

2. 效益原理应用时应注意的问题

（1）要注意管理效益与组织经营战略的协调。在现代化管理中，采用先进的科学方法和手段，建立合理的管理机构和规章制度无疑是必要的，但更重要的是一个管理系统的经营战略，这是带有全局性的问题。实际上，管理只解决如何“正确地做事”，战略才告诉我们怎样“做正确的事”。如果企业经营战略错了，局部的东西再好，但产品不适销对路，质量再好，价格再低，也毫无意义。管理效益总是与战略联系在一起的。

（2）追求局部效益必须与追求全局效益协调一致。全局效益是一个比局部效益更为重要的问题。如果全局效益很差，局部效益的提高就难以持久。当然，局部效益也是全局效益的基础，没有局部效益的提高，全局效益的提高也是难以实现的。局部效益与全局效益是统一的，有时又是矛盾的。因此，当局部效益与全局效益发生冲突时，管理者必须把全局效益放在首位，做到局部服从全局。

（3）在实际工作中，管理效益的直接形态是通过经济效益而得到表现的。这是因为由于管理系统是一个人造系统，它是通过管理主体的劳动所形成的按一定顺序排列的多方面多层次的有机系统。尽管其中有纷繁复杂的因素相交织，但每一种因素均通过管理主体的劳动而活化，并对整个管理运动产生着影响。综合评价管理效益，当然必须首先从管理主体的劳动效益及所创造的价值来考虑。

（4）确立管理活动的效益观。管理活动要以提高效益为核心。追求效益的不断提高，应该成为管理活动的中心和一切管理工作的出发点。要克服传统体制下“以生产为中心”的管理思想，因为这种管理思想必然导致片面追求产值、盲目增加产量的倾向，从而可能造成产品大量积压、效益普遍低下的状况。

（5）管理应追求长期稳定的高效益。企业每时每刻都处于激烈的竞争中，如果只满足于眼前的效益，而不以新品种、高质量、低成本迎接新的挑战，企业就会随时有落伍甚至被淘汰的危险。所以，企业经营者必须有远见卓识的创新精神，不能只追求当前效益，不惜竭泽而渔、寅吃卯粮，不保持必要的储备，不及时维护修理设备，不进行必要的技术改造，这样的话，必然损害企业长期效益。只有不断增强企业发展的后劲，积极进行企业的技术改造、技术开发、产品开发和人才开发，才能保证企业有长期稳定的高效益。

遵循效益原理，要学会自觉地运用客观规律。例如，必须学会运用价值规律，随时掌握市场情况，制定灵活的经营方针，灵敏地适应复杂多变的竞争环境，满足社会需求。

（四）效益原理的应用——效率管理

效率管理是通过分析组织及组织的流程，对组织的效率进行规定、分析和评估，提高组织的效率，从而有效地实现组织目标的活动。它强调要以一切可行的效率标准来统一人们的思想，指导人们的行动，把效率作为管理活动的宗旨，放在工作的中心位置，这是效率管理的精髓所在。

1. 效率管理的特点

（1）效率管理的目的是追求高效益。效率管理是有其目的的，它的目的是追求高效益。效率管理正是通过追求效益来实现其管理目的的，设法用最短的时间完成最多的工作，用最小的投入获得最大的收益的目的。

管理的本质是提高效率，效率管理以效率为标准对组织的管理效果进行分析，通过和竞争对手进行比较，来判别组织资源的利用率，在和竞争对手的成本、产量和利润的对比中，寻找差距，查明原因，完善管理，通过追求效率达到提高效益的目的。

效率管理是以追求效率为起点，以考核组织目的的实现为终结，是一种重视过程的管理方法。效率管理通过优化管理过程来达到实现优化组织效益的目的。

（2）以组织效率为中心的全面管理。效率管理是以效率为中心。效率问题是管理活动的出发点和归宿，管理的核心问题就是要提高效率。因此，必须紧紧地把握效率这个管理的核心问题，以提高效率为管理的目的。

从普遍的意义上看，效率是与一定的人、一定的管理对象和一定的工作手段联结在一起的。换句话说，效率是相对于一定的组织而言的。很难设想一个人浮于事、机构混乱、责任不清、赏罚不明、缺乏系统的组织会有什么效率可谈，对于一个管理者来说，只有不断提高组织效率，才能提高组织的管理水平，推进组织的不断发展。

组织效率的提高，要对组织进行全面管理。它包含有三层意思：

第一，要从组织流程的全过程考虑效率管理，比如企业中产品设计、产品试制、原材料采购、产品储备、产品生产和销售等各个方面，都要进行管理。这种管理表现为全过程的效率管理。

第二，全员的管理，即组织中的所有人员都要参加效率管理，从组织的最高领导到管理部门，再到每个组织成员都要加入效率管理之中。这种效率管理表现为全员性的效率管理。

第三，所有要素的管理，即组织中的所有要素，包括物资、设备、仪器、材料、工资、折旧费、其他支出等都要加以管理。这种效率管理表现为全要素的效率管理。

（3）强调动态性。效率管理是过程管理，效率管理同时也是动态的管理，管理者时时监控管理的过程，管理者通过研究组织的流程，重视、强调研究组织过程中如组织、指挥、监督、调节的管理，甚至包括组织成员进行的基本操作或动作，以及每个成员所使用的工具。一旦发现管理过程中某一环节出现偏差，就能及时发现偏差并迅速报告上级，以便及时采取措施加以纠正，这样就需要在管理的过程中动态地解决管理问题，对企业和组织进行动态管理。这种管理由于重心前移，加强事先控制，因此有利于避免管理工作的重大失误。

2. 提高效率的途径

管理的首要任务是对人的管理，通过对人的组织、指导和调节，充分调动人的主动性、积极性和创造性，做到人尽其才。提高人的效率，需要通过建立相关的组织与人事制度来明确个人责任。管理者只有使组织机构的每个岗位都有非常明确的责任，并通过制度把组织成员的行为纳入有利于实现组织目标的工作轨道上来，才能使整个组织有效地运行起来。

现代管理要求任何组织都不能再通过高消耗来带动组织的发展，而应当把降低成本作为挖掘组织发展潜力的基本途径。在管理系统中除人之外还存在一些物质成分，如物资、设备、资金、技术、信息等。管理好、使用好资金、物资设备和设施，是提高管理效益、降低管理成本的重要途径，科学的管理和合理地使用物资资源将会最大限度地提高效益。

3. 效率的标准

使用效率管理的方法，首先要在组织中建立正确的效率标准。设计效率的标准是效率管理的重要组成部分。标准可能有许多种类，可以用货币单位来表示，如销售额、成本、投资费用或利润等，也可以用非货币形式来说明，如产量、工时、速度或废品量等，还可用可考核的定性要求来表示。其中最为理想的是可考核的目标。设计效率标准的方法一般有：

第一，可以用本组织或其他同类组织过去资料的分析为基础来确立现在的效率标准。这种方法简单易行，但是过去的一些数据很难说明现在的情况，尤其在组织的工作条件和技术水平发生很大的变化时。例如，使用现在的机器，就不能按几十年前的数据去制定标准。

第二，可以凭借主观经验进行判断确立标准。在许多情况下，有些工作标准本身就无法数量化。例如人的积极性，组织对社会活动的贡献等。在这种情况下，就只能以过去的经验为基础进行判断，以确立工作标准。在采用这种方法时，管理人员的经验非常重要，工作标准是否符合实际情况主要取决于他们的经验，主观性较强。

第三，用测量分析的方法。在对具体工作所作的客观测量基础上进行分析，设计出每个工作人员的工作量。对每个工作人员工作量的研究可以运用时间动作分析方法，这种方法最初是由泰勒倡导的，此后，又被广泛地应用于各类组织，确定各种工作的标准。当然，运用此法还要考虑到影响测量结果的多种因素，例如工作的难度、工作人员的技巧、努力程度、工作条件等。

4. 效率管理的步骤

效率管理的管理过程一般都要经过：① 调查分析组织状况，进行效率对比，确定效率标准；② 拟订、评价并抉择方案；③ 组织实施方案；④ 考察方案执行情况，并修订方案；⑤ 组织实施新方案，监督并反馈。上述的各个步骤是相互依赖的，前一个步骤是后一个步骤得以实现的前提，后一个步骤是前一个步骤的目的和结果。管理者在进行某一步骤的工作时，必须以前一个步骤为基础，并为后一个步骤的进行创造条件，这样才能使整个管理活动有效地进行。

四、能级原理

在现代管理活动中，根据不同的能级，建立层次分明的组织机构，安排与职位能级相适应的人去担负管理任务，给予不同的权力与报偿，形成完整的、有层次的、尽责尽才的管理能级，从而保证管理最大能量的发挥，这就是管理的能级原理。

（一）能级与能级管理

1. 能级原理的含义

“能级”是现代物理学中最重要的概念之一，能是做功的本领，能量有大有小，把能量按大小排列，犹如梯级，就叫“能级”，意指作功能量的级别。它给予管理学以深刻的启示：在一个管理系统中，机构、人员、制度、方法等都有能量，能量大小不同，在管理中发挥的功能和作用也不同。

2. 管理能级的类型

管理能级在管理系统中主要分为组织能级和个人能级。组织能级是指组织的分级管理，即依据工作的性质、特点、涉及的范围以及对组织绩效的影响度等因素进行的组织分工，如组织可以分为三个层次：战略决策层、计划执行层和作业监督层，也就是通常所说的高层、中层和基层。管理层次与管理职位的高低取决于该层次、该职位实际的工作状况与工作要求。一般来讲，职权越大，对下级的控制面越广，所作决策和决定的影响力就越大，其管理层次与职位就越高；周围环境对其工作的限定性因素越少，所受监督越小，工作的自由度越大，要求独当一面的能力就越强，承担的责任就越大，其管理层次与职位就越高；工作内容越复杂，处理的非常规性问题越多，该业务要求的创造力、变革力就越强，其管理层次与职位就越高；工作方法越复杂化、知识层面越多样化、影响力越广泛，其管理层次与职位就越高。适于配置高层担任宏观管理人才，要求精通领导管理艺术，常称为“管理大师”；适于配置中层担任中观管理人才，要求“领导管理科学”的“管理专家”；适于配置基层担任微观领导人才，则要求是偏重于掌握“行为管理科学”的管理人才。

（二）能级原理应用时应注意的问题

1. 组织能级与人才能级在动态中相对应

岗位不同，能级不同，每个人也有不同的才能。现代化管理必须使相应才能的人处于相应能级的岗位，使人尽其才，各尽所能。要通过每个能级的实践、发展，锻炼和检验人们的才能，使之各得其位。只有这样才可以发挥最佳的管理效能。

2. 管理能级与权力、利益相对应

要提高管理系统的效率，必须使系统的各个不同的能级与不同的权力、物质利益和荣誉相对应，即不同能级应授予不同的权力和责任，给予不同的利益，使系统中处于不同能级上的管理者都能在其位、谋其政、行其权、尽其责、取其酬、获其荣，充分调动他们的积极性，发挥每个人的作用。

3. 能级的确定必须保证组织结构的稳定性

在管理系统中一方面应根据组织结构内部各层次、各部门对管理释放能量的大小确定它们在系统中的地位；另一方面各层次、各部门和各岗位之间人员应保持一定比例。个别环节能量过大或过小，都会影响结构的稳定性和效率。

五、动态原理

（一）动态原理的概念及特征

1. 动态原理的概念

管理的动态原理有两方面的含义：一是管理组织系统内部原有的结构、功能、运行状态，随着内部各要素及内部其他条件的变化而适时调整和变化的动态规律；二是管理组织作为更大系统的子系统，具有随着大系统的变化而变化的动态规律。因此，动态原理受到内外两方面条件的制约。

2. 动态原理的基本特征

（1）有序性。动态原理的有序性特征，是动态原理发挥有效作用的前提保证。管理组织的动态性活动不是混乱无序，而是按照一定的规律有序地运行的。

（2）适应性。这是动态原理的主要特征。分析研究内外环境的变化，努力适应其变化的要求，是动态管理的核心。正确运用动态原理的适应性特征，可以帮助管理系统走出无法持续保持系统高效的运转的困境，增强管理系统的应变能力和适应能力。

（二）动态原理的体现——弹性原则

1. 弹性原则的含义

管理必须遵循弹性原则，必须留有余地，把握其伸缩性，注重随时调节。弹性是一定程度上的自由调整、发挥的空间。所谓弹性管理原则，是管理的原则性和灵活性的统一，即通过一定的管理手段，使管理对象在一定条件的约束下，具有一定的自我调整、自我选择、自我管理的余地和适应环境变化的余地，以实现动态管理的目的。

弹性管理原则最突出的特征就是“留有余地”。弹性管理可以使组织系统内的各环节在一定余地内自我调整、自我管理以加强整体配合；也可以使组织系统整体能随外界环境的改变而在一定余地内自我调整以具有适应性。

2. 弹性原则的分类

管理弹性一般分为局部弹性和整体弹性两类。第一，局部弹性就是任何管理必须在一系列重要的关键管理环节中保持可以调节的弹性。第二，整体弹性是指整个管理系统具有适应环境变化的应变能力或适应性，即具有整体可塑性。

局部弹性是整体弹性的基础，整体弹性是局部弹性的综合。同时，必须正确区分两种性质的弹性即被动弹性和主动弹性。被动弹性的根本特点是“被动应付”，其针对诸如计划指标过低，费用预算夸大，人浮于事，规章制度不健全，对整个管理系统采取应付态度，墨守成规地维持现状，不善于发挥人、财、物的潜能等。主动弹性则着眼于遇事“积极主动”，最大限度地开发管理要素的潜力，摒弃管理资源的浪费现象，使整个管理系统具有灵活应变的特性。这是弹性原则正确应用的体现。

3. 正确应用弹性原则的几点要求

（1）增强整体弹性。提高局部弹性，就是为了增强整体弹性。有了整体弹性，就有了实现系统整体目标的保证。对系统整体弹性的增强，既可以通过加强局部弹性来实现，也可以直接从整体角度入手来解决管理弹性问题。

（2）倡导“主动弹性”思想。真正有效的管理追求的是主动弹性。只有持主动弹性的思想，在系统内建立全面科学的应变体系，才能带给管理系统真正的生命力。“被动弹性”不利于管理系统未来的发展，使管理系统缺乏应有的发展后劲。提倡“主动弹性”思想，杜绝“被动弹性”思想，把被动思想转变为主动思想，是正确应用弹性原则的客观要求。

（3）着重提高关键环节的局部弹性。“抓重点”是正确应用弹性原则的另一要求，抓住重点的前提是关键因素或关键环节的确定。提高关键环节的局部弹性，应从几方面入手：第一，加强对关键环节未来发展变动的科学预测；第二，根据预测，建立各种科学有效的防范措施；第三，密切注意势态的发展。发现问题，及时采取相应措施，真正实现局部弹性。

4. 弹性原则的具体应用

（1）弹性管理在财务工作中的应用。财务管理面对的是复杂的内外环境，内外部环境的不确定性给了弹性管理以发挥作用的空间。

第一，弹性应用于财务管理的计划工作中。计划工作特别强调“留有余地”。弹性计划应具有两个特征：一是计划各要素特别是实施措施要具有一定的灵活性，以利于在执行计划时各要素能自行调整、补充、配合、完善；二是整个计划要具有应变能力。在一定限度内，计划的弹性越大，由未来意外事件引起大损失的危险性就越小。

第二，弹性原则应用于企业的投资决策，尤其是长期高风险决策。如果等到更多资讯和机会出现后，再作出投资决策，使投资决策具有弹性，就可以创造更有利的投资机会。

第三，弹性原则应用于财务管理的控制中。从某种意义上说，现在的薪酬和绩效评价体系也是一种弹性控制。弹性工资、股票期权激励为员工的努力工作提供了弹性空间，激励他们与企业目标一致，控制他们违反规定的行为，因为违反的话，他们就会失去高工资和股票。

第四，弹性原则应用于企业的资本结构中。保持资本结构弹性是财务运作的必要前提。现实中有的企业倾向于做大做强，其中一个重要原因就是大企业有巨大的资产担保，投资、融资可选择方式多，这是资本结构的规模弹性；有的企业乐于发行可转换证券，因为可转换证券给企业提供了一条调整资本结构的渠道，这是资本结构的转换弹性。

（2）弹性原则在企业经营管理中的应用。老子曰：“曲则全，枉则直。洼则盈，敝则新。长则得，多则惑。”意思就是说：处理事情，能弯曲则能保全，能委屈则能伸张；低陷则将得到充盈，陈旧则将会更新；人对于财物，少量拥有就会最终一直得到，贪多占有就将迷惑而失去方向。对于企业经营管理来说，必须遵循弹性原则，使动态经营管理具有一定的伸缩余地，使经济运行能在一定余地内变化。随着现代经济的发展，社会多样化趋势日益明显，客观上要求企业经营管理时具有弹性，只有这样才能适应变化的目标市场需求。

（3）弹性原则在企业组织结构中的应用。随着社会的发展，管理从固定的组织系统向富有弹性的组织系统发展，这是社会管理发展的又一个重要趋势。由于社会环境的不断变化，要求组织机构应该趋于灵活而富有弹性，以求信息畅通并行动迅速，具有很强的环境适应能力。

随着信息技术不断进步，网络经济不断发展，组织机构必然会越来趋于随意性和多样化，相应的组织管理也必将日趋柔性化。

第二节

管理基本方法

管理方法是在管理活动中实现管理功能，顺利实现管理目标的基本保证。管理方法是管理理论的具体化和实际化，任何一种管理理论都会提出一套独特的管理方法。这里所讲的管理方法，是指最一般的、最基本的管理方法，是一切具体的管理方法中的共性因素。在具体的管理活动中，必须遵循这些基本方法。

一、管理的行政方法

（一）行政方法的概念与实质

1. 行政方法的概念

行政方法是指依靠行政组织的权威，运用命令、规定、指示条例等行政手段，按照行政系统和层次，以权威和服从为前提，直接指挥下属工作的管理方法。

2. 行政方法实质

行政方法的实质是通过行政组织中的职务和职位来进行管理。它特别强调职责、职权、职位，而并非个人的能力或特权。任何部门、单位总要建立起若干行政机构来进行管理，它们都有着严格的职责和权限范围。上级指挥下级，完全是由于高一级的职位所决定的；而下级服从上级是对上级所拥有的管理权限的服从。

（二）行政方法的特点与作用

1. 行政方法的特点

行政方法实际上就是行使政治权威，它的主要特点是：

（1）权威性。行政方法所依托的基础是管理机关和管理者的权威。管理者权威越高，他所发出的指令被接受率就越高。提高各级领导的权威，是运用行政方法进行管理的前提，也是提高行政方法有效性的基础。管理者必须努力以自己优良的品质、卓越的才能去增强管理权威，而不能仅仅依靠职位带来的权力来强化权威。

（2）强制性。行政权力机构和管理者所发出的命令、指示、规定等，对管理对象具有程度不同的强制性。行政方法就是通过这种强制性来达到指挥与控制管理活动过程的目的。行政的强制性是要求人们在行动的目标上服从统一的意志，它在行动的原则上高度统一，但允许人们在方法上灵活多样。

（3）垂直性。行政方法是通过行政系统、行政层次来实施管理活动的，因此基本上属于纵向垂直管理。行政指令一般都是自上而下，通过纵向直线下达的。下级组织和领导人只接受一个上级的领导和指挥，对横向传来的指令基本上是不理睬的。因此，行政方法的运用，必须坚持纵向的自上而下，切忌通过横向传达指令。

（4）具体性。相对于其他方法而言，行政方法比较具体。行政指令的内容和对象是具体的，而且在实施过程中的具体方法上也因对象、目的和时间的变化而变化。任何行政指令往往是在某一特定的时间内对某一特定对象起作用，具有明确的指向性和一定的时效性。

（5）无偿性。运用行政方法进行管理，上级组织对下级组织的人、财、物等的调动和使用不讲等价交换的原则。一切根据行政管理的需要，不考虑价值补偿问题。

（6）稳定性。行政方法总是对特定组织行政系统范围内适用的管理方法。由于行政系统一般都具有严密的组织机构、统一的目标、统一的行动，以及强有力的调节和控制，对于外部因素的干扰具有较强的抵抗作用，运用行政方法进行管理可以使组织具有较高的稳定性。

2. 行政方法作用

由于行政方法具有以上特点，使用时就会产生一些独特的作用。

（1）行政方法的运用有利于组织内部统一目标，统一意志，统一行动，能够迅速有力地贯彻上级的方针和政策，对全局活动实行有效的控制。尤其是对于需要高度集中和适当保密的领域，更具有独特作用。

（2）行政方法是实施其他各种管理方法的必要手段。在管理活动中，经济方法、法律方法、教育方法、技术方法要发挥作用，必须经由行政方法，才能具体地组织与贯彻实施。

（3）行政方法可以强化管理作用，便于发挥管理职能，使全局、各部门和各单位密切配合，前后衔接，并不断调整它们之间的进度和相互关系。

（4）行政方法便于处理特殊问题。行政方法时效性强，能及时针对具体问题发出命令和指示，可以快刀斩乱麻，较好地处理特殊问题和管理活动中出现的新情况。

（三）行政方法的正确运用

行政方法是实现管理功能的一个重要手段，但只有正确运用，不断克服其局限性，才能发挥它应有的作用。

（1）管理者必须充分认识行政方法的本质是服务。服务是行政的根本目的，这是由管理的实质、生产的社会化以及社会主义公有制所决定的。行政不以服务为目的，必然导致官僚主义、以权谋私、玩忽职守等行为；而没有行政方法的有效管理，同样达不到服务的目的。就企业管理的行政方法来说，服务是为基层、为生产和科研第一线、为全体职工服务。

（2）行政方法的管理效果为领导者水平所制约。因为它更多的是人治，而不是法治。管理效果基本上取决于领导者的指挥艺术和心理，取决于领导者和执行者的知识、能力。行政方法的运用对领导者各方面的素质提出了很高的要求。

（3）信息在运用行政方法过程中是至关重要的。首先，领导者驾驭全局、统一指挥，必须及时获取组织内外部有用的信息，才能作出正确决策，避免指挥失误。其次，上级要把行政命令、规定或指示迅速而准确地下达，还要把收集到的各种反馈信息和预测信息发送给下级领导层，供下级决策时使用。行政方法要求有一个灵敏、有效的信息传输系统。

（4）行政方法的运用由于借助了职位的权力，因此，对行政下属来说有较强的约束力，较少遇到下属的抵制，这种特点可能使上级在使用行政方法时忽视下属的经济利益要求，从而容易助长那种无偿支付、无偿调拨、无偿供应的供给制管理作风，不利于充分调动各方面的积极性，从而可能导致动力不足，产生消极后果。所以，不可单纯依靠行政方法，要在客观规律的基础上，把行政方法和管理的其他方法、特别是经济方法有机地结合起来。

二、管理的经济方法

（一）经济方法的内容及特点

1. 经济方法的内容

经济方法是根据客观经济规律，运用各种经济手段，调节各种不同经济利益之间的关系，以获取较高的经济效益与社会效益的管理方法。这里所说的各种经济手段，主要包括价格、税收、信贷、工资、利润、奖金与罚款等。不同的经济手段在不同的领域中，可发挥各自不同的作用。

（1）价格。价格的高、低、涨、落，会直接影响生产企业和消费者的经济利益，从而影响他们的生产和消费行为。价格是否合理，是社会经济活动得以良性循环的一个十分重要的条件。企业要在价格政策规定的范围内，根据市场供需情况正确地制定本企业产品的价格，运用好浮动价格和季节差价、批零差价、地区差价、购销差价、质量差价等经济杠杆，增强企业竞争能力，改善企业经营地位，争取获得最大的经济效益。

（2）税收。税收是国家取得经济收入的重要来源，也是国家管理社会经济生活的重要手段之一。国家根据宏观控制的需要，合理制定不同的税种和税率，来调节生产和流通，调节一部分企业的利润水平，控制消费基金的过快增长，使社会经济的内部结构、发展趋势、活动规模等趋于合理。

（3）信贷。信贷是最为灵活、有效的经济杠杆。银行信用活动以吸收存款和储蓄形式，集中社会闲散资金；同时，按照社会经济发展的需要，以贷款形式发放给生产经营单位，满足其生产周转和扩大流通的需要，达到管理协调社会经济活动的目的。

（4）利润。利用利润杠杆来进行管理，从宏观上来说，国家通过一定的经济责任制形式，使企业的经济责任、经济权限和经济利益紧密结合。利润也是企业经济效益同职工的经济利益挂钩的一个重要指标，利用这种挂钩，可以促进企业劳动者从关心个人利益的角度更多地关心企业的经营及其成果。

（5）工资。根据按劳分配原则，应当按照职工每个时期实际劳动的数量和质量，联系企业的经济效益来支付职工的工资。由于不同企业的生产技术特点和劳动组织特点不同，反映职工劳动贡献的方法不同，所以各个企业应采用适合本企业特点和各类人员劳动特点的工资形式，如计时工资、计件工资、浮动工资、结构工资等。

（6）奖金与罚款。奖金是根据职工对企业所作额外贡献的大小，用货币形式付给职工的奖赏。奖金的项目和条件应能表达企业领导者对职工行为的期望，应能对职工的行动方向和努力目标具有引导作用。罚款是对职工违反规章制度，给企业群体造成危害的行为所进行的经济惩罚。它可以制约或收敛某些人的不轨行为，迫使人们努力完成劳动或工作定额。鼓励与惩罚最重要的是严明，该奖即奖，当罚则罚。

2. 经济方法的特点

管理的经济方法的实质是围绕着物质利益，运用各种经济手段正确处理好国家、集体与劳动者个人三者之间的经济关系，最大限度地调动各方面的积极性、主动性、创造性和责任感，促进经济的发展与社会的进步。与其他方法相比较，经济方法具有如下一些特点：

（1）利益性。经济方法是通过利益机制引导被管理者去追求某种利益，间接影响被管理者行为的一种管理方法。

（2）关联性。经济方法的使用范围很广，不但各种经济手段之间的关联错综复杂，影响面宽，而且每一种经济手段的变化都会影响到社会多方面经济关系的连锁反应。

（3）灵活性。一方面，经济方法针对不同的管理对象（如企业、职工个人），可以采用不同的手段；另一方面，对于同一管理对象，在不同情况下，可以采用不同方式来进行管理，以适应形势的发展。

（4）平等性。经济方法承认被管理的组织或个人在获取自己的经济利益上是平等的。社会按照统一的价值尺度来计算和分配经济成果；各种经济手段的运用对于相同情况的被管理者起同样的效力，不允许有特殊。

（二）经济方法的正确应用

经济方法与其他方法一样，必须正确运用才能充分发挥其价值。

1. 要注意将经济方法和教育等方法有机结合起来

在现代生产力迅速发展的条件下，物质利益的刺激作用将逐步缩小，人们更需要接受教育，以提高知识水平和思想修养。再者，如果单纯运用经济方法，易导致讨价还价、"一切向钱看"的不良倾向，易助长本位主义、个人主义思想。必须结合教育方法，做好精神文明建设。

2. 要注意经济方法的综合运用和不断完善

既要发挥各种经济杠杆各自的作用，更要重视整体上的协调配合。如果忽视综合运用，孤立地运用单一杠杆，往往不能取得预期的效果。在经济生活中有些产品具有特殊的性质（如农业用生产资料），国家既要鼓励生产，又要鼓励消费，以促进农业生产和技术进步。因而，仅凭单一的价格杠杆就难以奏效，必须综合运用一组杠杆。此外，随着改革开放的深入，要不断完善各种经济手段和杠杆，使之趋于合理，以适应经济发展的需要。

三、管理的法律方法

（一）法律方法的内容与实质

1. 法律方法的内容

法律方法是指国家根据广大人民群众的根本利益，通过各种法律、法令、条例和司法、仲裁工作，调整社会经济的总体活动和各企业、单位在微观活动中所发生的各种关系，以保证和促进社会经济发展的管理方法。

法律方法的内容，不仅包括建立和健全各种法规，而且包括相应的司法工作和仲裁工作。这两个方面是相辅相成、缺一不可的：只有法规而缺乏司法和仲裁，就会使法规流于形式，无法发挥效力；法规不健全，司法和仲裁工作则无所依从，造成混乱。

司法工作是由国家的司法机关按照法律和法规解决各种纠纷和审理案件的执法活动。司法机构"以法律为准绳，以事实为依据"，通过司法制裁，强制执行法规，停止违法活动，恢复正常秩序，并给予当事人一定惩罚，达到维护法律尊严、教育人民的目的。

仲裁即公断，如果组织之间发生纠纷，经过协商仍不能达成协议，就可由仲裁人或仲裁机构居中作出判断和裁决。经济仲裁分为经济合同仲裁和涉外仲裁两类。经济合同仲裁是指国家规定的仲裁机关对经济合同纠纷案件依法进行调解、作出裁决的活动。涉外仲裁是指我国涉外仲裁机构根据当事人之间签订的仲裁协议，基于当事人的仲裁申请，按照有关仲裁法律和仲裁规则，对其经济争议进行审理并作出裁决，从而解决争议的一种制度。

2. 法律方法的实质

法律方法的实质是实现经济上占统治地位的阶级的意志，并维护他们的利益，代表他们对社会经济、政治、文化活动实行强制性的、统一的管理。在社会主义条件下，法律方法要反映广大人民的利益，反映社会发展的客观规律，调动和促进各个企业、单位和群众的积极性、创造性，使社会主义事业在改革开放中不断发展壮大。

（二）法律方法的特点与作用

1. 法律方法的特点

法律方法主要有下列特点：

（1）严肃性。法律和法规的制定必须严格地按照法律规定的程序和规定进行。一旦制定和颁布出来后，就具有相对的稳定性。法律和法规不可因人而异，滥加修改，必须保持它的严肃性。司法工作更是严肃的行为，它必须通过严格的执法活动来维护法律的尊严。

（2）规范性。法律和法规是所有组织和个人行动的统一准则，对他们具有同等的约束力。法律和法规都是用极严格的语言，准确阐明一定的含义，并且只允许对它作出一种意义解释。法律与法规之间不允许互相冲突，法规应服从法律，法律应服从宪法。

（3）强制性。法律、法规一经制定就要强制执行，各个企业、单位以至每个公民都必须毫无例外地遵守。否则，要受到国家强制力量的惩处。

2. 法律方法的作用

法律方法的运用，对于建立和健全科学的管理制度和管理方法，有着十分重要的作用。

（1）保证必要的管理秩序。管理系统内外部存在着各种社会经济关系，只有通过法律方法才能公正、合理、有效地加以调整，及时排除各种不利因素的影响；保证社会经济秩序的正常运行，为管理活动提供良好的外部环境。

（2）调节管理因素之间的关系。根据对象的不同特点和所给任务的不同性质，规定不同管理因素在整个管理活动中各自应尽的义务和应起的作用。这是管理的法律方法所具有的一定的自动调节功能。

（3）使管理活动纳入规范化、制度化轨道。法律方法的运用，有助于使符合客观规律、行之有效的管理制度和管理方法用法律的形式规范化、条文化、固定化，使人们有章可循。严格执行这些制度和方法，管理系统便能自动有效运转，这样既可保证管效理率又可节约管理者精力。

（三）法律方法的正确运用

法律方法从本质上讲是通过上层建筑的力量来影响和改变社会活动的方法。这里就有双重作用问题，既可以起促进作用，也可以起阻碍作用。如果各项法律和法规的制定和颁布符合客观规律的要求，就会促进社会、经济的发展；反之，也可能成为社会、经济发展的严重障碍。法律方法由于缺少灵活性和弹性，易使管理僵化，而且有时会不利于基层单位发挥其主动性和创造性。

在管理活动中，各种法规要综合运用、相互配合，因为任何组织的关系都是复杂的、多方面的。就企业管理而言，法律方法不仅要求企业掌握和运用企业法以及与企业生产经营活动直接相关的经济法律，而且也要掌握和运用民法赋予的权利和义务。企业成为法人，一方面其权利地位受到法律保护；另一方面企业的义务和责任也严格化了。这样，就要求企业进行整顿和加强内部的经济责任，建立和健全各种条例和规章制度，克服瞎指挥、不负责任的现象。只有法律方法和管理的其他方法综合使用，才能达到最有效的管理目标。

四、管理的教育方法

（一）教育方法的实质和任务

1. 教育方法的实质

教育是按照一定的目的、要求对受教育者从德、智、体诸多方面施加影响的一种有计划的活动。管理的人本原理认为，管理活动中人的因素第一，管理最重要的任务是提高人的素质，充分调动人的积极性、创造性。而人的素质是在社会实践和教育中逐步发展、成熟起来的，通过教育，不断提高人的政治思想素质、文化知识素质、专业水平素质，是管理工作的主要任务。

2. 教育方法的任务

教育是管理的基本方法之一，社会主义教育的方法是劳动群众自我完善和发展的一种有计划的活动，是加强社会主义精神文明建设的客观需要。社会主义教育的方法，其根本任务，是适应和满足社会主义建设事业的需要，培养有理想、有道德、有文化、有纪律的劳动者，提高人的思想道德素质和科学文化素质。

（二）教育的主要内容与方式

1. 教育的主要内容

（1）人生观及道德教育。要教育职工遵守社会公德及职业道德，钻研业务，忠于职守。

（2）爱国主义和集体主义教育。进行爱国主义教育，要引导人们正确认识我们国家的历史和现状，特别是近百年来中国人民为谋求民族解放而英勇斗争的历史；进行集体主义教育，要着重引导干部群众正确处理国家、集体、个人之间的利益关系。在集体生活中发扬团结、友爱互助精神、热爱集体、关心集体。

（3）科学文化教育。科学技术是第一生产力，普及和提高科学文化知识是提高职工思想道德觉悟水平的重要条件，也是企业进行生产经营活动的重要条件。应当从战略的高度下大决心、花大力量进行智力投资，有计划有组织地开展科学文化教育，根据工作的需要，对各类人员逐步进行系统培训和职业训练，提高职工队伍的业务素质，使他们尽快适应现代化生产的要求。

（4）企业文化建设。在企业文化建设的指导思想上，必须突出管理的人本原理，坚持“以人为本”的指导原则。企业文化的主体是企业员工，企业员工是物质财富和精神财富的创造者，坚持把人作为第一因素，把尊重人、关心人、理解人、培养人、合理使用人、全方位地提高企业员工的素质，作为企业文化建设的主要内容。采用教育、启发、诱导、吸引、熏陶和激励等多种方式来培养员工的命运共同感，工作责任感，事业开拓感和集体荣誉感，在员工中形成正确的价值观念，道德规范和行为准则，促使每个人都能把其内在潜力和创造力最大限度地发挥出来。一个具有独特而优秀企业文化的企业，必然充满生机和活力。

2. 教育的方式

根据教育的内容和教育的对象可采取灵活多样的教育方式。必须采取讨论的方法、说理的方法、批评和自我批评的方法进行疏导，而不应依靠粗暴的训斥、压制和简单的惩罚来解决问题。采用有目的、有指导的小组讨论、现场实习和体验学习等方法，让受教育者按他们自己创造的学习方法去学习，这样，会取得更好的效果。国内外许多企业在这种新的教育思想指导下创造了多种行之有效的教育方式，包括案例分析法、业务演习法、事件过程分析法、角色扮演法、敏感性训练等，都取得了较好的效果，可供各企业选择采用。教育的方式应灵活方便、讲求实效。

五、管理的社会心理学方法

（一）社会心理学方法的含义与形式

1. 社会心理学方法的含义

社会心理学方法是一种运用社会心理学知识通过说服教育的方式把管理意志传达给被管理者，以求得到被管理者的响应和配合的管理方法。这种管理方法在运用中反映了管理者旨在提高人的素质的目的，在表现方式上，管理者极力通过对管理系统目标、政策、法令的宣传和理想、道德的教育，以及其他精神奖励，去提高人们的认识，改变人们的思想，使人们建立起与管理系统一致的价值观念，自觉地为实现管理系统的目标而努力。

2. 社会心理学方法的形式

在管理活动中，运用思想教育手段是最为灵活的工作方法，它需要针对不同的对象，根据不同的情况采取不同的形式。但是，有些形式是最经常使用的，比如，作报告、讨论、谈心、家访、典型示范、劳动竞赛，以及形象教育、感化教育、对比教育等。

（二）社会心理学方法的特征

社会心理学方法运用到管理活动中，实质上就企业的思想政治教育，这种方法的主要特征有：

1. 科学性

这种方法是以真理为依据的，管理者要尊重客观规律，从实际出发，切忌主观说教。

2. 启发性

这种方法是非强制性的，它主要靠启发人们的觉悟，促使人们自觉地采取符合组织目标的行动。

3. 艺术性

思想教育工作内容上的科学性必须与形式上的艺术性结合在一起，如果只有科学的内容，不重视形式上的艺术性，思想教育工作也不能达到预期效果。

4. 长期性

由于人们的观念、理想、愿望的形成需要较长的时间，同时又处于不断变化之中，因而需要在长期的管理过程中不断地进行激励、教育和引导。运用心理学方法是一个常抓不懈的工作。

（三）社会心理学方法的正确运用

社会心理学方法的运用是很复杂的，对于管理者来说，灵活地运用该方法，需要从以下几个方面着手。

1. 坚持思想教育，以理服人

社会心理学方法是用来解决组织成员的思想问题和认识问题，而这些问题的解决必须采用说服教育的方法，摆事实、讲道理，以理服人。管理者在动员组织成员完成某项任务、从事某项工作时，都要先讲出一个道理来，都必须做到以理服人。管理者要善于仔细观察人，深入地了解人，实事求是地对待人，切切实实地在掌握情况、弄清事实、摸准问题等方面下功夫。只有这样，才能打开人们的心灵。

2. 关心下属，以情感人

管理者在运用时，要把理与情结合起来，只讲理，会使人感到夸夸其谈，只有当理融于情中，被管理者才会乐意接受。理与情的结合取决于被管理者对管理者的信任度，管理者主动地与下属接近，深入员工之中，关心员工的实际困难，帮助他们排忧解难，尊重、信任和热爱员工，才会获得他们的信任。

3. 不断研究和探索心理学

管理的艺术是以管理科学知识为基础的，在运用心理学方法时，管理者需要借助科学的理论和方法，其中心理学方法可以认识人的一般心理过程和人的心理活动规律，对做好管理工作有着重要的指导意义。

实践训练

实践训练　管理原则分析

[实训项目]

管理原则分析。

[实训目标]

1. 增强对现代管理原则的感性认识；
2. 培养对组织管理思想的分析能力。

[实训内容]

1. 从网上、报纸、杂志中搜集一个简短的有关我国企业管理的案例或资料；
2. 运用本章所学的管理原则，分析案例中企业的管理思想。

[实训要求]

1. 每人写成简要书面分析报告；
2. 在班级组织一次交流与讨论；
3. 由教师根据分析报告与讨论表现评估打分，两项成绩共同构成学生的实训成绩。

第三章

管理案例教学法

【章前导读】

案例教学（Case Method）是由美国哈佛大学法学院前院长克里斯托弗．哥伦布．朗代尔（C. C. Langdell）于1870年首创，后经哈佛企管研究所所长郑汉姆（W. B. Doham）推广，并从美国迅速传播到世界许多地方，被认为是代表未来教育方向的一种成功教育方法。案例教学法起源于20世纪20年代，由美国哈佛商学院（Harvard Business School）所倡导，当时是采取一种很独特的案例形式的教学，这些案例都是来自商业管理的真实情境或事件，透过此种方式，有助于培养和发展学生主动参与课堂讨论，实施之后，颇具绩效。

乔伊斯和韦尔在《教学模式》一书中认为："教学模式是构成课程和作业、选择教材、提示教师活动的一种范式或计划。"实际教学模式并不是一种计划，因为计划往往显得太具体，太具操作性，从而失去了理论色彩。教学模式可以定义为是在一定教学思想或教学理论指导下建立起来的较为稳定的教学活动结构框架和活动程序。作为结构框架，突出了教学模式从宏观上把握教学活动整体及各要素之间内部的关系和功能；作为活动程序则突出了教学模式的有序性和可操作性。

第一节

管理案例教学法概述

管理案例教学在世界范围内产生了巨大的影响，全世界范围内享有盛名和被广泛赞誉的就是哈佛商学院的管理案例教学，正是哈佛商学院对管理案例教学法的成功运用和实施，使管理案例教学法成为一种风靡全球的成功教育模式之一。

一、管理案例教学法的基本内涵与特点

（一）管理案例基本内涵

案例一词源于英文 case，意为具体事例，而具体事例来自于现实第一手资料，真实、有环境、有情节，因此案例教学法也称具体事例教学法，用“解剖麻雀”的方法分析典型问题，归纳出普遍规律。管理案例在本教程中是一个最基本的范畴，因此，弄清管理案例的基本含义十分重要。

作为管理案例，到目前为止，国内外学者对其尚无统一的说法，粗略概括，大致有三种表述：一是认为管理案例是“对某一特定管理情景的客观书面描述或介绍”。所要补充说明的是，这些被介绍的对象往往是一个组织中的人员、事件、背景与环境，它们一般通过对事实、对话的描述以及运用数据与图表等形式被表达出来。二是认为管理案例“是一个组织的书面说明。它通常包括与组织有关的多方面的信息，诸如组织的历史，影响组织的环境力量，当前的经营数据，对管理队伍的分析，组织结构以及其他一般性信息”。三是认为管理案例是“某一组织为了实现某一经营目标，所从事的经营管理活动过程的客观描述”。上述三种说法，文字表述虽不相同，但其内涵却有一致性：其一，三种见解所指明的可供研究的对象是同一个实体，这里不论是“管理情景”、管理的“多方面信息”，还是“管理过程”，都是从不同的角度对管理运行轨迹的叙述；其二，三种见解都注意到了对研究对象实体的信息作必要的加工整理，即这里所说的管理案例都已不是直观上的现实管理，而是这种管理运行轨迹在书面上的再现。

可以将管理案例定义为：管理案例是对一个组织及其某一特定管理情景的客观书面描述或介绍。管理案例必须以某一关键问题为轴心，围绕着它展开其情节，它是一个经过加工整理有着一定内在联系的某种管理情景的客观书面描述；管理案例模拟的某种真实管理情景，为分析者提供了研究的对象，管理案例的教学目的正是在对管理案例进行分析的过程中实现的。

（二）管理案例教学法特点

管理案例教学法又称“管理案例方法”或“管理案例学习方法”，它主要是指运用媒介（语言、书面、音像、视频、网络）手段，将所描述的客观真实的特定业务情景（或企业实况）作为教学案例带入课堂，让学生通过自己对管理案例的阅读和分析，在群体中共同讨论，甚至扮演某种角色去体验特定的实践情景和行为过程，从而建立真实的感受并寻求解决实际问题方案的方法。案例教学法给学生提供一种认识分析和解决实

际管理问题的模拟实践机会，案例学习的最后结果往往是要找到解决企业经营问题的一个或一套方案，学生为了得到这样的答案，就会认真分析案由，找到管理上的争议点，搜索出相关的理论，最后作出终结性判断，并概括提炼出自己的基本意见。在管理案例教学中，学生作为教学活动的主体，在讨论过程中常能获得愉悦的心理体验，师生互动、生生互动所形成的是一种自主学习、合作学习、研究性学习和探索性学习的开放型的学习氛围。从而使学生在管理案例教学中获得自己的观点和经验，丰富了学生的实践知识，提高实务技能。

管理案例教学法是在学生掌握了有关的基本理论知识和分析技术的基础上，在教师的精心策划和指导下，根据管理管理案例教学目的和教学内容的要求，运用典型管理案例，将学生带入特定事件进行管理案例分析，通过学生的独立思考或集体协作，撰写案例分析报告，教师归纳总结等过程来实践教学目的的方法。管理案例教学法的基本原则有两条：其一，用管理案例而不是单纯依赖演讲和读书作为主要教学手段；其二通过自学和相互学习使学生参与整个教学过程。著名教育家杜威曾经说过：最好的一种教学，就是牢牢记住学校教材和实际经验两者相互联系的必要性，使学生养成一种态度，习惯于寻找这两方面的结合点和相互的联系。单纯从这个角度说，管理案例教学法是一种寻找理论与实践的恰当结合点的十分有效的教学方式，因此也必将随着教学实践的发展而不断地向前发展。

二、管理案例教学的源起

管理案例教学法最早可以追溯到古希腊、罗马时代。希腊哲学家、教育家苏格拉底，在教学中采用的“问答式”教学法可以看作是管理案例教学的雏形。希腊哲学家柏拉图在此基础上将问答积累的内容编辑成书，并将一个原理对应于一个例子，这些例子就是案例的雏形。到 20 世纪初，管理案例教学法在法学和医学领域已经使用了很长时间，在管理教学中的应用时间则较短，在经济学理论教学中的应用时间就更短。

案例教学法在工商管理教学中的应用是由美国哈佛大学商学院首开先河。1910 年，院长盖伊（Edwin F. Gay）建议科泼兰德博士采用学生讨论的方式，以作为课堂教学的补充。1909—1919 年，该院聘请企业的高层管理人员对学生们讲述企业管理中的实际问题，然后要求学生写出分析和建议。新院长华莱士・B・唐哈姆看到了在行政管理领域使用案例的重要性，并全力推动哈佛大学商学院投身于案例教学法的应用。在他的促进之下，科泼兰德博士于 1921 年出版了第一本案例集。由此奠定了管理教学中案例教学法的基础。但案例教学法因为有违传统的教学方法论原理，不符合旧的习惯，在美国管理教育界的推广也经历了较长的一段时期。

20 世纪 50—60 年代，哈佛大学商学院在伏特基金会的资助下，连续举办了 11 期 8 周制的案例教学暑期研讨班，邀请了 220 多名管理学院院长与资深教授来参加，才逐步就案例教学的意义、特点与有效性建立了初步的共识，为其推广提供了认识上的基础。同时，哈佛大学商学院又创建了它的“校际案例交流中心”，为全美各院校提供了方便而丰富的管理案例供应源。案例教学法逐步传入了英国、法国、加拿大、德国、意大利、日本及东南亚等国家，促使许多国家的工商管理教育和培训在教学法上展开了改革。

三、管理案例教学的应用

美国哈佛商学院已建立了收藏丰富的管理案例库，收藏的案例总数已达 5 万篇以上，其中有些是经典的，其教学价值至今不减，仍被经常使用；也有一些案例具有时间性，随着时间而渐呈过时，所以该院很重视对现有案例的更新与补充，年更新率在 10%左右。哈佛商学院还建立了严格的案例版权、发行和经销制度，其案例库中注册的案例，都由哈佛商学院校长与研究员学会（President and Fellows of Harvard College）掌握版权，其版权受法律保护，发行和经销一般由该院的“案例服务社”（HBS Case services）负责。

我国约从 1980 年开始接触和引进案例教学法。在 1980 年夏，我国教育部、经贸委与美国商务部合作，举办袖珍 MBA 培训班（举办地点在大连理工大学），由中美教师组成案例开发小组，收集编写了首批用于教学的中国企业案例。1986 年我国成立了中国管理案例研究会，同年创办了《管理案例教学研究》学术刊物。案例教学法逐步成为我国各级各类管理教育与培训中一种十分普及而有效的教学与学习方法。1999 年国家教委社科司为推广案例教学，社科司为推广案例教学，决定动用社科基金，由北京大学光华管理学院牵头实施“中国管理案例库工程”，已经出版了《企业管理案例集》《市场营销案例集》《战略管理案例集》等系列丛书，被称为哈佛案例的中国版，清华大学也出资面向全国征集案例，建立案例库。

随着管理案例教学的深入，我们的经验会不断丰富起来，像哈佛商学院在管理案例建设和管理方面所拥有的条件，我们也是可以逐步创造出来的。大胆探索，勇于实践，建立一套具有中国特色的管理案例教学的制度和方法体系，是我们应致力于争取的，也是一定会实现的。

第二节

管理案例教学模式

管理案例基本上都是来源于企业经营管理过程中的实际问题，是实际管理问题的模拟和描述。管理案例教学方法本质上是关注解释现实生活的经验，以问题为导向，力求促进学习者专业知识和行为技能发展的一种互动式教学与学习方法。

一、管理案例教学的基本过程

一般来说，管理案例教学由课前准备、课上讨论、总结评价和管理案例实践四个主要环节构成，其中管理案例教学课堂讨论和管理案例实训教学部分是管理案例教学的精髓。在具体的教学过程中，管理案例教学一般模式为：

（一）课前准备（个人学习）——问题为本的探索过程

上课之前，教师将已编制好的教学案例以及指定的相关材料发给学生，师生都要为课上讨论提前做好充分的准备。教师要对管理案例的内容进行深入的分析思考，进一步了解管理案例中的问题和有关的背景知识，明确教学目标和教学程序。作为学生，在面对一个真实复杂的教学案例时，首先必须能够及时转换自己的角色，使自己尽快进入到案例的具体情境当中，以清晰地掌握管理案例所揭示的事实情况。同时，还要保持一种问题意识，用敏锐的眼光洞察管理案例中彰显或内隐的疑难问题，并能借助有关阅读材料提供的理论指导，分析问题所依赖的背景和所处的具体情境，深刻地辨识问题产生的主要原因。然后，学生要将自己的已有经验整合到教学案例当中，归纳出自己对问题解决的初步假设，提出多种合理的、能经得起质疑和反驳的解决对策及方案，并认真做好笔记。如此，学生在个人学习期间，进行着的是以实践情境为基、以实际问题为本的独立研究与探索的过程，从而将学习导向一种追求理论与实践相统一的行动研究。

（二）课上讨论——团队学习为主的开放式分享

课上讨论包括团队讨论和全班讨论两种形式。

（1）团队讨论。团队讨论一般以 5 ~7 人为佳，教师可以根据学生的特点或自愿结合的原则来组建团队。在团队讨论的过程中，教师并不需要做过多的干涉或指导，主要是要为学生提供一个畅谈自我见解的机会，使每个团队成员都能就管理案例中的问题发表自己的看法，一起分享个人的研究方案。与此同时，每个人还必须对他人的见解提出批评或质疑，并能对大家共同遇到的疑难问题展开积极的探讨，使问题的讨论引向更深入更广阔的空间。这一阶段的目的并不是要达成共识或得出问题的明确答案，而是让每位学生在阐述与讨论的过程中，能够对管理案例中的问题做到更深的认识和剖析，使个人的研究思路更为清晰，并且能够接纳别人的见解与批评。同时，学生应记录下别人的一些具有建设性的不同观点，以待进一步讨论。

（2）全班讨论。全班讨论是对于团队讨论留下来的共同问题进行深入与拓展。这时，教师的作用显得举足轻重，始终充当指导者或引导者的角色。在讨论开始时，教师可以先让个别学生自由发言，其他同学要对其质疑或反问，同时，也允许其他持类似或相同观点的同学为其辩护。当对立观点比较明确集中时，教师可顺势引发一场不同观点的激烈争论。这样，教师应该对讨论的过程进行适当而有效的操纵，注意将讨论引向主要问题的解决上去，并引导尽可能多的学生参与讨论。为了提高讨论的水平，教师还要有意识地引导学生讨论与教学案例有关的理论知识，以加深学生对相关理论的理解及其应用。在与他人不同思想的交流与碰撞中，学生将对管理案例所指涉的真实问题有更清晰的把握，明白了一个实际的教育教学问题可以有多种解决的方法或途径，真切地体会到任何问题的解决都会受到现实的诸多因素的影响或牵制。在这种开放式的合作研究中，学生能够最大限度地融入分享与讨论的过程中，并在坚持自我立场的同时，以最低限度依赖别人的见解来决策，使学生对自己的假设做出更为明确合理的、独到的判断。

（三）总结评价——认同个性差异的反思过程

对学生来说，课后的总结评析也是一个很重要的环节。此时，学生要把交流讨论中的体会和收获撰写成管理案例报告的形式，或归纳概括、或罗列，重要的是对整个管理案例分析的过程做总结评价，并通过自我反思，进一步梳理问题的解决策略，提升理论的理解水平，归纳尚待释疑的问题或提出新的问题，以便日后继续思考解决。经过这次梳理与反思，学生将更容易接受不同人面对同一问题情境产生不同做法的个性差异，也同样乐于在多种备选方案中选择自己独具特色的一种。而教师要对管理案例教学的过程特别是管理案例讨论的成效作全面总结，鼓励个性差异，帮助学生形成不断反思的习惯，为学生日后成长为专业教师做好能力上的充分准备。

（四）管理案例实训——内化提升素质的实践教学过程

管理案例实训教学是在教学案例教学的基础上，针对一个案例设计实践教学环节课题，让学生根据课题深入到企业进行实际调研，对教学案例的内容结合调研企业实际进行描述、分析、形成调研报告，撰写案例、进行考试答辩，即实践。这一过程是学生内化提升素质的实践教学过程，也是实践基础上的再实践过程。管理案例实训教学整个教学内容主要体现团队精神、合作性、实践性，研究管理案例实训教学环节的教学是十分重要的课题，管理案例实训教学需要不断进行创新，在实训教学中进行管理案例编写，锻炼学生动手能力和实际操作能力，提升学生综合素质。

二、管理案例教学与实践的程序及基本步骤

管理案例教学与实践作为"能力培养"和"创新教育"的一种有效方式，管理案例教学与实践的一般程序是一个从理论到实践、从实践到实践、再从实践到理论的复杂过程，是追寻"最佳"管理方案的过程，寻求有效管理案例教学与实践方式方法的直接目的。在教学领域里所作的这种管理案例教学与实践的直接目的反映在管理案例教学与实践的教学过程中。管理案例教学与实践的一般程序体现的正是这样一个教学过程。管理案例教学与实践的教学目的是通过学习者在追求管理有效性和实践性的过程中，使其分析问题和解决问题的能力得到训练，并让这种能力得到提高，进而内化为自身素质和能力。一般来说，管理案例教学与实践是按照一定的程序来进行教学与研究活动的，管理案例教学与实践的一般程序包括六个方面内容：案例教学理论学习、组建学习（或实践）团队、教学案例学习、"体验式"实践、管理案例编写、总结与评价。这六个方面的程序过程是一个循序渐进、不断深入、逐步提高的过程。管理案例教学与实践的一般程序如图 3－1 所示。

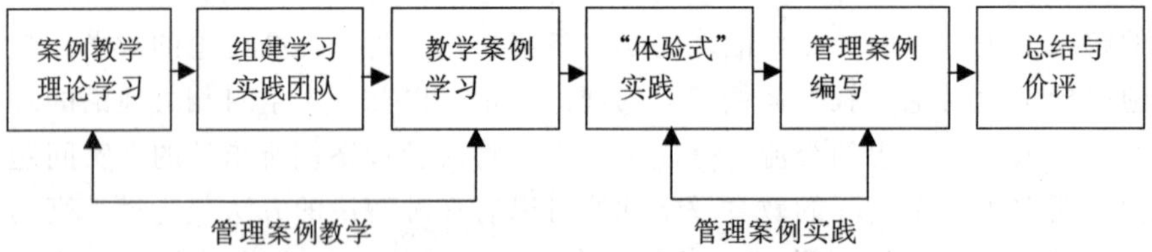

图 3－1　管理案例教学与实践的一般程序图

资料来源：苗雨君．管理案例实践教程．哈尔滨：哈尔滨工程大学出版社，2009。

管理案例教学作为一种行之有效的工商管理教学方式，经过若干年来的实践和探索，已经逐步形成一个较为成熟、相对完整的内容体系和实施框架。明确案例分析教学的步骤和程序，对我们正确进行案例分析具有重要的意义。管理案例分析的程序，多少反映了科学研究的一些步骤和方法，在这一过程中充满着读、写、说的训练，遵循这些程序和步骤，对探索问题的真谛是有益的，有利于我们获得最有效的管理方法、技巧和方案。同时也正是在这种程序中，通过外在形式上的读、写、说训练，使得我们分析和解决问题的能力不断提高，有效地实现管理案例分析的教学目的。

在整个管理案例教学与实践过程中，必须遵循以下几个基本步骤。管理案例教学与实践的一般步骤是：①组建管理案例学习团队（或实践团队）；②管理案例的选择；③管理案例的阅读与描述；④管理案例课堂讨论；⑤管理案例教学总结与考评；⑥选择管理案例实践项目（或课题）；⑦管理案例实践调研；⑧管理案例资料整理与管理案例编写；⑨管理案例教学与实践的学习成果的考核与评价。这九个步骤是一个循序渐进、不断深入、逐步提高的过程。在管理案例教学与实践过程中，教师可以根据不同的教学对象和教学内容，采取更加灵活的方式和方法，增减或变更其中一些步骤。总之，无论采取何种步骤和方法，管理案例教学与实践的最终目的是要达到理想的教学效果。管理案例教学与实践的基本步骤涉及的内容大多数都在以后各章节陆续学习。

实践训练

管理原则分析

［实训项目］

管理原则分析。

［实训目标］

1. 增强对现代管理原则的感性认识；
2. 培养对组织管理思想的分析能力。

［实训内容］

1. 从网上、报纸、杂志中搜集一个简短的有关我国企业管理的案例或资料；
2. 运用本章所学的管理原则，分析案例中企业的管理思想。

［实训要求］

1. 每人写成简要书面分析报告；
2. 在班级组织一次交流与讨论；
3. 由教师根据分析报告与讨论表现评估打分，两项成绩共同构成学生的实训成绩。

第二篇

教 学 篇

开篇语

热烈的学习愿望、明确的学习目的，是学生学习活动时最重要的动因。培养这种愿望的工作，是跟学校的全部教学和教育工作的安排紧密联系的，并且首先是在课堂教学中实现的。

——【苏联】瓦·阿·苏霍姆林斯基

有效教学要促进学生基础知识和基本能力的提高，促进学生思考问题、解决问题能力的提高，同时也要促进学生情感、态度和价值观的发展。我们应该在新课程理念的正确指导下，科学、有效地进行课堂教学改革，使课堂教学过程真正成为教师与学生之间有机的互动过程，真正成为教师引导学生进行有效教学活动的过程，真正成为师生共同发展的过程。

——摘自百度百科

教学篇主要是基本理论知识和教学案例选编。基本理论知识教学和教学案例的选编是按企业管理主要内容的企业战略管理、企业组织管理、企业经营决策、市场营销、生产运营管理、企业财务管理、人力资源管理、企业信息化管理、企业形象管理、企业创业管理等内容设计 10 个章节，每个章节内容设有教学内容精要和基本理论知识，选编 1 个教学案例、1 个经典管理故事。教学篇主要是对学生进行课程基本理论知识学习和管理案例分析的具体学习指导。

第四章

企业战略管理

【教学内容精要】

【课程性质】

作为研究战略管理活动规律性的一门新兴学科，企业战略管理的研究对象是企业战略管理活动，其目的在于揭示这一活动过程的规律性，为企业搞好经营管理，提高企业的长期经济效益提供指导。作为工商管理专业的重要课程之一，企业战略管理着重研究企业成功与失败的原因和过程。

【发展趋势】

企业面对激烈变化、严峻挑战的环境，为求得长期生存和不断发展而进行的总体性谋划和战略管理设计。企业战略管理从理论到实践都发生了改变，主要表现为：战略环境的发展、战略研究对象的变化、战略内容的发展、战略过程拓展及战略管理理论的基础研究等。

【教学内容】

学习企业战略管理基本理论，有选择性地选择 1 个企业战略管理教学案例。紧密结合战略管理的内容——战略类型、战略制定、战略实施、战略评价等多方面战略管理内容。

【教学要求】

(1) 根据思考与讨论题，在学习战略管理基本理论、阅读案例和查阅文献资料的基础上，认真完成思考与讨论题，撰写管理案例课堂讨论书面报告。

（2）设计课堂讨论主题发言和自由发言的内容，认真参与管理案例教学课堂讨论，填写管理综合案例课程课堂讨论记录表。

第一节

基本理论知识

企业战略管理是企业的生存之本，在市场经济条件下，企业战略决策是企业的行动指南，是各项资源得以合理调配和充分发挥作用的基本保证，它的成败直接影响到企业的兴衰，是企业的发展之本，它决定着企业的发展方向、走势和前进道路。

一、企业战略的概念与特征

（一）企业战略的概念

“战略”一词随后成为管理学中的一个重要术语，在理论和实践中得到了广泛的运用。安索夫在其 1965 年出版的《公司战略》一书中首次提出了“企业战略”这一概念，并将战略定义为“一个组织打算如何去实现其目标和使命，包括各种方案的拟定和评价，以及最终将要实施的方案”。

企业战略是企业面对激烈变化、严峻挑战的环境，为求得长期生存和不断发展而进行的总体性谋划。从其制定要求看，企业战略就是用机会和威胁评价现在和未来的环境，用优势和劣势评价企业现状，进而选择和确定企业的总体、长远目标，制定和抉择实现目标的行动方案。

企业战略是在符合和保证实现企业使命的条件下，在充分利用环境中存在的各种机会和创造新机会的基础上，确定企业同环境的关系，规定企业从事的事业范围、成长方向和竞争对策，合理地调整企业结构和分配企业的全部资源。

（二）企业战略的特征

1. 全局性

企业战略是研究企业全局的指导纲领，它所反映的是有关企业全局性问题的重大决策。但是也要注意，全局是由局部构成的，当某些局部的成败对全局具有决定性影响时，这些局部问题就具有战略的性质。

2. 长期性

企业战略往往着眼于未来相当长的一段时间，而不只在短时期内起作用，因此，企业战略带有长期性的特征。研究企业战略要跳出眼前和局部的利益圈子，考虑长期的和全局的利益。

3. 竞争性

竞争是市场经济不可回避的现实，面对竞争，企业战略需要进行内外环境分析，明确自身的资源优势，通过设计适合的经营模式，形成特色经营，增强企业的对抗性和战斗力，推动企业长远、健康的发展。

4. 风险性

企业作出任何一项决策都存在风险，战略决策也不例外。仅凭个人主观判断市场，设立目标过于理想或对行业的发展趋势预测偏差，制定的战略就会产生管理误导，甚至给企业带来破产的风险。

5. 环境适应性

企业战略管理重视的是企业与其所处的外部环境的关系，其目的是使企业能够适应、利用环境的变化。企业是与社会不可分割的一个开放的组成部分，它的存在和发展在很大程度上受其外部环境因素的影响。

6. 创新性

企业战略的创新性源于企业内外部环境的发展变化，因循守旧的企业战略是无法适应时代发展的。

二、战略管理概念及构成

（一）战略管理概念

美国学者斯坦纳在 1982 年出版的《管理政策与战略》一书中则认为，企业战略管理是确立企业使命，根据企业外部环境和内部经营要素确定企业目标，保证目标的正确落实并使企业使命最终得以实现的一个动态过程。战略管理是一种动态的管理，是一种管理思想和管理方式。

企业战略管理是企业为实现战略目标，制定战略决策，实施战略方案，控制战略绩效的一个动态管理过程。企业战略管理是从全局和长远的观点研究企业在竞争环境下，生存与发展的重大问题，是现代企业高层领导最主要的职能，在现代企业管理中处于核心地位，是决定企业经营成败的关键。

（二）战略管理构成

战略管理一般由四种要素构成，即产品与市场范围、增长向量、竞争优势、协同作用。安索夫认为这四种要素可以产生合力，成为企业共同经营的主线。

1. 产品与市场范围

产品与市场范围说明企业属于什么特定行业和领域，企业所处行业中产品与市场的地位是否占有优势。为了清楚地表达企业的共同经营主线，产品与市场的范围常常需要分行业来描述。因为大行业的定义往往过宽，其产品、使命和技术涉及很多方面，经营的内容过于广泛，用它来说明企业的产品与市场范围，企业的共同经营主线仍不明确。分行业是指大行业内具有相同特征的产品、市场、使命和技术的小行业，如饮料行业中的果汁饮料分行业，机械行业中的机床分行业等等。

2. 增长向量

增长向量又可称为成长方向，它说明企业从现有产品与市场结合向未来产品与市场组合移动的方向，即企业经营行动的方向，而不涉及企业目前产品与市场的态势。下面通过表 4－1 来说明增长向量。

从表 4－1 可以看出，市场渗透是通过目前的产品与市场的市场份额增长达到企业成长的目的。市场开发是为企业产品寻找新的消费群，使产品承担新的使命，以此作为企业成长的方向。产品开发是创造新的产品，以逐步替代现有产品，从而保持企业成长

表 4－1 企业增长向量矩阵

使命＼产品	现有产品	新产品
现有使命	市场渗透	产品开发
新使命	市场开发	多种经营

的态势。多种经营则独具特色，对于企业来讲，它的产品与使命都是新的。换言之，企业步入了一个新的经营领域。在前三种选择中，其共同经营主线是明晰和清楚的，或是开发新的市场营销技能，或是开发新产品和新技术，或是两者同时进行。但是在多种经营中，共同经营主线就显得不够清楚了。增长向量指出了企业在一个行业里的方向，而且指出企业计划跨越行业界线的方向，以这种方式描述共同经营主线是对以产品与市场范围来描述主线的一种补充。

3. 竞争优势

竞争优势说明了企业所寻求的、表明企业某一产品与市场组合的特殊属性，凭借这种属性可以给企业带来强有力的竞争地位。图 4－1 列示了美国战略学家迈克尔·波特（Micheal Porter）的竞争优势模型。

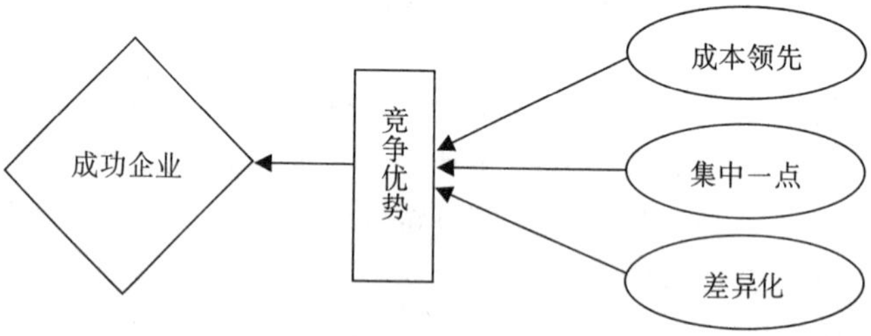

图 4－1 波特竞争优势模型

上述三种要素描述了企业在外部环境里的产品与市场道路，而第四种要素——协同作用则是从企业内部的协调考虑的。

4. 协同作用

协同作用指明了一种联合作用的效果，协同作用涉及企业与其新产品和市场项目相配合所需要的特征。在管理文献中，协同作用常常被描述为 1＋1＞2 的效果，这意味着企业内各经营单位联合起来所产生的效益要大于各个经营单位各自努力所创造的效益总和。

协同作用是衡量企业新产品与市场项目的一种变量。协同作用在选择多种经营战略上也是一个关键的变量，它可以使各种经营形成一种内在的凝聚力。

企业应考虑如何提高获利能力。产品与市场范围指出了提高获利能力的范围；增长向量指出这种范围扩展的方向；竞争优势指出企业最佳机会的特征；而协同作用则挖掘企业总体获利能力的潜力，提高企业获得成功的能力。这四个要素相辅相成、互不排斥，共同构成了企业战略管理的内核。

三、战略管理过程及其体系

（一）战略管理的基本过程

战略管理是对一个企业的未来发展方向制订决策和实施这些决策的动态管理过程。一个规范性的、全面的战略管理过程可大体分解为三个阶段：战略分析阶段、战略选择及评价阶段、战略实施及控制阶段。在战略分析前，首先要确立企业或审视企业的使命，如图4－2所示。

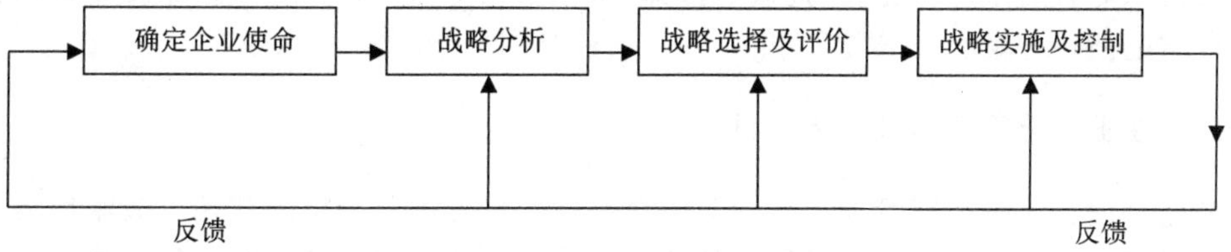

图4－2　战略管理过程

（二）战略管理的具体过程

战略管理是对一个企业的未来发展方向制定决策和实施这些决策的动态管理过程。一个规范的、全面的战略管理过程可大体分解为三个阶段，分别是战略分析阶段、战略选择及评价阶段、战略实施及控制阶段。但在进行战略分析之前，首先要确立或审视企业的使命。

1. 战略分析

战略分析指对企业的战略环境进行分析、评价，并预测这些环境未来发展的趋势，以及这些趋势可能对企业造成的影响及影响方向。战略分析包括企业外部环境分析和企业内部环境或条件分析两部分。企业外部环境一般包括下列因素或力量：政治法律因素、经济因素、技术因素、社会因素以及企业所处行业中的竞争状况。企业外部环境分析的目的是为了适时地寻找和发现有利于企业发展的机会，以及对企业来说所存在的威胁，做到“知彼”，以便在制定和选择战略中能够利用外部条件所提供的机会而避开对企业的威胁因素。

企业的内部环境即是企业本身所具备的条件，也就是企业所具备的素质，它包括企业的有形资源和无形资源，企业的财务能力、营销能力、生产管理能力、组织效能、企业文化等企业能力，企业核心竞争能力等。企业内部条件分析的目的是为了发现企业所具备的优势或弱点，以便在制定和实施战略时能扬长避短、发挥优势，有效地利用企业自身的各种资源，发挥出企业的核心竞争力。

2. 战略选择与评价

战略选择过程实质就是战略决策过程，即对战略进行探索、制定、评价以及选择。对于一个跨行业经营的企业来说，它的战略选择应当解决两个基本战略问题：一是企业的经营范围或战略经营领域，即规定企业从事生产经营活动的行业，明确企业的性质和所从事的事业，确定企业以什么样的产品或服务来满足哪一类顾客的需求；二是企业在某一特定经营领域的竞争优势。即要确定企业提供的产品或服务，要在什么基础上取得超越竞争对手的优势。

目前对战略的评价已有多种战略评价方法或战略管理工具，如波士顿咨询集团的市场增长率—相对市场占有率矩阵法、行业寿命周期法等。

3. 战略实施及控制

一个企业的战略方案确定后，必须通过具体化的实际行动，才能实现战略及战略目标。一般来说可在三个方面来推进一个战略的实施：其一是确定企业资源的规划和配置方式，包括公司级和战略经营单位级的资源规划与配置；其二是对企业的组织机构进行构建，以使构造出的机构能够适应所采取的战略，为战略实施提供一个有利的环境；其三是要使领导者的素质及能力与所执行的战略相匹配，即挑选合适的企业高层管理者来贯彻既定的战略方案。

四、企业战略管理环境分析工具

战略环境分析是战略管理过程的第一个环节，也是制定战略的开端。战略环境分析的目的是展望企业的未来，这是制定战略的基础，战略是根据环境制定的，是为了使企业的发展目标与环境变化和企业能力实现动态的平衡。

（一）PEST 分析

PEST 分析是指宏观环境的分析，P 是政治（Politics），E 是经济（Economy），S 是社会（Society），T 是技术（Technology）。在分析一个企业集团所处的背景的时候，通常是通过这四个因素来进行分析企业集团所面临的状况。

1. 政治与法律因素

政治与法律因素包括一个国家的社会制度，执政党的性质，政府的方针、政策、法令等。不同的国家有着不同的社会性质，不同的社会制度对组织有着不同程度的限制和要求。

2. 经济因素

经济因素包括宏观经济和微观经济两方面。宏观经济主要是指一个国家的人口数量及其增长趋势，国民收入、国民生产总值及其变化情况以及通过这些指标能够反映的国民经济发展水平和发展速度。微观经济环境主要指企业所在地区或所服务地区的消费者的收入水平、消费偏好、储蓄情况、就业程度等因素，这些因素直接决定企业目前及未来市场大小。

3. 社会文化因素

社会文化因素包括一个国家或地区的居民受教育程度和文化水平、宗教信仰、风俗习惯、审美观点、价值观念等。文化水平会影响居民的消费层次；宗教信仰和风俗习惯会禁止或抵制某些活动或行为；价值观念会影响居民对组织目标、组织活动以及组织存在本身的认可与否；审美观点会影响人们对组织活动内容、活动方式以及活动成果的态度。

4. 技术环境

技术环境不仅包括发明，还包括与企业市场有关的新技术、新工艺、新材料的出现和发展趋势以及应用背景。

（二）五力分析模型

行业分析是对企业经营活动有直接影响的外部环境之一。根据美国学者迈克尔·波特的研究，行业环境研究主要包括5个方面，如图4-3所示。

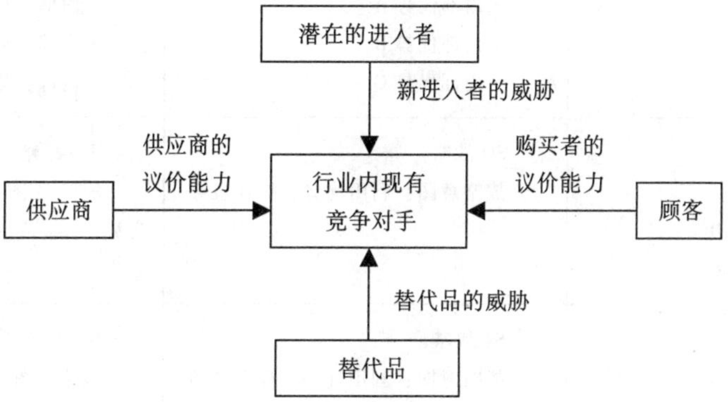

图4-3 影响行业竞争性的五种力量

（1）行业内现有竞争对手研究。这点主要包括竞争对手的基本状况，以及发展动向等。

（2）潜在的进入者威胁研究。潜在的竞争对手进入行业，变成现实的竞争者。由于其新的业务能力和充裕的资金来源，将导致行业竞争更加强烈，其结果是产品价格可能被压低或从业者的经营成本上升，从而导致行业利润下降。

（3）替代品的威胁研究。产品的使用价值相同或相近，在使用过程中可以相互替代，生产这些产品的企业间就可能形成竞争。一旦替代品生产形成较大的规模，那么本行业将受到威胁。

（4）买方的议价能力研究。影响买方的议价能力的因素主要有买方是否大批量购买？买方这一业务在其购买额中的比例大小如何？产品是否有价格合理的替代品？买方承担的购买转移成本大小如何？买方对信息掌握的程度如何？

（5）供应商的议价能力的研究。企业生产所需的很多生产要素是从外部获得的，提供这些生产要素的供应商也影响着企业经营。供应商在两个方面影响着行业内企业的经营。能否根据企业的需要及时、按质按量的提供所需；提供的生产要素的定价。

（三）SWOT分析

也称TOWS分析法、道斯矩阵，来自麦肯锡咨询公司的SWOT分析，包括分析企业的优势（Strengths）、劣势（Weaknesses）、机会（Opportunities）和威胁（Threats）。SWOT分析是将对企业内外部条件各方面内容进行综合和概括，进而分析组织的优劣势、面临的机会和威胁的一种方法，如图4-4所示。

SWOT分析有四种不同类型的组合：优势——机会（SO）组合、弱势——机会（WO）组合、优势——威胁（ST）组合和弱点——威胁（WT）组合。

优势——机会（SO）战略是一种发展企业内部优势与利用外部机会的战略，是一种理想的战略模式。当企业具有特定方面的优势，而外部环境又为发挥这种优势提供有利机会时，可以采取该战略。

弱势——机会（WO）战略是利用外部机会来弥补内部弱点，使企业改劣势而获取优势的战略。存在外部机会，但由于企业存在一些内部弱点而妨碍其利用机会，可采取措施先克服这些弱点。通过克服这些弱点，企业可能进一步利用各种外部机会，降低成

内部条件 外部环境	内部优势 · 内部优势 A · 内部优势 B · 内部优势 C	内部劣势 · 内部劣势 A · 内部劣势 B · 内部劣势 C
外部机会 · 外部机会 A · 外部机会 B · 外部机会 C	SO 战略 战略意图：利用优势，抓住机会	WO 战略 战略意图：利用机会，克服劣势
外部威胁 · 外部威胁 A · 外部威胁 B · 外部威胁 C	ST 战略 战略意图：利用优势，规避威胁	WT 战略 战略意图：最小化劣势并规避威胁

图 4—4 SWOT 矩阵的展开

本，取得成本优势，最终赢得竞争优势。

优势——威胁（ST）战略是指企业利用自身优势，回避或减轻外部威胁所造成的影响。

弱势——威胁（WT）战略是一种旨在减少内部弱点，回避外部环境威胁的防御性技术。

通过环境研究，认识到外界在变化过程中可能对组织的存在造成什么样的威胁或提供什么样的发展机会，同时根据组织自身在资源拥有和利用能力上有何优势和劣势，依此两方面的结合点，就可以制定出指导企业生存和发展方向的战略方案，如图 4－5 所示。

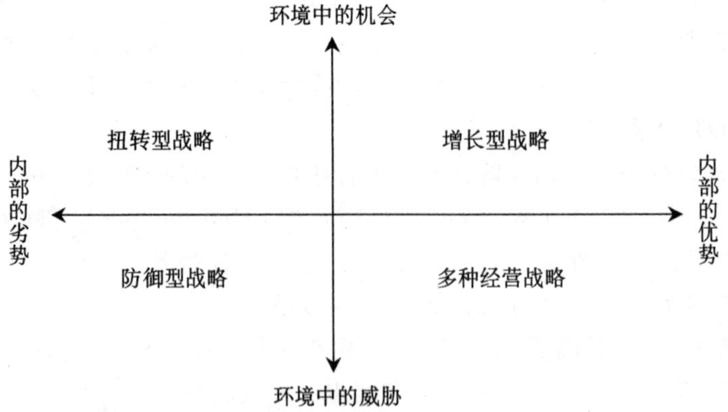

图 4－5 SWOT 分析图示例

第Ⅰ类型的企业具有良好的外部机会和有利的内部条件，可以采取增长型战略（如开发市场、增加产量等）来充分掌握环境提供的发展良机。

第Ⅱ类型企业，虽然面临良好的外部机会，但是受到内部劣势的限制，因此可采取扭转型战略，设法清除内部不利的条件，以便尽快形成利用环境机会的能力。

第Ⅲ类型企业，内部存在劣势，外部面临巨大威胁，可以采用防御型战略，设法避开威胁和消除劣势。

第Ⅳ类型企业，具有强大的内部实力，但外部环境存在威胁，宜采用多种经营战略，一方面使自己的优势得到更充分利用；另一方面也使经营的风险得以分散。

在完成 SWOT 分析、企业所具有或者面临的优势和劣势、机会和威胁都已确定后，管理人员就可以开始计划的工作过程，确定企业的目标，制定企业的战略与计划。

五、战略管理层次体系

战略管理可以包括三个层次：公司层战略管理、业务层战略管理、职能层战略管理，图 4－6 列示了战略管理层次的关系。

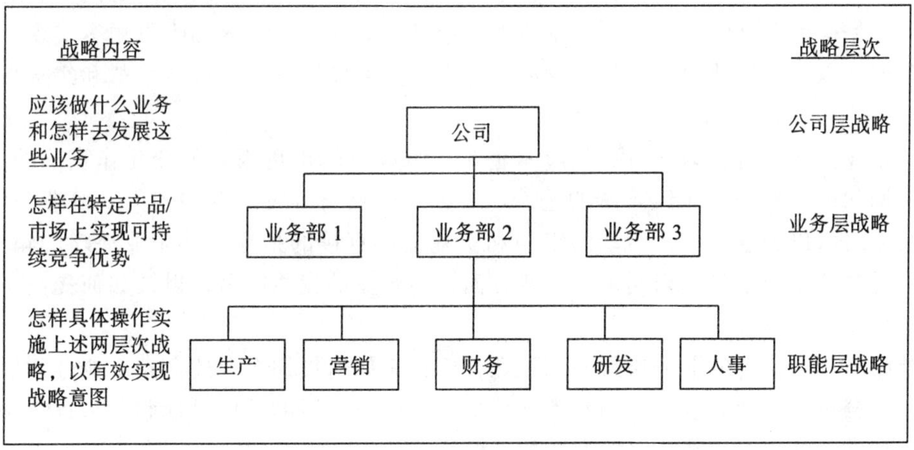

图 4－6　战略管理层次

（一）公司层战略

公司战略的主要内容包括企业战略决策的一系列最基本的因素，是企业存在的基本逻辑关系或基本原因。概括来讲，公司战略强调两个方面问题：

1. 我们应该做什么业务

即确定企业的性质和宗旨，确定企业活动的范围和重点。这些因素不仅决定着企业的经营状况，而且还能决定企业在外部市场环境中的地位，因而是企业生存和发展的根本问题。企业所服务的消费者群体的类型、消费者满足需要的程度、企业采用的技术类型、企业向市场提供的产品类型以及这些方面的发展趋势，结合起来就确定了企业活动范围和重点。这些因素也是反映企业的市场地位、利用市场机会和应付市场威胁的能力的检测器。

2. 我们怎样去发展这些业务

在企业各种不同的活动中，应当如何决定资源分配的先后次序？企业内部哪一项业务应当得到这些资源？各应得到多少？怎样最大限度地利用好这些资源？对于企业来说，合理地配置资源是至关重要的。因为一方面，资源投入于不同业务领域的效益不大相同；另一方面，企业内部各个部门往往都在相互争夺有限资源。企业高层管理者的一个重要任务就是以最有利于提高企业整体绩效为前提，根据企业内部资源的潜力可能性，权衡每一项业务活动对企业内部资源的需要，按照轻重缓急合理地配置资源。

从企业战略管理的角度来看，公司战略的侧重点表现在以下三个方面：①企业使命的确定。即企业最适合于从事哪些业务领域，为哪些消费者服务，企业向何种经营领域发展？②战略业务单位的划分及战略业务的发展规划。如开发新业务的时机与方式；现有企业放弃、维持或扩展的安排；进行这种调整的深度和速度。③关键的战略业务单位的战略目标。

（二）业务层战略

业务层战略是在总体性的公司战略指导下，经营管理某一个特定的战略经营单位的战略计划，是公司战略之下的子战略。

从企业外部来看，业务层战略的目的是为了使企业在某一个特定的经营领域取得较好的成果——努力寻求建立什么样的竞争优势，应当关注如何有效地满足消费者群体需要，应当怎样使自己的产品区别于竞争者的产品，如何通过竞争和吸引顾客实现企业的市场定位，以及怎样使业务部的经营活动与本行业的发展趋势、社会变革和经济形势相适应。

从企业内部来看，为了对那些影响企业竞争成败的市场因素的变化作正确的反应，需要协调和统筹安排企业经营中的生产、财务、研究与开发、营销、人事等业务活动。业务层战略可以为这些经营活动的组织和实施提供直接的指导。从企业战略的角度看，企业内部的关键因素是应当明确从哪些方面提高企业的竞争能力，以及如何提高企业的竞争能力。

战略管理意义上的业务层战略侧重点在于：①如何贯彻企业使命；②业务发展的机会与威胁分析；③业务发展的内在条件分析；④业务发展的总体目标和要求；⑤确定业务层战略的战略重点、战略阶段和主要战略措施。

公司层战略与业务层战略的根本不同在于，公司层战略要统筹规划多个战略业务的选择、发展、维持或放弃，而业务层战略只就本业务部从事的某一战略业务进行具体规划。业务层战略要在公司战略的指导和要求下进行。

（三）职能层战略

职能层战略是为贯彻、实施和支持公司战略与业务层战略而在企业特定的职能管理领域制定的战略。企业职能层战略的重点是提高企业资源的利用效率，使企业资源的利用效率最大化。在企业既定的战略条件下，企业各层次职能部门根据职能层战略采取行动，集中各部门的潜能，支持和改进公司战略的实施，保证企业战略目标的实现。

职能层战略一般可分为营销战略、人事战略、财务战略、生产战略、研究与开发战略、公关战略等。从战略管理的角度而言，职能层战略的侧重点在于：①如何贯彻业务发展的总体目标。②职能目标的论证及其细分，如发展目标（规模、生产能力等）；主导产品和品种目标；质量目标；技术进步目标；市场目标（市场占有率及其增长率）；职工素质目标；管理现代化目标；效益目标（利润率及竞争能力综合指数）。③确定职能战略的战略重点、战略阶段和主要战略措施。④战略实施中的风险分析和应变能力分析。

表 4－2 列示了公司层战略、业务层战略和职能层战略三个战略层次的特点比较。

表 4－2　　三个层次战略的比较

特点	战略层次		
	公司层	业务层	职能层
性质	观念型	中间	执行型
明确程度	抽象	中间	确切
可衡量程度	以判断评价为主	半定量化	通常可定量
频率	定期或不定期	定期或不定期	定期
时期	长期	中期	短期
所起作用	开创性	中等	改善增补性
对现状的差距	大	中	小
承担的风险	较大	中等	较小
盈利潜力	大	中	小
代价	较大	中等	较小
灵活性	大	中	小
资源	部分具备	部分具备	基本具备
协调要求	高	中等	低

制定公司层战略是企业高层管理者的主要职责，制定竞争层战略是企业业务部领导层的主要职责。这三个层次战略的制定与实施过程实际上是各级管理者充分协商、密切配合的结果。可见，公司层战略、业务层战略和职能层战略一起构成企业的战略体系。在一个企业内部，企业战略的各个层次之间相互联系、相互配合，每一个战略层次都构成了其他战略层次赖以发挥作用的环境，任何一个战略层次的失误都会导致企业战略无法达到预期目的。

如图 4－7 所示，当企业战略的各个部分与层次相互配合、密切协调时，就能增加企业的凝聚力，也就能最为有效地贯彻实施企业战略。职能层战略与竞争层战略的协调一致能够增强业务部战略的力量。同样，协同业务部战略的各个要素，集中各职能部门专家和员工的建设性意见，也能够极大地改善和强化公司层战略。因此将战略的不同部分和层次之间的关系看作是使战略有效地发挥的合力，对于有效地实施战略管理是十分有益的。

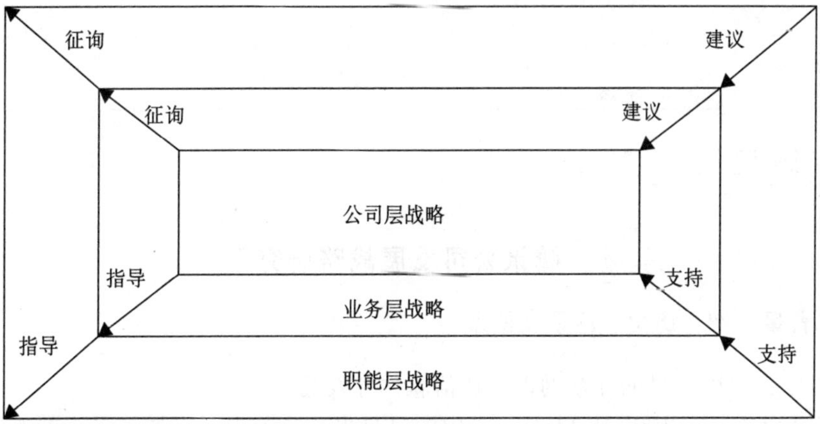

图 4－7　战略管理层次互动过程

(四) 战略管理层次体系

企业战略管理是一个层次化的体系，每个层次针对企业不同层次的战略制定、实施和评价、控制行为进行管理。

1. 按企业经营的层次，可分为总体战略、基本竞争战略和职能战略

(1) 总体战略。总体战略又称公司战略，是企业战略中最高层次的战略。它需要根据企业的目标，选择企业可以竞争的经营领域，合理配置企业经营所必需的资源，使各项经营业务相互支持、相互协调。

(2) 基本竞争战略。基本竞争战略又称业务层战略、竞争战略、经营单位竞争战略、竞争战略。是战略经营单位的战略。它是在企业总体战略的制约下，指导和管理具体战略经营单位的计划和行动，为企业的整体目标服务。

(3) 职能战略。职能战略又称职能层战略，是企业内主要职能部门的短期战略计划，使职能部门的管理人员可以更加清楚地认识到本职能部门在实施企业总体战略中的责任和要求，有效地运用研究开发、营销、生产、财务、人力资源等方面的经营职能，保证实现企业目标。

2. 按企业经营的态势，可分为发展型战略、稳定型战略和紧缩型战略

(1) 发展型战略。适用于企业有发展和壮大自己的机会的情况，其特点是：投入大量资源，扩大产销规模，提高竞争地位，提高现有产品的市场占有率或用新产品开辟新市场，这是一种进攻型的态势。企业发展型战略主要有：企业产品一市场战略，企业联合战略，企业竞争战略及国际化经营战略等等。

(2) 稳定型战略。强调的是投入少量或中等程度的资源，保持现有的产销规模和市场占有率，稳定和巩固现有的竞争地位。这种战略适用于效益已相当不错、而暂时又没有进一步发展的机会、其他对手进入又较难的企业。

(3) 紧缩型战略。适用于外部环境与内部条件都十分不利，企业只有采取撤退措施才能避免更大的损失的情况。企业紧缩型战略主要有缩小规模、转让归并及清理等措施。

发展和壮大企业，采取发展型战略。但是，如果环境不允许，主客观条件不具备，还不如采取稳定型战略，甚至紧缩型战略，以保存实力，等待机会。在激烈的市场竞争环境中，应以所有者的利益为重，不能轻易冒险。

第二节

教学案例选编

腾讯公司发展战略研究

一、背景介绍：历史、愿景及使命

1. 历史：中国最早的互联网即时通信软件开发商

腾讯公司成立于1998年11月，是中国最早也是目前中国市场上最大的互联网即时通信软件开发商。1999年2月，腾讯公司正式推出第一个即时通信软件——“腾讯

QQ”。经过数年发展，于2004年6月在香港上市。

腾讯公司主要产品有IM软件、网络游戏、门户网站以及相关增值产品。2015年9月，财富中文版发布2015年“最受赞赏的中国公司”排行榜，腾讯排名第六。2018年6月20日，世界品牌实验室（World Brand Lab）在北京发布了2018年《中国500最具价值品牌》分析报告，腾讯居第二位。2018年12月，世界品牌实验室编制的《2018世界品牌500强》揭晓，排名第39。2019年7月，发布2019《财富》世界500强：位列237位。2019年8月，入选2019年中国最佳董事会50强。2019年9月1日，2019中国服务业企业500强榜单在济南发布，腾讯控股有限公司排名第32位。2019年10月，2019福布斯全球数字经济100强榜位列14位。2019年10月23日，2019《财富》未来50强榜单公布，腾讯控股有限公司排名第12。“一带一路”中国企业100强榜单排名第14位。2019年11月16日，胡润研究院发布《2019胡润全球独角兽活跃投资机构百强榜》，腾讯排名第2位。

用互联网的先进技术提升人类的生活品质是腾讯公司的使命。腾讯的发展深刻地影响和改变着数以亿计网民的沟通方式和生活习惯，它为用户提供了一个巨大的便捷沟通平台，在人们生活中实践着各种生活功能、社会服务功能及商务应用功能；并正以前所未有的速度改变着人们的生活方式，创造着更广阔的互联网应用前景。

2. 愿景：成为最受尊敬的互联网企业

企业的方向：在全球互联网行业、全球华人社区不断强化腾讯的影响力，保持综合实力在全球前三名。

实现企业方向的方式：通过成熟有效的营销、管理机制，实现企业健康、持续的利益增长，给予股东丰厚的回报；与所有合作伙伴一起成长，分享成长的价值；不忘关爱社会、回馈社会，以身作则，推动互联网行业的健康发展。

3. 使命：通过互联网服务提升人类生活品质

经营的主线：腾讯以高品质的内容、人性化的方式，向用户提供可靠、丰富的互联网产品和服务；腾讯的产品和服务向水和电一样源源不断融入人们的生活，丰富人们的精神世界和物质世界；持续关注并积极探索新的用户需求、提供创新的业务来持续提高用户的生活品质。

经营目的：腾讯通过互联网的服务，让人们的生活更加便捷和丰富，从而促进社会和谐进步。

二、腾讯公司的四项关键要素简析

1. 业务组合

腾讯目前已经形成了互联网和增值服务、无线和固网增值服务、企业服务、广告业务、品牌授权。并且逐步向个人即时通信、企业即时通信和娱乐资讯三个方向发展。

2. 资源配置

给予互联网的即时通信服务，以及在此基础上的衍生的各项增值服务，是腾讯的核心业务。但是腾讯目前也在大力发展网络游戏、网络广告业务，并取得了不错的成绩。

3. 竞争优势

腾讯最大的竞争优势，就是其作为个人即时通信的先行者，多年发展所积累的庞大用户群。

4. 协同优势

腾讯利用如此多的用户，发展了互联网增值业务。多项优势业务的整合，使得腾讯发展其他业务得心应手，腾讯继而进军网络电视、邮件、网络购物等多项业务，协同效应愈加明显。

三、腾讯的关键战略要素分析

（一）腾讯环境分析

1. 网络游戏的一般环境分析——PEST

政治环境：现在我国社会稳定，人民生活水平提高，但是对于网络游戏的虚拟物品的立法保护不够完善，导致部分玩家利益受损。国家对网络游戏还是持扶持的态度，但是迫于整个社会的压力，还是对网络游戏进行了规范性的尝试。

经济环境：我国大力扶持 IT 行业的发展，网络游戏因此顺势发展。但是盗版的猖獗导致单机游戏厂商损失巨大，因为网络游戏几乎不存在盗版问题，因此转向网络游戏的开发运营。

社会文化：生活水平的提高，网吧、宽带的普及，人们追求新鲜的娱乐方式；另外人口基数大，有利于网络游戏开拓市场。

技术环境：硬件上，网络传输及大型服务器的开发，为网络游戏产生提供了硬件支持；电脑的价格降低，网吧的盛行，使得网络游戏广泛流行；单机游戏的技术积累，配合网络技术发展，导致了网络游戏的诞生。

2. 网络游戏的产业环境分析——波特五力模型

（1）现有企业竞争强度分析。网络游戏作为近十年来新兴的一种产业，吸引了大量的投资和技术，同时也使得同一环节上的竞争对手的数量较多，几家比较大的网络公司的力量对比差距很小，各企业在获取资源的能力、为了争多市场所支配的资源量、可能采取的竞争方式、能功利用的产业协作体系、设置企业对市场的影响力和影响方式等方面都是相近的。

（2）新进入企业的潜在进入分析。在资本量要求方面，投资几百万，上千万，都可以研发游戏，都可以代理游戏。任何有意向的企业找些制作过游戏的人，都可以推出一款网游，然而在宣传的时候又都是中国第一的姿态，这造成整个行业鱼龙混杂。所以该行业的进入障碍小，易被模仿，所以新进入企业的潜在威胁较大。

（3）供应商分析。对于网络游戏来说，其供应源主要来自 3 个方面：设备供应商、网络供应商、人才市场以及网络游戏的开发商。在网络游戏行业中，设备排除一般行政资源外主要是指用以存储数据的服务器。各服务器供应商之间竞争激烈，国外服务器供应商为了进入市场以低价格来与本地服务器供应商抢夺市场份额。网络供应商虽然被电信、网通所垄断，但是作为一种公共资源，他们难以借此在价格上对其消费者进行威胁。网络游戏开发商是对于网络游戏运营商来说最大的威胁。大多数的网络游戏运营商都只是从网络游戏开发商那获得了代理权，很少有自主开发，自主运营的，并且也不可能完全买断一个游戏，因此，一旦和一个网络游戏开发商签订了协议代理其产品，那么在之后的日子里就会不可避免地只能和其一直合作，而没有选择的余地，除非运营商自己放弃这个项目，所以说网络游戏开发商的力量是强大的，也因此构成了供应商方面最大的威胁。

（4）买方分析。我国的市场容量大，在网用户也在逐年增加，为我国网络游戏的发展，提供了庞大的参与群体。人民生活水平提高因而支付能力快速增长，并且潜在需求量大，网络游戏用户占据互联网用户的比例增加。

（5）替代产品分析。网络游戏之间的替代现状是各类游戏（包括益智休闲、竞速、战斗等类别）在各自的同类产品中某一款或少数几款占据绝对优势，其他同类产品几乎无法产生威胁。此外，网络游戏总有其生命周期，只有不断创新发展，才能长盛不衰。因此，网络游戏的替代效应有限，每种游戏总有其固定的用户群，一般大多数用户群不容易改变观念转投到另一种游戏。

（二）腾讯公司的战略环境的 SWOT 分析

（1）优势：①拥有的海量的注册用户和用户资料；②QQ 品牌对其用户的强有力影响和 QQ 用户的强黏性；③有全面且比较成功的产品线；④拥有优秀的研发团队；⑤具有成熟的互联网服务经验；⑥具有充沛的现金流和优秀的财务报表，其股市形势好；⑦战略合作伙伴众多。

（2）弱势：①业务体制繁多导致公司不能兼顾到所有业务的发展；②用户的增长导致腾讯的定位越来越模糊；③与基础运营商分成的局面刀子腾讯公司在互联网自主权方面的网络劣势。

（3）机会：①信息科技能量呈级数成长导致了中国互联网信息业快速发展；②国内企业与国际竞争对手比具有本土化的成本优势、语言优势与行为习惯优势；③国际竞争对手积极寻找与国内企业的战略合作或者进行风险投资。

（4）威胁：①互联网竞争的升级，互联网竞争不仅仅是宣传的竞争，更重要的是如何满足用户的需求的竞争；②网民的本质是善变的，他们将使用服务更好的企业；③投资变化，风头扶持起越来越多的竞争对手，从各个方面对腾讯造成威胁。

四、公司战略选择

（一）产品开发战略——产品扩张战略

产品扩张战略就是对企业现有核心竞争力的扩展，腾讯在这方面利用其在市场方面的优势开发新产品。腾讯在通信软件上的优势使得其有了庞大的用户群，如何增强这些用户的娱乐体验，增加客户黏度，网络游戏是必不可少的一个项目。腾讯利用了其在休闲游戏、棋牌游戏上的经验扩展到大型角色扮演游及其他竞技游戏上，取得了一定的成绩。

（二）产品竞争战略

1. 产品差别化战略

腾讯首先在棋牌游戏及休闲游戏上积累了经验及人气，然后推出了 QQ 幻想、QQ 音速、QQ 三国等大中型网络多角色游戏。在差别方面，除了游戏类型的差别外，腾讯的网络游戏最大的区别在于其“Q 文化”的一贯性。腾讯致力于让其 QQ 用户享受到独有的高质量的娱乐生活，腾讯的网络游戏都与 QQ 对接起来，形成了多项资源的整合，也形成了 QQ 区别于其他网络游戏的“Q 文化”。这一切，都使得腾讯的网络游戏成为真正属于用户、适合用户的网络游戏。

2. 价格战略

随着市场上更多新游戏的发布，许多公司采用了限时免费道具收费的模式，对于腾讯的小型休闲游戏有一定的影响。腾讯为此降低小型休闲游戏的商业户程度，并将强了游戏道具安全性管理，在吸引了一批免费玩家的同时，也影响了道具的销售。在大型游戏方面，QQ 采用了低收费的战略，而且玩家账号充值后可以在所有大区服务器畅游，这也是腾讯吸引 QQ 用户的一个手段。

3. 时间战略

腾讯采用的是快追随战略。在棋牌游戏方面，联众早在 2001 年就成为中国第一大休闲棋牌游戏运营商。腾讯则是在 2003 年 8 月推出 QQ 游戏，其他的游戏则是其后推出，此时中国网络游戏行业已经进入快速发展期，呈现一片繁荣景象。腾讯是在市场明确后才加入的，而现在，腾讯已经是当之无愧坐上了国内休闲游戏的第一把交椅。

QQ 游戏一推出，有着很明显的模仿联众的痕迹，但是联众没有腾讯的巨大用户群，所以面对相似的产品，大量的玩家从联众流失到 QQ 游戏。通过模仿以及独特的优势，腾讯最终获得了成功。

五、腾讯公司战略的总体分析

首先，即时通信软件，在腾讯的发展过程中，仅仅是充当聚宝盆，是一个平台。在其庞大的用户群的基础上才能越走越好。

其次，企业能够获得成功的原因：坚持“用户第一”理念，从创造用户价值、社会价值开始，从而提升企业价值，同时促进社会文明的繁荣；重视员工利益，激发员工潜能，在企业价值最大化的前提下追求员工价值的最大实现。腾讯的管理哲学是为了全人类更加方便丰富的互联网生活而努力，强调自己的服务性质。

最后，品牌的无形价值是巨大的，它可以培育一个忠实的消费群体，当一个企业的竞争对手率先推出新产品时，该企业的用户不会马上转向竞争对手的产品，而是会给企业一段推出类似产品的时间。

因此腾讯花巨资投入 QQ 安全、QQ 空间、网游、门户网站、电子商务等，来加深“企鹅”与用户的感情。

多元化经营发展，依托统一的 IM 技术，开展与众多基础运营商德尔合作，并通过网络通信和移动技术，独立开展贯通互联网通信和移动通信两大平台业务。

（资料来源：百度文库 wenku. baidu. com/）

【教学功能】

本案例以腾讯公司发展战略研究为分析资料，对企业战略管理进行了分析，本案例适用于探讨企业发展战略制定和公司战略选择问题。

【知识要点】

发展战略　竞争战略　战略选择　SWOT

【思考与讨论题】

1. 腾讯公司是如何根据市场实际环境来设计企业的发展战略的？

2. 腾讯公司是如何进行公司战略选择的？

管理综合案例课程课堂讨论记录表

班级： 姓名： 年 月 日

案例名称			
案例讨论题			
管理案例讨论发言内容			
课堂讨论记录			
教师点评记录			
备注			
综合评语		成绩	

任课教师： 年 月 日

经典管理故事

当大黑熊来临时

有两个相互竞争的企业老板希望通过野炊休闲的方式来讨论两家公司是否合并的问题，在讨论过程中，双方各不相让，双方都坚信能战胜对手。

突然森林中跑出来一只大黑熊，此时一个老板急忙打开旅行包，拿出一双运动鞋穿上；另一位老板迷惑不解地问：“难道你穿上运动鞋就能跑得过大黑熊吗？”

这位老板回答说：“我不用跑过大黑熊，我只要跑过你就行了。”

第五章

企业组织管理

【教学内容精要】

【课程性质】

企业组织管理与组织结构设计是研究企业组织管理工作的历史沿革，组织战略和组织结构的关系，组织结构的形式，组织结构合理化、组织结构的功能优化，组织变革，组织文化建设等内容，系统地研究由人所组成的各种组织在个体、群体和组织层次上的行为，以达到组织所期望目标的科学。

【发展趋势】

企业组织管理与组织结构设计研究的是千变万化的人、群体和组织的行为，因此不可能有通用的最佳模式，而是主张根据不同情景采取不同的理论和决策。从公司组织结构性维度和管理性维度学习和体会公司治理结构变化、组织结构变化、组织变革模式变化的理论和分析方法，掌握相应的技能。

【教学内容】

针对企业组织管理与组织结构设计的重点（组织战略和组织结构的关系、组织结构形式、组织结构、组织变革等）和难点（组织结构合理化、组织结构的功能优化、组织文化建设等），有选择性地就组织中人的行为、组织结构、组织行为、组织变革等知识内容编写了1个相应的教学案例，供广大师生选择使用。

【教学要求】

(1) 根据思考与讨论题，在学习企业组织管理基本理论、阅读案例和查阅文献资料的基础上，认真完成思考与讨论题，撰写管理案例课堂讨论书面报告。

(2) 设计课堂讨论主题发言和自由发言的内容，认真参与管理案例教学课堂讨论，填写管理综合案例课程课堂讨论记录表。

第一节

基本理论知识

企业组织管理是对企业管理中建立健全管理机构，合理配备人员，制订各项规章制度等工作的总称。具体地说就是为了有效地配置企业内部的有限资源，为了实现一定的共同目标而按照一定的规则和程序构成的一种责权结构安排和人事安排，其目的在于确保以最高的效率，实现组织目标。

一、组织管理与组织结构

(一) 组织管理

1. 组织管理内涵

哈罗德·孔茨认为，为了使人们能为实现目标而有效地工作，必须按任务或职位制定一套合适的职位结构，这套职位结构的设置就是组织。组织的管理功能就是要设计和维持一套良好的职位系统，以使人们能很好地分工协作。

组织管理，应该使人们明确组织中有些什么工作，谁去做什么，工作者承担什么责任，具有什么权力，与组织结构中上下左右的关系如何。只有这样，才能避免由于职责不清造成的执行中的障碍，保证组织目标的实现。

企业组织管理，具体地说就是为了有效地配置企业内部的有限资源，为了实现一定的共同目标而按照一定的规则和程序构成的一种责权结构安排和人事安排，其目的在于确保以最高的效率，实现组织目标。

2. 组织管理内容

组织管理的具体内容是设计、建立并保持一种组织结构。企业组织管理的具体内容包括以下三个方面：

(1) 确定领导体制，设立管理组织机构。什么是体制呢？体制是一种机构设置、职责权限和领导关系、管理方式的结构体系。确定领导体制，设立管理组织机构，其实就是要解决领导权的权力结构问题，它包括权力划分、职责分工及其他们之间的相互关系。当然，在确定领导体制时，形式可以多种多样。

(2) 对组织中的全体人员指定职位、明确职责及相互划分。使组织中的每一个人明白自己在组织中处于什么样的位置，需要做什么工作。

(3) 设计有效的工作程序，包括工作流程及要求。因为，一个企业的任何事情都应该按照某种程序来进行。这就要求有明确的责任制和良好的操作规程。一个混乱无序的企业组织是无法保证完成企业的总目标、总任务的。

（二）组织结构

1. 组织结构概念

组织结构是一个变量。组织结构是指组织中各部分之间相对稳定关系的一种模式。组织结构不存在一成不变和所谓最好的模式。

组织结构是组织的全体成员为实现组织目标，在管理工作中进行分工协作，在职务范围、责任、权利方面所形成的结构体系。组织结构的本质是成员间的分工协作关系，组织结构的内涵是人们的职、责、权关系，因此，组织结构又可称之为权责结构。

2. 组织结构的内容

（1）职能结构。即完成组织目标所需的各项业务工作及其比例和关系。如一个企业有生产、技术、销售、人事、财务等不同的业务职能，各项工作任务都为实现企业的总体目标服务，但各部分的权责关系却不同。

（2）层次结构。即管理层次的构成及管理者所管理的人数（纵向结构）。管理层次是指一个组织设立的行政等级数目。一个组织集中着众多的员工，作为组织主管，不可能对每一个员工直接进行指挥和管理，这就需要设置管理层次，逐级地进行指挥和管理。一个组织中，其管理层次的多少，一般是根据组织工作量的大小和组织规模的大小来确定的。工作量较大且组织规模较大的组织，其管理层次可多些，反之，管理层次就比较少。一般来说，管理层次可分为高层、中层和基层三个层次。

（3）部门结构。即各管理部门的构成（横向结构）。如组织按职能、产品及地区等标准划分的各个部门。部门结构既要体现出组织应该设置哪些部门，还要体现出这些部门之间的整体性关系。

（4）职权结构。即各层次、各部门在权力和责任方面的分工及相互关系。包括职权的纵向结构和职权的横向结构。如董事会负责决策，经理负责执行与指挥，各层次各部门之间的协作关系等。

（5）管理规范结构。即指导组织中人们的活动和关系的经过计划的正式的政策、程序和控制方法（行政管理系统）。

二、组织结构设计

（一）常见的组织结构形式

1. 直线制

（1）直线制组织结构图。直线制，又称“军队式组织”，是人类社会各种组织存在的最基本形式，也是一种最早和最简单的组织结构形式，这种组织结构没有管理职能部门，从最高层到最低层实现直线垂直领导，如图 5－1 所示。

（2）直线制的特点是：①一个下属人员只接受一个上级领导人员的指令；②所有管理职能都由一个领导者承担。其优点是：①机构简单；②指挥管理统一，责任和权限比较明确。

（3）直线制缺点是：①要求行政负责人通晓各种专业管理知识，亲自处理许多业务，需全面领导；② 领导者忙于日常业务，不能有效决策。在组织规模比较大、业务比较复杂的情况下，把所有管理职能都集中到最高主管一个人身上，显然是难以胜任的。

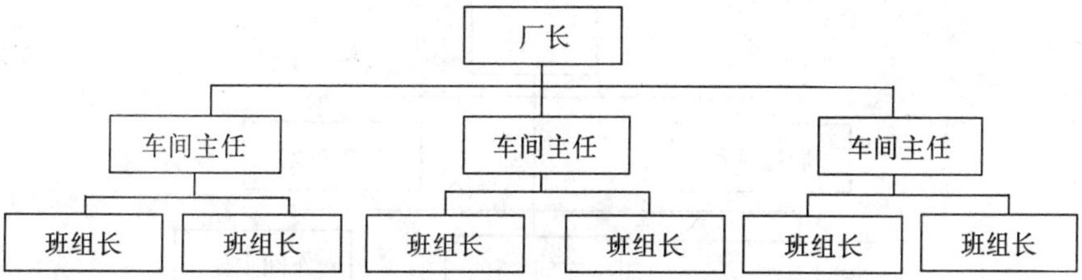

图 5－1　直线制组织结构示意图

直线制只适用于规模较小、生产技术比较简单的企业，对生产技术和经营管理比较复杂的企业并不适宜。

2. 职能制组织结构

（1）职能制组织结构图。职能制是指设立若干职能机构或人员，各职能机构或人员在自己的业务范围内都有权向下级下达命令和指示，即各级负责人除了要服从上级直接领导的指挥以外，还要受上级各职能部门或人员的领导，如图 5－2 所示。

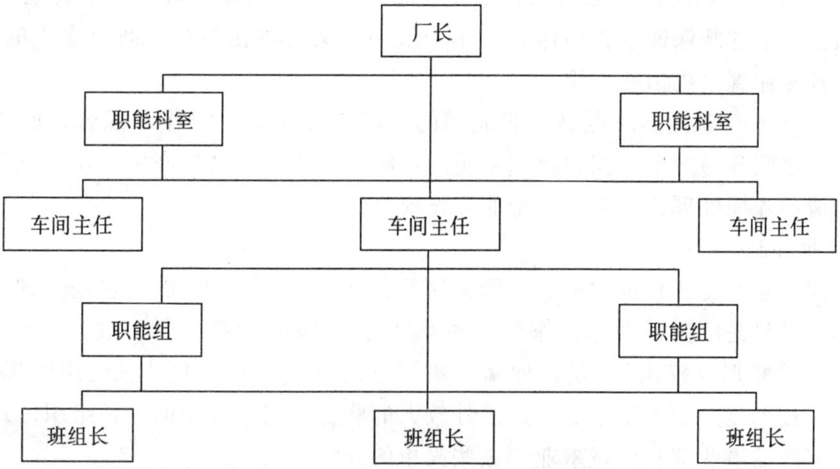

图 5－2　职能制组织结构示意图

（2）职能制的优点是：能适应现代化工业企业生产技术比较复杂、管理工作比较精细的特点；能充分发挥职能机构的专业管理作用，减轻直线领导人员的工作负担。

（3）职能制的缺点是：它妨碍了必要的集中领导和统一指挥，形成了多头领导；不利于建立和健全各级行政负责人和职能科室的责任制，在中间管理层往往会出现有功大家抢、有过大家推的现象；另外，在上级行政领导和职能机构的指导和命令发生矛盾时，下级就无所适从，由于这种组织结构形式的明显的缺陷，现代企业一般都不采用职能制。

3. 直线——职能制组织结构

（1）直线——职能制组织结构图。直线——职能制，或者称为直线参谋制，它是在直线制和职能制的基础上，取长补短，吸取这两种形式的优点而建立起来的。目前，我们绝大多数企业都采用这种组织结构形式。直线——职能制组织结构图如图 5－3 所示。

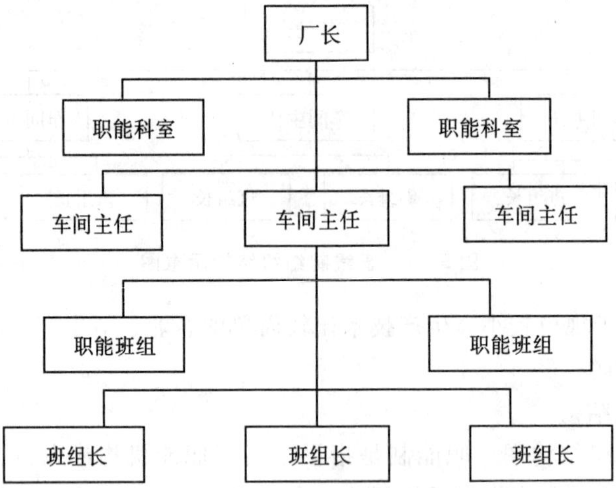

图 5－3　直线——职能制组织结构示意图

（2）直线——职能组织结构的优点是：命令统一，职责明确，专业化管理程度较高，组织稳定。它既保证了管理体系的集中统一，又可以在各级行政负责人的领导下，充分发挥各专业管理机构的作用。

（3）直线——职能制缺点是：职能部门之间缺乏交流、协作和配合，职能部门与行政负责人之间容易产生摩擦，组织系统的灵敏度较低，下级的许多工作要直接向上层领导报告请示才能处理，常常造成企业运作效率低下。

4. 事业部制

事业部制是欧美、日本大型企业所采用的典型的组织形式，因为它是一种分权制的组织形式。最早是由美国通用汽车公司总裁斯隆于 1924 年提出的，故有“斯隆模型”之称，也叫“联邦分权化”，是一种高度集权下的分权管理体制。它适用于规模庞大、品种繁多、技术复杂的大型企业，是国外较大的联合公司所采用的一种组织形式。

这里就产品事业部和区域事业部做些简单的介绍。

（1）区域事业部制（又称区域部门化）。按地区划分部门，特别适用于规模大的公司，尤其是跨国公司。这种组织结构如图 5－4 所示。

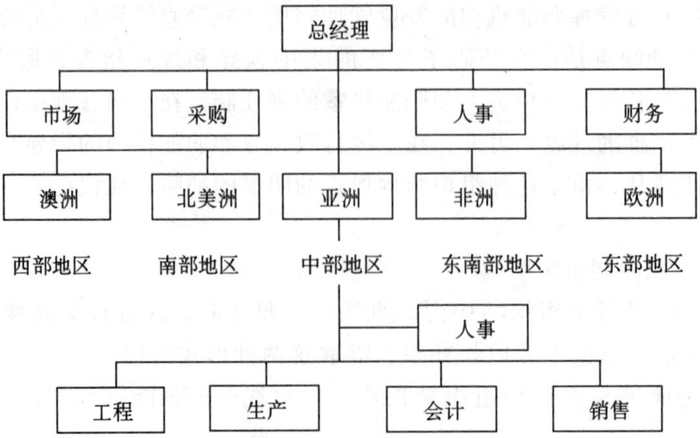

图 5－4　区域部门化组织结构示意图

区域部门化的优点主要有：①责任到区域，每一个区域都是一个利润中心，每一区域部门的主管都要负责该地区业务的盈亏；②放权到区域，每一个区域有其特殊的市场需求与问题，总部放手让区域人员处理，会比较妥善、实际，有利于企业高层管理者关注更重要的问题；③有利于地区内部协调；④对区域内顾客比较了解，有利于服务与沟通；⑤每一个区域主管，都要担负一切管理职能的活动，这对培养通才管理人员大有好处。

区域部门化的缺点有：①随着地区的增加，需要更多具有全面管理能力的人员，而这类人员往往不易得到；②每一个区域都是一个相对独立的单位，加上时间，空间上的限制，往往是“天高皇帝远”，总部难以控制；③由于总部与各区域分部相距较远，难以维持集中的经济服务工作。

（2）产品事业部（又称产品部门化）。产品部门化主要是以企业所生产的产品为基础，将生产某一产品有关的活动，完全置于同一产品事业部内，再在产品事业部内细分职能部门，进行该产品的生产、销售等工作。这种结构形态的组织结构如图 5－5 所示。

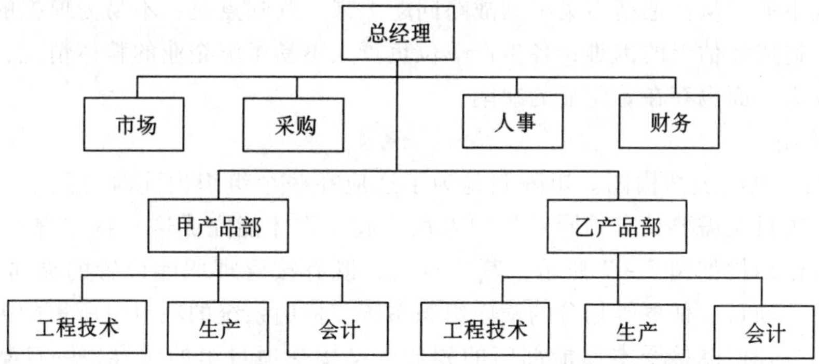

图 5－5　产品部门化组织结构示意图

产品部门化的优点主要有：①有利于采用专业化设备，并能使个人的技术和专业化知识得到最大限度的发挥；②每一个产品部都是一个利润中心，部门经理承担利润责任，这有利于总经理评价各部门的政绩；③在同一产品部门内有关的职能活动协调比较容易，比完全采用职能部门管理更有弹性；④容易适应企业的业务扩展与业务多元化要求。

产品部门化的缺点主要有：①需要更多具有全面管理才能的人才，而这类人才往往不易得到；②每一个产品分部都有一定的独立权力，高层管理人员有时会难以控制；③对总部的各职能部门，例如人事、财务等，产品分部往往不会善加利用，以至总部一些服务不能获得充分的利用。事业部具有三个基本要素特征：相对独立的市场；相对独立的利益；相对独立的自主权。

事业部制和执行部制只有在组织规模很大且业务范围广或市场区域大时才比较适宜。

5. 模拟分权制

（1）模拟分权制结构图。这是一种介于直线职能制和事业部制之间的结构形式，其结构如图 5－6 所示。

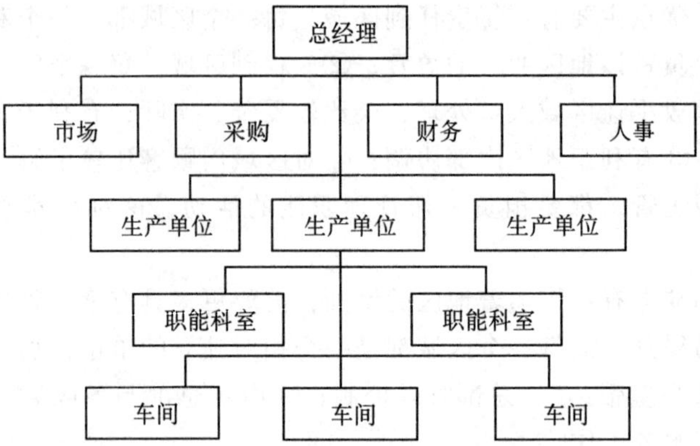

图 5-6 模拟分权制结构示意图

（2）模拟分权制优缺点。模拟分权制的优点除了调动各生产单位的积极性外，就是解决企业规模过大不易管理的问题。高层管理人员将部分权力分给生产单位，减少了自己的行政事务，从而把精力集中到战略问题上来。其缺点是：不易为模拟的生产单位明确任务，造成评估上的困难；各生产单位负责人不易了解企业的整体情况，在信息沟通和决策权力方面也存在着明显的缺陷。

6. 矩阵制

（1）矩阵制组织结构图。矩阵制是为了适应在一个组织内同时有几个项目需要完成，每一个项目又需要具有不同专长的人在一起工作才能完成这一特殊需求而形成的。矩阵制的具体结构如图 5-7 所示，其特点是，既有按管理职能设置的纵向组织系统，又有按产品、项目、任务等划分的横向组织系统。横向系统的项目组所需的人员从各职能部门抽调，他们既接受本职能部门的领导，又接受项目组的领导，一旦某一项目完成，该项目组即行撤销，人员回原部门工作。

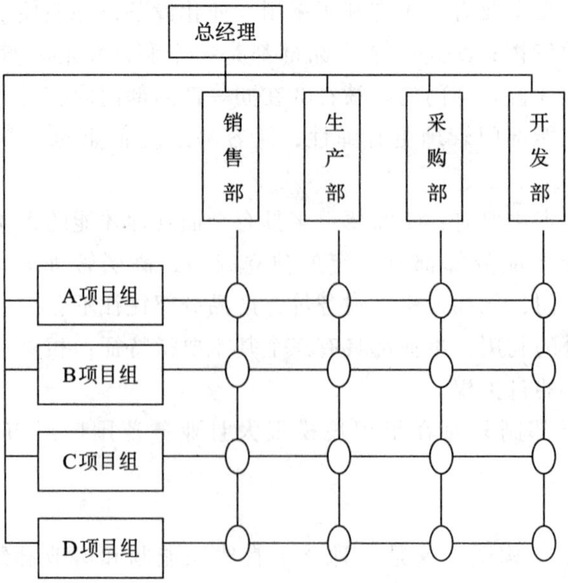

图 5-7 矩阵制组织结构示意图

（2）矩阵制组织结构优缺点。矩阵制的优点是：上下左右、集权分权实现了有效的结合。这种组织形式的缺点是由于各成员隶属于不同的部门，仅仅是临时参加某项目组，项目负责人对他们的工作好坏，没有足够的奖励与惩罚手段，项目负责人的责任大于权力，由于项目负责人和原部门负责人对于参加项目的人员都有指挥权，因此这种结构只有当双方管理人员能密切配合时，才能顺利地开展工作；这种组织具有一定的临时性，容易导致人心不稳。矩阵制一般适用于创新任务较多、生产经营复杂多变的组织。

7. 委员会

（1）委员会组织形式。委员会也是一种常见的组织形式。委员会由一群人所组成，其中各个委员的权力是平等的，并依据少数服从多数的原则决定问题。它的特点是集体决策、集体行动。

（2）委员会优缺点。委员会的优点是：可以充分发挥集体的智慧，避免个别领导的判断失误；少数服从多数，可防止个人滥用权力；地位平等，有利于从多个层次、多种角度考虑问题，并反映各方面人员的利益，有助于沟通和协调；可在一定程度上满足下属的参与感，有助于激发组织成员的积极性和主动性。委员会的缺点是：作出决定往往需要较长时间；集体负责、个人责任不清；有委曲求全、折中调和的危险，富有新意的主张易被封杀；有可能被某一特殊成员所把持，形同虚设。

8. 网络型组织结构

（1）网络型组织结构图。网络型组织结构是利用现代信息技术建立和发展起来的一种新型组织结构，如图 5－8 所示。

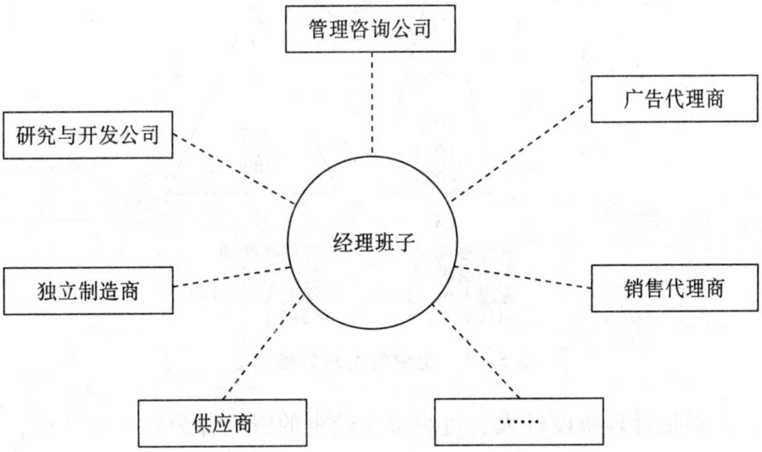

图 5－8　网络型组织结构

（2）网络型组织结构优缺点。网络型组织结构的优点是：网络型组织结构极大地促进了企业经济效益实现质的飞跃，降低管理成本，提高管理效益；实现了企业全世界范围内供应链与销售环节的整合；简化了机构和管理层次，实现了企业充分授权式的管理，组织结构具有更大的灵活性和柔性，以项目为中心的合作可以更好地结合市场需求来整合各项资源，而且容易操作，网络中的各个价值链部分也随时可以根据市场需求的变动情况增加、调整或撤并；这种组织结构简单、精炼，由于组织中的大多数活动都实现了外包，而这些活动更多地靠电子商务来协调处理，组织结构可以进一步扁平化，效率也更高了。网络型组织结构的缺点是：可控性差。组织开展的有效活动是通过与独立的供应商广泛而密切的合作来实现的，因而存在着道德风险和逆向选择性，一旦组织所依存的外部资源出现问题。

网络型组织结构并不是对所有的企业都适用的。它比较适合于玩具和服装制造企业以及那些需要低廉劳动力的制造公司。

（二）组织结构设计基本过程及发展趋势

1. 组织结构设计基本过程

组织结构的设计一般包括以下几个步骤：

(1) 岗位设计：工作的专门化。组织结构设计的第一步是将实现组织目标必须进行的活动划分成最小的有机相联的部分，以形成相应的工作岗位。活动划分的基本要点是工作的专门化，即按工作性质的不同进行划分。通过工作的专门化，每一个组织成员或若干个成员能执行有限的一组工作。

（2）部门化：工作的归类。一旦将组织的任务分解成了具体的可执行的工作，第二步就是将这些工作按某种逻辑合并成一些组织单元，如任务组、部门、处室等，这就是部门化过程。一个组织的各项工作可按各种原则进行归并，常见的有职能部门化、产品部门化、地区部门化、顾客部门化和综合部门化方法。

（3）确定组织层次。组织层次问题，即要确定组织中每一个部门的职位等级数，如图 5－9 所示。管理幅度的大小，在很大程度上制约了组织层次的多少。

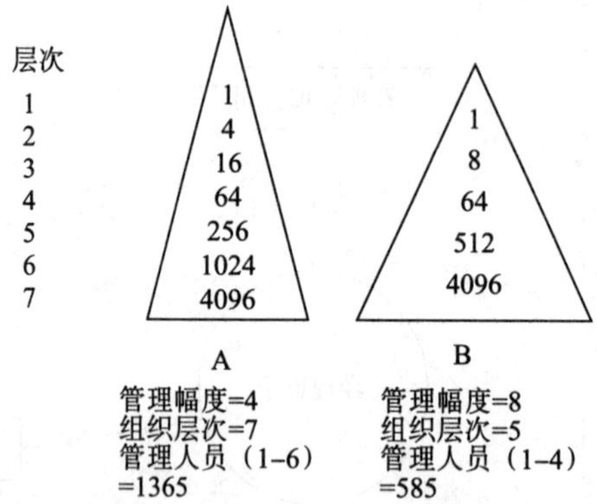

图 5－9　组织层次与管理幅度

一般地，人们把管理幅度较大、组织层次较少的组织称为扁平型结构，把管理幅度较小，组织层次较多的组织称为馒形结构。在管理幅度确定的情况下，就可以根据操作人员数的多少和各管理者管理幅度的大小，计算出所需的管理人员数和相应的组织层次。

根据以上几步，即可明确岗位、部门、组织层次等，形成相应的组织结构，并绘出组织结构图。

（4）人员配备：人员结构。一个部门中人员的合理配置，一是要考虑到能级问题，二是要考虑互补问题。

能级理论和管理实践证明，稳定的能级结构应是正立三角形，即较少的高级人员、较多的中级人员、更多的低级人员。即一个组织中人员能级的分布应是正立三角形，否则就会显得不稳定。例如：倒立的三角形、菱形结构、梯形结构及“一”字形结构等。

能级问题是从纵向考虑人员配置的，要求形成一个合理的等级。而互补问题是从横向考虑人员的配置的，认为同一层次的人员相互之间应是能力互补的。若成员相互之间能力互补，各有所长，就能较好地进行分工协作；否则容易相互争斗，形成内耗。

2. 组织结构设计发展趋势

（1）扁平化。组织结构的扁平化，就是通过减少管理层次、裁减冗余人员来建立一种紧凑的扁平组织结构，使组织变得灵活、敏捷，提高组织效率和效能。彼得·德鲁克预言：未来的企业组织将不再是一种金字塔式的等级制结构，而会逐步向扁平式结构演进。组织结构框架从“垂直式”实现向“扁平式”转化，众多知名大企业走出大而不强困境的有效途径之一。美国通用电气公司推行“零管理层”变革。国内家电行业的知名企业长虹、海尔也不约而同地进行了企业组织结构的调整，从原来的“垂直的金字塔结构”实现了向“扁平式结构”的转化。

（2）网络化。相对于官僚制组织而言，网络组织最本质的特征在于强调通过全方位的交流与合作实现创新和双赢。组织结构网络化主要表现为企业内部结构网络化和企业间结构网络化。杰克·韦尔奇曾致力于公司内部的无边界化，无边界化使内部沟通畅通无阻，极大提高管理效率。企业间结构网络化包括纵向网络和横向网络。通用汽车公司和丰田汽车公司就分别构建了一个由众多供应商和分销商组成的垂直型网络。

（3）无边界化。无边界化是指企业各部门间的界限模糊化，目的在于使各种边界更易于渗透，打破部门之间的沟通障碍，有利于信息的传送。在具体的模式上。比较有代表性的无边界模式是团队组织。无边界思想是一种非常具有新意的企业组织结构创新思想，它完全是超国界、超制度、超阶级、超阶层的。组织作为一个整体的功能得以提高，已经远远超过各个组成部门的功能。

（4）多元化。企业不再被认为只有一种合适的组织结构，企业内部不同部门、不同地域的组织结构不再是统一的模式，而是根据具体环境及组织目标来构建不同的组织结构。管理者要学会利用每一种组织工具，了解、并且有能力根据某项任务的业绩要求，选择合适的组织工具，从一种组织转向另一种组织。

（5）柔性化。组织结构的柔性化是指在组织结构上，根据环境的变化，调整组织结构，建立临时的以任务为导向的团队式组织。组织柔性的本质是保持变化与稳定之间的平衡，它需要管理者具有很强的管理控制力。美国霍尼韦尔公司为巩固客户关系，组建了由销售、设计和制造等部门参加的“突击队”。柔性化的组织结构强化了部门间的交流合作，让不同方面的知识共享后形成合力，有利于知识技术的创新。

（6）虚拟化。组织结构的虚拟化是指用技术把人、资金、知识或构想网络在一个无形（指实物形态的统一的办公大厦、固定资产和固定的人员等）的组织内，以实现一定的组织目标的过程。虚拟组织的典型应用是创造虚拟化的办公空间和虚拟化的研究机构。

三、组织变革与创新

（一）组织变革

1. 组织变革及其动因

组织变革（Organizational Change）是指组织根据内外环境变化，及时对组织中的要素（如组织的管理理念、工作方式、组织结构、人员配备、组织文化及技术等）进行调整、改进和革新的过程。

企业的发展离不开组织变革，内外部环境的变化，企业资源的不断整合与变动，都给企业带来了机遇与挑战，这就要求企业关注组织变革。

组织必须根据周围所发生的变化，及时变革，才有可能在激烈的竞争中拥有自己的位置，如图 5 - 10 所示，有很多环境因素会驱使组织作出变革。

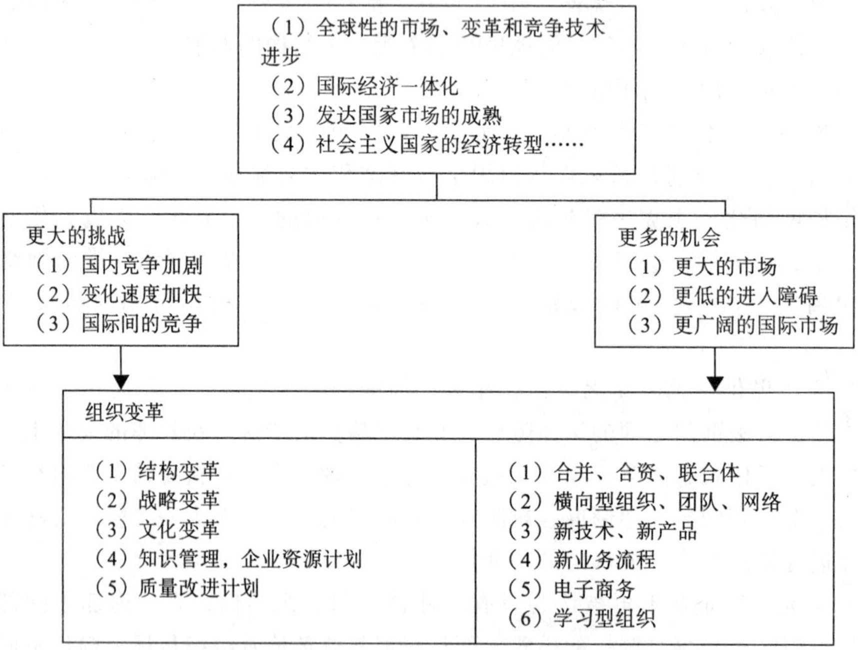

图 5 - 10　组织变革的影响因素

资料来源：［美］理查德·L. 达芙特．组织理论与设计．第七版．北京：清华大学出版社，2003，405

经济的全球化趋势影响到每一个组织，无论规模大小，都会遇到更多的发展机会，也会面对更多的威胁。为了识别并积极应对这些威胁，组织必须进行变革。

2. 组织变革过程

组织变革模型中最具影响的也许是 Lewin 变革模型。Lewin（1951）提出一个包含解冻、变革、再冻结三个步骤的有计划组织变革模型，用以解释和指导如何发动、管理和稳定变革过程。组织变革程序可以分为以下几个步骤：

（1）通过组织诊断，发现变革征兆。组织变革的第一步就是要对现有的组织进行全面的诊断。这种诊断要有针对性，通过搜集资料的方式，对组织的职能系统、工作流程系统、决策系统以及内在关系等进行全面的诊断。组织除了要从外部信息中发现对自己有利或不利的因素之外，更主要的是能够从各种内在征兆中找出导致组织或部门绩效差的具体原因，并确立需要进行整改的具体部门和人员。

（2）分析变革因素，制定改革方案。组织诊断任务完成之后，就要对组织变革的具体因素进行分析，如职能设置是否合理、决策中的分权程度如何、员工参与改革的积极性怎样、流程中的业务衔接是否紧密、各管理层级间或职能机构间的关系是否易于协调等。在此基础上制定几个可行改革方案，以供选择。

（3）选择正确方案，实施变革计划。制定改革方案的任务完成之后，组织需要选择正确的实施方案，然后制定具体的改革计划并贯彻实施。推进改革的方式有多种，组织在选择具体方案时要充分考虑到改革的深度和难度、改革的影响程度、变革速度以及员工的可接受程度和参与程度等，做到有计划、有步骤、有控制地进行。当改革出现某些偏差时，要有备用的纠偏措施及时纠正。

（4）评价变革效果，及时进行反馈。组织变革是一个包括众多复杂变量的转换过程，再好的改革计划也不能保证完全取得理想的效果。因此，变革结束之后，管理者必须对改革的结果进行总结和评价，及时反馈新的信息。对于没有取得理想效果的改革措施，应当给予必要的分析和评价，然后再做取舍。

组织变革管理，最重要的是在组织高管层面有完善的计划与实施步骤以及对可能出现的障碍与阻力有清醒认识。

（二）组织创新的主要内容

组织创新的主要内容就是要全面系统地解决企业组织结构与运行以及企业间组织联系方面所存在的问题，使之适应企业发展的需要，具体内容包括企业组织的职能结构管理体制机构设置横向协调运行机制和跨企业组织联系六个方面的变革与创新。

1. 职能结构的变革与创新

要解决的主要问题包括：

（1）走专业化的道路，分离由辅助作业生产与生活服务附属机构等构成的企业非生产主体，发展专业化社会协作体系，精干企业生产经营体系，集中资源强化企业核心业务与核心能力。

（2）加强生产过程之前的市场研究技术开发产品开发和生产过程之后的市场营销用户服务等过去长期薄弱的环节，同时加强对信息人力资源资金与资本等重要生产要素的管理。

2. 管理体制（组织体制）的变革与创新

管理体制是指以集权和分权为中心全面处理企业纵向各层次特别是企业与二级单位之间权责利关系的体系，亦称为企业组织体制。其变革与创新要注意以下问题：

（1）在企业的不同层次，正确设置不同的经济责任中心，包括投资责任中心利润责任中心成本责任中心等，消除因经济责任中心设置不当而造成的管理过死或管理失控的问题。

（2）突出生产经营部门（俗称一线）的地位和作用，管理职能部门（俗称二线）要面向一线，对一线既管理又服务，从根本上改变管理部门高高在上，对下管理指挥监督多而服务少的传统结构。

（3）作业层（基层）实行管理中心下移。作业层承担着作业管理的任务。这一层次在较大的企业中，还可分为分厂车间工段班组等若干层次。可以借鉴国外企业的先进经验，调整基层的责权结构，将管理重心下移到工段或班组，推行作业长制，使生产现场发生的问题，由最了解现场的人员在现场迅速解决，从组织上保证管理质量和效率的提高。

3. 机构设置的变革与创新

考虑横向上每个层次应设置哪些部门，部门内部应设置哪些职务和岗位，怎样处理好对其管理的物流或业务流，能够做到从头到尾连续一贯的管理，达到物流畅通管理过程连续。具体做法就是把相关性强的职能部门归并到一起，做到一个基本职能设置一个部门一个完整流程设置一个部门。其次是推行领导单职制，即企业高层领导尽量少设副职，中层和基层基本不设副职，以保证彼此间的配合协作。

4. 横向协调的变革与创新

（1）自我协调工序服从制度。实行相关工序之间的指挥和服从；

（2）主动协作工作渗透的专业搭接制度。在设计各职能部门的责任制时，对专业管理的接合部和边界处，有意识地安排一些必要的重叠和交叉，有关科室分别享有决定确认协助协商等不同责权，以保证同一业务流程中的各个部门能够彼此衔接和协作；

（3）对大量常规性管理业务，在总结先进经验的基础上制定制度标准，大力推行规范化管理制度。这些标准包括管理过程标准管理成果标准和管理技能标准。

5. 运行机制的变革与创新

建立企业内部的“价值链”，上下工序之间服务与被服务的环节之间，用一定的价值形式联结起来，相互制约，力求降低成本节约费用，最终提高企业整体效益。改革原有自上而下进行考核的旧制度，按照“价值链”的联系，实行上道工序由下道工序考核辅助部门由主体部门评价的新体系。

6. 跨企业组织联系的变革与创新

前面几项组织创新内容，都是属于企业内部组织结构及其运行方面的内容，除此之外，还要考虑企业外部相互之间的组织联系问题。重新调整企业与市场的边界，重新整合企业之间的优势资源，推进企业间组织联系的网络化，这是新世纪企业组织创新的一个重要方向。

（三）组织创新模式

组织创新可划分为三种模式：战略先导型组织创新模式、技术诱导型组织创新模式、市场压力型组织创新模式。

1. 战略先导型组织创新模式

从创新的动力源看，战略先导型组织创新的动力主要来自于企业战略导向的变化。在企业高层管理者对内外环境变化的预见或快速反应的驱动下，企业首先将企业家的智力和时间资源以及相应的物质和组织资源集中投入到企业战略的变革上，分析外部环境和内部条件确立组织视野明确目标规划调整产品结构，实现战略创新。在此基础上，一方面转变观念形成新规范调整人际关系，进行文化创新；另一方面，则着眼于重新配置企业责权结构，使结构创新适应战略创新和文化创新的需要。

战略先导型组织创新的本质在于，由企业战略创新启动，文化创新结构创新同步进行，从而实现企业战略创新文化创新和结构创新的动态匹配。正是这三类创新的协同匹配，使战略先导型组织创新表现出带有企业内源性根本组织创新的特点。战略先导型组织创新模式的实现除了要求企业家具有战略眼光和超前决策能力外，还要求企业必须在快速发展的产业环境中，具有充分的成长空间，并能够有效利用各种信息源，尤其善于创造性学习借鉴外部组织创新的经验，以尽量减少创新成本。

2. 技术诱导型组织创新模式

从创新的动力源看，技术诱导型组织创新的动力主要来自于企业新技术的发展，尤其是企业带有根本性的产品创新导致的产品结构的变化。由于产品结构的变化，企业的部门设置资源配置及责权结构都要有相应的调整，从而引发结构创新。在结构创新的基础上，企业价值观念和行为规范会发生潜移默化的转变，完成渐进的文化创新。结构和文化的逐渐变化又会进一步诱致企业战略创新。因而，技术诱导型组织创新总是表现为由结构创新到文化创新，再到战略创新的逻辑顺序。

技术诱导型组织创新的最大特点是源自企业内部产品结构的变化，并由此引起的结构和文化调整也是逐渐进行的，一般不至于导致企业组织在短期内的整体变化，因而，技术诱导型组织创新属于企业内源性的渐进组织创新。技术诱导型组织创新是企业中常见的组织创新类型，尤其是对于那些正由单一品种生产向多元经营转化的企业来说，适应新产品生产经营的需要，就要进行相应地组织创新。这种类型的创新应该首先从开发生产和销售的技术条件和管理条件的角度，考察新产品与企业原有产品之间的关系，以避免机构重叠和资源浪费；其次，结构创新和文化创新应该保持连贯性和循序渐进性，以避免打破企业原有的平衡；最后，一旦结构创新和文化创新得以实现，应适时进行战略调整，使企业战略真正转换到多品种生产经营上来。

3. 市场压力型组织创新模式

从创新的动力源看，市场压力型组织创新的动力主要来自于市场竞争压力。市场竞争压力迫使企业求生存谋发展，努力通过战略创新文化创新和结构创新来保持和提高企业核心能力，靠持续的技术创新赢得竞争优势。市场压力型组织创新更多地表现为由文化创新启动，进而诱发大规模战略创新，最终以反复的结构创新来实现企业组织创新的逻辑顺序。

市场压力型组织创新属于企业外源性创新，但它既可能是渐进的，又可能是根本性的，这要视企业具体的内部和外部环境而定。由于我国大多数企业的战略结构和文化都急需重组，因而，对于国有企业来说，市场压力型组织创新多表现为从文化创新开始的企业根本性创新。而这种转轨或过渡一旦完成，市场压力型组织创新将主要表现为渐进性创新，而且将成为企业日常占主导地位的创新类型。

一般来说，表现为企业根本性创新的市场压力型组织创新，要求企业首先要有转变观念的内在需要，最高管理层和基层员工都要意识到竞争的压力；其次，要有进行根本性战略创新的勇气，适应市场的需要重新配置企业资源；最后，要熟悉市场变化明确竞争来源及时准确地把握各种内外部创新源的变化，尤其要善于学习外部组织成功创新的经验，以尽量降低创新成本。

（四）“学习型组织”理论

1. “学习型组织”理论由来

“学习型组织”理论是美国麻省理工学院教授彼得·圣吉在其著作《第五项修炼》

中提出来的。彼得·圣吉提出，“学习型组织”的形成必须建立组织成员五项修炼的基础上。这五项修炼是：第一，强调组织成员应能不断认识自己，认识外界的变化，不断给予自己新的奋斗目标，超越自我；第二，要求组织成员改变传统的认识问题的方式和方法，要用新的眼光看世界；第三，建立共同愿景目标，共同愿景是指一个组织所形成的共有目标、共同价值观和使命感；第四，倡导其成员要经常运用“尝试会淡”和“讨论”两种不同的团体交流方式进行团队学习；第五，锻炼系统思考能力。

2. 学习型组织的特点

(1) 共同的愿景。组织的共同愿景，来源于员工个人的愿景而又高于个人的愿景。它是组织中所有员工愿景的景象，是他们的共同理想。它能使不同个性的人凝聚在一起，朝着组织共同的目标前进。

(2) 创造性的个体。企业的工作有两类，一类是反映性的，一类是创造性的。反映就是上级来检查了下级反映一下，出了事故反映一下，反映有什么作用？最多能维持现状，绝大多数人、绝大部分精力都用于反映，而没有用于创造。企业的发展是创造性的工作。没有创造企业就会被淘汰。

(3) 不断学习。这是学习型组织的特征。所谓“善于不断学习”，主要有四点含义：一是强调“终身学习”，即组织中的成员均应养成终身学习的习惯，这样才能形成组织良好的学习气氛，促使其成员在工作中不断学习。二是强调“全员学习”，即企业组织的决策层、管理层、操作层都要全心投入学习，尤其是经营管理决策层，他们是决定企业发展方向和命运的重要阶层，因而更需要学习。三是强调“全过程学习”，即学习必须贯彻于组织系统运行的整个过程之中。四是强调“团队学习”，即不但重视个人学习和个人智力的开发，更强调组织成员的合作学习和群体智力（组织智力）的开发。

(4) 兼学别样。组织中的成员不仅要掌握本岗位上的工作技能，而且要学习了解其他岗位工作能力。只有这样，工作才能顾全大局、相互协作、高效，做到组织精简。

(5) 扁平式结构。学习型组织结构是扁平的，即从最上面的决策层到最下面的操作层，中间相隔层次极少。它尽最大可能将决策权向组织结构的下层移动，让最下层单位拥有充分的自主权，并对产生的结果负责。

(6) 无边界行为。无边界行为是企业组织结构的创新。无边界原理认为，企业组织就像生物有机体一样，存在各种隔膜使之具有外形或界定。虽然生物体的这些隔膜有足够的结构强度，但是并不妨碍食物、血液、氧气、化学物质畅通无阻的穿过。得益于这一现象的启发，企业各部门、上下级之间虽然存在边界“隔膜”，但信息、资源，构想及能量也应该能够快捷便利地穿过企业的“隔膜”，像没有边界一样。虽然企业各部分的职能和界定仍旧存在，仍旧有权高任重的领导，有特殊职能技术的员工，有承上启下的中层管理者，但组织作为一个整体的功能，却可能已远远超过各个组成部分的功能。无边界原理其实是以有边界为基础，并非对所有边界的否定，其目标在于讨论让各种边界更易于渗透扩散，更利于各项工作在组织中顺利开展和完成。

(7) 自主管理。按照学习型组织理论，现在的企业管理方式有两类，一类是权力型的，一类是学习型的。自主管理是使组织成员能边工作边学习使工作和学习紧密结合的方法。通过自主管理，可由组织成员自己发现工作中的问题，自己选择伙伴组成团队，自己选定改革进取的目标，自己进行现状调查，自己分析原因，自己制定对策，自己组织实施。自己检查效果，自己评定总结。团队成员在“自主管理”的过程中，能形成共同愿景，能以开放求实的心态互相切磋，不断学习新知识，不断进行创新，从而增加组织快速应变、创造未来的能量。实行自主管理，必须拥有高素质的员工，这就需要学习。

(8) 员工家庭与事业平衡。学习型组织努力使员工丰富的家庭生活与充实的工作生活相得益彰。学习型组织对员工承诺支持每位员工充分的自我发展，而员工也以承诺对组织的发展尽心作为回报。个人与组织的界限将变得模糊，工作与家庭之间的界限也将逐渐消失，两者之间的冲突也必将大为减少，从而提高员工家庭生活的质量（满意的家庭关系、良好的子女教育和健全的天伦之乐），达到家庭与事业之间的平衡。

(9) 领导者的新角色。在学习型组织中，领导者是设计师，仆人和教师。领导者的设计工作是一个对组织要素进行整合的过程，他不只是设计组织的结构和组织政策、策略，更重要的是设计组织发展的基本理念；领导者的仆人角色表现在他对实现愿景的使命感，他自觉地接受愿景的召唤；领导者作为教师的首要任务是界定真实情况，协助人们对真实情况进行正确、深刻的把握，提高他们对组织系统的了解能力，促进每个人的学习。

学习型组织有着它不同凡响的作用和意义。它的真谛在于：学习一方面是为了保证企业的生存，使企业组织具备不断改进的能力，提高企业组织的竞争力；另一方面学习更是为了实现个人与工作的真正融合，使人们在工作中活出生命的意义。

四、组织文化

（一）组织文化的含义与构成

1. 组织文化的含义

何为组织文化？组织文化是处于一定经济社会文化背景下的组织，在长期的发展过程中逐步形成和发展起来的日趋稳定的、独特的价值观，以及以此为核心而形成的行为规范、道德准则、群体意识、风俗习惯等。

描述组织文化可从组织哲学、组织目标、道德观念、规章制度、团体意识等方面来描述。组织文化是整个社会文化的重要组成部分，既有社会文化和民族文化的共同属性，也有自己的不同特点。

2. 组织文化的构成

人们一般认为组织文化分为三部分：精神文化部分、制度文化部分、物质文化部分。我们认为组织文化的结构应包括物质文化、行为文化、制度文化和精神文化四部分，如图 5 - 11 所示。

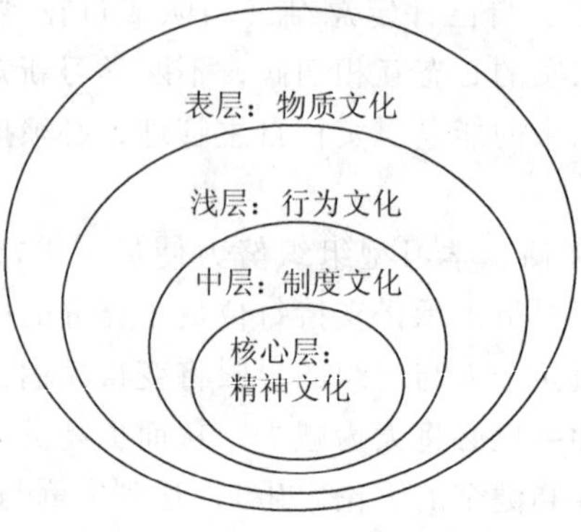

图 5－11　组织文化结构示意图

（1）物质文化层。物质文化层也叫组织文化的表层，是由企业全体员工创造的能够从表面体现出来的产品和物质设施设备等构成的表层文化。它主要包括生产的产品和提供的服务，组织环境，厂容厂貌，厂旗厂歌等。

（2）行为文化层。行为文化层是指组织成员在生产、生活、学习、娱乐过程中产生的文化现象。它包括组织经营、宣传教育、人际交往的活动、文娱体育活动中产生的文化现象。它是组织精神和价值观在人的行为上的折射。从成员结构上看，企业行为文化主要包括领导者行为、模范人物行为、组织成员行为等。

（3）制度文化层。制度文化层居于组织文化系统的中层，是具有本组织文化特色的各种规章制度、道德规范和职工行为准则的总称，包括领导体制、组织结构、规定与纪律以及生产经营中的交往方式、行为准则等，也称为一种强制性文化。

（4）精神文化层。精神文化相对于物质文化、行为文化和制度文化来说，它是一种更深层次的文化现象。在整个组织文化系统中，它处于核心地位。组织精神文化，是指在组织发展过程中，受一定的社会文化背景、意识形态影响而长期形成的一种组织精神和价值观念。它包括组织精神、管理哲学、组织道德、组织价值观念、组织风貌等内容，是组织意识形态的总和，是物质文化、行为文化、制度文化的升华，并决定着组织文化的表层、浅层和中层。

（二）组织文化功能与改变

1. 组织文化功能

（1）导向功能。组织文化的导向功能主要是从两方面来发挥的：一是直接引导成员的性格，心理和行为；二是通过整体的价值认同来引导组织成员。后者是更为重要的一方面。良好的组织文化使成员潜移默化地接受本组织共同的价值观。一种强势文化可以长期引导组织成员为实现组织目标而自觉地努力奋斗。

（2）凝聚功能。组织文化正是以种种潜移默化的方式，来沟通人们的思想感情，融合人们的理想、信念、作风和情操，培养和激发人们的群体意识。在特定的文化氛围之下，组织成员通过自己切身的感受，树立对本职工作的自豪感和使命感，对本组织的认同感和归属感，把自己的思想、感情、行为和整个组织联系起来，从而使组织产生一种强大的向心力和凝聚力，发挥出巨大的整体效应。

（3）激励功能。所谓激励，就是通过外部刺激，使个体产生出一种情绪高昂、奋发进取的力量。在良好的组织文化氛围中，每个人的贡献都会及时受到肯定，而不会被埋没。这样，成员就时时受到鼓舞，处处感到满意，有了极大的荣誉感和责任心，自觉地为取得更大的成功而努力。

(4) 约束功能。组织文化带来了无形的、非正式的、许多不成文的行为准则，人人自觉接受文化的规范和约束，心甘情愿地依照价值观的指导进行自我管理和自我控制，这种自我管理在很大程度上弥补了单纯的规范带来的不足与偏颇。

(5) 辐射功能。组织文化是一种热力强大的辐射源，不仅只在组织内发挥作用，对组织成员产生影响，而且还对社会产生影响。因为组织成员要与外界交往，组织的形象就会以综合的形式把自身丰富的文化内涵昭示于众。所有这些，都必将产生热力辐射般的作用，把自身的能量辐射到周围。

(6) 稳定功能。组织文化是组织稳定发展的良药。由于组织文化具有相对稳定性和连续性，一经建立，则进入了整个组织生活和成员的内心深处，持续而稳定地发挥作用。即使企业出现重大的人事变动，企业照样稳健前进，经久不衰。

文化的功能具有整合性，上述企业文化的六大功能，在实际中并不是单独表现出来的，而是整体发挥作用。

2. 组织文化的改变

组织文化需要很长的时间才能形成，一旦形成便趋向于稳定不变。一个强势的组织文化，由于得到了员工们的普遍认同，要改变它会非常困难。那么，哪些“有利条件”可以推进组织文化的改变呢？根据实践，在下列情况下，组织文化最有可能发生变化：

(1) 发生戏剧性的危机。危机可以是由于地位突然下降所造成的伤害，或对现有文化的怀疑等所形成的打击。例如，一个令人吃惊的金融挫折，主要顾客的离散，由竞争者带来的重大技术突破。危机可使人对习惯了的东西进行反思，从而促进已有文化的改变。

(2) 领导层发生变动。新的高层领导，可能会带来一套新的价值观念，而且由于他们常被看作是具有改变危机能力的人，因而其观念相对来说也易被员工所接受。领导层包括组织的主要领导，但也可能需要包括所有的中层管理人员。

(3) 组织成立不久且规模较小。组织成立的时间越短，组织文化越不稳固。同样地，当组织规模较小时，管理人员也更容易与员工沟通以建立新的价值观念。

(4) 组织文化较薄弱。组织文化渗透得越广，组织成员对组织文化的认同率就越高，组织文化就越难改变。相反，弱势的组织文化则为管理者改变组织文化提供了便利。

需要注意的是，即使这些条件存在，也不能确保组织文化能被改变，而且，任何重大的改变都要花较长的时间才能实现。

第二节

教学案例选编

宝洁公司组织结构

一、公司简介

宝洁，简称P&G，始创于1837年，是世界上最大的日用消费品公司之一。每天宝洁公司的产品与全球160多个国家和地区的消费者发生着30亿次的亲密接触。总部位于美国俄亥俄州辛辛那提，全球员工近110000人。2008年，宝洁公司是世界上市值第6大公司，世界上利润第14大公司。他同时是财富500强中第十大最受赞誉的公司。飘柔、舒肤佳、玉兰油、帮宝适、汰渍在各自的产品领域内都处于领先的地位。宝洁大中华地区的销量已经位居宝洁世界市场的第二位，销售额也以位于第四位。宝洁自成立以来在坎坷中不断发展，以众志成城，创造未来为理念，致力于改善人们的生活质量。

二、公司发展历史

1. 公司的创立

宝洁公司的历史要追溯到1837年俄亥俄州的辛辛那提市。前往美国西部寻找发展机会的英格兰移民威廉·普罗克特（William Procter）和爱尔兰移民詹姆斯·甘保（James Gamble）到辛辛纳提市落户。因两人志趣相投，在一次日常生活中，他们萌发了发明一种又白又滑的香皂来代替原来又黑又臭的肥皂。以圣经中象牙为噱头，将香皂命名为象牙香皂，通过巧妙的广告效应，打响了宝洁的第一炮。1837年8月22日，普罗克特和甘保各出资3500多美元正式确立了合作关系，共同生产、销售肥皂和蜡烛。

2. 公司的发展

宝洁逐渐以健康为理念推出了多款香皂，并于1939年推出了他的第一个电视广告。于1915年，在加拿大开始了海外市场的拓展。其后，宝洁在英国购买了Thomas Hedley有限公司，正式建立第一个海外分支机构。

3. 理念的诞生

1931年，公司创立了专门的市场营销机构，由一组专门人员负责某一品牌的管理，而品牌之间存在竞争。

这一系统使每一品牌都具有独立的市场营销策略，至此，宝洁的品牌管理系统正式诞生。

4. 开拓新的领域

宝洁推出Drene，第一种合成洗发香波，开始进军洗发护发产品市场。1946年，宝洁公司推出汰渍，这是公司继象牙皂后推出后最重要的新产品。汰渍比当时市场上的同类产品性能优越得多，因此很快就大获成功。它的成功为公司积累了进军新产品系列以及新市场所需的资金。在汰渍推出后的几年里，宝洁开拓了很多新的产品领域。第一支含氟牙膏佳洁士得到美国牙防协会首例认证，很快就成为首屈一指的牙膏品牌。公司的纸浆制造工艺促进了纸巾等纸制品的发展。宝洁发明了可抛弃性的婴儿纸尿片，在1961年推出帮宝适。公司原有业务的实力不断加强，同时开始进军食品和饮料市场——最重要的举措是于1961年收购了Folger咖啡，推出第一种织物柔顺剂——Downy。然而，最重要的还是公司对拓展全球业务的高度重视。宝洁开始在墨西哥，欧洲和日本设立分公司。到1980年，宝洁公司在全世界23个国家开展业务，销售额直逼110亿美金，利润比1945年增长了35倍。

5. 跨国公司

1948年宝洁购买了菲律宾制造公司，在远东地区建立第一个运作机构，向国际化大公司发展。随后宝洁在墨西哥建立了在拉丁美洲的第一间公司。公司成立了国际分部，管理公司日益壮大的国际业务。紧接着宝洁在法国马赛租用了一个洗衣粉生产工厂，开始发展在欧洲大陆的生意。收购Norwich Eaton制药公司，Rechardson - Vicks公司，公司活跃于个人保健用品行业。又于20世纪80年代末，90年代初收购了Noxell，密丝佛陀，Ellen Betrix公司，宝洁在化妆品和香料行业扮演着重要角色。这些收购项目也加快了宝洁全球化的进程。

为了充分发挥跨国公司的优势，宝洁建立了全球性的研究开发网络，研究中心遍布美国、欧洲、日本、拉美等地。宝洁的帮宝适、护舒宝、潘婷、汰渍、碧浪、佳洁士、Vicks和玉兰油等成为全球知名的品牌。

6. 当前的宝洁

客户业务发展部：一线销售部门，直接与家乐福、沃尔玛等超市谈生意。市场研究部：仔细研究客户与市场，提供数据与分析决策支持。对外关系部及法律部：负责公共关系及品牌形象管理。财务部：最大化股东的利益。人力资源部：通过员工、组织、系统、文化创造并保持业务增长与竞争优势。信息与解决决策方案部：基于数据与信息系统提供决策支持。市场部：负责品牌推广与市场营销。产品供应部：负责生产与物流，保证在正确的时间把正确的产品送到正确的地点。研究开发部：负责产品研发与创新。

三、宝洁公司组织结构变革

2014年7月1日，二度接掌宝洁帅印的CEO雷富礼，正式宣布宝洁的营销总监转型为品牌总监，营销部门也被更名为品牌管理部门。新成立的品牌管理部门今后将负责四项业务：品牌管理部（前身为市场部）、消费者与市场信息部（前身为市场调研部）、交流中心（前身为公关部）和设计部。身为全球最大的广告主，宝洁将“营销”职位从公司组织中撤除的动作瞬间引发无数联想和猜测……

（一）职位的撤除，不代表职能的消失

对于已经习惯使用“营销总监”这一头衔的整个市场来说，宝洁取消营销总监头衔的举动备受瞩目。

品牌与广告都是传统营销概念的组成要素。对此，宝洁的发言人表示，转型是为了更加明确品牌在战略、计划、结果上的职责，打造针对品牌策略、品牌计划、品牌成果的单点责任制。从概念层面看，从广告到营销是扩大内涵，从营销到品牌是内涵收窄，那么此次调整，从逻辑上预示着营销将对品牌发生倾斜，由此可能会使资源更多分配在

品牌发展上。

激烈的市场竞争，导致日化行业各品牌间营销战狼烟四起，宝洁在此时撤销已设立22年的营销总监职位，让不少分析人士质疑营销已过时甚至喊出营销已死的噱头。不过，营销过时的观点也同样受到质疑。取消了首席市场官职位并不等于撤销了首席营销官的职能。宝洁并没有否定营销总监的作用，只是重新组织架构相关的职能部门和品牌部门，从而转移营销重心，突出品牌的效能。取消营销部门并不意味着营销将成为过去，而是为了体现今天的营销总监在组织层面上所拥有的更广泛的职责和视野这是宝洁近期一再强调的观点。

（二）转型旨在加强全球垂直化管理

1999年在宝洁当时的CEO贾格尔主导下宝洁改变了原有的全球四大地域性机构矩阵式管理，将旗下所有产品按照品牌划分为五大品类，依此设立了五个全球战略事业部进行垂直混合管理，同时设立了八个地区市场发展部以及一个全球业务服务部。完成了宝洁全球组织架构史上最大的品牌垂直管理变动，付出高达19亿美元的重组变革费用。

相比于贾格尔1999年的全球架构根本重组，此次营销转型只能算是宝洁全球架构的微调，对于业务的直接影响程度甚至小于2013年对全球业务部门的整合。但是想要洞察雷富礼此次营销变阵背后的逻辑，需要对变阵前的宝洁全球架构管理模式和营销架构有所了解。在贾格尔重组变革后，宝洁公司建立起由全球战略事业部和地区市场发展部构成的垂直十矩阵组织结构。前者为所有宝洁的品牌制定战略，后者负责制订针对所在市场的营销策略，整合营销计划则需要由二者合作制定。宝洁变阵前的营销组织正是在此结构基础上建立起来，形成完全以营销策划功能为导向的架构。对照雷富礼公布的新业务范围，在营销策划中扮演主要角色的市场部、市场调查部和市场研究部（合称市场调研部）在转型后被划归品牌管理部门实质是从原来的本地区发展部的矩阵管理模式转入全球战略事业部的垂直管理模式。

品牌策略和策划则将集中至全球品牌管理业务部门负责，意味着宝洁的品牌管理策略将从全球层面设计和执行。虽然宝洁表示将品牌管理部门放到全球层面只是为了消除全球和地区公司之间重合的业务，组织调整后的媒体安排和购买及大部分品牌管理的组织仍将保留在区域分公司内。但不难看出，宝洁在全球原有的垂直和矩阵组织结构天平中，选择向垂直端进一步倾斜。

在移动互联网时代，177周岁的宝洁遇到前所未有的挑战，面对业绩利润和资本市场的双重压力，选择在自己最具优势的营销领域做出变革，无关褒贬，这份勇气已足够大。

（资料来源：百度文库 wenku. baidu. com）

【教学功能】

本案例以宝洁公司组织结构为分析资料，对企业组织管理进行了分析，本案例适用于探讨企业组织结构选择问题和组织结构变革。

【知识要点】

组织管理　组织结构　组织变革　组织结构形式

【思考与讨论】

1. 宝洁公司在组织上经历了一个什么过程？
2. 宝洁公司目前的组织结构形式是什么？

管理综合案例课程课堂讨论记录表

班级：　　　　　　　　　　　　姓名：　　　　　　　　　　年　　月　　日

案例名称			
案例讨论题			
管理案例讨论发言内容			
课堂讨论记录			
教师点评记录			
备注			
综合评语		成绩	

任课教师：　　　　年　　月　　日

经典管理故事

蘑菇管理

蘑菇管理是许多组织对待初出茅庐者的一种管理方法，初学者被置于阴暗的角落（不受重视的部门，或做打杂跑腿的工作，接受无端的批评、指责、代人受过），任其自生自灭（得不到必要的指导和提携）。相信很多人都有这样一段“蘑菇”的经历，但这不一定是什么坏事，尤其是当一切都刚刚开始的时候，当上几天“蘑菇”，能够消除我们很多不切实际的幻想，让我们更加接近现实，看问题也更加实际，而对一个组织而言，一般对新进的人员都是一视同仁，从起薪到工作都不会有大的差别。无论你是多么优秀的人才，在刚开始的时候都只能从最简单的事情做起，“蘑菇”的经历对于成长中的年轻人来说，就像蚕茧，是羽化前必须经历的一步。所以，如何高效率地走过生命中的这一段，从中尽可能吸取经验，成熟起来，并树立良好的值得信赖的个人形象，是每个刚入社会的年轻人必须面对的课题。

第六章

企业经营决策

【教学内容精要】

【课程性质】

企业经营战略决策是企业经营的起点，企业经营战略决策是企业对其总体经营活动的决策，是企业通过对企业经营环境的分析，制定、评价、选择企业总体经营活动的经营方向、经营目标、经营方针及其经营方案的过程或职能。

【发展趋势】

如果说20世纪是管理的世纪，那么21世纪则是经营的世纪。而经营的成败首先取决于能否作出正确的决策。企业经营也是如此，现代企业经营更是如此。企业经营特别是现代企业经营能否成功首先取决于企业经营者能否因应企业经营环境的变化及时地作出正确的经营决策。所以，没有正确的企业经营决策，企业经营管理也就不会取得成功，企业经营必然归于失败。

【教学内容】

本篇包括企业经营决策基本理论和1个真实企业的案例，只有通过经营决策，才能确定企业经营的方向、目标、方针及方案，而企业经营管理则是实施企业经营方案或是执行企业经营决策的职能。案例均直接针对该课程的知识点，利于学生分析问题、解决问题能力的提高，有利于学生创造性地解决企业经营决策过程中的新问题。

【教学要求】

(1) 掌握企业经营环境的分析，制定、评价、选择企业总体经营活动的经营方向、经营目标、经营方针及其经营方案的过程或职能，学会正确的经营决策，学会根据企业经营环境的变化及时地作出正确的经营决策。

(2) 根据思考与讨论题，在阅读案例和查阅文献资料的基础上，撰写管理案例课堂讨论书面报告；设计课堂讨论主题发言和自由发言的内容，认真参与管理案例教学课堂讨论，填写管理综合案例课程课堂讨论记录表。

第一节

基本理论知识

管理的重心在于经营，经营的重点在于决策。搞好企业经营决策，对于企业的生存和发展有着重要的作用。正确的经营决策是企业发展的重要保证，是调动企业各部门和职工积极性的有效手段，是提高企业经济效益、实现国家战略规划目标的重要途径。

一、企业经营决策及其类型

(一) 决策与企业经营决策

1. 决策的基本概念

"决策"一词通常有名词和动词两种含义。从名词角度来理解，所谓决策就是指人们作出的决定、选择或抉择。在管理学研究中，决策是作为"决策制定过程"来理解的，而不仅仅指选择方案即作出决定、抉择的那一时刻的行为。科学决策，是指为实现某一目标，从若干个准备行动的方案中，选择一个满意的合理的方案而进行分析判断的活动过程，简单说，决策就是选择决定行动目标和行动方案的活动。

一项决策是好是坏、效果如何，必须得到及时准确的评价，以便于改进决策工作。有时，一项决策的质量确实很高，但花费了很长时间才制定出来，而且不易得到实施，或者实施的成本过高，这样的决策并不会给组织带来好的效果。

2. 企业经营决策的概念

毛泽东同志在《中国革命战争的战略问题》一文中，对指挥员的决策过程曾作过精辟的阐述，他指出："指挥员的正确的部署来源于正确的决心，正确的决心来源于正确的判断，正确的判断来源于周到的和必要的侦察，和对于各种侦察材料的连贯起来的思索。指挥员使用一切可能的和必要的侦察手段，将侦察得来的敌方情况的各种材料加以去粗取精、去伪存真、由此及彼、由表及里的思索，然后将自己方面的情况加上去，研究双方的对比和相互的关系，因而构成判断，定下决心，作出计划——这是军事家在做出每一个战略、战役或战斗的计划之前的一个整个的认识情况的过程。"他又说："认识情况的过程，不但存在于军事计划建立之前，而且存在于军事计划建立之后。当执行某一计划时，从开始执行起，到战局终结止，这是又一个认识情况的过程，即实行的过程。此时，第一个过程中的东西是否符合于实况，需要重新加以检查。如果计划和情况不符合，或者不完全符合，就必须依照新的认识，构成新的判断，定下新的决心，把已定计划加以改变，使之适合于新的情况。”

企业的经营决策，是在国家宏观产业政策与宏观规划的指导下，并以市场调查和市场预测结论为基本依据，为实现企业的经营目标，从两个以上的可行方案中选择一个最佳方案的分析判断过程。

（二）经营决策的类型

经营决策的种类很多，并且有许多的划分方法，常见的划分方法有以下几种。

1. 按照决策问题的重要程度，可以把决策划分为战略性决策、管理性决策和业务性决策

（1）战略性决策。影响管理全局，对营销活动整个系统在较长时期内起实质性作用的一些有关企业全局性，长期性的管理方向和方针等方面的重大问题的决策。例如，管理目标，产品开发，技术更新改造等。

（2）管理性决策。实现战略性决策过程中的具体战术性决策，即实现战略性决策的比较短期的具体的决策。重点解决如何组织企业内部力量提高管理效能的问题，如设备更新的选择，新产品定价等。

（3）业务性决策。日常管理业务中，为实现某一局部目标而作出的决策，又称作业决策，是企业为了提高管理效率和生产效率，更好地执行管理性决策，在日常活动中对日常业务活动进行的安排。如作业计划的制定，库存控制定额的制定等。

2. 按决策者在企业中的地位，可以分为高层决策、中层决策和基层决策

高层决策是指企业最高领导人所做的决策，它所解决的问题通常是全局性的以及与外界环境有密切联系的重大问题。一般来说，中层决策多是管理性决策。基层决策是指企业基层管理人员所做的决策，这类决策多是指业务性决策，主要是解决作业中的问题。

3. 按决策问题是否重复出现，可分为程序化决策和非程序化决策

程序化决策是指对生产经营活动中经常重复出现的问题所做的决策。如订货，制定生产作业计划等。由于这类决策把决策过程标准化，因而被称为程序化决策。

非程序化决策是指对生产经营管理中不经常发生的总是所做的决策。如新产品开发、企业转产、多种经营等。这类决策一般都非常重要，但又没有一套常规处理办法和程序，又称为非常规决策。

4. 按决策问题所处的条件不同，可以分为确定型决策、风险型决策和不确定型决策

确定型决策是指各种可行方案所需要的条件已经完全确定情况下的决策。这种决策比较容易做，只要比较各个方案所能达到的结果，从中择优选取即可。

风险型决策是各种可行方案所需要的条件大部分是已知的，但每一方案的执行都会面临几种不同的状态，各种状态的出现都有一定的概率是可以预测到的，决策时存在着风险，因而称为风险型决策。

不确定型决策是指各种可行方案出现哪种环境状态是未知的，并且其出现概率也是

不可预测的或只能靠主观概率判断作决策。

确定型、风险型、不确定型决策的比较，见表 6－1。

表 6－1 确定型、风险型、不确定型决策的比较

决策类型（按可靠程度分）	各方案未来的自然状态	各自然状态的结果	各自然状态出现的概率
确定型决策	只有一种	已知	确定（100%）
风险型决策	有多种	可预测	已知
非确定型决策	有多种	可预测	未知

5. 按决策主体不同，决策可以分为个体决策与群体决策

个体决策的决策者是单个人，所以也称为个人决策。群体决策的决策者可以是几个人，一群人甚至扩大到整个组织的所有成员。从广义上说，当决策全过程的活动涉及两人或两人以上时，无论此人是一般性地参与决策，还是真正在作出决策，这时的决策就是一种群体决策。在现代组织中，由于经营环境的日益复杂多变和组织成员素质的普遍提高，群体决策方式较之个体决策方式已越来越受到重视，但群体决策方式是否能广泛推广和应用并取得预期的效果，实际上与组织文化特征有密切的关系。

6. 根据决策者是基于经验还是基于科学分析作出决策，可以将决策方法分为经验决策和科学决策

所谓经验决策，是指决策者主要根据其个人或群体的阅历、知识、智慧、洞察力和直觉判断等人的素质因素而作出决策。古往今来，纵然有许多成功事例是借助于一般经验决策取得的，但这种决策方法的主要缺陷表现为：决策优劣过于依赖决策者的个人因素，组织兴衰成败都与少数决策者紧密相联，“其人存，则其政举，其人亡，则其政息”。在决策问题越来越复杂、越来越不确定，决策影响越来越深远和广大的今天，单纯凭个人经验办事已经很不适用，于是科学决策法便应运而生。

所谓科学决策，是指以科学预测、科学思考和科学计算为根据来作出决策。美国耗资 300 多亿美元的“阿波罗”登月计划的成功，就是运用科学决策的范例。科学决策离不开定量分析方法的开发和应用，但过分追求决策问题的数学化、模型化、计算机化这些“硬”的决策技术，将使科学决策走向“死胡同”。在决策问题存在不确定性的条件下，依靠“软”专家的直觉判断和定性分析，可能比定量方法更有助于形成正确的决策。

7. 按决策解决问题的性质，可以将决策分成初始决策与追踪决策

初始决策是指组织对从事某种活动或从事该种活动的方案所进行的初次选择；追踪决策则是在初始决策的基础上对组织活动方向、内容或方式的重新调整。如果说初始决策是在对组织内外环境的某种认识基础上作出的，追踪决策则是由于这种环境条件发生了变化，或者是由于组织对环境特点的认识发生了变化而引起的。组织中的大部分决策都属于追踪决策。

二、经营决策的标准与程序

（一）决策的原则和标准

1. 决策的满意原则

企业要想合理地进行决策，必须遵循一定的原则。决策遵循的是满意原则，而不是

最优原则。对决策者来说，要想使决策达到最优，必须具备以下条件，缺一不可：①容易获得与决策有关的全部信息；②真实了解全部信息的价值所在，并据此拟定出所有可能的方案；③准确预测每个方案在未来的执行结果。

但现实中，上述这些条件往往得不到满足。具体来说原因有以下几个：①组织内外的很多因素都会对组织的运行产生不同程度的影响，但决策者很难收集到反映这些因素的一切信息；②对于收集到的有限信息，决策者的利用能力也是有限的，从而决策者只能拟定数量有限的方案；③任何方案都要在未来实施，而未来是不确定的。人们对未来的认识和影响十分有限，从而决策时所预测的未来状况可能与实际的未来状况不一致。

现实中的上述状况决定了决策者难以做出最优决策，只能做出相对满意的决策。

2. 决策的依据和标准

（1）泰勒的“最优”标准在19世纪50年代以前，决策处于弗雷德里克·泰勒的科学管理时代。基于“经济人”的假设，从经济的角度来看待决策问题，决策的目的在于为组织获取最大的经济利益，决策者是完全理性的，从而形成了决策的“最优”标准。“最优”标准下，理性决策模式、科学决策模式、规范决策模式、古典模型、经济模型等称谓含义等同。该理论认为，决策者是完全理性的，决策者能够做出“最优”选择，追求效用最大。“最优”标准下理性决策必须具备的条件有：①决策者能够得到所需要的全部详细的决策信息；②决策者能够了解所有人的社会价值取向；③决策者能够找到所有的决策方案；④决策者能够准确地预测各种备选方案可能产生的后果；⑤决策者能够正确地选择最有效的决策方案；⑥决策者进行决策的目的始终都是使本组织获取最大的经济利益。

“最优”标准下理性决策模式的基本内容有：①决策者面临的是一个既定的问题，这个问题同其他问题相区别，或至少同其他问题比较而言是重要的；②引导决策者做出决定的各种目的、价值或各种目标是明确的，并且可以按它们的重要性依次排序；③决策者将所有可能的解决问题的方案全部一一列举出来，以供选择；④决策者运用一系列的科学方法对每一个决策方案进行评估，并预测出执行该方案后可能产生的后果；⑤决策者将每一个备选方案进行一一对比，并按优劣排出先后顺序；⑥决策者正确地选择最大限度地实现预定目的、价值或目标的那个方案。

（2）西蒙的“满意”标准。1978年诺贝尔经济学奖获得者，美国卡内基梅隆大学计算机科学与心理学教授赫伯特·西蒙提出有限理性决策模式，对经济组织内的决策程序进行了开创性的研究。西蒙的“满意”标准模型又称有限性模型、西蒙最满意模型。基于“有限理性”的假设，西蒙提出了决策的满意原则，以代替最佳决策，是一个比较现实的决策模型。

西蒙的“满意”标准主要内容有：①人的理性是完全理性和完全非理性之间的一种有限理性。在高度不确定和极其复杂的现实决策环境中，人的知识、想象力和计算力是有限的。②决策者在识别和发现问题中，容易把问题的部分信息当作认知对象，而在对未来的情况做出判断时，直觉的运用往往多于逻辑分析方法的运用。③由于受决策时间和可利用资源的限制，决策者即使充分了解和掌握有关决策环境的信息，也只能做到尽量了解各种备选方案，而不可能做到全部了解，决策者选择的理性是相对的。④在风险型决策中，与经济利益的考虑相比，决策者对待风险的态度对决策起着更为重要的作用。一般而言，决策者往往厌恶风险，倾向于接受风险比较小的方案。⑤决策者在决策中往往只求满意的结果，而不愿费力寻求最佳方案，主要因为决策者的个人能力有限，往往满足于已知的备择方案而缺乏继续研究的积极性以及寻求最佳方案的时间，且经济成本太大。

（3）孔茨的“合理性”标准。美国著名管理学家哈罗德·孔茨教授提出了决策的“合理性”标准。在管理工作中有效地制定决策一定要合理，以合理的方式做事或选择的决策者力图实现只有通过行动才能达到的某种目标。实际上通过分析组织自身的条件与复杂多变的环境之间的关系，决策者必须清楚地了解备选的方案，在现有的环境和限制条件下能够达到目标。决策者还必须根据既定目标，具备分析和评估备选方案的信息和能力。最后，决策者必须有通过选出最有效地满足实现目标的方案，达到最佳解决问题的愿望。

（4）效率标准。效益是组织管理的根本目的，而效率是实现效益的有效途径。企业生存与发展的必要条件就是能够利用有限的资源生产出更多的产品或服务，而在竞争激烈的环境中时间作为一种特殊的资源也是稀缺的，因而效率是体现一个组织竞争能力的重要指标之一。企业必须在最短的时间里高效率地向社会提供优质产品或服务才能获得更多的利润、取得竞争优势。组织决策必须追求高效率，这是组织管理对决策的基本要求。

（二）经营决策的过程

决策是个“全过程”，决策过程包括以下阶段的工作。

1. 研究环境，发现问题

决策是为了解决一定的问题而制定的，没有发现组织运行中存在的问题，就没有必要制定新的决策来使组织活动作出调整和改变。因此，决策者首先要研究组织的现状，发现存在的问题。

所谓问题，是应有状况与实际状况之间的差距。有差距，就表明组织存在某种问题，需要作出决策来予以解决。研究组织活动中存在的不平衡，要着重思考以下方面的问题：

（1）组织在何时何地已经或将要发生何种不平衡？这种不平衡会对组织产生何种影响？

（2）不平衡的原因是什么？其主要根源是什么？

（3）针对不平衡的性质，组织是否有必要改变或调整其活动的方向与内容？

分析组织活动中的问题，确定不平衡的性质，把不平衡作为决策的起点，是组织各层次管理者的共同职责。这不仅由于管理者要对其所管理组织或单位的活动效果负责，而且由于他们的素质训练和概念技能促使他们能比较敏感地发现组织中的问题或不平衡的关键所在。

2. 确定决策目标

分析了改变组织活动的必要性以后，还要研究针对所存在的问题而将要采取的措施需要符合哪些要求，必须达到何种效果。这也就是说，决策者要明确决策的目标。明确决策目标，要注意以下几方面要求：

（1）提出目标的最低和理想水平。也即明确组织改变活动方向和内容至少应该达到的状况和水平，以及希望实现的理想目标水平。

（2）明确多元目标间的关系。任何组织在任何时候都不可能只有一种目标，而更多地具有多元或多重目标。

（3）限定目标的正负面效果。限定目标的正负面效果，就是要把目标执行的有利结果和不利结果加以界定和权衡，规定不利结果在何种水平范围内是允许的，一旦超过这个水平组织就应当停止原目标活动的执行，以控制决策的不利影响。

（4）保持目标的可操作性。必须符合三个特征：①可以计量或衡量；②规定有时间期限；③可确定责任者。只有符合这些基本特征，所制定的目标才可以作为决策和行动的依据。

3. 拟定各种行动方案

决策需要进行正确的选择，这就必须提供多种备选方案。备选或替代方案产生的过程，可大致分为以下步骤：首先，在研究环境和发现不平衡的基础上，根据组织的宗旨、使命、任务和消除不平衡的目标，提出改变的初步设想；然后，对提出的各种改进设想加以集中、整理和归类，形成内容比较具体的若干个可以考虑的初步方案；接着，再对这些初步方案进行筛选。修改和补充以后，对留下的可行方案做进一步完善处理，并预计其执行的各种结果，如此便形成了有一定数量的可替代的决策方案。在拟定备选方案阶段，组织要广泛发动群众，充分利用组织内外的专家，发动他们献计献策，以产生尽可能多的改变设想和形成尽可能多的备选方案。

4. 比较和选择方案

对不同方案进行评价和比较。比较评价的主要内容有以下几个方面：①方案实施所需的条件是否已经具备，建立和利用这些条件需要组织付出何种成本；②方案实施能给组织带来何种长期和短期的利益；③方案实施中可能遇到的风险及活动失败的可能性。根据上述方面的比较，就可辨别出各方案的差异和相对优劣。

在方案比较和选择过程中，决策者以及决策的组织者要注意处理好下述几个方面的问题：①要统筹兼顾；②要注意反对意见；③要有决断的魄力。决策者要能妥善地掌握“议”与“断”的度，该“议”时不要独裁专断，该“断”时切忌迟疑不决，优柔寡断。

5. 执行方案

决策方案执行过程应做好以下工作：①制定相应的具体措施，保证方案的正确执行；②确保有关决策方案的各项内容为参与实施的人充分接受和彻底了解；③运用目标管理方法，把决策目标层层分解，落实到每一个执行单位和个人；④建立重要工作的报告制度，以便随时了解方案进展情况，及时调整行动。

6. 检查处理

决策者跟踪决策实施情况，取得各种反馈信息的目的，一方面是为了及时地采取措施，纠正行动与既定目标的偏离，以保证既定目标的实现；另一方面，对客观条件发生重大变化而导致原决策目标确实难以实现的，则要进一步寻找问题，确定新的决策目标，重新制定可行的决策方案并进行评估和选择。

以上步骤表明，决策是一个有一定顺序的、条理化的过程，而不是在瞬间选定某一方案的单纯的决断。决策者需要做大量的调查、研究和分析预测工作，然后确定目标，找出各种可行的方案，并进行方案的评价、权衡和选择，最后将选定的方案付诸执行。这些步骤结合起来便组成了一个完整的决策过程。

三、经营决策方法与技术

（一）确定型决策

确定型决策是指决策者对决策的各种条件和因素完全掌握的决策。确定型决策要具备4个条件：①具有决策者希望达到的目标；②客观条件相对稳定；③有两个以上可供选择的方案；④各方案执行的结果是明确的。

确定型决策一般用于程序化的、管理性的或业务性的、短期的决策。确定型决策的方法主要有直观判断法、线性规划法；盈亏分析法。

1. 盈亏平衡分析

（1）盈亏平衡分析概念及图示。量本利分析，也叫做保本分析或盈亏平衡分析，是通过分析产品成本、销售量和销售利润这三个变量之间的关系，掌握盈亏变化的临界点（即保本点），从而定出能产生最大利润的经营方案。

企业利润是销售收入扣除成本以后的剩余额，其中，销售收入是产品销售数量与销售单价的乘积，产品成本（指包括工厂成本和销售费用在内的总生产成本）包括固定成本和变动成本两部分。所谓变动成本，是指随着产量的增加或减少而相应提高或降低的费用；固定成本则指在一定时期、一定范围内不随产量增减而变化的费用。图6－1描述了特定时期企业利润、销售收入、生产成本和产品销售量间的线性变化关系。

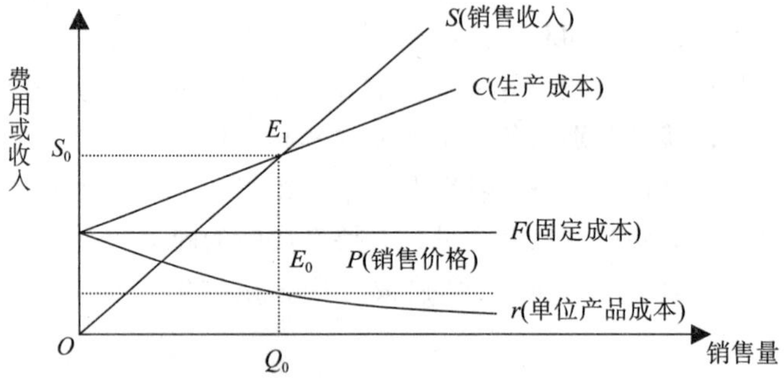

图6－1　量本利分析图

（2）盈亏平衡点的确定。根据前面分析的量、本、利变量间的关系，我们有以下公式：

销售收入＝产量×单位

生产成本＝固定费用＋变动费用

　　　　＝固定费用＋产量×单位产品变动费用

据此，我们可以求出用相应的符号表示的盈亏平衡点，计算公式如下：

$$Q_0 \times P = F + Q_0 \times CV \qquad (6-1)$$

其中：CV是单位产品变动费用。

整理式（6－1），可得：

$$Q_0 = \frac{F}{P - CV} \quad (6-2)$$

式（6－2）为计算保本产量的基本公式。

由于保本收入等于保本产量与销售价格的乘积，因此，式（6－2）的两边同乘以 P，即可得到计算保本收入的基本公式如下：

$$Q_0 \times P = \frac{F}{P - CV} \times P \quad (6-3)$$

整理上式，可得：

$$S_0 = \frac{F}{1 - \frac{CV}{P}} \quad (6-4)$$

式（6－2）中的 P－CV 表示企业每生产单位产品所得到的销售收入在扣除变动费用后的剩余，称作边际贡献；式（6－4）中的 1－CV/P 表示单位销售收入可以帮助企业补偿固定费用或实现企业利润的系数，称作边际贡献率。如果边际贡献或边际贡献率大于零，则表示企业生产这种产品除了可以收回变动费用外，还有一部分收入可用以补偿已支付的固定费用。因此，产品单价即使可能低于成本，但只要大于变动费用，企业生产该产品仍是有好处的。

经营安全率是反映企业经营状况的一个重要指标，经营安全率越高，说明该企业经营状态越佳，一般可根据表 6－2 中的数值判定经营安全状态。

表 6－2　　　　经营安全率数值

经营安全率	40%	30% ~40%	20% ~30%	10% ~20%	10%以下
经营安全检查状态	安全	较安全	不太好	要注意	危险

提高经营安全率有三种措施：

第一，畅销时可增加产量；第二，提高价格，增加收益；第三，降低变动成本，减少固定成本。

2. 盈亏平衡分析的应用

（1）企业不亏不盈时的业务量即为保本业务量。企业获得利润的前提是生产过程中的各种消耗均能够得到补偿，为此，必须确定企业的保本业务量：当价格、固定费用和变动费用已定的条件下，企业至少应生产销售多少数量的产品才能使总收入与总成本相等。

企业不盈不亏，此时有：$Q \cdot (P - CV) = F$

将此时的 Q 记为 Q_0，有：$Q_0 = \dfrac{F}{P - CV}$　　(6－5)

保本销售额可用下式表示：$S_0 = P \cdot Q_0 = \dfrac{F}{1 - \frac{CV}{P}}$　　(6－6)

式中，S_0：保本销售额。

$1 - \dfrac{CV}{P}$：边际贡献率。

【例 6－1】某生产甲产品，其售价为 100 元/件，单位变动费用为 40 元，每月固定为 24 万元。问该企业的甲产品每月产量要达到多少才能保本？保本销售额是多少？

根据已知条件，代入式（6－2）与式（6－4），得：

$$Q_0=\frac{F}{P-CV}=\frac{240000}{100-40}=4000\text{（件）}$$

$$S_0=\frac{F}{1-\frac{CV}{P}}=\frac{240000}{1-\frac{40}{100}}=400000\text{（元）}$$

（2）预测一定业务量下的企业利润水平。

【例 6－2】某企业根据市场预测，计划本季度生产销售 6000 台，预计全季度固定费用为 108000 元，单位变动费用为 30 元，单位售价为 54 元，问该企业本季度可获得多少利润？

根据式（6－1）：

$$Z=Q\cdot(P-CV)-F$$
$$=6000\times(54-30)-1080000=36000\text{（元）}$$

（3）确定实现目标利润的业务量。应用上例数据，若该企业希望本季度获得 84000 元利润，问 A 产品的销售量达到多少？

根据式（6－1），可推出实现目标利润的销售量公式 $Q=\frac{F+Z}{P-CV}$，其中 Z 为利润。

将数据代入该式，得 $Q=\frac{1080000+84000}{54-30}=8000$（台）

（4）确定实现经营目标的措施。

【例 6－3】某企业销售甲产品，上年销售量为 1 万件，每件售价为 19 元，单位变动费用 15 元，全年固定费用 5000 元。企业计划本年利润比上年利润提高 10%，可采取哪些措施？

分析计算如下：

上年度实际已得利润为：10000 ×（19－15）－5000＝35000（元）：本年计划实现利润为：35000 ×（1＋10%）＝38500（元）；为实现 38500 元的目标利润，可以从以下几个方面采取措施（假定采取某项措施时，其他条件不变）：

第一，降低单位变动费用（X_1）

$$38500=10000\times[19-(15-X_1)]-5000$$

$X_1=0.35$（元）

第二，减少固定费用（X_2）

$$38500=10000\times(19-15)-(5000-X_2)$$

$X_2=3500$（元）

第三，扩大销量（X_3）

$$38500=(10000+X_3)\times(19-15)-5000$$

$X_3=875$（件）

第四，提高售价（X_4）

$$38500=10000\times[(19+X_4)-15]-5000$$

$X_4=0.35$（元）

（二）风险型决策

风险型决策也叫随机性决策和概率型决策。常用的方法有：期望值法；决策树法；灵敏度分析。

1. 风险型决策方法的假设

风险型决策是指方案实施可能会出现几种不同的情况（自然状态），每种情况下的后果（即效益）是可以确定的，但不可确定的是最终将出现哪一种情况。在风险型决策下，人们计算出的各方案在未来的经济效果只能是考虑到各自然状态出现的概率的期望收益，该数值与这一方案在未来的实际收益情况并不会相等。因此，据此选定决策方案就不免伴随着一定的风险。

风险型决策方法必须具备以下条件：①具有决策者期望达到的明确目标；②存在决策者可以选择的两个以上的可行备选方案；③存在着决策者无法控制的两种以上的自然状态（如气候变化、市场行情、经济发展动向等）；④不同行动方案在不同自然状态下的收益值或损失值（简称损益值）可以计算出来；⑤决策者能估计出不同的自然状态发生概率。

2. 决策树法

决策树法是指将决策的问题以树状图形来表达，并通过对树状图形的计算分析来选择决策行动方案的方法。这里的树状图形就称为“决策树”。

决策树一般由方块结点、圆形结点、方案枝、概率枝等组成，方块结点称为决策结点，由结点引出若干条细支，每条细支代表一个方案，称为方案枝；圆形结点称为状态结点，由状态结点引出若干条细支，表示不同的自然状态，称为概率枝。每条概率枝代表一种自然状态。在每条细枝上标明客观状态的内容和其出现概率，在概率枝的最末梢标明该方案在该自然状态下所达到的结果（收益值或损失值）。这样树形图由左向右，由简到繁展开，组成一个树状网络图这是一种以树形图来辅助进行各方案期望收益的计算和比较的决策方法，其基本形状如图 6－2 所示。

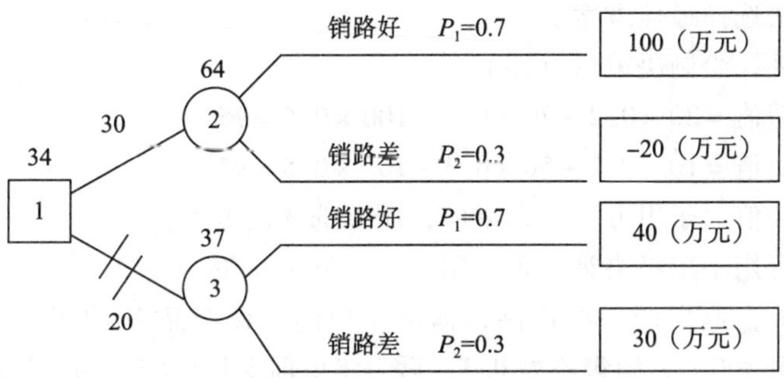

图 6－2 决策树示意图

举个简单的例子（这里不考虑货币的时间价值），某公司为满足市场对某种新产品的需求，拟规划建设新厂。预计市场对这种新产品的需求量比较大，但也存在销路差的可能性。公司有两种可行的扩大生产规模方案：一个是新建一个大厂，预计需投资 30 万元，销路好时可获利 100 万元，销路不好时亏损 20 万元；另一个是新建一个小厂，需投资 20 万元，销路好时可获利 40 万元，销路不好仍可获利 30 万元。假设市场预测结果显示，此种新产品销路好的概率为0.7，销路不好的概率为0.3。根据这些情况，下面用决策树法说明如何选择最佳的方案。

图6-2中，方框表示决策点，由决策点引出的若干条一级树枝叫做方案枝，它表示该项决策中可供选择的几种备选方案，分别以带有编号的圆形结点②、③等来表示；由各圆形结点进一步向右边引出的枝条称为方案的状态枝，每一状态出现的概率可标在每条直线的上方，直线的右端可标出该状态下方案执行所带来的损益值。

应用决策树的具体步骤：

（1）画出决策树。画决策树图的过程就是拟订各种方案的过程，也是进行状态分析和估算方案条件结果的过程。按决策树图的结构规范由左向右来推画出决策树图。

（2）计算期望值。将各自然状态的收益值或损失值分别与概率枝上的概率相乘，并将这些值相加，求出状态结点和决策结点的收益期望值或损失期望值。一般把计算结果标示在相应的状态节点的上方。

（3）剪枝选定方案。根据不同方案期望值的大小，从右向左（逆推法）进行剪枝优选。舍去期望收益值小的方案，留下期望收益值最大的方案。

【例6-4】某企业在下年度有甲、乙两种产品方案可供选择，每种方案都面临滞销、一般和畅销三种市场状态，各种状态的概率和损益值见表6-3：

表6-3　　各种状态的概率和损益值

方案＼状态	滞销	一般	畅销
概率	0.2	0.3	0.5
甲方案	20	70	100
乙方案	10	50	160

试用决策树法选择最佳方案。

依据已知条件，绘制决策树（略）。

甲方案的期望值 $=20\times0.2+70\times0.3+100\times0.5=75$

乙方案的期望值 $=10\times0.2+50\times0.3+160\times0.5=97$

乙方案的期望值大于甲方案的期望值，所以选择乙方案。

决策树法既可用于单级决策，也可用于多级复杂决策。

【例6-5】某企业生产一种产品，据市场预测，该产品10年内的销售情况如下，前3年销路好的概率0.7，销售不好0.3，后7年依前3年而定，前3年销路好则后7年销路好的概率0.8，销路不好0.2，前3年销路不好则后7年销路好的概率0.1，销路不好0.9，为此提出两个方案：①建大厂投资1800万元，②建小厂投资800万元，若前3年销路好可考虑小厂扩建问题，若扩建需追加投资600万元，年盈利（万元）见表6-4。

表 6－4　　　　　　　　　　　　　　年盈利表

方案 \ 损益值 \ 自然状态	对产品的需求	
	销路好	销路不好
建大厂	500	－100
建小厂	200	50
扩建后	500	－100

现有设备 10 年后折旧完毕，用决策树法进行方案决策。

（1）画出决策树如图 6－3 所示。

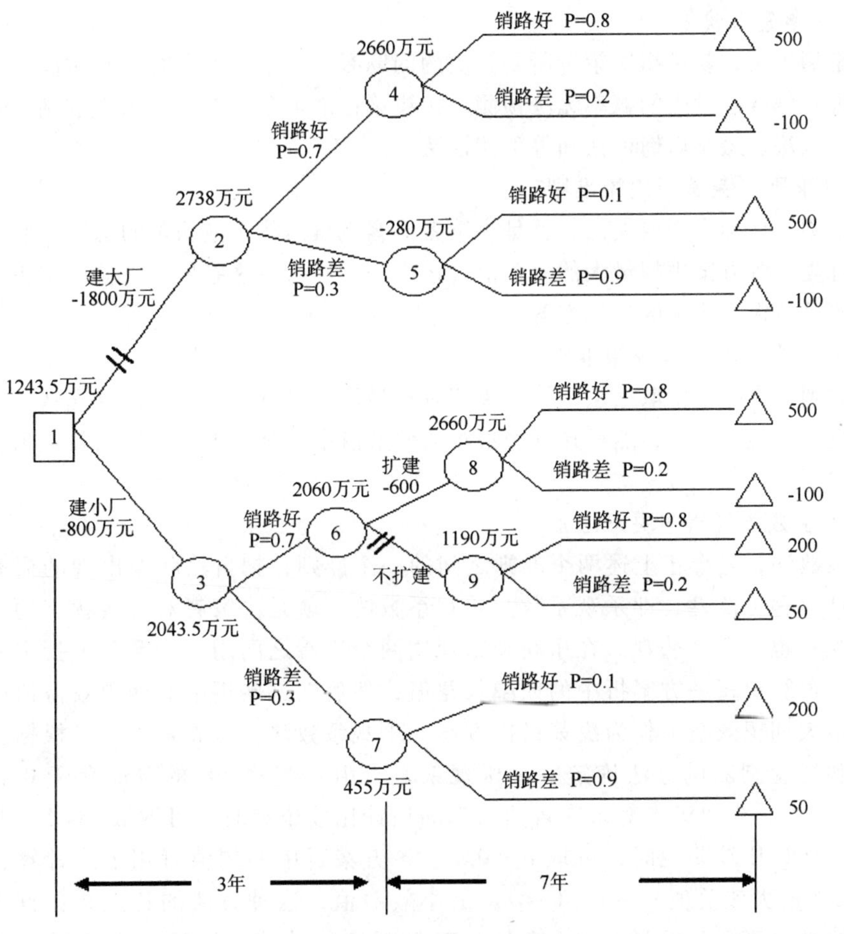

图 6－3　决策树型图

（2）计算损益值。

结点④的期望值为：［0. 8 ×500 +0. 2 ×（－100）］×7 =2660（万元）

结点⑤的期望值为：［0. 1 ×500 +0. 9 ×（－100）］×7 = －280（万元）

结点⑧的期望值为：［0. 8 ×500 +0. 2 ×（－100）］×7 =2660（万元）

结点⑨的期望值为：$(0.8\times200+0.2\times50)\times7=1190$（万元）

结点⑦的期望值为：$(0.1\times200+0.9\times50)\times7=455$（万元）

3 年后销路好扩建方案损益值：$2660-600=2060$（万元），不扩建方案损益值：1190（万元），决策为扩建。

结点②的期望值为：$[500\times0.7+(-100)\times0.3]\times3+2660\times0.7+(-280)\times0.3=2738$（万元）

结点③的期望值为：$(0.7\times200+0.3\times50)\times3+2060\times0.7+455\times0.3=2043.5$（万元）

建大厂损益值 $=2738-1800=938$（万元）

建小厂损益值 $=2043.5-800=1243.5$（万元）

（3）剪枝。采取建小厂方案 3 年后销路好扩建。

（三）不确定型决策

不确定型决策，就是指决策者所要解决的问题有若干个决策方案，同时决策问题所遇到的各种自然状态发生的概率无法预测。按决策标准可分为五种：乐观准则、悲观准则、乐观系数法、最小后悔值法和等可能性法。

1. 乐观准则（赫威斯决策准则）

乐观准则，也称大中取大法，就是决策者对客观自然状态抱乐观的态度，它的决策程序是：首先从各方案中把最大的效益值挑选出来，然后在这些最大效益值中再挑选一个最大的效益值作为决策的最优方案。

2. 悲观准则（瓦尔德决策准则）

悲观准则，也称小中取大法，就是决策者从最坏的自然状态出发，首先从各方案中把最小的收益值挑选出来，然后在这些最小的效益值中再挑选出一个较大效益值作为最优方案。

3. 乐观系数法（折中决策法）

乐观系数法，是介于上述两个准则之间的一个准则，把自然状态出现的概率变成人为地估计一种可能性，即乐观系数。乐观系数法，就是决策者对自然状态的估计既不那么乐观，也不那么悲观，在乐观和悲观这两个极端之间用一个系数来折中求得平衡，这样就可算出每一方案折中的期望效益值，然后在这些折中的期望效益值中再挑选出一个最大期望效益值作为决策最优方案。乐观系数法，首先是决策者根据历史数据的分析和经验判断的办法确定一个乐观系数，用 α 表示，α 的取值介于 0 和 1 之间，即 $0\leqslant\alpha\leqslant l$，当决策者对未来自然状态的估计比较乐观时，可取 $\alpha>0.5$，当决策者对未来的估计比较悲观时，可取 $\alpha<0.5$。各方案折中期望值可用下式计算：折中期望值 $=\alpha$（最大效益值）$+l(1-\alpha)$ 最小效益值，这种方法的特点是：首先采用一个折中标准（即乐观系数），计算各方案的现实估计值，然后从中选择一个最大值，作为最优方案。

4. 最小后悔值法（萨凡奇决策准则）

最小后悔值法，也称最大最小后悔值法或最小遗憾决策法，这一方法就是首先找出各个方案的最大后悔值，然后在这些最大后悔值中再挑选出最小的后悔值作为决策的最优方案。决策失误，造成损失的价值，称为后悔值。所谓后悔值，就是指在某一自然状态条件下，最大效益值与其他方案效益值之差。它的决策程序是：一是计算出不同自然状态下的最大收益值；二是计算出不同自然状态下的各种方案后悔值；三是挑选出不同方案的最大后悔值；四是从最大后悔值中挑选最小后悔值，并把最小后悔值对应的方案，作为最优方案。

5. 等可能性法（拉普拉斯法）

等可能性法，又称机会均等准则，就是决策者在决策过程中没有充分的根据肯定哪一种自然状态会有较大机会出现或不出现，就假定各种自然状态发生的概率相等，然后计算各个方案的损益期望值，再以最大收益期望值或最小损失期望值为决策标准进行决策。

【例6－6】假设某贸易公司有三个进货方案：大量进货、中量进货或小量进货。市场需求可能有四种情况：一是好销，二是稍好销，三是不好销，四是滞销。其收益值见表6－5。

表6－5　　收益值表

方案 \ 损益值 \ 自然状态	对产品的需求			
	好销	稍好销	不好销	滞销
大量进货	800	400	－300	－700
中量进货	550	330	－150	－400
小量进货	310	310	90	－10

试问：按照乐观准则、悲观准则、乐观系数法（$\alpha = 0.7$）、后悔值法各取哪个方案？

解：（1）乐观准则。

方案	最大损益值	决策
大量进货	800	
中量进货	550	大量进货
小量进货	310	

（2）悲观准则。

方案	最小损益值	决策
大量进货	－700	
中量进货	－400	小量进货
小量进货	－10	

（3）乐观系数法。

①大量进货折衷期望值 = 800 × 0.7 + (−700) × (1 − 0.7) = 350

②中量进货折衷期望值 = 550 × 0.7 + (−400) × (1 − 0.7) = 265

③小量进货折衷期望值 = 310 × 0.7 + (−10) × (1 − 0.7) = 214

决策：大量进货

（4）后悔值法见表 6 − 6。

表 6 − 6　　后悔值计算表

方案＼自然状态＼后悔值	对产品的需求				最大后悔值	决策
	好销	稍好销	不好销	滞销		
大量进货	0	0	390	690	690	中量进货
中量进货	250	70	240	390	390	
小量进货	490	90	0	0	490	

第二节

教学案例选编

中大集团 4 + X 决策模式

中大集团组建于 1994 年，是一家集汽车制造、汽车设备制造、钢结构工程、工业涂装设备于一体的大型民营股份制企业集团，现有总资产 21 亿元，中大品牌已入选世界品牌实验室 2004 “中国 500 最具有价值品牌” 榜，品牌价值 41.54 亿元，名列中国客车行业第三位。集团所属的中大国际控股有限公司，2001 年在香港主板挂牌上市。

中大集团创造的一个又一个奇迹，是与其创立了适应自身特点的领导决策体制分不开的。中大决策层从实际出发，探索出了一种符合中大集团实际情况的新型领导决策机制，即实行董事长领导下的委员会制——决策委员会、管理委员会、监督委员会。“组织的决策机制决定了组织发展导向与魄力”。为此，中大集团创新出独特的决策机制与决策组织。中大的高层决策者不是一个人，而是一个集众人智慧的决策群，它就是中大的决策委员会。

一、领导体制的创新：三委会制度

1994 年集团成立后，随着企业规模的扩大，过去简单的一个人统领全局的管理方式显然已不能使企业高效地运转下去，迫切需要对企业进行集团化、规范化管理。为此，中大集团依照“借鉴国际，适合中大，有利发展”的管理思路，建立了“三委会制度”。

1. 三委会产生背景

在中大不断发展的事业中，中大的创业者深刻认识到：领导制度是企业的根本制度。中大集团之所以能快速发展与其独特的领导体制密不可分，为适应中大集团的发展，中大人在艰难创业与卓有成效的立业成长过程中不断总结经验，探索出了一种符合中大集团实际情况的新型领导体制。中大集团是一个股份制企业，但中大集团并没有设股东大会，没有董事长，这是由于中大集团的股份有近70%集中在集团的创业者徐氏兄弟手中，根据本企业实际情况中大集团建立了在董事长领导下的委员会制。实行董事长领导下的委员会制——决策委员会、管理委员会、监督委员会，中大三委会结构图，如图6－4所示。

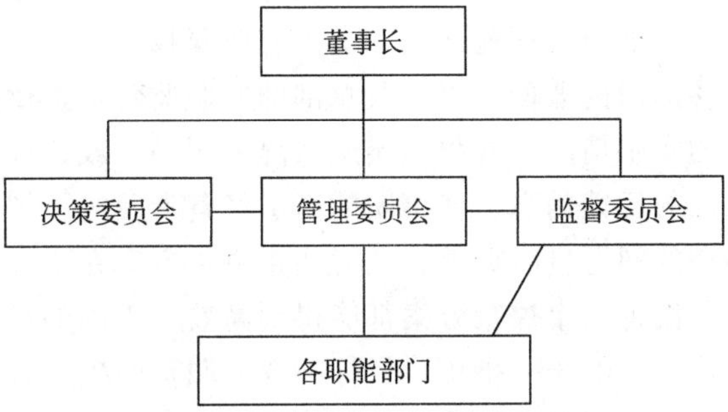

图6－4　中大三委会结构图

2. 三委会运行程序

董事长根据企业发展的基本状态和目前的运作形势提出基本问题，通过个别交谈、初步论证、座谈等，召集决策委员会会议。决策委员会形成做与不做、改变或不改变的决定。

管理委员会根据决策委员会的决定进行进一步的调查、论证，提出实施的计划意见，报决策委员会讨论决定，决策委员会做出决定后，由管理委员会拿出操作性强的实施意见，并部署到各职能部门。

各职能部门根据管理委员会的总体计划安排，在拿出各自部门的具体实施意见，由分管的副总经理进行条块的调度平衡后报管理委员会进行总体调度平衡后，批准各部门的实施意见，各部门按总体计划组织实施。

各部门在实施过程中，按照信息的正负反馈机制，监督委员会随时掌握、了解、分析情况，并对每个部门和员工的各项实绩进行考核。

从三委会运行程序可以看出中大集团的领导体制解决了组织设计的封闭性问题。任何一个组织系统，它不仅要与外部保持必要的联系即输出与输入，而且在组织系统内部也要形成一个封闭的回路，只有构成回路封闭的关系，方能形成相互制约、相互促进的作用，从而保证各分工机构按照科学的轨道行动，达到有效管理的目的。

3. 三委会的权利与责任

决策委员会是集团的最高决策机构，它的主要职责是对中大的资产、中大的发展和中大的员工负责。决策委员会的根本任务是依据外部经济发展趋势制定集团发展战略，为集团的发展指明正确的方向，具体任务是制定中长期发展规划、投资开发方向、产品项目确定、机构设置、重大人事安排、集团制度制定等。

管理委员会是集团的组织领导、生产经营、行政指挥的权力机构，其主要职责是将决策委员会的决策进行细化、制定相应具体措施、组织实施由董事长批准后的实施计划、主持日常生产经营工作、随时对实施中的问题提出重大的修改意见。管理委员会上对决策委员会负责，下对整个集团实行日常的组织指挥。

监督委员会是集团检查、考核、督促的监察机构，他主要起监督保障作用。它的主要职责是依照决策部署，根据管理委员会作出的各项决议，对各职能部门和生产企业执行情况、执行效果进行检查监督，纠正决策方案在执行过程中的偏差，及时发现问题，反馈给决策委员会与管理委员会，保障决策的正确贯彻执行。同时，监督委员会还对各项政策法规的执行情况进行检查监督，以维护员工的合法权益。监督委员会上对决策委员会、管理委员会负责，下对各职能部门和员工有监督权。

监督委员会根据各部门的兼职监督员及总部的专职监督员提供的信息，随时随地动态地监督各职能部门的实施情况，并根据实施情况采用书面或建议形式向管理委员会或董事长提供及时、准确的反馈信息，使集团的高层经营者及时了解与掌握各项决策方案的执行效果，针对存在的问题进行调整，及时纠正决策方案在实施过程中的偏差，保证决策方案的正确执行，使每一个决策方案都能得到高效、正确的贯彻实施。

三委会直接接受董事长的统一指挥，目标一致，职责明确，各司其职，决策权、管理权、监督权三权分离，权利和责任明确的划分，既避免了权利滥用又调动了各方面的工作积极性。

4. 三委会运行效果

中大集团实行董事长领导下的委员会制，从根本上解决了多人负责、谁也不负责的问题，以及对董事长行为无法进行制约的弊端。集团机构精干，部门领导交叉任职，有利协调，解决了因互不了解情况而产生扯皮现象，大大减少了横向协调的事务。集团的决策权在决策委员会，避免了多头决策，相互抵消，各争其权，不负最终责任的状况。在监督委员会的指挥下，集团实施全面监督，大大减少了玩忽职守和以权谋私等不良行为，保障了各项工作的正常运转。

二、决策系统的创新："4 + X"决策机制

1. "4 + X"的决策结构

在决策委员会有四位固定成员，董事长徐连国，是一位年轻有为、精力旺盛、有魄力、思维超前、敢想、敢干、善于筹谋全局方略的谋求事业发展的人。总裁徐连宽刚过而立之年，善于公关，负责对外联络、调研，能洞察国内外市场动态，为决策提供信息。副董事长张玉清，年富力强、经验丰富、思维超前，创新意识强、善于设立工作方案、能协调多方面关系，是一位有着多年从事企业领导实践经验的管理专家。总顾问李涛洪则已过花甲之年，阅历丰富、精力过人，对国家政策、行业法规有很深的研究，擅长谋划工作效果、指导操作运行，保证了企业的稳定发展。中大集团决策委员会成员的年龄结构是老中青结合，在分工上各展所长。无论是年龄结构、还是知识结构，中大集团的决策委员会都达到了最佳的结合，保证了决策的科学性、连续性、超前性和正确性。

X是非固定、变动的决策参与者，根据决策内容，随时聘请有关专家、学者或政府领导以及指定内部相关人员参与决策。

2. “借众脑补首脑”的决策资源

中大人善于利用社会各方面的资源，不仅是技术上的资源，而且包括智力资源。“借众脑补首脑”是中大善于利用社会智力资源的又一表现。“借众脑补首脑”就是利用广泛的社会资源，建立中大的“专家工作室”。专家工作室的成员是某一领域的权威或专家，平时专家工作室的成员各有各的工作，遇到问题时，他们就会成为中大人的专家。具有柔性的中大专家工作室无论是在决策上还是在处理技术问题上都为中大出了不少高明的建议。

3. 独特的决策风格

决策委员会的决策过程也是非常独特的，多途径决策议案的提出，决策委员会成员之间在决策之前进行充分交流，交换意见，并利用中大专家工作室，参考有关专家学者的意见，最后进行决策定案。在决策过程中，决策委员会成员之间进行意见交流时，没有固定的形式，常常采用的是非正式会议形式，利用适当的机会进行交流，最后的决策定案则采用正式会议的形式。

4. 周密的决策过程

中大集团以“四高”为中心：项目选择高起点，产品开发高科技含量，市场高占有率，项目建设高速度。对所有决策项目采取“试产试销重效益”的方式进行实践检验，先小量试产，试销后有销路再扩大生产规模，如果半年内销路不好，就不上此项目。周密决策、小批实验、规模投入，保证了决策的正确性。

“4+X”型的决策方式在其决策过程中广泛征求有关专家的意见，请专家参与论证，在充分吸取了方方面面的意见后，决策委员会再进行最终决策。在不断反复循环的决策过程中，以“借众脑补首脑”保证了决策的准确性、可行性与科学性，提高了集团决策的连贯性与系统性。中大的决策机制采用的是议事制，具有灵活、高效、谨慎的特点。在中大的发展历程中，中大至今在决策上还没有一次重大失误。

【教学功能】

从管理决策理论来看，“4+X”决策机制的X是非固定、变动的决策参与者，根据决策内容，随时聘请有关专家、学者或政府领导以及指定内部相关人员参与决策。通过本案例学习，熟练掌握管理决策理论的应用。

【知识要点】

管理决策　个体决策　群体决策

【思考与讨论】

1. 试分析企业应如何根据自身特点建立适合企业发展的领导体制。

2. 试分析企业决策系统的创新：“4+X”决策机制。

管理综合案例课程课堂讨论记录表

班级： 姓名： 年 月 日

案例名称			
案例讨论题			
管理案例讨论发言内容			
课堂讨论记录			
教师点评记录			
备注			
综合评语		成绩	

任课教师： 年 月 日

经典管理故事

选　择

有三个人要被关进监狱三年，监狱长允许他们每人提一个要求。美国人爱抽雪茄，要了三箱雪茄。法国人最浪漫，要一个美丽的女子相伴。而犹太人说，他要一部与外界沟通的电话。三年过后，第一个冲出来的是美国人，嘴里鼻孔里塞满了雪茄，大喊道：“给我火，给我火！”原来他忘了要火了。接着出来的是法国人。只见他手里抱着一个小孩子，美丽女子手里牵着一个小孩子，肚子里还怀着第三个。最后出来的是犹太人，他紧紧握住监狱长的手说：“这三年来我每天与外界联系，我的生意不但没有停顿，反而增长了200%，为了表示感谢，我送你一辆劳斯莱斯！”

这个故事告诉我们，什么样的选择决定什么样的生活。今天的生活是由三年前我们的选择决定的，而今天我们的抉择将决定我们三年后的生活。我们要选择接触最新的信息，了解最新的趋势，从而更好地创造自己的将来。

第七章

市场营销

【教学内容精要】

【课程性质】

市场营销是一门实践性很强的学科，它与营销实践密切相关。作为边缘交叉性综合学科，市场营销与市场调研学有着深厚的基础理论和广阔的应用前景。

【发展趋势】

围绕着市场营销课程的重点和难点，有选择性地就市场营销战略、市场竞争战略、营销组合策略、市场定位、市场信息、市场细分服务营销等一些知识内容编写了1个教学案例，以帮助工商管理专业及相关专业的广大师生更深刻地理解和掌握本学科的知识。

【教学内容】

市场营销的重点包括：环境因素分析、制定市场营销战略、确定目标市场、对市场进行细分、市场营销组合策略的制定等，难点在于捕捉市场机遇，准确的市场定位、分析消费者的购买行为进行市场调研与预测、制定市场营销组合策略等。依据本课程的重点和难点内容，选择了1个教学案例。

【教学要求】

(1) 根据思考与讨论题，在学习市场营销基本理论、阅读案例和查阅文献资料的基础上，认真完成思考与讨论题，撰写管理案例课堂讨论书面报告。

（2）设计课堂讨论主题发言和自由发言的内容，认真参与管理案例教学课堂讨论，填写管理综合案例课程课堂讨论记录表。

第一节

基本理论知识

市场营销是市场经济高度发展的产物，是一种经济活动。市场营销活动是指企业以满足顾客各种需要与欲望为目的，运用一定的方法和手段，使企业的产品或服务有效地转移到买方手中的各种活动的总和。

一、市场营销的含义和功能

（一）市场营销的含义

1985 年美国市场营销协会提出的市场营销定义："市场营销是对产品、思想和服务进行构思、定价、促销和分销的计划和实施的过程，从而产生能满足个人和组织目标的交换。"

营销大师菲利普·科特勒对市场营销的定义是："市场营销是个人和集体通过创造，提供出售，并同别人交换产品和价值，以获得其所需要之物的一种社会和管理过程。"

市场营销就是在不断变化的市场环境中，为适应和满足消费者的需求，企业通过有计划地组织整体销售，实现企业的目标市场、产品开发、产品定价、渠道选择、促销、提供服务等一系列与市场有关的企业业务经营活动。

（二）市场营销的功能

1. 交换功能

菲利普·科特勒曾说："市场营销是这种社会过程：个人和团体通过创造以及与别人交换产品和价值来满足其需要和欲望。"市场营销的交换功能包括购买和销售两个方面。除了两者都要实现产品所有权的转移外，购买的功能还包括购买什么、向谁购买、购买多少、何时购买的决策；销售的功能还包括寻找市场、销售促进、售后服务等决策。购买和销售都离不开价格，定价也就成了交换功能的应含之义。

2. 物流功能

市场营销中的物流功能也称实体分配功能，包括货物的运输与储存等。运输是为了实现产品在空间位置上的转移；储存是为了保存产品的使用价值，并调节产品的供求矛盾。物流功能的发挥是实现交换功能的必要条件。

3. 便利功能

便利功能是指便利交换、便利物流的功能，包括资金融通、风险承担、信息沟通、产品标准化和分级等。借助资金融通和商业信用，可以控制或改变产品的流向和流量，在一定条件下能够给买卖双方带来交易上的方便和利益。风险承担是指在产品交易和产品运输中，必然要承担的某些财产损失，如因产品积压而不得不削价处理，产品损坏、短少、腐烂而造成的经济损失等。市场信息的收集、加工与传递，对于生产者、中间商、消费者或用户都是重要的，没有信息的沟通，交换功能、物流功能都难以实现。产品的标准化和分等分级，可以大大简化和加快交换过程，不但方便储存与运输，也方便顾客购买。

二、市场营销的观念的发展变化

（一）传统营销观念

1. 生产观念

生产观念是指导企业经营活动的最古老的观念之一。盛行于19世纪下半期至20世纪初期。企业经营管理的中心任务是：合理组织企业内部的各种资源，实现较高的生产效率，提高产量，降低成本，把产品分销到广泛的地区，以满足消费者的急切需求。

2. 产品观念

产品观念是指导企业经营活动的另一种古老的观念，是从生产观念派生出来的又一种陈旧的经营观念，产品观念仍然是建立在以企业为中心的基础之上的。以产品观念为指导思想的企业，其经营管理的中心任务是：集中一切力量改进产品质量，制造优质产品。

3. 推销观念

推销观念又称销售观念，认为企业如果不采取一定的推销措施，消费者一般不会较多地购买本企业的产品，必须通过推销的外部刺激和引导，促使消费者购买本企业的产品。

（二）现代营销观念

1. 市场营销观念

市场营销观念认定，实现企业经营目标的关键在于切实掌握目标市场消费者的需求和愿望，并以市场需求为中心组织企业的全盘生产经营活动，采用比竞争者更有效的手段，把能够满足消费者需求和欲望的产品送到他们手中。这是现代企业经营的一种指导思想。

2. 社会营销观念

在20世纪70年代，一些有识之士针对环境污染、资源短缺、人口暴涨、世界性通货膨胀和忽视社会服务等情况，提出对市场营销观念应作某些修正和补充，从而引出了一种新的观念，即社会营销观念。它认为，企业的中心任务是确定目标市场消费者的需要，并在保护和增进消费者与社会长远、整体利益的前提下，以比竞争者更有效的方式，将能满足消费者需求的产品和服务提供给他们，从而达到企业的经营目标。

3. 绿色营销观念

所谓绿色营销观念，就是指企业必须把消费者的需求、企业的利益和环保利益三者有机地结合起来，必须充分估计资源环保问题，从产品设计及、生产、销售到使用的整个营销过程都要考虑到资源的节约利用和环保利益，做到安全、卫生、无公害的一种营销观念。观念是行动的先导，难以想象抱着传统营销观念的企业会去进行绿色营销。企业应强化对内部员工的绿色宣传和教育，为全体员工灌输绿色意识，培养企业绿色文化。

绿色营销观念，是一种从产品设计及、生产、销售到使用的整个营销过程都要考虑到资源的节约利用和环保利益，做到安全、卫生、无公害的一种营销观念。

4. 大市场营销观念

美国著名市场营销大师菲利普·科特勒提出了“大市场营销”观念。科特勒指出，企业为了进入特定的市场，并在那里从事业务经营，在策略上应协调地运用经济的、心理的、政治的、公共关系等手段，以博得外国或地方各方面的合作与支持，从而达到预期的目的。

大市场营销战略在4P的基础上加上2P即权力（Power）和公共关系（Publication），从而把营销理论进一步扩展。

（1）权力。大市场营销者为了进入某一市场并开展经营活动，必须能经常地得到具有影响力的企业高级职员、立法部门和政府部门的支持。比如，一个制药公司欲把一种新的避孕药打入某国，就必须获得该国卫生部的批准。因此，大市场营销须采取政治上的技能和策略。

（2）公共关系。如果权力是一个“推”的策略，那么公共关系则是一个“拉”的策略。舆论需要较长时间的努力才能起作用，然而，一旦舆论的力量增强了，它就能帮助公司去占领市场。

5. 网络时代深度营销观念

深度营销，就是建立在互联网基础上，以企业和顾客之间的深度沟通、认同为目标，从关心人的显性需求转向关心人的隐性需求的一种新型的、互动的、更加人性化的营销新模式、新观念。它要求让顾客参与企业的营销管理，给顾客提供无限的关怀，与顾客建立长期的合作性伙伴关系，通过大量的人性化的沟通工作，使自己的产品品牌产生润物细无声的效果，保持顾客长久的品牌忠诚。它强调将人文关怀的色彩体现到从产品设计到产品销售的整个过程之中，乃至产品生命周期的各个阶段。

三、市场调查与预测

（一）市场调查

1. 市场调查概念

市场调查是指企业为了特定的市场营销目标，通过科学方法有目的地收集和分析有关企业外部环境和经营管理方面的各种信息和资料，为制定适当的市场策略提供依据。市场调查的作用可以从企业了解消费者需求、对产品更新以及获取和维持竞争优势三个方面体现出来。

市场营销调查已越来越受到重视，成为企业生存和发展的重要手段。

2. 市场调查内容

市场营销调查是一项十分细致复杂的工作，范围广泛，市场营销调查的内容主要有以下几个方面：

（1）市场需求调查。企业能否满足消费者需求，是企业经营成功的关键，因此，市场需求调查是市场营销调查的关键内容，这包括：现有市场对产品的需求量；潜在市场的调查；本企业的销售潜在量，本企业的市场占有率以及企业所面临的细分市场；同类产品需求情况和替代产品的需求情况调查等。

（2）消费者和消费者行为调查。消费者的需求贯穿于市场营销的始终，因此对消费情况的调查就显得很有必要，调查内容包括：现有消费者数量、地区分布状况、年龄结构、购买力大小；消费者购买动机、行为和程序，影响购买者决策的主要因素；消费者对本企业产品和劳务的满意程度，他们的意见和要求等。

（3）企业因素调查。调查内容包括：一是产品调查。调查现有产品满足需求的情况、新产品的市场潜力、产品的售后服务、生命周期，以及新产品对老产品的更替等；二是价格调查。调查影响价格变动的主要因素，产品的价格弹性的大小、新产品的定价策略以及老产品的价格调整等。三是销售情况调查。包括促销与分销两个方面。促销方面包括广告媒体的选择、效果比较、推销员的作用评价，以及销售服务方式选择及公共关系工作开展的可行性与范围等；分销情况调查方面包括现有销售渠道中各个组成部分的情况，各地零售网点的分布、销售费用、产品运输手段与储存状况等。

（4）竞争对手调查。主要调查与竞争对手有关的基本情况，包括：竞争企业的数量、规模以及本行业之地位；竞争企业的产品价格、性能、质量和包装情况，以及生产工艺与生产成本等；竞争对手采用的营销策略；潜在竞争对手的情况调查。

（5）宏观环境调查。主要指政府方针、政策、法令，国家的政治状况，宏观经济状况，文化教育水平，宗教信仰以及风俗习惯等。

3. 市场调查过程

市场调查过程，市场调查一般由四个主要的步骤组成，包括确定问题及调查目标；制定调查计划；实施调查计划；调查结果的解释与报告如图 7－1 所示。

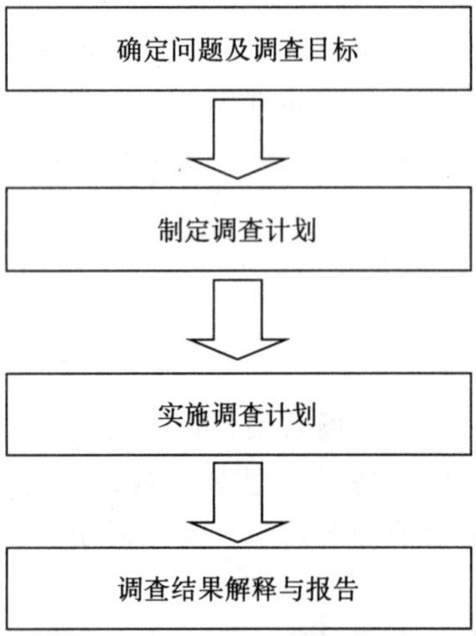

图 7－1　市场营销调查程序

（二）市场预测

1. 市场预测概念及内容

市场需求预测就是指在市场调查的基础上，对市场未来需求的变化及其影响因素进行估计和判断。市场需求预测是竞争的需要，是企业减少经营风险的重要手段之一。

市场营销预测的内容十分广泛，一般来说，对市场需求、商品资源、市场占有率、市场价格、产品生命周期、营销效果等都可以进行预测，其中市场需求预测在市场营销预测中占有很重要的地位，一般情况下市场营销预测主要是指导市场需求的预测。

2. 市场预测过程

市场预测的程序，企业对未来市场需求的预测一般采用三段式程序进行。

（1）宏观经济环境预测。宏观经济环境预测，其内容包括经济周期、通货膨胀、失业率、利率、消费者支出、储蓄、工商业投资、政府开支、出口额等情况的变动，得出对国民生产总值及其增长率的预测。

（2）行业市场进行预测。在宏观经济环境预测的基础上对行业市场进行预测，这个主要是在已知的环境和既定的营销支出下，预测该行业的发展规模、发展方向和速度，从而对该行业未来的市场销售量变动情况做出估计。

（3）预测企业的销售量。根据该行业中本企业的市场占有率情况，做出本企业未来的销售预测，即预测企业的销售量。

3. 市场需求预测的方法

（1）定性预测方法。定性预测方法就是依靠决策人员的知识、经验和综合分析能力，对产品未来市场需求的变化做出推断和描述的预测方法。定性预测方法主要有以下几种：德尔菲法；集合意见法；社会调查法。

（2）定量预测方法。定量预测方法主要有：趋势分析预测法，趋势预测分析法也称作时间数列预测分析法。所谓时间数列就是指按照发生时间顺序排列起来的同一变量的一组观测值。主要有算术平均法，简单移动平均法，加权算术平均法和趋势加权移动平均法的几种形式。因果分析预测法，因果分析预测法是把客观事物之间内在的因果关系，转化成数学模型，找出自变量和因变量，用一种近似函数关系表达出来，并靠历史统计数据，建立相应的数学模型（因果模型），然后根据自变量的数量变化预测因变量变化的预测方法。常见方法有：一元回归分析法、多元回归分析法和矩阵法等。

四、STP 战略

STP 理论由市场细分（Market Segmentation），目标市场（Market Targeting），市场定位（Market Position）三个部分组成，通过市场细分选择目标客户，进而以此为根据确定目标市场，最后进行市场定位。

目标市场营销战略过程包含三个步骤：一是市场细分；二是目标市场选择；三是市场定位，也就是通常所说的 STP 营销战略，如图 7－2 所示。

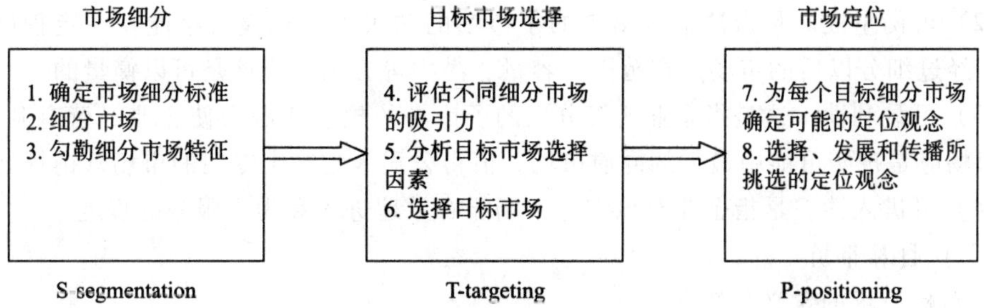

图 7－2　目标市场营销步骤

（一）市场细分

1. 市场细分的含义

市场细分，是由美国市场学专家温德尔•斯密于 20 世纪 50 年代提出，指企业根据消费者需求的差异，按一定的标准，把整体市场划分成两个或两个以上各有相近需求的分市场的一种战略方法。这一概念的提出，是现代营销思想和策略的一次革命，对企业营销实践起到了巨大作用。

2. 市场细分标准

（1）消费者市场细分的标准。消费者市场细分的标准虽然很多，但归纳起来有四大类。由于这些标准是经常变动的，故称之为“变数”。这样我们就把四大类标准称为“四大变数”，即人文变数、地理变数、心理变数和行为变数，见表 7－1。

表 7－1　消费者市场细分的标准

细分标准	具体细分内容
人口细分	年龄、性别、家庭人数、收入、职业、教育、宗教、民族、种族、国籍、家庭人数、家庭生命周期等
地理细分	地理位置、气候条件、国界、区域、地形、城乡、城市规模、人口密度、交通条件等
心理细分	消费者个性、气质、生活方式、购买动机、社会阶层、购买频率等。
行为细分	消费者的购买地点和时间、消费者所追求的利益和使用情况、消费者对某种产品的使用频率、消费者对品牌或商店的忠诚程度、消费者待购状况及其对企业营销因素的敏感程度等

（2）生产资料市场细分的标准。著名市场学权威菲利普·科特勒近年来对工业市场细分标准作了进一步探讨，把以上几方面问题归为人口变数，继而提出了另外几个标准。我们认为我国工业企业在进行生产资料市场细分时完全可以借鉴、使用。

人口变数。包括行业、规模、地址。

经营变数。包括技术、使用者或非使用者、顾客能力。

采购方法。采购组织结构、现有关系性质、采购政策、购买标准。

情况紧急。紧急、特别用途、订货量。

个性特征。购销双方相似点，对待风险的态度，忠诚度。

3. 有效细分市场的条件

（1）可区分性。是指顾客对产品的需求具有不同的偏好，对某一产品能够产生不同的反应，这样的市场才能区分开来，也才值得进行细分。市场细分首先遵循可区分性原则。

（2）可衡量性。是指被细分出来的子市场的购买力和规模大小能在一定程度上被衡量。经过细分以后的市场，在范围、容量、潜力等方面都应该是可以衡量的。

（3）可盈利性。这是指企业所细分出的子市场的规模或潜力使企业经营有利可图。细分市场应是现实可能中最大的同质市场，值得公司为它制定专门的市场营销规划。

（4）可进入性。是指企业对该细分市场能有效地进入和为之服务的程度。

（二）目标市场

1. 目标市场的含义与特点

所谓目标市场，是指在市场细分的基础上，从满足现实的或潜在的目标顾客的需求出发，并根据企业自身经营条件而选定的特定市场。即企业决定进入，并为之服务的细分市场。

目标市场必须是具有如下特点的细分市场：

（1）目标市场是企业的服务对象，是企业有能力满足的部分需求，并有竞争优势。

（2）在目标市场范围内，对企业的产品有现实的和潜在的购买能力，并不断发展。

（3）目标市场是企业开拓的市场中最有价值的细分市场。这个市场既能满足社会需求，又能给企业带来较好的经济效益。

2. 目标市场的选择模式

确定目标市场的选择模式，即选择目标市场范围策略，归纳起来主要有五种目标市场模式：

（1）产品/市场集中型（见图7－3A）。企业只生产一种标准化产品满足某一类顾客群体的需要。例如只生产满足男士需要的相同档次、质量等属性的皮鞋。这种策略能针对性地满足顾客需求，但风险大。一般适用于小型企业，企业可以先专注于某个细分市场，并在经营取得成功后向更大的市场范围发展。

（2）产品专业化型（见图7－3B）。企业生产某种类型产品满足不同顾客群的需要。当然，由于面对着不同的顾客群，产品在档次、质量或款式等方面会有不同。例如，生产满足各类顾客的皮鞋。

（3）市场专业化型（见图7－3C）。企业生产不同的产品，去满足某一固定顾客群的需要。例如，生产满足男士需要的各种性能的皮鞋。

（4）产品/市场选择型（见图7－3D）。企业生产不同的产品，选择性地去满足不同顾客群的需要。这些细分市场之间并没有明显的联系，但每个都存在良好的经营机会。例如，生产凉鞋满足儿童需要，生产皮鞋满足男士的需要，生产保暖鞋满足女士的需要。

（5）全面覆盖型（见图7－3E）。企业全方位进入各细分市场，生产各种类型产品，满足不同消费者需求。这种策略往往被实力雄厚的大企业采用。

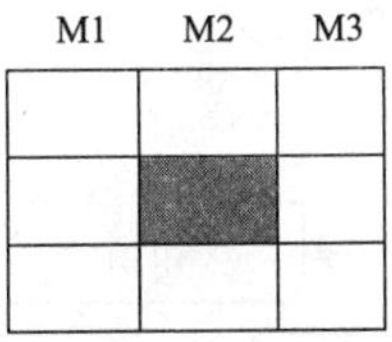

图7-3A 产品/市场集中型

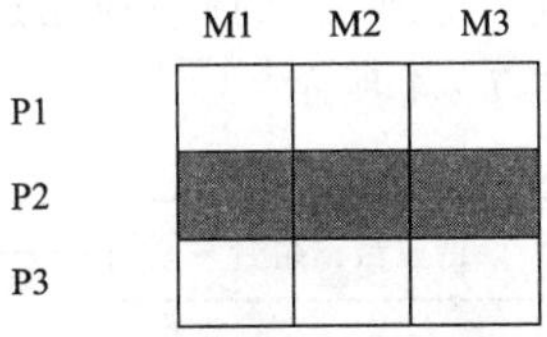

图7-3B 产品专业化型

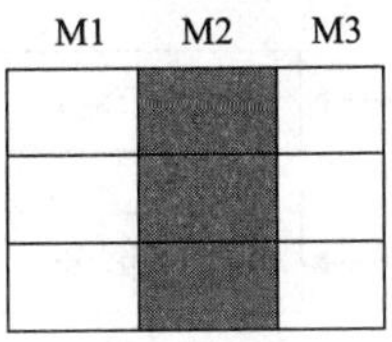

图7-3C 市场专业化型

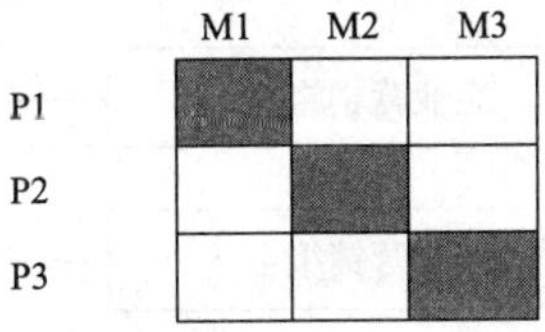

图7-3D 产品/市场选择型

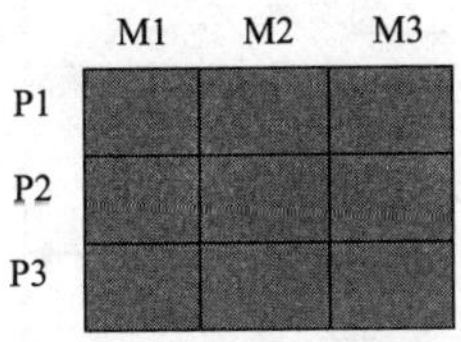

图7-3E 全面覆盖型

图7－3 目标市场范围策略的类型

［注：P1，P2，P3为三种产品；M1，M2，M3为三个顾客群（细分市场）］

3. 可供企业选择的目标市场的策略

(1) 无差异营销策略（市场整体化策略）。这种策略企业以整体市场作为目标市场，不再进行细分，而是向整体市场推出同一产品、同一市场营销组合方案，通过大量生产、大量营销来争取市场上最大的需求。

这一策略的优点有：①产品单一，易于批量生产和标准化，可以降低成本，提高生产效率；②简化营销方式，节约营销费用，获利高。但也有其局限性：①单一产品难以满足消费者日益增加的多样化需要；②容易引起大的市场竞争，且忽视有特定需要的市场机会；③经营风险大，产品一旦滞销转产困难。

(2) 差异营销策略（市场细分化策略）。这是指企业通过市场细分，推出多种产品和多种不同的市场营销组合策略，以适应多个目标市场的不同需求，采用这一策略的企业的立足点是通过不同的产品或服务分别满足不同消费群体的需要，从而获得最佳的营销效果。

(3) 集中营销策略（市场密集化策略）。上述两个策略均以整体市场作为目标市场，而密集性营销策略则不同，它强调的是集中人、财、物力于一个市场，而不是把力量分摊在整个市场或某几个市场上。采取这一策略的企业不是想在整个大市场中占有小量份额，而是力图在不易引起人们注意的市场面上占有大量份额，也就是说，企业与其在总体市场上处于劣势地位，不如在某个市场中争取优势地位。

这一策略的优点是：可深入了解某一特定市场的需要，进行专业化营销，从而节省费用，提高企业及产品的声誉，特别适用于力量薄弱的一些小企业。但是，这种策略对企业有较大的风险性，由于企业选择的目标市场比较狭小，一旦需求突然发生变化，或者市场出现竞争，企业若不能随机应变，就有可能陷入困境，损失惨重，甚至会危及企业的生存与发展。因此，企业必须慎重应用这一策略。

以上三种策略如图 7-4 所示：

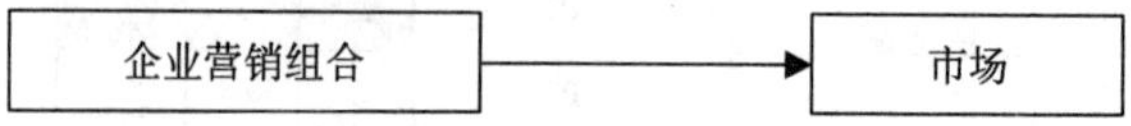

图7-4A　无差异市场营销策略

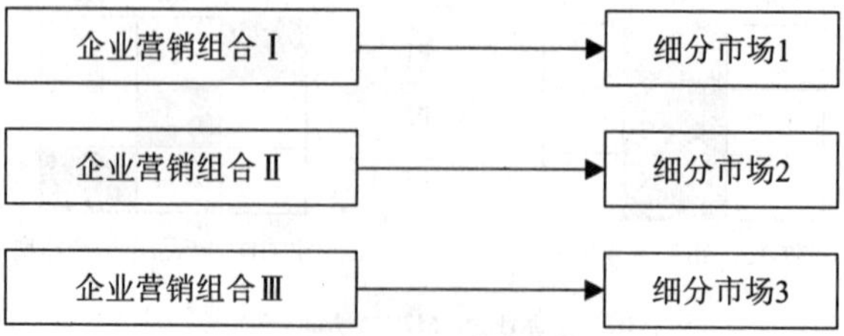

图7-4B　差异市场营销策略

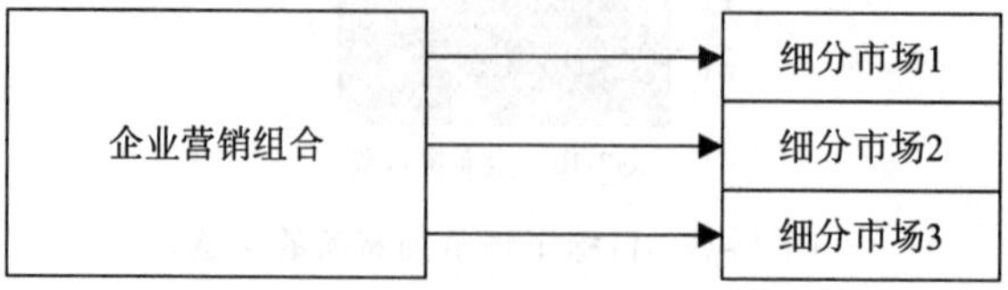

图7-4C　集中市场营销策略

（三）市场定位

1. 市场定位的概念

所谓市场定位，就是根据竞争者现有产品在市场中的位置，针对消费者或用户对该产品某种属性的重视程度，勾画企业产品在目标顾客心目中的形象，使企业提供的产品具有鲜明的特色并与竞争者的产品有所区别，通过促销活动将产品的个性与形象有力地传递给消费者，从而使产品在市场上确定适当的位置。

市场定位的基本出发点是竞争，通过定位，企业可以认清自己的竞争地位、优势与劣势；通过市场定位，企业可以进一步明确竞争对手和竞争目标，寻找正确的竞争策略。

2. 市场定位策略

市场定位策略实质上是一种竞争策略，显示了一种产品与其他企业同类产品间的竞争关系，是企业在已经确定的目标市场上如何处理与其他企业竞争关系的基本思路。基本策略有如下三种：

（1）“针锋相对式”定位策略。“针锋相对式”定位策略，是指企业根据自身的实力，为抢占较佳的市场位置，不惜与市场上占支配地位的、实力最强或较强的竞争对手发生正面竞争，使自己的产品进入与对手相同的市场位置。如百事可乐与可口可乐的争斗过程中采取的就是这一定位策略。

（2）“填补空缺式”定位策略。“填补空缺式”定位策略，是一种不与竞争者直接冲突，而是重新开拓潜在市场的战略。如：“金利来”服装进入中国大陆市场，填补了男士高档服装的空位，取得了巨大的成功。

（3）“特色”定位。这是一种突出自己与众不同的特色，“另辟蹊径式”的定位策略。

3. 市场定位的依据

市场定位的依据是指根据什么确定产品的市场位置。一般来说，市场定位的依据有以下几种：

（1）根据属性和利益定位。产品本身的“属性”以及由此获得的“利益”能使消费者体会到他的定位。比如：在汽车市场上，日本丰田汽车侧重于“经济可靠”，瑞典的沃尔沃汽车具有“耐用”的特点，在有些情况下，新产品强调一种属性，而这种属性是其他竞争者所不具有的又是顾客认可和接受的，这种定位就容易收效。

（2）根据价格和质量定位。“价格”与“质量”都可以创立不同的市场位置，给顾客留下不同的印象，在有些情况下，质量取决于制作产品的原材料，或者制作的工艺水平，价格则通过价值反映出定位。例如新疆的“和田玉枣”产于世界水果优生区的核心中央区——新疆和田，因此宣传每一颗“和田玉枣”都是自然精华的结晶，定位于高端，并且在实际定价时也根据不同的产品档次（三星、四星、五星产品）提供不同的市场价格，此种定位策略也取得了成功。

（3）根据使用的用途定位。为老产品找到（或创造）一种新用途，是为该产品创造新的市场定位的好方法。如在中国牙膏的市场大战中，药物牙膏的“医疗”定位取得了巨大的成功。

（4）根据产品的档次定位。产品可以定位为与其相似的另一种类型产品的档次。例如“伊利苦咖啡”、不含铅的某种汽油等产品的定位的成功，都因它们突出了与其他同类产品的不同档次的特点。

（5）根据使用者类型定位。企业可以将其产品指引给适当的使用者即某个细分市场，以便根据该细分市场的特点塑造产品形象。例如“新三星”啤酒厂的“新三星干啤王”是针对高收入阶层的消费者的，而其普通啤酒是针对大众消费者的。

（6）根据竞争的需要定位。即将产品定位于与竞争直接有关的不同属性或利益。例如七喜可乐的生产公司给自己的产品定位为“非可乐”，意在响应美国当时的（20 世纪 70 年代）反咖啡因运动，暗示可乐饮料含咖啡因，对消费者健康不利，迎合了竞争的需要。

4. 常见的定位误区

（1）定位过低。它并不是指将产品定位于较低的层次，而是市场定位不到位，消费者对企业或产品只有一个模糊的概念，或者说，消费者根本不知道企业或产品的特殊之处。

（2）定位过高。指企业传递给消费者的定位概念过于狭窄。对于同一个目标市场，过高定位使消费者对企业或产品的认识较为局限。

（3）定位混乱。指企业向市场传递的定位信息混乱，没有统一性。消费者对企业或产品缺乏一致的认识。这种错误主要是由于企业对自身的相对竞争优势缺乏全面了解，总是不断地试探市场对企业不同定位的反应。

五、市场营销组合策略

（一）产品策略

在市场营销组合的四个因素中，其他三个因素都是以产品为基础的。企业能否成功，在很大程度上取决于所制定的产品策略是否合适。

1. 整体产品概念

从现代市场营销的角度看待产品，就满足消费者需要来说，产品必须包括以下三个层的含义，即核心产品、形式产品、延伸产品。

产品的核心是指提供给顾客的基本效用或利益，也可以说是产品的基本功能，这是消费者需求的中心内容。

产品的形式是指产品向市场提供的实体和劳务的外观，是扩大化了的核心产品，也是一种实质性的东西，它由五个标志所构成：产品的质量、款式、特点、商标及包装。

产品的延伸是指顾客购买产品时所得到的附加利益，它能给顾客带来更多的利益和更大的满足，如维修服务、咨询服务、贷款、交货安排、仓库服务等能够吸引顾客的东西。

2. 产品组合

（1）产品组合及影响因素。企业生产经营的全部产品，在营销学中称为产品组合。产品组合中包括产品线和产品项目两个重要概念。产品线是满足同类需求的一组产品，产品项目指产品线中的个别产品。

衡量一个企业的产品组合状况有三个重要指标：宽度、深度和关联度。

（2）产品组合策略。扩大企业产品组合的宽度和深度，是增强企业盈利水平的一种有效途径。要扩大产品组合，主要有两个途径，一是现有产品线的延伸；二是增加新的产品线，增加产品组合的广度。

扩大产品组合就是增加新的产品线（即产品类别），扩大产品组合的广度。一般情况下，扩大产品组合的广度，扩展企业的经营领域，实行差异性多角化经营，可以更好地发挥企业潜在的资源优势。

产品线延伸策略有三种形式：向下延伸、向上延伸、双向延伸。

3. 产品生命周期及其营销策略

（1）产品生命周期。产品生命周期是指某一产品从完成研制、投放到市场，直到最后被消费者淘汰退出市场为止的全部过程所经历的时间。典型的产品寿命周期大致经历四个阶段：投入期、成长期、成熟期和衰退期。

（2）产品生命周期营销策略。在产品寿命周期的不同阶段，产品的品质、售价、销售额、企业盈亏和市场状况等均有不同的特征。根据产品所处寿命周期各阶段不同的特征，可以采取相应的产品销售策略。

投入期的产品的主要特征是：消费者对产品不了解，销售量小，单位产品成本高；广告费用和其他营销费用开支大；企业大多呈亏损状态；产品技术、性能不够完善；企业承担的市场风险最大。如果开发研制或市场预测失误，新产品很可能在这一阶段夭折。这一阶段市场竞争者通常较少。企业营销策略的重点，应使产品尽快地为消费者所接受，缩短产品的市场投放时间，尽快树立产品的市场形象。

成长期产品的主要特征是：消费者对产品已日趋熟悉，销售量迅速增加；由于大批量生产和可观的利润，吸引竞争者纷纷介入，竞争开始激烈；产品的技术、性能逐步完善，单位产品成本下降，利润增加。这一阶段企业市场营销策略的核心是提高产品质量，改进服务，大力促销，扩大市场占有率。

成熟期产品的主要特征是：产品销售量平稳；由于生产成本、促销费用下降，且产品总销售量不减或略有下降，使企业利润丰厚、稳定；市场上同类产品增多，市场竞争十分激烈；成熟期末，企业利润开始下降。处在成熟期的产品，企业应采取进攻与防御并举的策略。通常使用产品改革策略、市场改革策略或营销组合改革策略，以尽量延长产品的成熟期。

衰退期产品的主要特征是：产品销售总量急剧下降，产品出现积压，价格下跌，利润剧减；产品的弱点和不足已经显露，市场上出现了性能更好的替代产品；竞争者开始退出市场。这一阶段企业可采用收缩策略、持续策略或撤退策略，以延缓产品退出市场的时间，使企业最大限度地赚取利润。

（二）价格策略

价格策略是企业市场营销战略和市场营销组合的重要组成部分，是实现企业经营目标的一种手段和策略。经营者的作用就是要在了解纷繁多变的市场环境的基础上，权衡利弊，配合营销组合的其他因素，灵活地制定产品的价格。

1. 制定价格策略应考虑的因素

制定价格策略，首先要了解影响和制约商品价格的因素。这方面的因素有：成本；市场需求情况；市场结构与竞争状况；商品的市场特点，如消费者购买频率、商品的易腐性、易损坏性和季节性；产品需求弹性；社会经济形势；市场范围等等。

2. 定价目标

所谓定价目标即企业通过定价所要达到的主要目的，企业常见的定价目标有：追求利润最大化，扩大市场份额，适应竞争，稳定价格，实现投资收益率，保持良好分销渠道等。

3. 影响价格因素与定价方法

（1）影响价格制定的最直接因素。影响价格制定的最直接因素有三个：产品成本、市场需求和竞争状况。企业不论采用何种定价方法，都应认真考虑这三种因素。

（2）定价方法。根据企业的具体情况，定价方法可以有所侧重。由此，可以将各种定价方法分为以成本为中心、以市场需求为中心和以竞争为中心三种类型。

以成本为中心的定价方法，企业在产品成本的基础上，加上企业可以接受的利润额，或乘上一个利润率，便确定了产品的价格。成本加成定价法和售价加成本定价法。

以市场需求为中心的定价方法，理解价值定价法就是一种典型的以需求为中心的定价方法。另一种典型的方法是差别定价法，这种定价法也称歧视定价法。

以竞争为中心的定价方法，这类定价方法主要根据市场上竞争者产品的售价作为自己定价的依据，随着竞争状况的变化调整价格水平，有如下四种定价方法：①随行就市定价法；②竞争定价；③倾销定价；④垄断定价。

4. 提价与降价应注意的问题

企业在提价和降价时必须注意的因素有：一是顾客对价格变动的反应。顾客对降价做出的常见消极反应有：这一产品即将被新品种所取代；这一产品有缺陷，是滞销产品；该企业资金短缺，可能要转产；价格还要继续下降，需耐心等待。同样，产品提价也有可能向顾客传递某些积极的信息：这一产品是“热门货”，如果不马上购买会丧失良机；这一产品质量好等等。二是竞争者对价格变动的反应。企业应高度重视每一次调价活动，必须弄清当时竞争者的利益，研究竞争者当前财务状况、销售量和生产能力、顾客的忠诚程度等。在此基础上，制定价格变动的预期目标，积极稳妥地采取行动。

（三）分销渠道策略

分销是产品从生产领域向消费领域转移时所经过的路线、环节、方式、机构等的总称。分销策略主要包括渠道的选择、设计与管理，其目的在于将产品最合理、最有效地传递到消费者手中，实现企业的营销目标。

1. 中间商的作用

中间商是指在生产者与消费者之间，参与商品交易业务，促使买卖行为发生和实现的具有法人资格的经济组织和个人，是生产者向消费者出售产品时的中介环节。中间商是分销渠道的主体，

中间商是一个十分庞大的群体，按其是否拥有商品所有权，可分为经销商与代理商；按其服务对象的不同，可分为批发商和零售商。

2. 渠道类型

（1）直接式和间接式分销渠道。按照产品从企业流向消费者手中的过程是否有中间商介入，可以把营销渠道分为直接渠道和间接渠道。

直接式分销渠道是生产企业直接把产品销售给用户（顾客），没有中间商的介入。如定做、推销员上门推销、邮寄等。间接式分销渠道是由生产企业通过中间商把产品销售给用户，有中间商的介入。企业直接面对中间商，可简化交易工作，可以将采购、运输和销售商品等实际业务部分地转移给中间商，企业集中力量组织生产。

（2）长渠道和短渠道。在产品从生产者流向消费者的过程中，所经历的中间环节的多少称为渠道的长度。中间环节越多，渠道越长，反之则越短。

（3）宽渠道和窄渠道。产品在从生产者流向消费者的过程中，每一中间层次上中间商数目的多少，称为渠道的宽度。每一层次上中间商越多，则渠道越宽，反之越窄。根据同一层次上中间商的多少，又可分为密集性分销、选择性分销和独家分销。

（4）选择分销策略应考虑的因素。不管采用哪种策略，都要认真分析、权衡市场、产品、管理、财力等基本因素。市场因素包括市场分布、顾客流量、顾客购买特点等；产品因素要考虑所推销的是不是易于损坏或时尚性强的产品、是不是特殊制品、是不是技术性强的产品、是否需要售前售后服务以及价格水平是否合适等；管理因素要分析企业的销售能力，如交通运输与储运设备、推销人员的数量与素质，以及中间商的管理能力与管理经验等；财务因素考虑仅仅依靠生产企业的力量，没有中间商参与交易活动，其财力是否能维持等。

（四）促销策略

1. 促销与促销组合

（1）促销方式。促销又叫销售促进，指卖方向消费者或用户传递产品和企业信息、树立产品和企业形象，唤起顾客对产品的需求，从而开拓市场的活动过程。

促销方式可分为人员促销和非人员促销两大类。人员促销指推销员直接推销，非人员促销又分为广告、营业推广、公共关系等。促销组合策略就是对这四种方式的组合、选择和运用。

（2）促销组合。促销组合的是目的是把广告、人员促销、营业推广和公共关系有机地结合起来，形成整体的促销策略。促销组合的设计受多种因素的影响，这些影响因素主要有：促销活动预算、市场性质、试图影响的目标消费者性质以及竞争对手的促销活动等。一个企业只有正确地设计及运用促销组合，才能达到既定的促销目标。

2. 促销策略

（1）广告策略。广告是企业用付费的方法，通过一定的媒体，运用印刷、书写、画面或口头宣传等手段，向顾客介绍和推销产品或服务的一种方式。广告是市场促销的一种主要手段。广告具有传递信息、沟通产需、刺激需求、促进销售、加强竞争、树立企业信誉与产品形象等功能。从广告所借助的媒体来看，广告可分报纸广告、电视广告、路牌广告等多种形式；从广告的内容来看，广告包括信息性广告、竞争性广告等不同形式。广告具有公众性、渗透性、表现性、非人格性等特点。

（2）人员促销。人员促销是一种通过与顾客的人际接触来推动销售的促销方式。人员促销具有促进面对面双向交流、有利于培养感情、反应迅速的特点。在人员促销中，每一方都能就近观察彼此的需要和特点；能够引出各种各样的人际关系，从就事论事的推销关系到个人友谊；还可以使购买者在听了销售谈话之后，感到有某种义务而迅速做出反应。

（3）营业推广。营业推广又称销售推广，主要是指能够刺激顾客的强烈反应、促进短期购买行为的各项促销措施。营业推广包括多种方式，如产品陈列和现场表演、产品展销、样品赠送、发放优惠券等等。营业推广具有可信性强、引人注目、不会引起戒备的特点。

（4）公共关系。公共关系简称“公关”，是指企业为获得公众信赖、加深顾客印象而用非付费方式进行的一系列促销活动。公共关系的特点是：它是一种双向的信息沟通活动；是企业组织或个人的一种有目的、有计划的活动过程；是组织或个人同与之相关的社会公众建立相互联系的手段；是一项建立信誉、改善形象、增强组织目标与公众利益一致性的工作。

第二节

教学案例选编

宝马汽车公司的营销组合策略

宝马汽车公司位于德国南部的巴伐利亚州。宝马公司拥有 16 座制造工厂、10 万余名员工。公司汽车年产量 100 万辆，并且生产飞机引擎和摩托车。宝马集团（宝马汽车和宝马机车加上宝马控股的路华与越野路华公司，以及从事飞机引擎制造的宝马—劳斯莱斯公司）1994 年的总产值在全欧洲排第七，营业额排第五，成为全球十大交通运输工具生产厂商。

1918 年 11 月，第一次世界大战结束，德国成为战败国，他们的飞机被“凡尔赛条约”列为“战争武器”禁止生产，于是公司进行了一系列的重组。

1922 年，BMW 自己研制了第一台摩托车发动机，虽然不被采纳，但已为车厂定下了重要的方向，之后在 Nuremberg 的 Victoria－worke 厂房重新制造了一台由麦克斯·费兹设计的 500ml 风冷水平对置的两汽缸摩托车发动机，装配在革命性的 r－32 摩托车上，它的动力是通过传动轴而不是链条传递到后轮，r－32 为经典的宝马摩托车定下了样本。1924 年，BMW 把 r－32 投入市场，并很快就获得了成功。

1992 年以前，BMW 在中国并不叫宝马，而被译为“巴依尔”。这是因为 BMW 的全称是“Bayerische Motorenwerke AG”。那时的宝马虽然在国外已经声名远扬，可中国人对这个汽车品牌却还十分陌生。中文名改为宝马之后，受到消费者关注，销量也逐步扩大。“宝马这个名字突出了与 BMW 车系高贵豪华的气质，又与中国传统称谓浑然一体，同时发音也与 BMW 相差不大。”宝马的中国高层曾经这样解释“宝马”名字的由来。

2018 年 7 月 10 日，百度与宝马集团宣布双方签署了一份谅解备忘录，根据这份谅解备忘录的内容，宝马集团将作为理事会成员加入阿波罗（Apollo）开放平台。这标志着宝马集团和百度在自动驾驶领域将开启又一段全新的合作伙伴关系。双方将一起致力于为中国消费者带来安全、便捷和智能的出行体验。

汽车工业自形成以来，一直稳定发展，现已成为全球最重要、规模最大的工业部门之一。但是，20 世纪 80 年代中期，美国国内汽车市场趋于饱和，竞争非常激烈，汽车行业出现不景气；20 世纪 90 年代之后，日本、欧洲等国家的汽车制造业都发展缓慢，全球汽车行业进入了调整阶段。汽车行业需要新的经济增长点，而此时亚洲经济正以惊人的速度发展，中国、泰国、印度尼西亚等国具有汽车购买能力的中产阶级的数量正飞速增长。宝马公司也将目标定向了亚洲。2018 年 7 月 19 日，《财富》世界 500 强排行榜发布，宝马公司位列 51 位。2019 年 7 月，《财富》世界 500 强排行榜发布，宝马公司位列 53 位。

一、产品策略

宝马公司试图吸引新一代寻求经济和社会地位成功的亚洲商人。宝马的产品定位是：最完美的驾驶工具。宝马要传递给顾客创新、动力、美感的品牌魅力。这个诉求的三大支持是：设计、动力和科技。公司的所有促销活动都以这个定位为主题，并在上述三者中选取至少一项作为支持。每个要素的宣传都要考虑到宝马的顾客群，要使顾客感觉到宝马是“成功的新象征”。要实现这一目标，宝马公司欲采取两种手段，一是区别旧与新，使宝马从其他品牌中脱颖而出；二是明确哪些期望宝马成为自己成功和地位象征的车主有哪些需求，并去满足它。宝马汽车种类繁多，分别以不同系列来设定。在亚洲地区，宝马公司根据亚洲顾客的需求，着重推销宝马3系、宝马5系、宝马7系、宝马8系。这几个车型的共同特点是：节能。

1. 宝马3系。三系列原为中高级小型车，新3系有三种车体变化：四门房车、双座跑车、敞篷车和三门小型车，共有七种引擎。车内空间宽敞舒适。

2. 宝马5系。备有强力引擎的中型房车五系列是宝马的新发明。5系除了在外形上比3系大，它们的灵敏度是相似的。拥有两种车体设计的5系配有从1800马力到4000马力的引擎，四个、六个或八个汽缸。5系提供多样化的车型，足以满足人们对各类大小汽车的所有需求。

3. 宝马7系。7系于1994年9月进军亚洲，无论从外观或内部看都属于宝马大型车等级。7系房车的特点包括了优良品质、舒适与创新设计，已成为宝马汽车的象征。7系除了有基本车体以外，还有加长车型可供选择。

4. 宝马8系。8系延续了宝马优质跑车的传统，造型独特、优雅。

二、定价策略

宝马的目标在追求成功的高价政策，以高于其他大众车的价格出现。宝马公司认为制定高价策略是因为：高价也就意味着宝马汽车的高品质，高价也意味着宝马品牌的地位和声望，高价表示了宝马品牌与竞争品牌相比具有的专用性和独特性，高价更显示出车主的社会成就。总之，宝马的高价策略是以公司拥有的优于其他厂商品牌的优质产品和完善的服务特性，以及宝马品牌象征的价值为基础的。宝马汽车的价格比同类汽车一般要高出10%～20%。

三、渠道策略

在销售方式上，宝马公司采取直销的方式。宝马是独特、个性化且技术领先的品牌，宝马锁定的顾客并非是大众化汽车市场，因此，必须采用细致的、个性化的手段，用直接、有效的方式把信息传递给顾客。直销是最能符合这种需要的销售方式。宝马公司在亚洲共有3000多名直销人员，由他们直接创造宝马的销售奇迹。

宝马在亚洲直销的两个主要目标是：一是要有能力面对不确定的目标市场，二是要能把信息成功地传递给目标顾客。这些目标单靠传统的广告方式难以奏效。直销要实现的其他目标还有：加强宝马与顾客的沟通，使宝马成为和顾客距离最近的一个成功企业；利用与顾客的交谈，和顾客建立长期稳定的关系；公司的财务状况、销售状况、售后服务、零件配备情况都要与顾客及其他企业外部相通者沟通；利用已有的宝马顾客的口碑，传递宝马的信息，树立宝马的品牌形象；利用现有的顾客信息资料，建立起公司内部营销信息系统。宝马还把销售努力重点放在提供良好服务和保证零配件供应上。对新开辟的营销区域，在没开展销售活动之前，便先设立服务机构，以建立起一支可靠的销售支持渠道。

四、促销策略

宝马公司的促销策略并不急功近利地以销售量的提高为目的，而是考虑到促销活动一定要达到如下目标：成功地把宝马的品位融入潜在顾客中；加强顾客与宝马之间的感情连接；在宝马的整体形象的基础上，完善宝马产品与服务的组合；向顾客提供详尽的产品信息。最终，通过各种促销方式使宝马能够有和顾客直接接触的机会，相互沟通信息，树立起良好的品牌形象。

宝马公司考虑到当今的消费者面对着无数的广告和商业信息，为了有效地使信息传递给目标顾客，宝马采用了多种促销方式。所采用的促销方式包括：广告、直销、公共关系活动。

1. 广告

宝马公司认为：当今社会越来越多的媒体具备超越国际的影响力，因而要使广告所传达的信息能够一致是绝对必要的。宝马为亚洲地区制定了一套广告计划，保证在亚洲各国通过广告宣传的宝马品牌形象是统一的。同时这套广告计划要通过集团总部的审查，以保证与公司在欧美地区的广告宣传没有冲突。宝马公司借助了香港、新加坡等地的电视、报纸、杂志等多种广告媒体开展广告宣传活动。这些活动主要分为两个阶段：第一阶段主要是告知消费者宝马是第一高级豪华车品牌，同时介绍宝马公司的成就和成功经验；第二阶段宝马用7系作为主要的宣传产品，强调宝马的设计、安全、舒适和全方位的售后服务。

2. 公关活动

广告的一大缺陷是不能与目标顾客进行直接的接触，而公关活动能够达到这一目的。宝马公司在亚洲主要举办‘71’T宝马国际高尔夫金杯赛和宝马汽车鉴赏巡礼两个公关活动。赛事的目的是促使宝马汽车与自己的目标市场进行沟通，这是因为高尔夫球历来被认为是绅士运动，即喜欢高尔夫球的人，尤其是业余爱好者多数是较高收入和较高社会地位的人士，而这些人正是宝马汽车的目标市场。宝马汽车鉴赏巡礼活动的目的是在特定的环境里，即在高级的展览中心陈列展示宝马汽车，把宝马的基本特性、动力、创新和美感以及它的高贵、优雅的品牌形象展示给消费者，并强化这种印象。

此外，宝马公司还定期举行新闻记者招待会，在电视和电台的节目中与顾客代表和汽车专家共同探讨宝马车的功能，让潜在顾客试开宝马车，这些活动也加强了宝马与顾客的沟通。

（资料来源：百度文库 wenku. baidu. com）

【教学功能】

从营销理论来看，宝马公司营销组合策略主要是产品、价格、促销和分销渠道策略，宝马公司一直稳定发展，现已成为全球最重要、规模最大的工业企业之一。通过本案例学习，熟练掌握市场营销组合策略的应用。

【知识要点】

营销策略　市场营销　营销组合策略

【思考与讨论题】

1. 你认为企业设计营销组合策略的步骤是什么？

2. 宝马公司的营销组合策略是如何成为有机统一的？

管理综合案例课程课堂讨论记录表

班级： 姓名： 年 月 日

案例名称			
案例讨论题			
管理案例讨论发言内容			
课堂讨论记录			
教师点评记录			
备注			
综合评语		成绩	

任课教师： 年 月 日

经典管理故事

向和尚推销梳子

有一天，经理向四位营销员布置任务，要他们到庙里找和尚推销梳子，“给和尚推销梳子?”营销员都以为自己听错了，并说谁完成得好谁就来接替他的职位，于是四个营销员出发了。

第一个营销员空手而回，说到了庙里，和尚说没有头发不需要梳子，所以一把都没有销掉。

第二个营销员回来了，销了十多把。他介绍经验说，我告诉和尚，头皮要经常梳，不仅止痒，头不痒也要梳，可以活络血脉，有益健康。念经念累了，梳梳头，头脑清醒。

第三个营销员回来了，销了百十把。他说，我到庙里去，跟老和尚讲，您看这些香客多虔诚啊，在那里烧香磕头，磕了几个头起来头发就乱了，香灰也落在他们头上。您在每个庙堂的前面放一些梳子，他们磕完头烧完香可以梳梳头，会感到这个庙关心香客，下次还会再来。

第四个营销员说他推销好几千把，而且还有订货。大家不相信，他解释说，我到庙里跟老和尚说，庙里经常接受人家捐赠，得有回报给人家，买梳子送给他们是便宜的礼品。您在梳子上写上庙的名字，再写上三个字“积善梳”，说可以保佑对方，这样就可以作为礼品储备在那里，谁来了就送，保证庙里的香火更旺。这一下，销路就打开了。

于是，第四个营销员当了营销部经理。

第八章

生产运营管理

【教学内容精要】

【课程性质】

生产运营管理是一门应用性很强的学科，是工商管理专业的主干专业课程之一。生产运营管理是指将人力、物料、设备、技术、信息、能源等生产要素（投入）转变为有形产品和无形服务（产出）的过程。生产运营管理学的研究对象是生产运作系统的设计和生产运作过程的设计、组织和控制。

【发展趋势】

企业的生产运作过程是社会财富的主要来源，是企业创造价值、从而获取利润的主要环节。企业的生产运营管理要控制的主要目标是质量、成本、时间和柔性，他们是企业竞争力的根本源泉。因此，生产运营管理在企业经营中具有重要的作用。

【教学内容】

目前的生产运营管理学的内容主要包括：生产运营管理系统、生产运营战略、生产运营的系统设计、生产运营系统的运行与控制及生产与运作系统的维护与改进等，为了使学生充分理解、掌握企业生产运营管理系统的运行规律，掌握其中的管理方法，培养学生的实际操作能力，依据本课程的重点和难点内容，选择了关于本课程的1个教学案例。

【教学要求】

（1）根据思考与讨论题，在学习生产运营管理基本理论、阅读案例和查阅文献资料的基础上，认真完成思考与讨论题，撰写管理案例课堂讨论书面报告。

（2）设计课堂讨论主题发言和自由发言的内容，认真参与管理案例教学课堂讨论，填写管理综合案例课程课堂讨论记录表。

第一节

基本理论知识

生产运营管理是对生产运作系统的设计，运行与维护过程的管理，它包括对生产运作活动进行计划，组织和控制。企业运营管理要控制的主要目标是质量、成本、时间和柔性。它们是企业竞争力的根本源泉。因此，生产运营管理在企业经营中具有重要的作用。

一、生产过程及其组织

（一）生产过程的组织

1. 生产过程的概念

企业的生产过程有广义和狭义之分。广义的生产过程是指从生产技术准备开始，直到把产品制造出来为止的全部过程。狭义的生产过程是指从原材料投入生产开始，直到产品最后制造出来为止的全部过程。

生产过程是每一个工业企业最基本的活动过程，即生产系统的运行过程，任何产品都必须经过一定的生产过程才能制造出来。从总体上看，企业生产过程包括劳动过程和自然过程两个部分。

2. 生产过程的构成

企业生产过程可划分为生产技术准备过程、基本生产过程、辅助生产过程、生产服务过程和附属生产过程五个部分。

（1）生产技术准备过程。生产技术准备过程是指产品在投入生产前，所进行的各种生产技术准备工作过程。具体内容包括产品设计、工艺设计、工艺装备的设计与制造、标准化工作、定额的制定和修改、调整劳动组织和设备布置等。基本生产过程是企业的主要活动，它代表企业的基本特征和专业化水平。

（2）基本生产过程。基本生产过程是指直接使劳动对象变为企业基本产品所进行的生产活动，即产品的加工过程。例如，纺织企业的纺纱、织布、印染；钢铁企业的炼铁、炼钢、轧钢；机械制造企业的毛坯生产、零件加工、部件和整机的装配等工作。

（3）辅助生产过程。辅助生产过程是指为了保证基本生产过程正常进行所进行的各种辅助性生产活动的过程。如机械制造企业的工具制造、设备维修和动力生产等。

（4）生产服务过程。生产服务过程是指为保证基本生产和辅助生产正常进行所从事的各种生产服务活动的过程。如原材料、半成品、工具的供应、运输和保管等。

（5）附属生产过程。附属生产过程是指企业根据自身的条件和可能，生产市场所需要的非属企业专业方向的产品而进行的生产过程。例如飞机制造厂生产的日用铝制品、锅炉厂生产的石油液化煤气罐以及企业利用边角余料而制造的产品等。

上述五个部分，既有区别，又有联系，但基本生产过程是核心，生产技术准备过程是重要的前提，辅助生产过程和生产服务过程都是为基本生产过程服务，并且为更好地实现基本生产过程创造条件。

3. 生产类型及特点

企业的生产类型，根据研究的目的不同，主要有以下几种分类形式：

（1）按实物流动的特点分类，可分为连续生产和间断生产两种。

（2）按用户订单的性质分类，可分为订货生产和市场预测生产两种。

（3）按工作地专业化程度分类，可分为单件生产、多品种成批生产和大量生产三种。生产类型的特点：

（1）大量生产类型的特点。大量生产类型的主要特点是产品品种少，产品产量大，生产条件稳定，而且生产的产品长期重复。一般采用大量生产的产品都属于社会和市场需要量大、用途广和通用性强的产品。如汽车、标准件、家用电器等。在大量生产中，一般采用相对集中的生产管理形式，并尽可能加强对生产过程的实时监控。

（2）成批生产类型的特点。成批生产类型的主要特点是产品品种相对较多，每种产品有一定的生产量，生产具有一定的稳定性和重复性。属于成批生产的企业一般有机床厂、中小型电机厂和起重机制造厂等。

成批生产根据产品产量的大小，又可分为大批生产、中批生产和小批生产三种类型。

（3）单件生产类型的特点。单件生产类型的主要特点是生产的产品品种繁多，每种产品只生产一件或几件，且很少重复生产，生产条件很不稳定。属于单件生产的产品有发电设备、重型机械以及各种专用设备等。单件生产条件下，不可能采用像大量生产情况下的比较集中的生产管理体制，通常需要采取较为分散的组织管理体制，并在工作中给车间以较大的灵活性和机动性。

（二）生产类型的空间组织

企业生产系统组织的基本内容一般包括空间组织和时间组织两个部分的工作。

空间组织工作是指企业依据经营目标和经营方针，确定生产系统的选址、构成、专业化形式、生产过程组织形式以及决定生产系统各组成部分在空间上的相对位置等一系列工作，是对企业生产系统的规划和设计。

1. 生产单位组成的专业化形式

一般地讲，生产单位的组成主要采取两种专业化形式，即工艺专业化形式和对象专业化形式。

（1）工艺专业化形式。工艺专业化形式就是按工艺阶段或工艺设备相同性的原则来建立生产单位。工艺专业化形式的生产单位按工艺专业化程度又可分为两种形式。

（2）对象专业化形式。对象专业化形式是以加工对象作为划分生产单位的原则。一般生产单位的生产对象可以是产品、部件、零件或零件组，其中以某种零件或零件组建立的生产单位是对象专业化程度比较高的一种。

生产单位采用什么专业化形式应根据企业技术条件、生产类型以及社会生产专业化程度来决定。

2. 企业生产单位的形式

企业生产单位主要包括基本生产、辅助生产和生产服务部门。

（1）基本生产部门。基本生产部门是直接从事基本产品生产，实现基本生产过程的生产单位。这种生产单位通常以分厂、车间、工段等形式存在。基本生产车间一般有：毛坯车间。包括铸造车间、锻造车间、备料车间等；加工车间。包括机械加工车间、铆焊车间、热处理车间、电镀车间等；装配车间。如部件装配车间、总装车间、油漆车间、包装车间等。

（2）辅助生产部门。辅助生产部门是为保证基本生产单位的需要而提供辅助产品和劳务的单位，辅助生产部门一般有以下单位：辅助生产车间。包括工具车间、木型车间、机修车间、电修车间等；动力部门。如热电站、压缩空气站、煤气站、锅炉房、变电所等。

（3）生产服务部门。生产服务部门是实现生产服务过程，为基本生产部门和辅助生产部门提供服务的单位。一般包括：运输部门，一般设有汽车队、装卸队等；仓库，如材料库、半成品库、成品库、工具库等；试验与计量检验部门。技术检查站、中央试验室、中央计量室等。

企业生产单位的组成同生产过程的构成一样，受企业生产的产品对象、生产规模、生产技术水平、生产专业化协作程度以及生产类型等的影响而各有所异。

（三）生产过程的时间组织

1. 生产过程的时间组织

生产过程的时间组织，就是要尽可能使加工对象在各生产单位之间的运动，在时间上互相配合和衔接，以提高生产过程的连续性、缩短生产周期，加速流动资金的周转，并按时完成国家计划任务和订货合同。

时间组织工作则是指按照生产过程连续性、平行性、比例性、节奏性和适应性等要求，确定生产对象在各生产单位的投产时间、加工顺序等，以保证生产对象在各生产单位之间的运动互相配合和衔接，实现有节奏、连续生产的一系列工作。

2. 生产周期

生产周期，是指从原材料投入生产开始，经过各道工序加工：直到成品产出为止，所经历的全部日历时间。为了缩短生产周期，需要正确选择零件在工序间的移动方式以及合理安排零件在设备上的加工顺序。

3. 移动方式

劳动对象在工序之间的移动方式，是指零件从一个工作地到另一个工作地之间的运送形式，劳动对象在工序之间的移动形式与制造产品的数量有关。如果某种产品只生产一件，那么就只能在上一道工序加工完成之后，再把产品送到下一个工作地去进行下一道工序加工。如果是加工一批相同的零件，那么就可以采用三种不同的移动方式。

（1）顺序移动方式。顺序移动方式，就是一批零件或产品，在上一道工序全部加工完成之后，才整批地转移到下道工序继续进行加工。零件在工序之间整批运输。

（2）平行移动方式。平行移动方式，就是当前道工加工完成每一个零件或产品之后，立即转移到下一道工序，继续进行加工，也就是工序间的零件或产品的传递不是整批的，而是以零件或产品为单位分别地进行，从而使工序与工序之间形成平行作业的状态。

（3）平行顺序移动方式。平行顺序移动方式，就是平行移动方式与顺序移动方式相结合，即一批零件在某道工序尚未全部加工完毕，就将已经加工好的一部分零件转到下道工序加工，并使下道工序能连续地全部加工完该批零件。

平行顺序移动方式综合了前两种移动方式的优点，既缩短了一批零件的加工周期，又避免了设备间歇运转的现象。但这种移动方式计算比较复杂。

以上三种移动方式各有特点，从生产周期看，平行移动方式最短，平行顺序移动方式次之，顺序移动方式最长。但在选择移动方式时，不能只考虑生产周期，还要根据企业生产实际情况，权衡优劣，分别加以利用。一般考虑的因素有：加工批量的大小、加工对象的尺寸大小、工序时间的长短以及生产过程空间组织的专业化形式等。

二、生产计划及管理

（一）生产计划及类型

1. 生产计划的概念

企业的生产计划一般是以企业的产品销售计划为出发点，并综合考虑产品开发、物资供应、财务会计、人力资源、质量保证等多个部门或职能与企业生产活动的衔接与配合，最终确定计划的各项指标。企业生产计划的编制是一项目的性、系统性、科学性很强的工作。

2. 生产计划的类型

按生产计划的计划期及作用分，生产计划的种类一般来说可以分为三类，即综合生产计划、产品出产进度计划和生产作业计划。

（1）综合生产计划。综合生产计划又称为生产大纲，一般是以一年作为一个计划期，主要是根据企业的年度经营目标，综合考虑企业产品的市场需求、生产能力、人力资源以及其他有关的资源因素，规定企业各季（月）生产的产品种类、数量、质量等。

（2）产品出产进度计划。产品出产进度计划是综合生产计划的具体化，主要是根据市场对企业产品的具体需求情况（预测结果或订货情况），把企业全年的生产任务，按品种、规格和数量，具体地分配到各时间阶段（季、月、周）。

（3）生产作业计划。这是企业各生产单位的具体执行计划，是组织日常生产活动的依据。它一般是以月或更短的时间为计划期，根据各种产品出产进度要求，具体安排产品及零、部件在各工艺阶段的生产进度和企业内部各生产环节短期的生产任务。

（二）企业生产能力及其提升

1. 企业生产能力

企业的生产能力是指企业固定资产在一定时间内和一定技术组织条件下，经过综合平衡以后，所能生产一定种类产品的最大数量。它是制定企业生产计划的一个重要依据。根据核定生产能力时所依据的条件不同，以及生产能力的用途不同，企业的生产能力可分为三种：

（1）设计能力。设计能力是指新建或改建企业在设计任务书和技术设计文件中所规定的正常条件下达到的生产能力，是生产性固定资产在最充分利用工作时间和最完善的技术组织条件下应该达到的最高生产能力。它的特点是：依据科学数据计算、配置各部分生产能力并使之基本协调。

（2）查定能力。查定能力是指企业生产了一段时期以后，由于技术变革，对原设计能力重新调查、分析、核定下来的生产能力，往往用于那些没有经过正规设计的企业。查定生产能力是根据查定年度内可能实现的、先进的组织技术措施来计算确定的。它的特点是：依据实际生产能力，其各部分之间选优的余地比较大。

（3）计划能力。计划能力，又称现有能力，是指企业在计划年度内实际能够达到的生产能力。它是根据企业现有的生产条件，并考虑到计划年度内能够实现的各种技术组织措施效果来确定的。它的特点是：依据预测资料和预想措施事先一定的生产能力，往往和实际有些出入。

2. 提高生产能力的途径

（1）改善设备的时间利用。改善设备的时间利用，也就是减少设备的停歇时间，提高设备的实际利用时间。主要措施如下：搞好设备的维修保养工作，采用先进的设备修理方法，提高维修质量，严肃设备的修理制度；合理地安排修理计划，尽量利用节日、假日及班后时间进行设备检修；加强生产作业准备工作及辅助工作，减少停机次数；加强生产作业计划和调度工作，使生产的各个环节衔接紧密，组织均衡生产；提高产品质量，降低不合格品率，减少设备和劳力的无效工作时间；改进工作班制度，尽量做到交班不停机。

（2）降低设备的使用强度。改进产品结构，提高结构的工艺性；提高产品的“三化”（即系列化、标准化、通用化）水平，对标准件、通用件的生产尽量采用高效的专用工艺装备；采用先进的工艺和操作方法，如在机加工中采用高速切削、强力切削等先进方法；改进设备和工具，用机械化操作代替体力劳动和手工操作，用自动化作业代替一般的机械化操作；充分利用设备的尺寸、功率和工位等技术特性；提高工人的文化技术水平和技术熟练程度。

（3）管理生产中的设备。抓紧新设备的安装试车工作，使之尽快交付使用；提高机器设备的成套性；充分挖掘或利用现有设备，必要时可以申请调拨或购置一定量的设备。

（4）充分利用生产面积。改善生产面积的利用，如合理布置车间、工段的机器设备，尽可能地增大生产面积在总面积中所占的比重；合理安排在制品库、外购品库和成品库的面积；尽可能组织准时化的流水生产；改善生产面积的时间利用，如合理组织工作轮班，充分利用全年的日历时间，使生产面积的利用时间尽可能增加。

（三）生产计划技术

1. 生产计划主要指标

企业的生产计划指标包括产品品种指标、产品质量指标、产量指标和产值指标，分别从不同的侧面反映了对生产的要求。

（1）产品品种指标。品种指标指企业在计划期内出产产品的品名和品种数（包括新产品品种数）。产品品种按产品的具体型号和规格来划分。

（2）产品质量指标。产品质量指标通常以产品的等级品率来表示，如合格品率、一等品率、优质品率等。企业出产的产品中优质品率越高，说明企业生产技术水平和管理水平越高，而提高合格品率，即废品损失降低，有利于产品成本的降低。

（3）产量指标。产量指标是指企业在计划期内出产的符合质量标准的工业产品数量，以实物单位计量，产量指标反映企业在产品数量方面满足社会需要的程度及企业的生产规模。产量指标亦是企业进行产、供、销平衡，计算劳动生产率、产值、成本和利润等指标的依据。

（4）产值指标。产值指标是用货币表示的产量指标，产值指标可分为商品产值、总产值和净产值。

商品产值是企业在计划期内出产的可供销售的工业产品价值。总产值是企业在计划期内完成的工业生产活动总成果的价值，在用于企业不同时期生产的比较时，可以采用不变价格计算。净产值是指企业计划期内新创造的价值，可以由工业总产值扣除各种物资消耗的转移价值求得。

品种指标的优化就是根据市场需求状况、行业竞争情况、企业的具体实力等因素，可以运用科学的方法优化，常用的品种优化方法有：产品系列平衡法；产品寿命周期分析法；收入盈亏法等。产量指标的优化主要是考虑企业各种资源的约束条件，在市场需求范围内，利用各种数量方法，对各种产品在计划期内的生产数量进行最优的安排。

2. 生产作业计划与控制

生产作业计划工作是生产计划工作的继续，它包括两个组成部分，即生产作业计划的编制和生产作业控制。

（1）编制生产作业计划。编制生产作业计划，一方面应根据年、季度生产计划中规定的各种产品的出产数量和时间，以及不断发展变化的客观实际，具体安排产品及其零、部件在各工艺阶段的生产进度；与此同时，也为企业内部各生产环节（车间、工段、工作地）安排月及月内短期（旬或周、日、轮班以至小时）的生产任务。通过为各生产环节编制期限长短不同的生产作业计划，将产品及其零、部件的生产数量和时间进度逐级落实到最基层的生产单位。

生产作业控制是在生产作业计划执行过程中进行的。它通过生产调度和生产作业统计，检查计划执行前各项生产准备工作的进行情况，计划进度的完成情况，及时发现和解决生产作业计划执行过程中可能发生的各种偏差，保证生产作业计划的顺利执行。

企业能否按生产计划及订货合同规定的产品品种、数量和交货期限等完成产品出产任务，并取得良好的经济效益，与生产作业计划工作的水平密切相关。因此，在企业的实践中，往往采取各种措施来提高其工作的质量和水平，如组织均衡生产、制定先进合理的期量标准、采用先进的计划管理方法以及加强生产控制等。

（2）生产作业控制。生产作业控制是在生产作业计划执行过程中，对生产活动进行的一系列监督、检查和纠正偏差等工作。

生产作业控制工作的具体内容有：检查生产作业准备工作，如原材料、毛坯、图纸及技术文件、工艺装备等准备工作的进行情况；协助有关部门解决准备工作中出现的问题。检查生产作业计划的执行情况，掌握生产动态，了解实际生产进度与计划之间的偏差，根据偏差产生的原因，采取相应的措施，必要时，通过短期计划的调整，保证月计划的完成。根据生产需要，合理调配劳动力。检查厂内运输工作并适当予以调整，使厂内运输畅通，保证生产顺利进行。

以上这些生产作业控制的内容，根据其性质，可分为生产调度和生产作业统计两项工作。

3. 网络计划技术

（1）网络计划技术的基本原理。网络计划技术是一种组织生产和进行计划管理的科学方法。它的基本原理是：利用网络图表达计划任务的进度安排及其中各项活动（作业、工序）之间的相互关系；在此基础上进行网络分析，不断改善网络计划，求得工期、资源与成本的优化方案。

网络计划技术适用范围很广，特别适用于一次性的工程项目，如新产品试制、设备大修、单件小批生产的产品，其优点是可以缩短工程周期，降低成本，提高经济效益。

（2）网络图的组成。箭线式网络图由箭线、事项和线路组成，如图 8－1 所示。

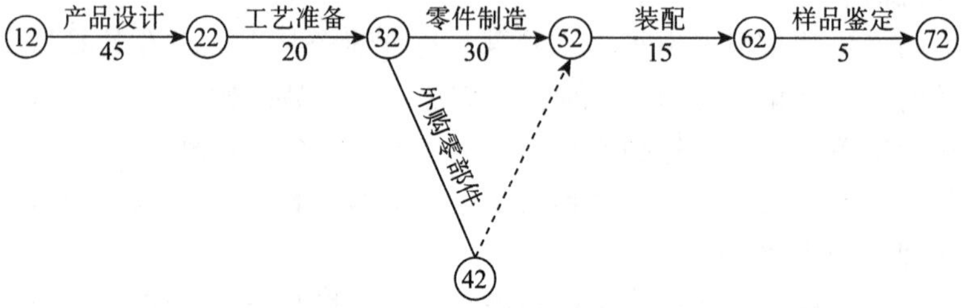

图 8－1 箭式网络图

①箭线。网络图中每一条箭线代表一项活动，箭线的箭尾表示活动的开始，箭头表示活动的结束。箭线所代表的活动要消耗时间和资源，在不附设时间坐标的网络图中，箭线的长短与活动所消耗的时间无关。通常把活动的名称记在箭线上面，活动所需时间记在箭线下面。有时，在网络图中还需要引用虚箭线，虚箭线代表虚活动，它不消耗时间和资源，主要用于表明活动之间的联系关系。

②结点。结点表示活动的开始和结束，又叫事项。事项不消耗时间和资源。网络图中第一个事项称为始点事项，它表示一个工程项目或计划的开始。最后一个事项称为终点事项它表示一项工程或计划的结束，其余的事项都叫中间事项。

③线路。从网络图的始点事项开始到终点事项为止，由一系列首尾相连的箭线和结点所代表的活动和事项所组成的通道称为线路。网络图一般有多条线路。

（3）关键路线的确定。在网络图中，总时差为零的活动称为关键活动，关键活动的连线即为关键线路。关键线路的延续时间即为计划项目的工期。缩短工期首先要从关键线路的活动上采取措施。关键线路在网络图中要用粗线（双线或色线）标出，以兹识别。

（四）劳动组织和劳动定额

1. 劳动组织

劳动组织是生产过程组织的重要组成部分，任务是科学地组织人们劳动，合理使用劳动力，采用先进的劳动组织形式，正确处理劳动过程中的分工协作关系，从而调动劳动者的积极性、不断提高劳动生产率，内容包括定员、作业组织、工作轮班组织、工作地组织工作等。

（1）企业定员。企业定员是指为保证企业生产经营活动正常进行，按一定素质要求，对配备各类人员规定的限额，也称人员定额或用人标准。

定员是企业劳动计划工作的基础，定员范围，包括基本生产工人、辅助生产工人、工程技术人员、管理人员和服务人员（临时工，不列入定员、但列入劳动计划）、学徒工能单独顶岗生产，才算定员。

定员标准，是由定员标准化主管机构批准、发布在一定范围内对定员所作的统一规定，具体是：按照管理体制的分类分级，包括：国家定员标准（是企业制定或修订定员标准的重要依据）、行业定员标准、地方定员标准、企业定员标准。计算定员人数的基本依据是计划期的总工作量和一个人的工作效率，一般包括：按劳动效率定员，就是根据计划规定的生产任务和工人的劳动效率（定额）来计算定员人数，适用于有劳动定额的人员，特别是手工操作为主的工种，公式：

$$\text{定员人数}=\frac{\text{计划期生产任务总量（定额工作）}}{\text{计划期每个工人有效时间}}\times\text{定额预计完成率}$$

按设备定员，就是根据机器设备操作为主的工种，特别是实现多设备看管的工种。

按比例定员，主要适用于企业食堂工作人员、托幼工作人员、卫生保健人员、职工教育人员等服务人员的定员。

按组织机构、职责范围和业务分工定员，主要适用于企业管理人员和 B 工程技术人员的定员。

按零基定员，以零为起点按岗位的实际工作负荷量确定定员人数的方法；最关键的环节是核定各岗位的工作任务量，生产性、服务性的岗位工作量最容易核定（一般岗位工作量负荷系数控制在 0.8 以下）。

（2）作业组的组织。作业组是企业劳动组织的一种形式，是在劳动分工的基础上，把为完成某项工作而相互协作的有关工人组织在一起的劳动集体。

作业组的规模主要取决于承担的生产任务、生产技术特点、自动化、机械化程度、组内分工协作的情况和是否便于管理等因素。

建立作业组应考虑的问题：配备一个称职的组长、有明确的职责分工和岗位责任制和合理配备作业组人员。

（3）工作轮班的组织工作。工作班制度，主要包括：一是单班制，是指每天只组织一班生产，有利于职工的身体健康，便于管理和利用班前班后的时间来维修设备，不利于机器设备和厂房的充分利用。二是多班制，是制每天组织两个或两个以上的工作班进行生产，常见包括两班制、三班制、四班 6 小时工作制、四班交叉作业、四班三运转（四班制）、五班三运转等。

（4）工作地的组织工作。工作地是工人进行生产活动的场地。劳动者、劳动工具和劳动对象二者的有机结合是通过工作地来实现的。搞好工作地的组织有助于使工人操作方便，减轻劳动强度、节约劳动时间提高劳动效率；充分利用设备能力，少占用工作地面积和节约原材料；良好的工作环境和劳动条件，保证工人的安全和健康。

2. 劳动定额

（1）工作时间构成。工作时间可以分两大部分：一部分是定额时间，另一部分是非等额时间，如图 8 - 2 所示。

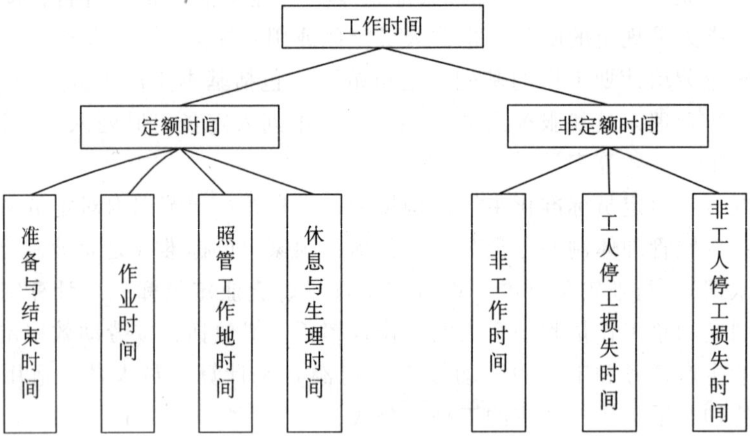

图 8 - 2 工作时间的组成结构

（2）定额时间与非定额时间。定额时间为完成规定的生产任务所消耗的必要的时间，包括作业时间、照管工作地时间、休息与生理时间、准备与结束时间四大类，其中作业时间是主要的。

非定额时间是因工作过程中的停工或执行非生产性工作所消耗的时间。非生产性的工作包括开会、废品返修等、非工人停工造成的损失时间包括管理上、技术上或外部原因造成的时间损失。工人造成的损失时间包括不遵守劳动纪律所损失的时间，如缺勤。

（五）工时定额与测时法

1. 工时定额

工时定额，即标准工作时间，是在标准工作条件下工人完成单位工作的时间。不同的生产方式的标准时间构成不一样：

（1）大量生产。大量生产条件下，由于在工作地固定完成同样的工作，每件产品的准备与结束时间很少，因此准备与结束时间可以忽略不计。大量生产的单件产品的时间定额可以按照如下公式计算：

单件时间 = 作业时间 + 照管工作地时间 + 休息与自然时间

（2）成批生产。成批生产条件下，每件产品分摊的准备与结束时间比较多，需要考虑准备与结束时间，因此其单件时间定额如下：

$$单件时间 = 作业时间 + 布置工作地时间 + 休息与生理时间 + \frac{准备与结束时间}{每批产品的数量}$$

（3）单件生产。单件生产条件下，也需要考虑准备与结束时间，因此单件时间如下：

单件时间 = 作业时间 + 布置工作地的时间 + 准备与结束时间 + 休息与生理时间

标准时间的制定是在正常的时间基础上考虑工人工作能力的评比和适当考虑各种影响因素进行宽放后得到的，因此测定正常的工作时间是时间标准制定的关键。

2. 测时法

测时法是根据观测的目的和所要求的分析精度，利用秒表进行时间分析的一种方法。在测时前，可先观察作业，然后将时间分析分为单位作业分析和操作作业分析。单位作业分析用于作业重复次数少、重复周期时间少、动作不确定的情况，具体观察方法常采用连续计时法。操作作业分析运用于动作比较稳定、重复一次时间较短、重复次数较多的情况，常采用以下几种时间计量方法。

(1) 连续计时法。这种方法是在观测终止前使秒表一直处于转动状态，随着作业的进行，读取操作作业测量点（作业的开始点或终止点）的时刻并将作业名称记录下来。若以声或光的发出点作为测量点，利用录像录音设备进行测量，可提高测量精度。

(2) 快速返回法。这种方法是在各操作作业的测量点读取秒表指针读数后，立即使指针返回到零位。该方法的优点是不用计算，便可直接得知每个动作所需时间值；缺点是测量的数值误差相对较大。

(3) 循环法。这种方法是依次选择整个动作中的部分动作测量其总时间，然后类推每项动作时间。例如。有 A，B，C，D 四个动作，首先测量 10 次（A + B + C）的时间记为 10a，再测量 10 次（B + C + D）的时间记为 10b，再测量 10 次（C + D + A）的时间记为 10c，最后测量 10 次（D + A + B）的时间记为 10d，求得平均时间 a，b，c，d，再列出方程组，即可求得各动作的单独时间值。

当循环周期短、细小动作连续出现时，来不及看表记录每一动作的时间，此时可利用循环法。该方法的缺点是观测次数多，计算烦琐，所测量的动作时间为平均值。

(4) 细微时间分析法。在大量生产作业中，一个动作循环时间仅 2 ~ 5 秒，速度极快，难于用上述方法测量，故应使用录音机和秒表进行测量。观测者向录音机发出声音作为信号，录在磁带上，观测后，慢速重放，换算出时间值。

三、技术开发管理

(一) 技术开发概述

1. 技术开发的概念

所谓技术开发，就是指把科学技术潜在的生产能力转化为企业直接的生产能力。它的表现形式常常是新技术、新工艺的应用和新产品的生产。技术开发的全过程一般来说要从应用科技基础研究开始，通过应用研究取得技术上的重大突破发明或发现后，再经过发展研究，拿出可以推广应用的新技术、新工艺或新产品，然后在工厂进行试验推广或试验生产，最后经过设计、完善投入产品批量生产之中。

技术开发推动着技术进步，技术进步是社会经济发展的巨大推动力。就企业来说，技术开发对企业的生存与发展都具有战略性的发展意义。

(1) 企业依靠技术开发，不断地应用新的科学技术成果，创造新材料和新产品，用来满足社会日益增长的物质文化生活需要，从而使企业能够不断扩大生产领域，扩大经营范围，面对激烈的市场竞争具有旺盛的生命力和竞争力。

(2) 企业依靠技术开发不断地改革工艺方法和工艺流程，改革生产工具，从而使企业能够不断地提高劳动效率，节约劳动消耗，节约劳动资源，降低成本，取得更大的经济效益。

(3) 企业依靠技术开发，不断地改善经营管理的方式方法，有效地利用科学管理等软技术，从而使企业实现系统的现代化管理，生产技术与管理技术同步发展，促进了企业管理水平的不断提高。

2. 企业技术开发的内容

从技术开发的性质来说，有资源开发、产品开发、工艺开发、管理技术开发等。

（1）资源开发，是指新的原材料和动力资源的开发和利用；

（2）产品开发是指新材料、新用途、新工艺、新产品的发明以及老产品的结构和性能的改变更新；

（3）工艺开发是指新的工艺流程的创造和生产工具、设备改造；管理技术开发是指新的管理技术和工具的发明和应用。

从技术开发的用途来说，有属于国际与安全方面的，有属于发展生产方面的，有属于生活福利改善和环境改造方面的，还有属于企业文化建设需要的。

从技术开发活动规模来说，有全局型技术开发、局部型技术开发和小革新、小发明。

（1）全局型技术开发是指企业为实现某项总体目标（如产品改造、设备改造）而在企业全局内进行的系统的技术开发。

（2）局部型技术开发是指企业在一定范围内，如对某个技术项目、层次和组织结构的技术改造。

（3）小革新、小发明一般是指群众性的技术革新和合理化建议活动。

从技术开发的对象来说，有对产品的技术开发，对人的技能和素质的技术开发，对设备工具的技术开发，对生产工艺、流程的技术开发，对能源和原材料的技术开发，对生产环境的技术开发以及对管理技术工具和方法的技术开发等等。

3. 技术开发的途径

（1）独创型的技术开发。它是以科学技术研究活动为先导，企业在独立地进行科技应用研究的基础上产生新的技术和产品的开发活动。这种技术开发方式难度大、耗资多，所需开发时间也较长，主要适用于大型企业或企业集团。

（2）引进转移型的技术开发。它是指企业从外部引进新技术，使之在本企业定居、生根并得到应用发展。具体来说，它包括如下形式：

“移植”。引进成套成组关键技术（设备），植入本企业生产经营活动的土壤里，为本企业的技术人员和职工所掌握。

“嫁接”。将企业从外部引进的专门技术成果与本企业的有关技术结合起来应用。

“抽条”。先从外部引进初步研究成果，再在本企业进一步加以培植，形成适合本企业实用的技术。

“交配”。同外国、外地区、外单位合作共同进行技术开发，通过大家的努力，各取所长，取得新的技术成果。

（3）综合提高型的技术开发。它是指通过对现有各种技术的综合，包括本国先进的和从外国引进的先进技术作进一步的深度研究，创造和形成更高级的新技术或新产品。综合提高型的技术开发路子，比单纯引进某项技术或设备，更能提高企业的技术能力和经济效益，是一条重要的技术开发途径。

（二）新产品开发管理

1. 新产品的概念

新产品是一个很广泛的概念，以在市场上至今未提供过的商品称之为新产品，这显然很不确切，一般有以下一项或几项特点的产品可定为新产品。

①具有新的原理、构思和设计；②具有新的材料或元件；③具有新的性能特点；④具有新的用途。

2. 新产品的分类

新产品按其创新程度划分为全新产品、换代新产品和改进新产品。

（1）全新产品是指采用科学技术的新发明所开发的，具有新原理、新结构、新技术、新材料等特征的产品。

（2）换代新产品一般是指产品的基本原理不变，部分地采用新技术、新结构、新材料，从而使产品的功能、性能或经济指标有显著的改变，如电子计算机的第一代、第二代、第三代和第四代产品。换代新产品的开发难度较全新产品小，是企业进行新产品开发的重要形式。

（3）改进新产品是指在原有产品的基础上采用各种改进技术，对产品的功能、性能或型号、花色进行局部改善而制成的产品，包括在基型产品基础上派生出来的变形产品。这是企业发展新产品最常用的方法。

3. 新产品开发的方式

（1）技术引进方式。这种方式常被许多企业所采用。尤其对一些供不应求的短线产品，或者问世不久，并具有巨大购买潜力的产品。对企业而言，这种方式可以减少科研经费和技术力量，有利于较快地发展新产品，风险小，成功把握大。但是，企业必须确切预测产品经济寿命周期所处阶段，以及其未来发展趋势，经过慎重考虑，才能投入力量。

（2）改进现有产品的方式。企业采用这一策略开发新产品，可依靠企业现有设备和技术力量，可达到开发费用低、速度快采用此法，常从“小改小革”开始，逐步演变成为出现新产品，扩大现有产品品种方式。企业采用此对策，常是以本企业现有产品为基础，根据社会需求，从结构上、性能上作不同改革，形成不同结构或性能的系列产品，以适应社会的需要。

（3）改进技术与企业技术相结合的方式。企业在新产品开发中，既引进其他企业的先进技术，又与自己的技术特长相结合，来加速发展具有技术上优势的新产品。可使企业产品具有吸引力，而且所承担的风险性小，研制费用少，收效相对比较快。

（4）独立研制方式。企业采用这一策略开发新产品，要求企业经常组织力量来探索产品的原理、结构、性能，具有独创性地发展新产品，但是要求企业在技术力量和投资能力上有雄厚的实力。这种方式一般风险大，一旦研制成功，企业可以建立起自己的信誉，并能达到抢先占领市场，带来巨大经济效益。

4. 新产品开发程序

企业开发新产品要承担很大的风险，为了减少风险，就必须以一定的程序来进行，一般来说新产品的开发程序可以分为七个阶段。

（1）构思。构思是对新产品的基本轮廓结构的设想。构思的相关信息主要是从企业的内部和外部获得，主要来源是消费者、竞争对手、中间商、科技人员以及企业的营销管理人员等，其他的相关机构，如大学、科研机构、专利机构、咨询公司、广告公司等也是构思信息来源的渠道。

（2）筛选。筛选即企业根据市场竞争状况和自身的实际状况，对构思方案进行综合评定选择。

（3）产品概念的发展和测试。产品概念就是将产品构思的具体化。一个产品构思可以转化为多个产品概念，企业应当对这些概念进行市场定位以便于确定最终的产品发展方向。概念的测试则是测定消费者对产品概念的看法，即让消费者来判定产品的概念是否可行。

（4）商业分析。商业分析即进行经济效益分析，通过分析了解新产品成功的可能性。常用商业分析的方法有：盈亏平衡分析法、投资回收期法、投资报酬率法、净现值法、内部收益率法等。

（5）开发试制。产品构思经过概念发展与测试，又通过商业分析被确定是可行的话，就进入到具体的开发试制阶段，即把新产品从设想变成消费者能够接受的实体产品。这个阶段需要企业的科研生产部门和营销管理部门共同去完成。

（6）市场试销。市场试销是为了测试市场对新产品的接受程度。市场试销包括几层含义，它可以是针对新产品性能、质量的试销，可以是针对产品价格的试销，也可以是针对销售渠道的试销和广告促销的试销。实际上，市场试销就是对消费者对新产品反应的测试。通过试销，一方面可以帮助企业对新产品进行改进；另一方面也可以帮助企业制定出有效的营销组合方案。

（7）正式上市。这是新产品开发的最后一个阶段，新产品进入这一阶段意味着产品周期的开始。在新产品的正式上市前，企业要做出以下几个决策，即在合适的时间、合适的地点、合适的促销上制定出一个明确的上市方案。从某种意义上讲，这一阶段是新产品开发的最重要的阶段。

（三）价值工程

1. 价值工程的基本概念

价值工程（Valve Engineering）简称 VE，是 20 世纪 40 年代以后发展起来的一种现代管理方法，创始人是美国通用电器公司的设计工程师劳伦斯·麦尔斯。麦尔斯和他的同事在总结多年采购经验的基础上，对功能、费用与价值的关系进行了深入系统的研究，提出了功能分析、功能定义和功能评价的方法，以及如何区分必要功能和不必要功能等，最后形成了一套以最小消耗提供必要功能，获得较大价值的科学方法。

价值工程是一种现代化的管理技术，是提高产品功能，降低成本的行之有效的方法，对老产品的改进具有重要的作用。

2. 价值工程的工作程序

价值工程活动过程，是一个发现问题、分析问题、解决问题的过程，一般包括准备阶段、功能分析与方案创造阶段和方案实施阶段。

（1）准备阶段。在此阶段的主要准备工作如下：确定课题和课题目标，建立价值工程活动组织，定价值工程计划。该计划包括对价值工程活动的内容、程序、资金和时间等的详细安排。

（2）功能分析与方案创造阶段。功能分析与方案创造阶段的活动见表 8 - 1。

表 8－1　　功能分析与方案创造阶段活动内容

构思一般过程	价值工程活动程序		主要内容和要求	需要思考的问题
	基本步骤	详细步骤		
分析	1. 功能定义	1. 对象选择	a. 生产经营上迫切要求改进的产品； b. 改进潜力比较大的产品	
		2. 收集情况	围绕价值工程对象调查：企业经营目标、方针、策略；用户反映、要求；生产、销售、成本、价格、利润情况；同行业情况……	1. 这是什么？
		3. 功能定义	a. 对象的功能是什么；b. 怎样实现这个功能	
		4. 功能整理	a. 有无多余功能；b. 有无不足功能； c. 给出功能系统图	2. 这是干什么？
	2. 功能评价	5. 功能成本分析	a. 确定功能现实成本； b. 计算功能的目标成本	3. 成本是多少？
		6. 功能评价	a. 计算功能的重量度系数； b. 计算功能的价值或价值系数	4. 价值是多少？
		7. 选定功能改进对象	a. 根据功能价值选定； b. 根据功能价值系数选定	
综合评价	3. 制定改善方案	8. 创造	按照价值工程活动原则，充分发挥集体智慧和创造精神，多提各种设想	5. 其他方法？
		9. 概略评价	初选改善方案，剔除那些不能满足功能要求、成本太高的方案	6. 新方案的成本？
		10. 具体化	a. 方案具体化，使其详细完整；b. 进一步开展调研	
		11. 详细评价	a. 从技术、经济两方面详细评价；b. 方案选优	7. 新方案能满足功能吗？
		12. 提案	a. 制定提案书；b. 上报提案	

（3）方案实施阶段。经过优选出的方案，为了确保质量和为今后审批提供依据，需要进行试验。如果试验表明某方案确是最优的，可定为正式方案，经批准后列入实施计划。方案实施过程中要进行检查，发现问题，使之改进。方案实施完成后，要及时总结评价和验收。

3. 价值工程的核心内容

价值工程的核心内容是功能分析。以致有人就直接称价值工程为价值分析，这种称法有失偏颇。但功能分析的重要性也由此可见一斑。

功能分析的目的就是研究功能本身的内容及其各功能之间的相互关系。它是通过给功能下定义、分类、整理使功能系统化。功能分析的作用在于，回答产品是干什么用的，将功能量化，进行功能评价，为方案创造、实现方案的最优化提供依据。功能评价就是对所要求的功能进行抽象描述、分类整理、系统化的过程。功能分析主要包括三个方面内容：功能定义、功能分类、功能整理。

（1）功能定义。功能定义即将价值工程分析对象具备的功能用简洁的语言进行描述。要研究并进行功能分析，首先必须给功能下定义。

（2）功能分类。价值工程的对象往往不止一种功能，而是有多种功能。这些功能的性质不同，重要程度也各有差异，为便于分析，需进行分类，即进行功能分类。功能分类可以从几个角度进行。

按功能的重要程度分类：①基本功能，指产品为达到使用的目的所不可缺少的功能。②辅助功能，也称二次功能，是在基本功能的基础上附加上去的功能。

按功能性质分类，可分为使用功能和美学功能，这种分类主要是针对产品而言。

按用户要求分类，可分为必要功能和不必要功能。必要功能是指用户需要并予以承认的功能，它是不能缺少而必须保证的；不必要功能是指用户不需要或不承认的功能。

按在系统中的地位分类，功能可以分为上位功能和下位功能，或叫目的功能和手段功能。

（3）功能整理。所谓功能整理是在功能定义和功能分类的基础上，从系统的角度出发，按照一定的逻辑，分析功能之间的相互关系，通过编制功能系统图，以掌握对象的必要功能，消除不必要功能，把握价值改善的功能领域，明确改善对象的等级的整个过程。

价值工程的对象由很多相互联系的部分组成一个结构系统，整个对象的功能是通过各组成部分的功能互相联结而实现的，所以说，结构系统的背后又存在一个功能系统。这两个系统处于一个对象中，两者的本质区别在于：结构系统是对象的实体，功能系统则是看不见、摸不着，但却又时时刻刻体现着本质的东西。要想真正地把握对象的必要功能，就必须打破结构系统对思维方式的束缚，深入地进行功能系统研究，设计新结构以提高对象价值。

四、质量管理

（一）质量管理概述

1. 质量管理的定义

质量管理是指在质量方面指挥和控制组织的协调活动。在质量方面的指挥和控制活动，通常包括制定质量方针和质量目标及质量策划、质量控制、质量保证和质量改进。

2. 质量管理活动要素

（1）质量方针。质量方针是指由组织的最高管理者正式发布的该组织总的质量宗旨和质量方向。质量方针是组织经营总方针的组成部分，是组织管理者对质量的指导思想和承诺。质量方针的基本要求应包括供方的组织目标与顾客的期望和需求，也是供方质量行为的准则。

（2）质量目标。质量目标是组织在质量方面所追求的组织质量方针的具体体现。目标既要先进，又要可行，以便实施和检查。通常对组织的相关职能和层次分别规定质量目标。

（3）质量策划。质量策划致力于制定质量目标，并规定必要的运行过程和相关资源，以实现质量目标。它的关键是制定质量目标并设法使其实现。

（4）质量控制。质量控制致力于满足质量要求，适用于对组织任何质量的控制，除生产外，还包括设计、原料采购、服务、营销和人力资源配置等，其目的在于保证质量满足要求，为此要解决要求或标准是什么、如何实现、需要对哪些进行控制等问题。质量控制是确保生产出来的产品满足要求的过程。

（5）质量保证。质量保证致力于提供质量要求会得到满足的信任。这里指对达到预期质量要求的能力提供足够的信任。质量保证分为内部和外部保证两种，内部质量保证是组织向自己的管理者提供信任，外部质量保证是组织向顾客或其他相关方提供信任。

（6）质量改进。质量改进目的在于增强满足质量要求的能力。由于要求是多方面的，因此质量改进的对象可能会涉及组织的质量管理体系、过程和产品等方面，同时由于各方面的要求不同，为确保有效性、效率性或可追溯性，组织应注意识别需改进的项目和关键质量要求，以增强组织体系或过程实现产品满足要求的能力。

（二）全面质量管理

1. 全面质量管理的概念

最早提出这一概念的是美国的费根堡姆和朱兰，他们的观点主要是：

（1）质量管理仅靠数理统计方法进行生产控制是不够的，还需要一系列的组织管理工作；

（2）企业的质量管理活动必须对质量、价格、交货期和服务进行综合考虑，而不仅仅是只考虑质量；

（3）产品质量的产生、形成和实现的过程包括了市场研究、开发、设计、制定产品规格、制定工艺、采购、仪器仪表及设备装置、生产、工序控制、检验、测试、销售、服务等，形成一个螺旋上升的循环过程，所以质量管理必须是全过程的管理；

（4）产品质量必须同成本联系起来考虑，离开经济性来谈产品质量是没有任何意义的。费根堡姆和朱兰的这些观点很快得到了全世界的认同，并且在实践中取得了巨大的效益。全面质量管理是一个组织以质量为中心，以全员参与为基础，目的在于通过让顾客满意和本组织所有成员及社会受益而达到长期成功的管理途径。

2. 全面质量管理的基本要求

（1）全过程的质量管理。从全过程的角度来看，质量产生、形成和实现的整个过程是由多个相互联系、相互影响的环节所组成的，每一个环节都或轻或重地影响着最终的质量状况。全过程的质量管理就意味着全面质量管理要“始于识别顾客的需要，终于满足顾客的需要”。

（2）全员的质量管理。产品和服务质量是企业各方面、各部门、各环节工作质量的综合反映。产品质量人人有责，人人关心的产品质量和服务质量，人人做好本职工作，全体参加质量管理，才能生产出顾客满意的产品。

（3）全企业的质量管理。全企业的质量管理可以从纵横两个方面来加以理解。全企业的质量管理就是要“以质量为中心，领导重视、组织落实、体系完善”。

（4）多方法的质量管理。要把这一系列的因素系统地控制起来，全面管好，就必须根据不同情况，区别不同的影响因素，广泛、灵活地运用多种多样的现代化管理办法来解决当代质量问题。

常用的质量管理方法有所谓的老七种工具，具体包括因果图、排列图、直方图、控制图、散布图、分层图、调查表；还有新七种工具，具体包括：关联图法、KJ 法、系统图法、矩阵图法、矩阵数据分析法、PDPC 法、矢线图法。除了以上方法外，还有很多方法，尤其是一些新方法近年来得到了广泛的关注，具体包括：质量功能展开（QFD）、故障模式和影响分析（FMEA）、六西格玛法、水平对比法（Benchmarking）、业务流程再造（BPR）等。

3. 全面质量管理的内容

全面质量管理过程的全面性，决定了全面质量管理的内容应当包括设计过程、制造过程、辅助过程、使用过程等四个过程的质量管理。

（1）设计过程质量管理的内容。产品设计过程的质量管理是全面质量管理的首要环节。这里所指设计过程，包括市场调查、产品设计、工艺准备、试制和鉴定等过程（即产品正式投产前的全部技术准备过程）。主要工作内容包括通过市场调查研究，根据用户要求、科技情报与企业的经营目标，制定产品质量目标；组织有销售、使用、科研、设计、工艺、制度和质管等多部门参加的审查和验证，确定适合的设计方案；保证技术文件的质量；做好标准化的审查工作；督促遵守设计试制的工作程序等。

（2）制造过程的质量管理的内容。制造过程，是指对产品直接进行加工的过程。它是产品质量形成的基础，是企业质量管理的基本环节。它的基本任务是保证产品的制造质量，建立一个能够稳定生产合格品和优质品的生产系统。主要工作内容包括组织质量检验工作；组织和促进文明生产；组织质量分析，掌握质量动态；组织工序的质量控制，建立管理点，等等。

（3）辅助过程质量管理的内容。辅助过程，是指为保证制造过程正常进行而提供各种物资技术条件的过程。它包括物资采购供应，动力生产，设备维修，工具制造，仓库保管，运输服务等。它主要内容有：做好物资采购供应（包括外协准备）的质量管理，保证采购质量，严格入库物资的检查验收，按质、按量、按期地提供生产所需要的各种物资（包括原材料、辅助材料、燃料等）；组织好设备维修工作，保持设备良好的技术状态；做好工具制造和供应的质量管理工作等。另外，企业物资采购的质量管理也将日益显得重要。

（4）使用过程质量管理的内容。使用过程是考验产品实际质量的过程，它是企业内部质量管理的继续，也是全面质量管理的出发点和落脚点。这一过程质量管理的基本任务是提高服务质量（包括售前服务和售后服务），保证产品的实际使用效果，不断促使企业研究和改进产品质量。它主要的工作内容有：开展技术服务工作，处理出厂产品质量问题；调查产品使用效果和用户要求。

4. 全面质量管理的基本方法——PDCA 循环

（1）PDCA 循环简介。PDCA 循环是全面质量管理的基本方法，最早是由美国质量管理专家戴明提出来的，所以又称为“戴明环”。PDCA 四个字母及其在 PDCA 循环中所代表的含义如下：

①P（plan）——计划，确定方针和目标，确定活动计划；

②D（do）——执行，实地去做，实现计划中的内容；

③C（check）——检查，总结执行计划的结果，注意效果，找出问题；

④A（action）——处理，总结处理检查的结果，肯定成功经验并加以推广、标准化，总结失败的教训避免再出现，未解决问题进入下一循环。

（2）PDCA 循环特点。

①大环套小环。如果把整个组织的工作作为大的 PDCA 循环，那么各个部门、小组还有各自小的 PDCA 循环，上一级 PDCA 循环是下一级 PDCA 循环的根据，反过来下一级 PDCA 循环是上一级 PDCA 循环的贯彻落实和具体表现，通过循环把组织各项工作有机联系起来，共同促进。

②阶梯式上升。PDCA 循环不是在同一水平上循环，每循环一次，就解决一部分问题，取得一部分成果，质量水平就提高一步。到了下一次循环，又有了新的目标和内容，从而不断阶梯式上升。

③科学管理方法的综合应用。PDCA 循环应用以 QC 七种工具为主的统计处理方法以及工业工程（IE）中工作研究的方法作为进行工作和发现、解决问题的工具。

5. 质量管理的统计方法

（1）直方图法。直方图法是适用于对大量计量值数据进行整理加工，找出其统计规律，即分析数据分布的形态，以便对其总体的分布特征进行推断，对工序或批量产品的质量水平及其均匀程度进行分析的方法。作直方图的方法步骤包括：收集数据，找出数据中的最大值，最小值和极差，确定组数，求出组距（h），确定组界，计算各组的组中值，统计各组频数，画直方图。以分组号为横坐标，以频数为高度作纵坐标，作成直方图，如图 8-3 所示。

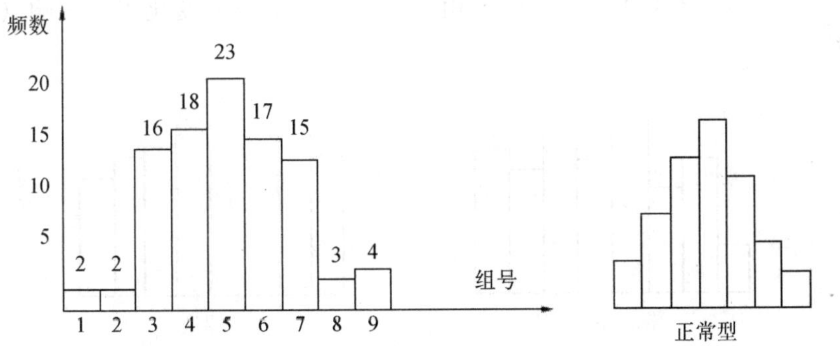

图 8-3 直方图正常型

对直方图的观察，主要有两个方面：一是分析直方图的全图形状，能够发现生产过程的一些质量问题；二是把直方图和质量指标比较，观察质量是否满足要求。直方图可分为以下几种形状：

第一，正常型。图形中央有一顶峰，左右大致对称，这时工序处于稳定状态。其他都属非正常型。

第二，偏向型。图形有偏左、偏右两种情形，如图 8-4 所示，原因是：

①一些形位公差要求的特性值是偏向分布。

②加工者担心出现不合格品，在加工孔时往往偏小，加工轴时往往偏大造成。

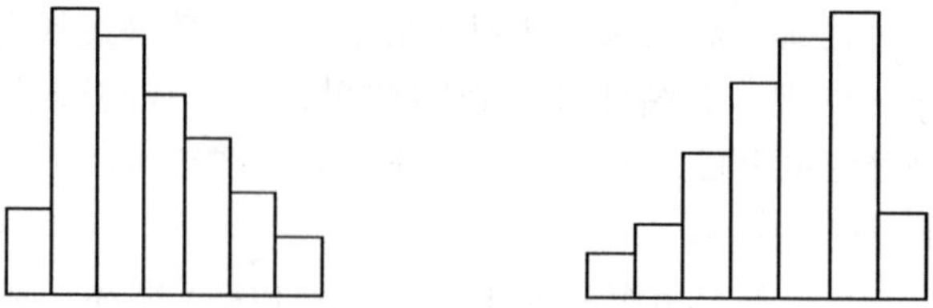

偏向型（左）　　　　偏向型（右）

图 8－4　直方图偏向型

第三，双峰型。图形出现两个顶峰极可能是由于把不同加工者或不同材料、不同加工方法、不同设备生产的两批产品混在一起形成的，如图 8－5 所示。

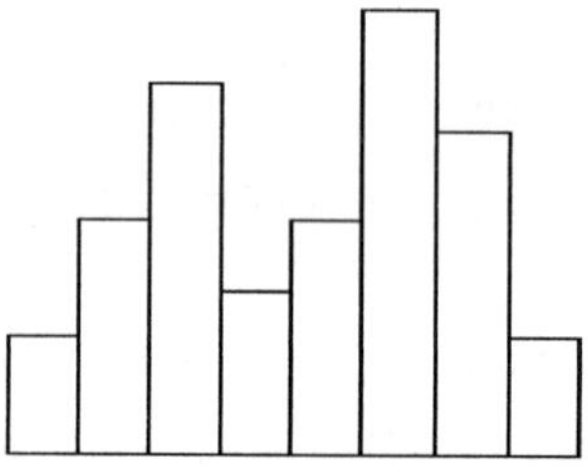

双峰型

图 8－5　直方图双峰型

第四，锯齿型。图形呈锯齿状参差不齐，多半是由于分组不当或检测数据不准而造成，如图 8－6 所示。

第五，平顶型。无突出顶峰，通常由于生产过程中缓慢变化因素影响（如刀具磨损）造成。

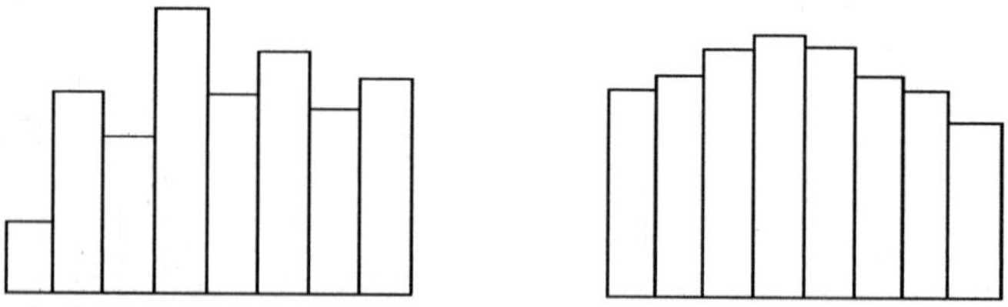

锯齿型　　　　平顶型

图 8－6　直方图锯齿型和平顶型

第六，孤岛型。由于测量有误或生产中出现异常（原材料变化、刀具严重磨损等），如图 8－7 所示。

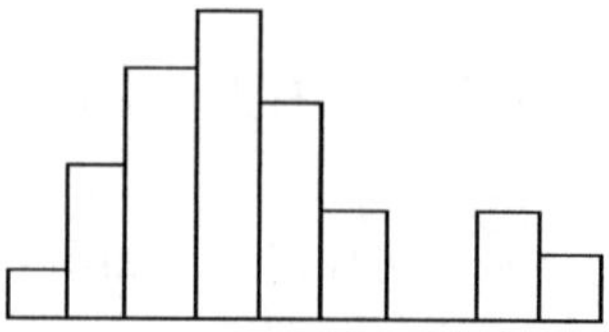

孤岛型

图 8－7　直方图孤岛型

（2）排列图法。排列图最早由意大利经济学家帕累托（Pareto）用于统计社会财富分布状况的。他发现少数人占有大部分财富，而大多数人却只有少量财富，即所谓“关键的少数与次要的多数”这一相当普遍的社会现象，因此排列图又称帕累托图或主次因素分析图。排列图是通过找出影响产品质量的主要问题，以便改进关键项目。其作图步骤分为以下几步：确定分析对象（一般指不合格项目、废品件数、消耗工时等），收集与整理数据，计算频数、频率（%）、累计频率，画图，根据排列图，确定主要、有影响、次要因素，如图 8－8 所示。

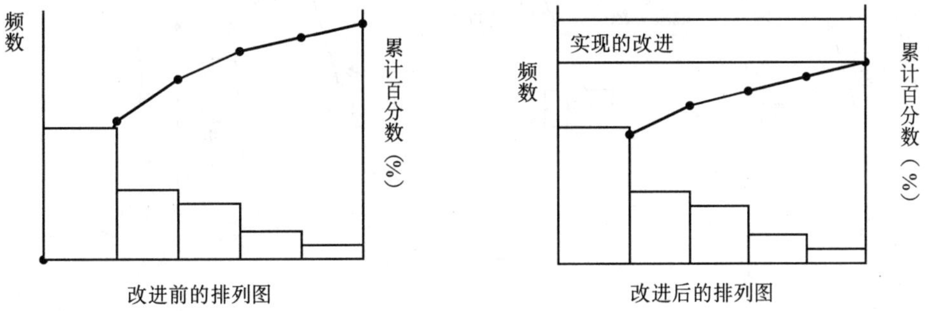

图 8－8　排列图

排列图把影响产品质量的“关键的少数与次要的多数”直观地表现出，使我们明确应该从哪里着手来提高产品质量。实践证明，集中精力将主要因素的影响减半比消灭次要因素收效显著，而且容易得多。所以应当选取排列图前 1～2 项主要因素作为质量改进的目标。如果前 1～2 项难度较大，而第 3 项简易可行，马上可见效果，也可先对第 3 项进行改进。

不仅产品质量，其他工作如节约能源、减少消耗、安全生产等都可用排列图改进工作，提高工作质量。检查质量改进措施的效果。采取质量改进措施后，为了检验其效果，可用排列图来核查。如果确有效果，则改进后的排列图中，横坐标上因素排列顺序或频数矩形高度应有变化。

（3）因果分析图法。因果图是表示质量特性与原因的关系的图。收集各种信息，比较原因大小和主次，找出产生问题的主要原因；也就是根据反映出来的主要问题（最终结果），找出影响它的大原因、中原因、小原因、更小原因等等。

主干箭头所指的为质量问题，主干上的大枝表示大原因，中枝、小枝芽表示原因的依此展开，如图 8－9 所示。

做因果图的一个重要内容就是要收集大量的信息，而许多信息是靠人们主观想象和思维得到的。

（4）控制图法。所谓控制图的基本思想就是把要控制的质量特性值用点描在图上，若点全部落在上、下控制界限内，且没有什么异常状况时，就可判断生产过程是处于控制状态。否则，就应根据异常情况查明并设法排除。通常，点越过控制线就是报警的一种方式。控制图是判断和预报生产过程中质量状况是否发生波动的一种有效方法。控制图作为一种管理图，在工业生产中，根据所要控制的质量指标的情况和数据性质分别加以选择，如图 8－10 所示。

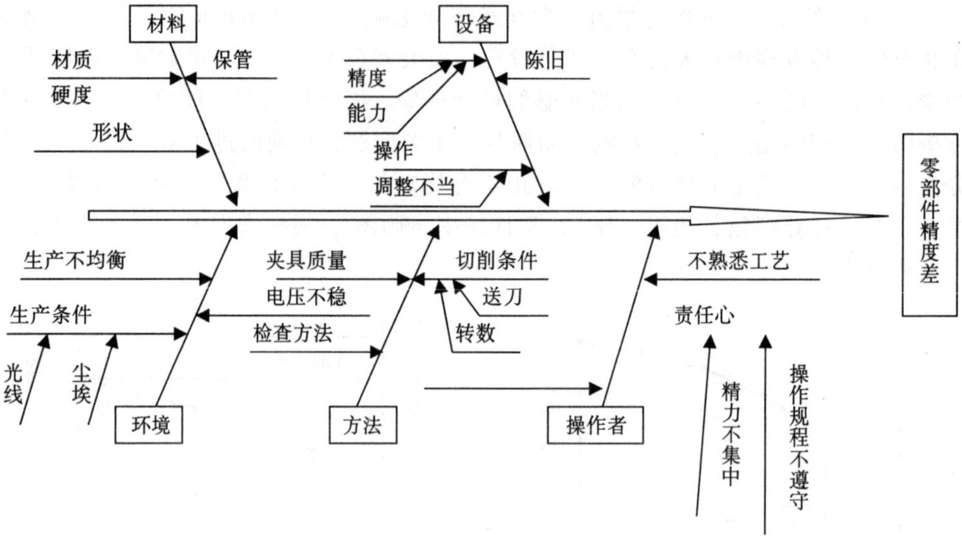

图 8-9 因果图

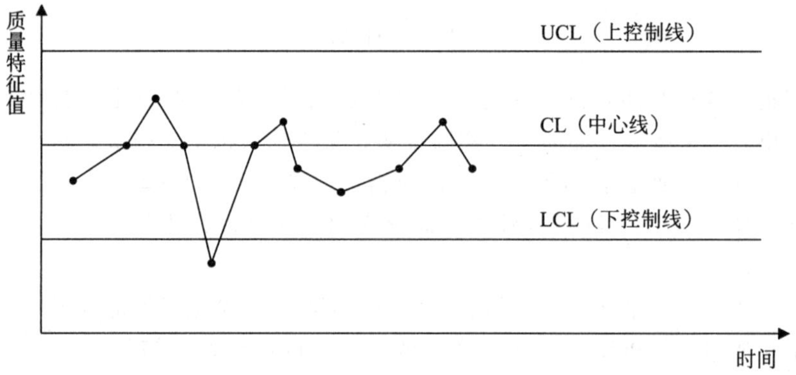

图 8-10 控制图

五、设备管理

（一）设备与设备管理

1. 设备的概念与分类

设备是各种属于固定资产的机械、机器、装置、车辆、船舶、工具、仪器、仪表的总称，是现代企业进行生产经营的重要物质技术基础。工业企业中的设备主要包括以下几种类型。

（1）生产工艺设备。即直接用来改变劳动对象的属性、位置、形态或功能的各种设备，如机床、电解槽、热处理设备等。

（2）动力设备。即用来生产电力、热力、风力和其他动力的各种设备，如柴油发动机组、水能发电机组、蒸汽锅炉、空气压缩机等。

（3）传导设备。即用来传导电力、热力、风力、其他动力和固体、液体、气体的各种设备，如电力网、传送带、上下水道和蒸汽、煤气、压缩空气的传导管网等。

（4）起重运输设备。即用来运送货物和载人的各种设备，如各类汽车车辆、机车车辆、吊车、铲车、电瓶车、船舶、索道等。

（5）科研设备。即专供科学研究试验使用的各种通用或专门仪器、仪表、机械、工具等。

（6）管理设备。即用于企业生产经营管理工作的各种设备。如企业各有关职能部门使用的电子计算机、工业电视、复印机、晒图以及消防设备、电信设备和成套广播音响设备等。

2. 设备管理概念

设备管理是以企业生产经营目标为依据，通过一系列的技术、经济、组织措施，对设备的规划、设计、制造、造型、购置、安装、使用、维护、修理、改造、更新直至报废的全过程进行科学的管理。

设备运用过程可分为两种状态，即设备的物资运动形态和资金运动形态。设备管理，既包括设备的技术管理，又包括设备的经济管理，设备的技术管理与经济管理是有机联系、相互统一的。

3. 设备管理的意义

设备管理的好坏，直接影响企业的生产效率和经济效益。加强设备管理具有十分重要的意义。

（1）设备管理水平的高低直接影响企业的计划、交货期、生产过程的均衡性等方面的工作。

（2）设备管理水平的高低直接关系到企业产品的产量和质量。

（3）设备管理水平的高低直接影响着产品制造成本的高低。

（4）设备管理水平的高低关系到安全生产和环境保护。

（5）在工业企业中，设备及其备品备件所占用的资金往往占到企业全部资金的50%～60%，设备管理水平的高低影响着企业生产资金的合理使用。

4. 设备管理的基本内容

企业设备管理工作普遍包括以下内容：

（1）根据技术先进、经济合理、生产可行的原则选择和购置所需的设备。

（2）组织安装和调试设备。

（3）合理使用机器设备，防止不按操作规程和使用范围使用机器，特别严禁超负荷使用。

（4）做好机器设备的检查、维护和保养和修理工作，防止和减少机器设备的磨损，推迟机器设备性能和效率的减低。

（5）做好设备的改造和更新工作。其内容包括研究设备的经济寿命，合理确定设备改造、更新的经济界限，适时选用先进设备替换陈旧设备，进行设备折旧的经济性分析，合理处理老设备等。

（6）做好机器设备的日常管理工作，包括设备的登记、编号、调拨、报废等。

（二）设备的选择与使用

1. 设备的选择

设备的选择，是企业设备管理的首要环节。设备选择决定了设备的运行寿命、施工工期、产品质量和制造成本等。在选择设备时，必须考虑以下因素：

（1）设备的生产性。设备的生产性，主要指设备的生产效率，一般表现为功率、行程、速率和单位时间内的产品产出量等。

（2）设备的可靠性。设备的可靠性，是指设备加工精度、准确度的保持性，零件的耐用性，安全可靠性等。

（3）设备的维修性。设备的维修性，又称可修性，维修性的好坏直接影响设备维护和修理工作量的大小和费用的多少。维修性好的设备，一般是指结构简单、零部件组合合理，维修时零件易拆卸、检查，通用化、标准化程度高，互换性比较好。

（4）设备的环保性。设备的环保性，是指设备的噪声和排放的有害物质对环境污染的影响程度。在选择设备时，要把噪声控制在保护人体健康的卫生标准范围内并配备有相应的治理“三废”的附属设备和配套工程。

（5）设备的配套性。设备的配套性，是指与本企业设备的相互关联和配套水平。不配套的设备更新方案，技术性能不能充分发挥，直接影响方案的经济效果。配套大致分三类：

①单机配套，是指一台设备机器中各种随机工具、附件、部件配套；②机组配套，是指主机、辅机、控制设备等相互配套；③项目配套，是指投资项目所需的各种机器设备配套，如加工设备、动力设备和其他辅助生产设备配套。

（6）设备的节能性。设备的节能性，是指设备节约能源的性能。

（7）设备的灵活性。设备的灵活性，是指在工作对象固定的条件下，设备能够适应不同的工作条件和环境，操作、使用比灵活方便。

（8）设备的难易性。设备的难易性是指对操作人员素质的要求和掌握设备操作的难易程度。尤其对于从国外引进的设备，更应注意专业技术人员的掌握程度和设备操作人员的实际操作水平。

以上是选择设备时要考虑的主要因素。设备的选择评价也常用经济评价方法，即设备投资在财务上的计算与分析。

2. 设备的合理使用

正确合理使用设备是保证设备经常处于良好状态的一项重要措施。为了达到合理使用设备的目的，应该做好以下工作。

（1）合理安排生产任务。在使用过程中应按照设备的具体条件安排相应的合理负荷，以保证设备正常运转。恰当地安排设备的工作负荷和生产任务。既要避免“大机小用”“精机粗用”，造成设备效能和能源的浪费，又要防止设备超负荷运转而造成设备和人身事故，降低设备寿命。在保证设备正常运转的前提下，发挥设备最好的效能。

（2）合理配备设备。①要根据生产工艺特点和生产任务的要求，经济合理地为各车间、工段（工区）、班组配备好设备，使各种设备在性能、能力等方面相互配套，最大限度地发挥设备的效能；②随着生产任务和工艺技术的变化，及时地调整设备，以适应客观情况变化的需要；③根据各种设备的特点及其在生产中的地位，合理确定备用的数量，既要确保生产的正常进行，又要防止设备积压闲置。

（3）合理配备操作人员。为了正确使用机器设备，操作人员必须掌握设备的性能、结构、工艺、加工范围和维修保养技术。

（4）建立和健全设备的各项规章制度。企业应针对设备的不同情况和要求，建立和健全各种规章制度。如：岗位责任制、设备操作规程、计划预防维修制度、维护保养制度、交接班制度等。严格执行这些规章制度，是合理使用设备的重要前提。

（5）创造良好的工作条件和环境。对于一般设备，应为其提供一个宽敞、整洁、明亮的工作场地和环境；对于高、精、尖设备，应根据设备规定的特殊要求，为其提供乱写的工作地，创造良好的工作条件，如设立单独的工作室，在室内设置调温、保安、通风、防潮、防尘、防震和防腐装置等。

（6）加大对职工进行爱护设备的宣传教育。企业的各级负责人和设备管理部门，都要把爱护设备的宣传教育，当作一项经常的工作来抓。

（三）设备的维护与保养

1. 设备发生故障的规律

设备故障规律是设备在寿命周期内故障的发展变化规律，设备在期寿命期内，故障的发展变化可分为三个时期。

（1）初期故障期。在这一阶段，设备刚刚投入生产。由于暴露出设计，制造中的缺陷或操作上的不熟悉，往往会发生较多的故障。随着使用时间增加，设备的调整，故障很快下降到允许故障率内，此阶段重点是操作方法，并将设计，制造中缺陷反馈给设备制造厂。

（2）偶发故障期。经过第一阶段调试、试用，设备进入正常运转时期，使用者逐步掌握设备性能，原理及结构调整的特点，故障明显较少，出现故障的原因主要是出于保养不好或操作失误等偶然因素造成的，发生故障的时间不能预测，这一阶段的持续时间较长。是设备利用的最佳状态期。这阶段要通过合理保养，正确使用，及时维修中以延长。

（3）磨损故障期。也称故障多发期。这是由于设备随着使用时间的延长，各部分零件因磨损，老化，腐蚀逐步加剧而丧失机能，使设备故障增多，生产效能下降，维修费用上升，为了降低这个时期的故障率，应在零件到达使用期之前进行修理。重点是进行预防性维修和改善维修。

2. 根据设备故障规律应采取的措施

（1）在初期故障期，故障主要是由设计，制造中的缺陷引起。因此，减少故障的主要对策是严格认真做好设备的前期管理，在设备出厂前地试验运转，按规定调试验收，细致地研究操作方法，并将制造的缺陷反馈给设备制造厂。

（2）在偶发故障期，发生故障的原因主要是由于操作失误所致，因此主要对策是加强操作管理，做好日常维护和保养。

（3）在磨损故障期，由于设备的某些零件，已达到使用寿命，因此主要对策是进行预防性维修，还应在适当时期进行设备的技术改造。

3. 设备的维护与保养

（1）设备的维护与保养的概念。设备的维护与保养是指为了保持设备正常的技术状态，延长设备的使用寿命，按标准进行的检查与润滑，间隙的及时调整及隐患的消除等一系列日常工作。设备的维护保养是设备在被使用的过程中自身运动的客观要求。设备维护保养是由于设备的运动、磨损、内部应力等引起的物理、化学变化，必然会使设备的技术状况不断变化，不可避免地出现干摩擦、零件松动等现象。

设备的维护保养的内容，主要是清洁、润滑、坚固、调整、防腐、整齐、清洁、润滑、安全。

(2) 设备的维护与保养应注意的问题。必须注意设备的使用环节，即要求合理地配备设备，使设备成龙配套，恰当地安排生产任务，配备合适的操作人员，建立健全设备使用和维护的规章制度，以及为设备创造良好的工作环境等。

(3) 设备的维护与保养制度。设备的维护保养工作，依据工作量大小，难易程度与作业范围，可以划分为三级保养制。

日常维护保养、一级保养和二级保养。

(四) 设备的检查

1. 设备的检查的概念

设备的检查是对机器设备的运行情况、工作精度、零件的磨损和腐蚀程度进行检查和校验。检查是设备维修和管理中的一个重要环节。通过检查，及时地查明和消除设备的隐患；针对检查中发现的问题，提出改进设备维护工作的措施；有目的地做好修理前的各项准备工作，以提高修理质量和缩短修理时间。

2. 设备的检查的分类

设备检查按时间可分为日常检查和定期检查，也可按检查的性质分为功能检查和精度检查。

设备检查按检查的时间间隔分类

(1) 日常检查。即由操作人员结合日常保养进行每日检查和交接班检查，以便及时发现设备的问题，及时进行必要的保养和修理工作。

(2) 定期检查。是在操作人员的参加下由专职维修工人按计划定期对设备进行全面检查，以全面准确地掌握设备的技术状况，零件磨损，老化的情况，从而确定是否有进行修理的必要和修理的时间，各类。定期检查的周期已作规定进行，未作规定的，一般每季度检查一次，最少半年检查一次。

设备检查按性能分类

(1) 精度检查。即对设备的实际加工精度进行检查和测定，了解设备精度的劣化程度，为设备验收，修理和更新提供依据。衡量设备综合精度的指标有设备能力系数和设备精度指数。

①设备能力系数：

$C_m = T/\ (8\delta_m)$

式中：C_m——设备能力系数；

T——在该设备加工代表零件的公差带；

δ_m——设备的标准偏差；

$C_m \geqslant$表示设备的综合精度满足生产工艺要求；$C_m < 1$，表示设备不能满足生产工艺要求，需要进行调整和修理 。

②设备精度指数：

$$T = \sqrt{\frac{\sum\ (T_p/T_s)^2}{n}}$$

式中：T——设备精度指数；

T_p——精度实测值；

T_s——精度容计值；

n——测定精度项目。

设备验收，使用和修理的精度指数标准应根据设备精度要求制定。$T \leqslant 0.5$ 为新设备的验收条件，$T \leqslant 1$ 为大修后验收条件，$T < 2$ 表示设备可以使用，但需要注意调整，$2 < T < 2.5$ 时，设备应进行大修；$T < 3$ 时，设备需要大修或更新。

（2）功能检查。是对设备的各项功能检查和测定，即对设备的各机能进行检查和测定，如油封是否漏油，防尘是否严，滑动面是否有划伤，设备耐高温、高压、高速的性能等。如是否漏油，漏气漏水，零件耐高温，高压高速的性能等。

（五）设备的修理

1. 设备维修概念

设备修理是指通过修复或更抽象磨损零件，调整精度，排除故障，恢复设备原有功能而进行的技术活动，其主要作用在于恢复设备精度、性能，提高效率，延长使用寿命，保持生产能力，修理的基本手段有修复和更换零部件。

2. 设备维修种类

（1）大修理。是对机器设备进行全面的修理。大修理的特点是工作量很大，修理次数少，修理间隔期长，修理费用多。其合理费用由专项的大修理基金支付。

（2）中修理。是对设备进行部分解体，修复或更换主要磨损，老化件。中修理的特点是，发生次数较多，修理间隔期较短，工作量不很大，每次修理时间较短，支付费用较少，由生产费用开支。

（3）小修理。是对设备进行局部的修理。小修特点是，修理次数多，工作量小，一般在生产车间，由车间专职维修工完成，修理费用计入生产费用。

（六）设备的更新与改造

1. 设备的寿命

（1）设备的寿命的概念。设备寿命是指设备从投入生产开始，经过有形磨损，直至在技术上或经济上不宜继续使用，需要进行更新所经历的时间。

（2）设备的寿命的分类。从不同角度可以将设备寿命划分为物质寿命、技术寿命、经济寿命和折旧寿命。

设备的寿命通常是设备进行更新和改造的重要决策依据。设备更新改造通常是为提高产品质量，促进产品升级换代，节约能源而进行的。其中，设备更新也可以是从设备经济寿命来考虑，设备改造有时也是从延长设备的技术寿命、经济寿命的目的出发的。

2. 设备的更新

（1）设备的更新的概念。设备更新是指用技术性能更完善、经济效益更显著的新型设备，来替换原有技术上可能继续使用而经济上不宜继续使用的设备。设备更新是消除设备有形磨损和无形磨损的重要手段，它可以更快地形成新的生产能力。

（2）设备更新的类型。设备更新主要有原型更新和技术更新两种类型。

（3）设备更新的原因。由于科学技术迅速发展，机器设备的陈旧化越来越快，从而加速了设备更新的步伐。企业间相互竞争的剧烈展开，使得加速设备更新又成为增强企业竞争能力的重要手段。

3. 设备的改造

（1）设备改造的概念。设备改造是指用先进的科学技术必变原有设备的结构，提高原有设备性能，效率，使之达到现代化新型设备的水平。设备改造的实质是设备局部更新。设备的改造是生产和技术不断发展进步的客观要求，又是由设备本身磨损所决定的必然规律。

（2）设备改造的方式。设备改造分为设备局部的技术更新和增加新的技术结构。局部的技术更新，是指采用先进技术改变现有设备的局部结构。增加新的技术结构，是指在原有设备基础上增添部件，新装置等。设备改造可以使原有设备获得技术上的先进性和较高的可用性，同时具有投资少，针对性强，收效快的优点。这是目前企业解决设备陈旧问题的一种经常性手段。

（3）设备改造的类型。设备改造类型分为设备改装和设备技术改造。设备改装是为了满足增加产量等要求对设备的容量、功率、形状进行改造。例如，生产线接长，安装各种安全和信号装置等。设备技术改造也称现代化改造，是将科技新成果应用于现有设备，改变现有设备在技术上的落后状态，例如，增添自动控制装置，安装精密检测装置等。这样可以提高产品质量和生产效率，降低产品成本，全面提高效益。

（七）设备综合管理

设备综合管理又叫设备全面管理，它是系统观点在设备管理中的应用。设备综合管理有两个代表性的理论：设备综合工程学和全员生产维修制度。

1. 设备综合工程学

设备综合工程学是 1971 年在美国召开的国际设备工程学术会议上，由英国人丹尼期·巴克斯提出的。它是以设备整个寿命周期中的技术、管理、财务以及其他业务工作作为研究对象，以提高设备效率为任务，使设备寿命周期费用最经济的综合性科学。设备综合工程学有以下特点。

（1）设备综合工程学以设备寿命周期费用作为经济指标，并追求设备寿命周期费用最低。设备寿命周期费用是指设备一生所花费的总费用，它由设备的设置费和设备的使用费两部分组成。设备设置费包括：研究费（规划费、调研费）、设计费、制造费、设备购置费、运输费、安装调试费等，设备维持费包括能源费、维修费、操作工人工资，报废费及设备有关的各种杂费，如保管、安全、保险、环保费等。

（2）设备综合工程学是关于固定资产的技术，管理财务等方面的综合性学科，要对设备从技术，经济和组织管理方面进行综合管理。在技术上，要求把与设备有关的机械、电气、电子、化工、安全、环保等各项技术综合起来考虑，在经济上，要求对设备的各项费用支出进行周密的计算分析，在管理上，要求研究适应设备的管理组织和方法，以达到使设备具有良好的技术性能和发挥最大经济效益的目的。

（3）设备综合工程学把研究重点放在可靠性和维修性设计上，即在设计、制造阶段就争取赋予设备较高的可靠性和可维修性，使设备在使用中，长期可靠地发挥其功能，不出故障，少出故障，即使出了故障也便于维修。设备综合工程学把可靠性和修改性设计，作为设备一生的重点环节，它把设备先天素质的提高放在首位，把设备管理工作立足于最根本的预防。这一思想无疑是对传统设备管理思想的变革。

（4）设备综合工程学把设备的寿命周期作为研究和管理的对象，即对设备实行全过程管理。设备综合工程学从系统整体优化的角度考虑设备维修与管理问题，也就是说，用系统工程思想来看待设备系统，研究——设计——试制——制造——选购——安装调试——使用——维修——改造——更新——报废。设备综合工程学就是用系统的概念把各个环节严密地组织起来，改善全过程各个环节的机能，以达到花费少，效率高这个最佳效果。

（5）设备综合工程学强调关于设计、使用效果及费用信息反馈在设备管理中的重要性，要求建立相应的信息交流和反馈系统。信息反馈包括厂内信息反馈和厂外信息反馈。

2. 全员生产维修制度

全员生产维修制度又称 TPM，TPM 又称为“全员参加的生产维修”或“带有日本特色的美式生产维修”。全员生产维修制度的中心思想是“三全”，即全效率、全过程、全员参加。

（1）全效率是指设备的综合效率，即整个寿命周期的总输入与总输出之比或投入与产出之比。总输入就是设备的寿命周期费用，总输出包括产量（P）、质量（Q）、成本（C）、交货期（D）、安全（S）、劳动情绪及环境卫生（M）等方面，用公式表示如下。

$$\text{设备综合效率}=\frac{\text{设备的总输出}}{\text{设备的总输入}}=\frac{\text{PQCDSM}}{\text{寿命周期费用}}$$

从上式可以看出，设备的输出量越大，设备的输入量越小，设备的综合效率就越高。

（2）全过程是指对设备的整个寿命周期，即从研究设计制造、安装使用、维修、改造到报废为止的全过程管理，并建立信息反馈系统。

（3）全员参加，是指从企业最高领导人到第一线生产工人，包括设备管理的有关部门人员，都分别承担相应的职责。

3. 全员生产维修制度的内容

为了维护企业利益，保证完成计划，保证质量，降低成本，按期交货确保安全，防止公害，作为企业管理的一个环节，动员全体人员参加促使企业不断发展。

（1）6S 管理活动。6S 也是全员生产维修的特征之一，所谓的 6S 是六个日语词汇的拼音字头，这六个词是：整理、整顿、清洁、清扫、素养、安全。这些看起来有些重复、烦琐的单词，恰恰是 TPM 的基础和精华。

（2）进行重点设备的点检。点检是根据各类设备具体情况比编制附有点检项目、顺序、方法、周期和标准等具体内容的点检卡片，由设备操作者按所规定点检项目无漏无误地进行检查并填写在点检卡上，作为编制维修计划的依据。开展点检是推行生产维修的一项重要工作和有力措施。开展设备点检的目的是为了使设备故障能早期发现，尽量减少或避免因突发故障而影响生产率和导致产品质量下降，并减少维修费用。

（3）重视维修记录和分析研究工作。完整地记录和收集设备的维修实施情况，并对这些原始资料进行分析研究。其中包括分析故障原因和平均故障间隔时间，绘制各有关图表，编写维修月报，制定各种标准化资料（如设备检查标准和维修作业标准）等。

（4）重点设备的划分与管理。确定生产维修对象，要从各个角度对工厂设备进行分析研究，并划分等级区别对待，突出重点设备维修保养，提高维修的效果。

六、物资管理

（一）物资管理概述

1. 物资管理概念

物资是指生产过程中消耗的原料、材料、燃料、辅助材料、工具和设备等。物资管理是指对企业生产经营活动所需各种物资的采购、运输、验收、供应、保管、发放、合理使用、节约代用和综合利用等一系列计划、组织、控制等管理工作的总称。

2. 物资管理的任务

（1）根据企业生产任务，编制企业物资供应计划；

（2）合理供应企业所需的各种物资，保证企业生产经营活动正常进行；

（3）正确选择物资品种和代用品，促进企业生产技术进步；

（4）降低单位产品的物资消耗；

（5）建立合理的物资储备，加速资金周转，提高物资周转率；

（6）提高物资管理人员素质，不断提升物资管理水平。

3. 物资管理的工作环节

（1）物资计划管理环节。物资计划的编制是企业物资管理的首要环节。物资计划是企业进行订货采购工作和组织企业内部物资供应工作的依据。目前，综合物资、生产、财务等各部门的信息进行物资计划编制，由物资部门监督计划落实的物资计划管理模式已经被越来越多的企业所采用。

（2）物资采购管理环节。物资采购是企业资金支出的关口，能不能把好这个关口是企业成本控制的关键。为此，实行比价、限价和定价采购制度为核心的物资采购管理便成为当前企业物资采购的主流模式。

比价采购，指的是在采购物资过程中实行的一种以综合比对为主要手段的物资采购管理制度。简单而言，就是“同种物资比质量，同等质量比价格，同样价格比服务，同等服务比信誉，先比后买”，其实质就是通过对各要素进行综合比对，实现“物美价廉”的目标。企业实行比价采购，不但可以使物资市场的竞争更加活跃，使物资的性价比不断提升，还在无形之中拓展了企业的物资来源渠道。限价采购和定价采购是比价采购的一种延伸，在特定的情况下能够发挥更加积极的作用。

（3）物资使用管理环节。物资使用主要是指物资的配送及消耗。现代企业物资使用管理，重点突出了配送方式的灵活性、多样性和物资消耗的控制力度。统一进货、集中存放、定点发放材料的配送方式，在配送方式的选择上并没有固定的规则，企业要遵循的是方便、高效的原则，并结合本企业的特点和实际工作情况，制定最适合于本企业的物资配送计划。

生产过程中的物资消耗量是控制企业生产成本的决定因素，目前，企业已经将物资消耗控制作为管理的重点。

（4）物资储备管理环节。现代企业的物资储备管理模式正是解决这些问题的良策，因为它是以调整企业库存结构、盘活超储（积压）物资、加快资金周转、减少储备资金占用为主线，主要有以下几点：第一，对长线物资、产销平衡物资、紧俏物资实行物资分类管理；对供应充足、可即时购买的长线物资原则上不储存；对产销平衡物资通过合理安排进货时间实现不储存；而对于进货相对困难的紧俏物资则要备有一定的储存量。第二，对物资储备量实施实时监控，及时将储备情况向管理层上报，预防超储现象的发生。第三，若出现物资超储、积压现象，企业内部能够代用的物资实行代用，无法代用的物资可与供货商进行协商退货，或与其他企业交换物资实现“双赢”。

（二）物资消耗定额管理

物资消耗定额，是指在一定的生产技术和组织条件下，为制造单位产品或完成单位工作量，所规定的必须消耗的物资数量标准。

1. 物资消耗的构成

物资消耗的构成，是指从物资投入到制成产品的加工过程中所消耗的全部物资。物资消耗构成包括三个部分：

（1）产品有效消耗。指构成产品（或零件）净重的原材料消耗，这是物资消耗的基本部分，属于原材料的有效消耗量。如生产一辆自行车的钢材耗用量。这部分消耗主要取决于产品的设计、结构和所用的物资，与产品设计水平有直接关系。

（2）工艺性损耗。指在生产工艺过程中使物资的原有形状和性能改变而产生的一些不可避免的物资损耗。例如水泥、玻璃等生产中的烧蚀、飞扬；机械加工中下料锯口，切削加工废屑，边角余料等。这部分消耗属于生产工艺过程中产生的不可避免的损耗，消耗的高低由企业工艺技术水平所决定。

（3）非工艺性损耗。指产品净重和工艺性损耗以外的物资损耗。包括生产过程中产生的非工艺性损耗和流通过程中产生的非工艺性损耗。非工艺性损耗产生于物资投入生产到产成品完成入库为止的这一阶段。主要是由于生产技术水平低、管理组织工作不善、物资供应不符合要求和其他人为因素造成的超过合理物资损耗界限的那一部分物资损耗。

2. 物资消耗定额的构成

在确定物资消耗构成的基础上，可确定消耗定额的构成。

（1）工艺消耗定额是由有效消耗和工艺性损耗两部分构成的，简称工艺定额。用公式表示为：

单位产品（零件）工艺消耗定额＝单位产品（零件）净重＋各种工艺性消耗的重量总和

（2）生产计划消耗定额是由工艺消耗定额加上在生产过程中产生不可避免的非工艺性损耗构成。非工艺性损耗属于不合理损耗，是无效损耗，不应包括在定额中。

（3）物资供应定额是由生产计划定额加上流通过程中产生的非工艺性损耗构成。一般是在生产计划定额基础上，加一个物资供应系数，成为物资供应定额。

非工艺性损耗系数和物资供应系数一般可按有关的统计资料分析研究确定。

3. 制定物资消耗定额的方法

（1）经验估算法是根据技术人员和生产工人的实际经验，结合参考有关技术文件和产品实物，考虑计划期内的生产技术组织条件等因素，通过估算制定物资消耗定额的方法。

（2）统计分析法是根据对实际消耗的历史统计资料进行加工整理和分析研究，并考虑计划期内生产技术和生产条件的变化等因素，经过对比、分析、计算，从而制定物资消耗定额的方法。在具有比较齐全的统计资料情况下，一般都可以采用这种方法。

（3）实际测定法又称写实查定法或现场写实法，是运用现场秤（重量）、量（尺寸）和计算等方式，对工人操作时的物资实耗数量进行测定，通过分析研究，制定物资消耗定额的方法。实际测定法的优点是切实可靠，能消除某些消耗不合理的因素，但它受一定生产技术条件和测定人员以及操作工人水平的限制，可能影响到定额的精确程度。

（4）技术分析法又称技术计算法，是按照构成定额的组成部分和影响定额的各种因素，如产品设计结构、配方、工艺要求、所用设备、原材料质量以及生产工人的技术水平和熟练程度等，通过科学分析和技术计算，从而制订物资消耗定额的方法。

（三）物资储备定额管理

1. 物资储备的构成

企业物资储备，是指已由厂外供应单位进入厂内，但还未投入到生产领域而在一定时间内需要在仓库内暂时停滞的物资。通常包括四部分：

（1）经常储备。为了保证两次进货的间隔期内正常供应而建立的储备。进货时达到最大值，随着生产消耗，储备量逐渐减少，直到下次进货之前储备量降为零。

（2）保险储备。为了应付供应过程发生的意外中断而建立的储备。当遇到到货误期、到货实物与质量要求不符，以及临时急需等情况，为了保证正常供应，必须建立保险性储备。

（3）季节储备。这是为了适应进料、用料的季节性特点而建立的储备。如冬季中断砖瓦生产，施工企业必须在进入冬季以前进行储备。

（4）竞争储备。这是根据市场竞争的需要而建立的储备，旨在增加企业的竞争能力。

2. 物资储备定额的分类

（1）按储备定额指标的计算单位不同，可分为“实物量”物资储备定额、“货币量”储备定额（又称储备资金定额）和“时间”储备定额。

（2）按储备定额的综合程度不同，可分为个别物资储备定额、类别物资储备定额和综合物资储备定额。

（3）按物资储备的作用不同，可分为经常储备定额、保险储备定额、季节储备定额和竞争储备定额。

3. 物资储备定额的制定方法

物资储备定额制定的方法很多，其中主要有供应期法、保证供应率法和经济订购批量法。

（1）供应期法。

公式一：经常储备定额 = 平均日需用量 × 供应天数

$$平均日需用量 = \frac{计划期物资总需用量}{计划期天数}$$

采用本反复的关键是确定“供应期天数”。

公式二：保险储备定额 = 平均日需用量 × 保险储备天数

公式三：季节储备定额 = 平均日需用量 × 季节储备天数

（2）保证供应率法。采用此法的物资一般是任务量不明确，消耗规律难掌握，不能直接核算出需用量的用料，如维修用料等。保证供应率反映物资储备对生产需要的满足程度。简要介绍安全系数法。

安全系数法是以预测需用量和预测的平均绝对误差为基础的，公式为：

经常储备定额 = 一个周期的预测需用量

保险储备定额 = 安全系数 × 平均绝对误差

安全系数是根据企业物资到货和需用情况而定。一般按照过去出现的保证供应率，查阅正态分布表选取。

（3）经济订购批量法。经济订购批量法，是指以某种物资的经济订购批量为依据，来确定经常储备定额的方法。经济订购批量是指某种物资的订购费用和保管费用之和的总费用最低的一次订购数量。

4. 物资储备定额的管理方法

定量控制法和资金控制法：

（1）定量控制法。即根据仓库管理人员提供的物资库存情况，组织采购。当库存量接近或等于保险储备量时，仓库管理人员就发出信号要求组织进货。

（2）资金控制法。根据物资储备资金定额，控制储备量。按物资的订购任务把储备资金按月或按季分给计划和采购人员，按经济责任制进行奖罚，具有明显经济效果。

定期订货和定量订货方式：

储备量的控制与采购的方式有关，因此，要搞好物资储备管理应注意采购方式。

（1）定期订货方式。又称定期盘点法订货方式，订货时间事先确定，订货数量的计算公式为：

订货数量 = 平均每日需用量 ×（采购或订货日数 + 供应间隔日数）－期货数量 + 保险储备量

采购或订货日期包括从发出订货单到物资验收入库为止所需要的时间。期货数量是指已经订货尚未交货而在供应间隔数日内可以到货的数量，如图 8－11 所示。

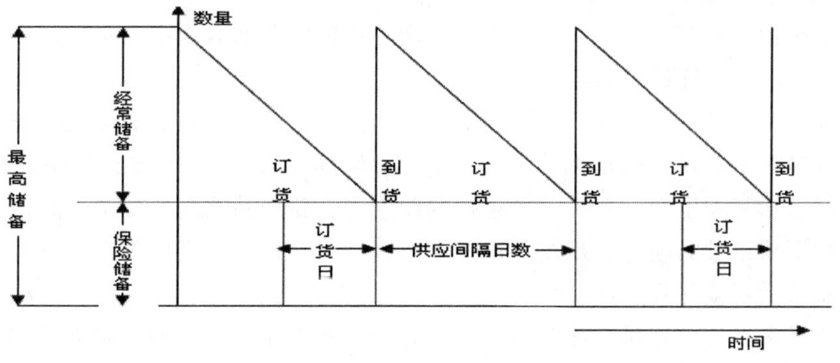

图 8－11　定期订货示意图

（2）定量订货方式。即库存量降到一定水平（订货点）时，便以已经算好的固定数量去订货。订货点的关键在于计算出订货点的储备量。

所谓“订货点”就是物资库存量下降到必须再次订货的数量界限。提出订货时的库存数量称为“订货点量”。它是根据保险储备量，订货日数以及平均每日需用量等因素确定的。计算公式为：

订货点量＝平均每日需用量×订货日数＋保险储备量

合理地确定订货点，是保持合理物资储备的重要措施。在一定条件下，如果订货点定得过高，物资储备就会过多，从而增加保管费用；订货点定得过低，物资储备就会过少，从而影响生产的正常进行，如图 8－12 所示。

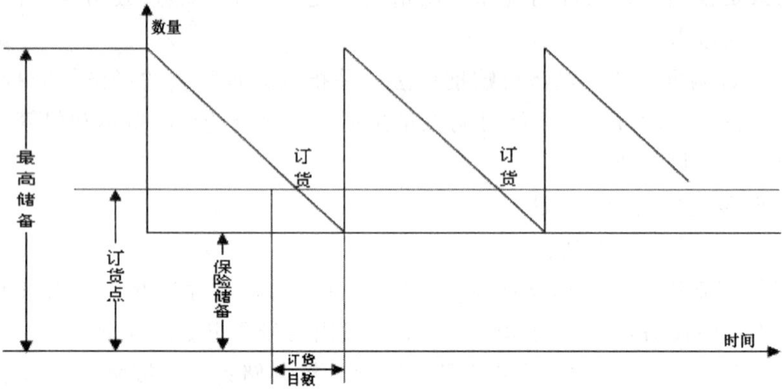

图 8－12 定量订货示意图

(四) 物资供应计划管理

1. 物资供应计划概念

物资供应计划是企业在计划期内，为保证生产任务的完成，确定各种物资需要量而编制的计划，是企业进行订货采购工作和组织厂内物资供应工作的依据，是促进生产发展，做好物资管理工作的重要手段。

物资供应计划是企业经营计划的重要组成部分，通过物资供应计划确定企业在计划期内生产、基建、科研和维修所需各种物资的需求量。

2. 物资供应计划的主要内容

企业编制物资供应计划的主要内容有：确定各种物资的需用量；确定期初库存量和期末储备量；确定物资供应量等。

（1）确定物资需求量。确定各类物资的需求量是编制物资供应计划的核心内容。物资需求量是指企业在计划期内为满足生产经营活动的各方面需要而应消耗的物资数量。它不仅包括基本生产的需要，也包括辅助生产、新产品试制、技术革新以及其他各种需要。物资需用量的确定，是按照每一类物资、每一种具体规格分别计算的。

物资需求量直接计算法：

某种物资需求量＝计划产量/（1－计划允许的废品率）×单位产品物资供应定额

式中，计划产量是指计划期的商品产量及期末期初在制品差额之和。供应系数是考虑由非工艺性损耗引起的需求量的增加额，以工艺消耗定额的百分比表示。

（2）计算期初库存量和期末储备量。计划期初物资库存量，是指计划期开始第一天的期初库存量，它是保证计划期期初生产所必需的储备物资之一。计划期末物资储备量，是指计划期内最后一天的库存量，它是保证计划期下一年度生产正常进行的必要条件。

计划期初库存量和期末储备量由于生产任务和供应条件变化而往往不相等，因而尽管物资需用量不变，但供应的物资数量却要发生相应的增减。当计划期初库存量大于计划期末储备量时，供应的物资数量就可减少，反之则要增加物资供应量。

确定计划期期初库存储备量：MH 期初 = MH 现存 - MH 耗用 + MH 到货

确定计划期期末的库存储备量应视下一个计划期任务需要而定

（3）确定物资采购量。计划期内各种物资的需求量和期初，期末库存量确定之后，就要对每一种物资进行需求和供给平衡，编制物资平衡表。根据物资平衡表提出计划年度各类物资的申请量和采购量，编制物资供应计划。

企业的物资计划采购量的计算公式为：物资采购量 = 物资的需用量 + 期末储备量 - 期初库存量 - 企业内部可利用的资源

企业内部可利用的资源，是指企业进行改制、回收、代用和修旧利废的物资数量，这是一部分不可忽视的资源。

3. 物资供应计划的组织实施

物资供应计划的编制是计划工作的重要组成部分，是生产计划得以实现的物资保证。企业为了实现物资供应计划的各项内容，就必须认真组织订货和采购工作，落实各类物资的来源和供应渠道。

计划期的物资需用量是对计划期内需用物资量的预测。计划期物资需用量的计算方法主要有以下几种：

（1）直接计算法，又称定额计算法，是指根据计划产量乘以单位产品物资消耗定额的一种方法。

（2）间接计算法，间接计算法，是指利用比例、系数或经验等间接资料来估算物资需用量的方法。

（3）统计计算法，具体包括：报告期需求量法、算术平均法、移动平均法、加权平均预测法、一元线性回归预测法、季节预测法等。

4. 物资供应计划的编制及执行

（1）审核数据、计算指标。数据的准确性直接影响计划的质量，所以编制计划时必须进行认真的审核工作，特别是要审核以下各项：生产部门、机修部门、基建部门上报的物资需要量是否合理；需要时间是否恰当；物资消耗定额是否先进可靠等。

（2）综合平衡。物资供应计划的综合平衡主要是企业物资供应计划与企业其他计划之间的平衡。具体来讲，企业物资供应计划和其他计划，如生产计划、设备维修计划、基本建设计划、科研计划、运输计划、资金使用计划等之间的平衡。

（3）编制计划。物资供应计划一般由三部分组成，即物资核算表、待购物资表和文字说明。物资核算表主要是对计划期所需要的物资进行核算，主要内容包括计划期任务量、物资消耗定额、物资消耗的统计资料。待购物资表是企业在确定了计划期物资需用量、计划期初库存量、计划期期末储备量基础上着手编制的。

季度物资供应计划是在年度物资供应计划的基础上编制的，是由年度到月度，中长期到短期的中间环节，由企业物资部门在季度到来之前10天分别核算并汇总出主要物资的详细品种规格，与本期库存、本期储备、本期资源进行平衡，经过平衡，不足部分从市场购入，保证生产计划的顺利完成。

月份物资供应计划是季度物资供应计划的具体化，是根据工业企业各个时期的具体条件，把年、季度物资供应计划中规定的指标，按照月、旬具体地安排到车间、班组，层层落实，从而保证企业生产作业计划的完成。

计划的执行要落实资源，积极组织力量通过订货、采购、委托加工、协作等形式保证物资供应。物资入厂后一方面要及时发放，另一方面要加强物资管理，定额发料，防止浪费。

（五）仓库管理

企业仓库管理是物资管理工作的重要组成部分，做好仓库管理工作对于保证企业正常生产节约生产成本有着重要作用。企业仓库管理工作主要包括验收入库、保管、发放和清点盘存等。

1. 物资的验收入库

做好物资验收入库是仓库管理工作的第一步，主要验收货物的数量、质量、品种、规格与单据是否符合要求，对不符合要求的物资，要及时报告物资管理部门，并将其另行堆放，妥善保管，等待处理。

2. 物资的保管

物资保管是仓库管理的中心环节，其主要内容是：建立仓库管理责任制，实行专人管理，专人负责，严格出入库手续；对入库物资，按照安全、方便的原则，进行合理分类，便于存、取、查核、实行货位编号。物资保管应坚持以确保物资始终处于有效使用期为宗旨，为确保储存物资的质量，要严格的定期库存检查。

对不同类型物资，进行合理保管，区别一般与贵重物资，大体积与微小零星物资，固体和液体物资，有毒与无毒物资，大宗与小宗物资，采取相应措施，分别妥善存放。在此过程中，必须坚持：“预防为主，防治结合”的原则，保持仓库整洁，使仓库符合安全、防冻、防腐、防潮、防火的标准。

3. 物资的发放

物资发放是确保生产和节约材料使用的重要环节，要求仓库管理部门按质、按量、齐套、准时、有计划地发放物资，确保生产第一线的需要。很多企业采用“限额发料”的办法控制物资发放，是一种较有效的方法。“限额发料”是根据生产计划和工艺要求，按材料消耗定额的标准进行发料。这样既有利于有计划、有准备地供应生产，又有利于贯彻物资消耗定额、节约材料成本。

4. 物资的清点

物资库存不仅品种多、规格多、数量多，而且进出和流动速度快，为了及时掌握库存物资的变化情况，避免物资缺失，损坏和超储积压，企业必须经常对库存物资进行认真盘点，做到账、卡、物三相符。一般清点工作都是在月末、季末和年末进行，发现盘亏或损坏现象要即时报告有关部门，进行核查处理。

七、新型生产方式

（一）计算机集成制造系统（CIMS）

1. 计算机集成制造系统概念

1973 年美国的约瑟夫·哈林顿博士在《Computer Integrated Manufacturing》一书中，首次提出了计算机集成制造系统的概念，其基本思想可归纳为两点：

（1）从产品研制到售后服务的生产周期的全部活动，是一个不可侵害的整体，每个组成过程应紧密连接安排，不能单独考虑；

（2）整个生产过程的活动，实质上是一系列数据处理过程，每一过程都有数据产生、分类、传输、分析、加工等处理，其最终生成的产品可以看作是数据的物质表现。

2. 计算机集成制造系统特点

CIMS 的特点可以归纳为以下四个方面：

（1）从科学技术、创造发明来说，CIMS 是高科技密集型技术，是系统工种、管理科学、计算技术、通信网络技术、软件工种和制造技术等高技术的高度综合体。

（2）从制造业的生产管理和经营管理来看，CIMS 是一个大型的现代化的管理系统。由于 CIMS 将市场分析、预测、经营决策、产品设计、工艺设计、加工制造和销售、经营集成为一个良性循环系统，这就大大地增强了企业的应变和竞争能力。

（3）从数据的共享来看，CIMS 将物流、技术信息流和管理信息流集成为一体，它使企业中的数据共享达到了一个崭新的水平。

（4）从管理技术和方法上，CIMS 将 MIS、MRPⅡ、计算机辅助设计、计算机辅助工艺计划、计算机辅助制造、成组技术等技术集成起来。

3. 计算机集成制造系统实施

CIMS 的实施，还可以带来一系列重要的、间接的、不可定量计算的效果。如提高了企业的市场竞争能力，提高顾客的满意度，保证均衡生产，加快产品更新换代周期，交货期准时，改善企业形象，提高人员素质，改善人员结构和员工工作气氛。因此实施 CIMS 已成为现代企业发展的一个方向。

（二）柔性制造系统（FMS）

1. 柔性制造系统内涵

传统的“刚性”自动化生产线主要实现单一品种的大批量生产。随着批量生产时代正逐渐被适应市场动态变化的生产所替换，一个制造自动化系统的柔性占有相当重要的位置。“柔性”是相对于“刚性”而言的，一方面是系统适应外部环境变化的能力，可用系统满足新产品要求的程度来衡量；另一方面是系统适应内部变化的能力，可用在有干扰（如机器出现故障）情况下，系统的生产率与无干扰情况下的生产率期望值之比来衡量。

柔性制造系统是由计算机集成管理和控制的，用于高效率地制造中小批量多品种零部件的自动化制造系统。FMS 具有多个标准的制造单位，有自动上下料功能的数控机床以及一套物料存储运输系统，可以在机床的装平工位之间运送工作和刀具。

2. 柔性制造系统特征

FMS 是一套可编程的制造系统，含有自动物料输送设备，能在计算机的支持下实现信息集成和物流集成，其柔性表现在以下方面：

（1）可同时加工具有相似形体特征和加工工艺的多种零件；

（2）能自动更换刀具和工件；

（3）能方便地联网，易与其他系统集成；

（4）能进行动态调度，局部故障时，可动态重组物流路径。

目前 FMS 规模趋于小型化、低成本，演变成柔性制造单元 FMC，它可能只有一台加工中心，但具有独立自动加工能力。有的 FMS 具有自动传送和临近管理的功能，有的 FMC 还可以实现 24 小时无人运转。

（三）准时生产（JIT）

1. 准时生产内涵

准时生产是 20 世纪 70 年代末由日本丰田汽车制造公司创立并实施的一种东方式现代企业生产管理模式。JIT 不仅是一种生产控制方法，还是一种管理的哲学。与 MRPⅡ的“推”式生产管理模式相对照，JIT 是一种“拉”式生产管理模式。此外，JIT 还强调消除生产中的一切浪费，其中包括生产、部件与操作者的移动和等待时间、劣质的制造过程、物料存储和次品等。

JIT 的基本概念是指在所需要的精确时间内，按所需要的质量和数量，生产所需要的产品。它的理想目标是六个“零”和“一”，即零缺陷、零准备、零库存、零搬运、零故障停机、零提前期和批量为一。

JIT 的构成主要包括：基于看板的生产控制、全面质量管理、全体雇员参与决策、供应商的协作关系等。JIT 通过看板控制方式严格按订货组织生产，通过看板 在工序间传递物料需求信息，并利用看板将生产控制权下放到各个工序的后续工序。

2. 准时生产特点

准时生产其管理过程的特点在于：

（1）变“推”为“拉”的“反工序法”，基于落实的订单，按照总装配——部件装配——零件加工的“拉式”的反工艺路线次序安排整个企业生产；

（2）强调下“求”上“供”，准时生产，按时交付，避免积压。下一道工序所用物料要求同上一道工序按实际需要供给。准时生产与按时交付要求按计划规定的时间准确生产，并按时交付销售产品，按时交付供产品总装配用的部件和供部件装配用的零件。避免积压，要求按时把已购进的材料加工为零件。

JIT 是一种提高整个生产管理水平和消除浪费的严谨方法。其宗旨是使用最少量设备、装置、物料和人力资源，在规定的时间、地点，提供必要数量的零部件，达到以最低成本、最高效益，最好的质量、零库存进行生产和完成交货的目的。

（四）精益生产

1. 精益生产内涵

精益生产通过系统结构、人员组织、运行方式和市场供求等方面的变革，使生产系统能很快地适应用户需求不断变化，并能使生产过程中一切无用、多余的东西被精简，最终达到包括市场供销在内的生产的各个方面最好的结果。

2. 精益生产特征

精益生产的特征体现在工厂组织、产品设计、供货环节、顾客和企业管理五个方面：对外以用户为“上帝”，对内以“人”为中心，在组织机构上以“精简”为手段，在工作方法上采用“Team Work”和“并行设计”，在供货方式上采用“JIT”方式，在最终目标方面为“零缺陷”。

(1) 以用户为“上帝”。产品面向用户，与用户保持密切联系，将用户纳入产品开发过程，以多变的产品，尽可能短的交货期来满足用户的需求。产品的适销性、适宜的价格、优良的质量、优质的服务是面向用户的基本内容。

(2) 以“人”为中心。大力推行独立自主的小组化工作方式。充分发挥一线职工的积极性和创造性，使一线工人真正成为“零缺陷”生产的主力军。应下放部分权利，使人人有权、有责任、有义务随时解决碰到的问题。还要满足人们学习新知识和实现自我价值的愿望，形成独特的、具有竞争意识的企业文化。

(3) 以“精简”为手段。在组织机构方面实行精简化，去掉一切多余的环节和人员。实现纵向减少层次，横向打破部门壁垒，将层次细分工，管理模式转化为分布式平行网络的管理结构。

(4) “Team Work”和“并行设计”。精益生产强调 Team Work 工作方式进行产品的并行设计。Team Work（工作组）是指由企业各部门专业人员组成的多功能设计组，对产品的开发和生产具有很强的指导和集成能力。

(5) JIT 供货方式。JIT 工作方式可以保证最小的库存和最少的在制品数。为了实现这种供货方式，应与供货商建立良好的合作关系，相互信任，相互支持，利益共沾。

(6) “零缺陷”工作目标。精益生产所追求的目标不是“尽可能好一些”，而是“零缺陷”。即最低的成本、最好的质量、无废品、零库存与产品的多样性。

第二节

教学案例选编

永济电机厂 6S 管理

中车永济电机有限公司（简称：永济电机公司）隶属于中国中车股份有限公司，是专业研制电气传动产品，为全球用户提供电传动系统解决方案的国家级创新型企业，是我国交通装备、能源装备牵引电传动系统专业化研制企业。创建于 1969 年，是中国自行设计、自己建设的一座大型内燃机车电传动装置设计制造基地，是为铁路内燃、电力机车配套设计生产牵引电机、电控装置和电力半导体器件，以及城市轨道交通车辆、油田电机等其他民用电机的现代化大型国有企业，被列为“中国 100 家最大电气机械和器材制造工业企业”和全国行业“50 家最大工业企业”之一。永电厂创立 30 多年来，经过几代人的努力，从小到大，由弱变强，现已成为拥有员工 7 千余人、资产总额 13 亿元的中国最大的牵引电传动装置研制基地。该厂在全国各地的铁路局和机务段建有经销服务网点，与美国、加拿大等 14 个国家和地区建立了贸易关系，建厂投产以来累积实现销售收入近 73 亿元，上缴利税 7.5 亿元，成为国家大型一档企业、国内牵引电传动装置行业最具影响力的专业化高新技术企业。2019 年 8 月 5 日，中车永济电机有限公司获得“2018～2019 年度全国企业文化优秀成果二等奖”。

永济电机厂厂长董宇针对永电机厂的现场管理的现状，提出目前的问题及其对未来的设想，提出了从厂区环境到生产现场、从组织落实到制度保证的一系列详细而又具体的实施方案，特别是“6S”活动的高度概括。他拿起笔，用他那苍劲有力的手在报告上批下：“提升质量的改善焦点是在企业运营的业绩中，而最具关键性的地方是现场，现场管理是我们制造型企业管理中的一项重要工作。此报告的思路具有前沿性，请有关部门立即组织人员进行落实工作。”董宇的批文中渗透了永电厂沉痛的教训和对企业未来的憧憬。

一、永济电机厂的发展背景

永电厂伴随中国铁路事业的发展近 50 年。这 50 年并不是一个简单的时间概念，而是一段融入永电人顽强拼搏的、开拓奋进精神的声声不熄的创业史。作为一个大型的制造企业，面对着来自国内外的压力，永电厂解决了管理中一个又一个的难题。

1. 基本状况

公司坚持轨道交通电传动核心技术的纵深研究和技术应用的横向拓展，探索并成就了市场多元化经营格局，产品和市场覆盖轨道交通、风力发电、新兴产业、服务产业、海外经营等业务领域，形成了以永济、西安为基地，国际国内多点布局、协同推进的发展态势。

公司以成为具有国际竞争力的电传动系统解决方案提供商为愿景，恪守“关注客户、成就员工、做优企业”的宗旨，聚焦交通装备、能源装备两大领域，做精高端芯片、关键部件、系统集成三大产品，不断拓展轨道交通、风力发电、新兴产业、服务产业、海外经营五大业务，让领先的电传动核心技术更多地惠及社会，做备受业界和社会尊敬的企业。

公司建有 10 个国家级、省级科技创新平台，拥有博士后科研工作站，有一支专业知识领衔本行业的富有创新精神的科研人员队伍，形成了电传动系统自主创新体系；建有国内一流的机车、动车、地铁产品试验台、站，具备各种功率等级的交直流电机和变流器、功率模块及 IGBT 试验验证和系统联调试验能力。公司共获授权专利 1009 项，制修订国家和行业标准 115 项。

公司具有敏捷、高效的产品生产组织系统。可年产交通和能源装备领域电机 22000 台，满足 1000 列机车、300 列动车的配套装车；变流装置产能为 2000 台/年，可满足 400 列机车、100 列动车的配套装车；IGBT 封装能力为 20 万只/年。

公司积极实施“走出去”战略，推进国际化经营。已在西安、上海、无锡等建造了国际一流的科技研发中心和基地，印度公司投产运营，南非本土化工作顺利推进。产品出口五大洲，覆盖美国、英国、俄罗斯、印度、南非等近 50 个国家和地区。

2. 定量和工序管理

在传统观念中，现场管理只是打扫卫生、摆摆放放的事物性管理工作，永电厂也不例外，对此项工作不予重视，为此永电厂付出了沉重的代价。一些想和永电厂合作的企业派人到工厂后就放弃了合作的愿望，原因就是工厂的现场管理太差。一批日本客人来到永电厂洽谈合作事宜，在参观工厂时，客人看见电视组装工地有一堆不太整齐的待处理的电机转子，立即给本部发了传真：该厂废品如山，我们不能与之合作。这件事给永电人留下了深刻的教训。

面对问题，永电厂的管理者决定从物品的定置管理和工序入手，规范现场管理。首先做到生产现场物品按区存放，机器设备、工位器具、工具箱等都按规定统一着色，垃圾点堆放，铁屑、废料用专用器具运输等，生产现场开始变得井井有条，物品定置率达 90%。

在此基础上，现场管理逐步与质量、成本、工艺、设备等专业管理相结合，按照物流有序的原则对全厂 13 个生产车间进行了工艺调整，对电机生产的几十道工序进行了优化，提高了工作效率，疏通了生产场地，减少了平均资金占用率；通过抓现场管理，基本上制止了事故。由于加强了各工序现场质量的控制，产品的实物质量明显提高。

3. 环境管理

在人们的印象中，大型制造企业的厂区环境脏、乱、差是正常现象。以前永电厂也是如此，为此永电厂也付出了沉重的代价。1999 年初，永电厂的一批磁体和机座出口美国后，美方却以磁体和机座上的油漆铅含量高不符合环保要求为由，提出产品降价，甚至要停止合同。这一时间使厂领导再次认识到，一定要使工厂的环境管理与国际接轨，走科学化、标准化、规范化之路。

永电厂确定了"坚持两个承诺（贯标认证的承诺，遵章首法的承诺），实施环保战略（增强环保意识，有效利用资源，营造优良环境，提高生存质量）"的企业环境方针，针对 27 项重要环保因素制定了 8 个环境管理方案，分别对工业废水、废气进行处理，对能源和资源的使用进行控制。建立了完善的环境管理体系，同时对原材料、零部件、设备供应商的环境行为进行调查，杜绝采购能耗与物耗大、污染严重的设备。工厂内部各单位之间、工厂和供应商、用户、环保行政部门之间建立了纵横交错的内外信息交流网络，创造出了全员参与环境管理的良好氛围。

同时，永电厂先后投入巨资净化、硬化、绿化厂区环境。如今全厂绿化面积达 56 万平方米，厂区成为四季常青、三季有花、树木成荫、绿草成荫的花园式工厂。

1999 年，永电厂通过了法国 BVQI 公司和中国环境科学研究院环境管理体系认证中心的认证，获得了通往国际市场的绿色通行证。

永电厂优美的厂区环境，给企业带来了巨大的"绿色"效应。国内多家厂商，被永电厂的"绿"所吸引，当即拍板成交。而且，永电厂凭借国际市场的绿色通行证，至今产品已出口到 14 个国家和地区，创汇近亿元人民币。

永电厂的环境管理所带来的环境效应正逐步成为永电厂走向市场、参与国际竞争的一个强有力的支撑点。

4. 岗责管理的保障

现场管理与环境管理是现代企业管理中的重要环节，要保证其落实则需要岗责管理的组织与制度的保证。永电厂于 1997 年开始试行岗责管埋模式，岗责管理就是使企业实际需要的每个岗位（人员）都负有追求产品（工作）高质量和低成本两项责任，做到责任到人、指标到岗，通过全额核算、全员考核、全过程控制，在满足用户需求的基础上，谋求企业最佳经济效益。应该说永电厂的环境管理能取得今天的如此成就，得益于岗责管理的组织与制度保证。首先是制度保证，1997 年永电厂颁布了"现场管理检查标准”，并确定了每一项管理的具体内容与要求以及检查与考核方法，还明确了每一项管理的检查单位。如定置管理中的一项管理内容是：配件不直接与地面接触，否则，每处扣5分，定置管理的检查单位是生产处。为了使现场管理的各项要求能够在基层得到很好的贯彻落实，永电厂颁布了“生产班组现场管理考核评定标准”。2001年，将全厂实行分类、分责、末位受罚的动态管理，并引入“现场变化率”这一动态考核指标。

其次是组织保证。永电厂设有现场管理办公室，负责全厂的现场管理工作；实行工厂、车间、班组三级管理；制定现场管理工作规划及其规章制度；负责全厂现场管理方面的检查考核。

5. 坚持把质量作为最根本的底色

建企50多年来，永济电机公司始终不忘初心，坚守质量和诚信，努力提升产品质量、服务水平和运营品质。

（1）营造诚信质量文化。深化质量管理体系运行，着力打造集可靠性、可用性、可维护性、安全性为一体的管理体系，确保经营管理持续提升。搭建质量诚信评价体系平台，对员工实施正向激励。坚持人的需求理论，引导促进员工从“要我干好”向“我要干好”转变，形成诚信质量文化，达到产品质量的自我管理。同时，组织开展全面质量管理知识及各项质量管理技能的培训和实践活动，不断增强全员的质量意识，树立起“质量是干出来的”理念。

（2）规范质量管理。积极采用国际标准，规范管理，实施产品制造全过程的质量管控。着力推进IRIS质量管理、EN15085焊接、ISO10012测量管理三大体系建设，以产品质量安全为核心，追求品质“零缺陷”，构建安全可靠的产品制造平台。

（3）注重群众性质量工作。积极调动全体员工重视质量的主动性，连续20多年组织开展群众性质量管理活动。围绕质量改进、节能降耗、缩短作业时间等方面进行改进攻关，有效解决企业生产经营、质量管理等工作中的重点和难点问题，使之成为一项持续发展、成效显著的群众性质量管理品牌活动，为提升企业经济效益、提高公司管理水平发挥积极作用。

中车永济电机公司始终致力于为社会和客户提供品质优良、运行可靠的产品和服务。以客户需求为导向，持续改进品质管理，全力推进诚信质量文化建设，在产品设计、制造的各个环节，恪守技术标准和工艺流程，精心研制每一件产品。在“永济电机”产品运转的现场，提供完整的培训、全程维修服务和系统解决方案，确保用户的安全、可靠、低成本运行。

二、永济电机厂未来的挑战

董宇写完批文，脑中开始清理永电厂在现场管理中所面临的问题和挑战。他清楚地知道，通过几年的努力，永电厂已在现场管理方面取得了丰硕成果，但是与国内外一流企业相比，还存在着一定的差距。永电厂只有不断完善管理制度进一步提升现场管理理念，才能真正跟上时代的步伐，使工厂现场管理与国际先进企业接轨。董宇认为，也许可以以周宾关于“6S”的计划为切入点，进一步完善与提升永电厂的现场管理水平。

“6S”是指“管理、整顿、清扫、清洁、修养、安全”等活动。整理，是指将必须物品与非必须物品分开；整顿，指将必须物品放于任何人都能立即取到的位置；清洁，是指将工作现场变的无垃圾，无灰尘，干净，整洁，设备修养的锃亮完好；清洁即将整理整顿、清扫进行到底，并成为一种制度和习惯；安全，即要求全员有安全意识，企业有落实到位的安全措施与安全管理制度。

“6S”不仅能够改善生产环境，还能提高生产效率、产品品质，员工士气，它牵一而动百，是其他管理活动有效开展的基石之一。“人造环境，环境育人”，员工通过对“6S”的学习与遵守，使自己成为一个有道德修养的企业人，整个企业的环境面貌随之改观。

“6S”是一项系统工程，它需要观念的导入，需要制定行为标准和考核制度，它对企业所产生的影响也将是全方位的。因此在未来的管理工作中，如何推进“6S”管理，将是摆在永电厂管理者面前的一项重要任务，它将影响到永电厂能否保持现有的管理佳绩，并继续提升现场管理水平。

（案例来源：全国高校管理案例库研究编写组编．管理案例库教程．北京：中国科学技术出版社，2004）

【教学功能】

本案例从企业现场管理的各种管理方法，对永济电机厂现场管理的6S管理活动（“6S”是指“管理、整顿、清扫、清洁、修养、安全”等活动）进行了分析，本案例内容为研究现场管理的管理方法提供了素材。

【知识要点】

生产管理　现场管理　岗责管理

【思考与讨论题】

1. 现场管理涉及哪些内容？它对生产制造型企业有何重要意义？

2. 永电厂在现场管理中推行“岗责管理”对你有何启发？

管理综合案例课程课堂讨论记录表

班级：　　　　　　　　　　　姓名：　　　　　　　　　年　　月　　日

案例名称	
案例讨论题	
管理案例讨论发言内容	

续表

课堂讨论记录			
教师点评记录			
备注			
综合评语		成绩	

任课教师：　　年　　月　　日

经典管理故事

降落伞的真实故事

这是一个发生在第二次世界大战中期，美国空军和降落伞制造商之间的真实故事。在当时，降落伞的安全度不够完美，经过厂商努力改善，使得降落伞制造商生产的降落伞的良品率达到了99.9%。

但是美国空军却对此公司说NO，他们要求所交降落伞的合格率必须达到100%。于是降落伞制造商的总经理便专程去飞行大队商讨此事，看是否能够降低这个水准？因为厂商认为，能够达到这个程度已经接近完美了。美国空军一口回绝，因为品质没有折扣。后来，军方要求改变了检查品质的方法。那就是从厂商前一周交货的降落伞中，随机挑出一个，让厂商负责人装备上身后亲自从飞行中的机身跳下。这个方法实施后，不良率立刻变成零。

【启示】日本企业家松下幸之助有句名言："对产品来说，不是100分就是0分。"任何产品，只要存在一丝一毫的质量问题，都意味着失败。

对待产品质量应该保持精益求精的态度和严谨细致的工作作风。

试想，如果什么事情都只有99.9%的成功率，那么每年有20000次配错药事件；每年15000个婴儿出生时会被抱错；每星期有500宗手术做错事件；每小时有2000封信邮寄错误。看了这些数据，我们肯定都希望全世界所有的人都能在工作中做到100%。因为我们既是生产者，同时也是消费者。

第九章

企业财务管理

【教学内容精要】

【课程性质】

财务管理是在一定的整体目标下，关于资产的购置（投资），资本的融通（筹资）和经营中现金流量（营运资金），以及利润分配的管理。财务管理是企业管理的一个组成部分，它是根据财经法规制度，按照财务管理的原则，组织企业财务活动，处理财务关系的一项经济管理工作。简单的说，财务管理是组织企业财务活动，处理财务关系的一项经济管理工作。

【发展趋势】

财务管理及企业生产经营的各个方面，是以资金时间价值、风险价值理论为基础，主要内容包括资金价值、风险价值、筹资管理、投资管理、运营资金管理、收益管理、财务预算，财务控制和财务分析等基本知识。

【教学内容】

本篇包含了财务管理的基本理论和1个真实企业的案例，包括企业财务分析、筹资决策、投资决策、资本运营应收账款管理等。教学案例直接针对课程的知识点，利于学生分析问题、解决问题能力的提高，利于学生创造性地解决企业理财过程中的新问题。

【教学要求】

（1）根据思考与讨论题，在学习财务管理基本理论、阅读案例和查阅文献资料的基础上，撰写管理案例课堂讨论书面报告。

(2) 设计课堂讨论主题发言和自由发言的内容，认真参与管理案例教学课堂讨论，填写管理综合案例课程课堂讨论记录表。

第一节 基本理论知识

财务管理是一切管理的基础、管理的中心。抓好财务管理就是抓住了企业管理的牛鼻子，管理也就落到了实处。加强企业财务管理，对于提高经营管理水平、减少资金占用、节约成本、增加盈利都有重要作用。

一、企业财务管理的概念及内容

(一) 企业财务与财务管理的概念

1. 企业的财务活动

在企业生产经营过程中，一方面表现为实物商品的运动过程，另一方面表现为资金的运动过程。企业资金的实质是生产经营过程中运动着的价值。企业的资金运动构成企业经济活动的一个相对独立的方面，具有自己的运动规律，这就是企业的财务活动。

企业财务就是研究企业经营过程中的资金运动。随着再生产过程的不断进行，企业资金总是处于不断运动之中，由一种形态转化为另一种形态，周而复始，不断循环，形成了资金运动。在物资购买阶段，企业资金由货币形态转化为固定资产、原材料等实物形态的资金——固定资金、储备资金；在生产阶段，已消耗的生产资料价值——固定资产损耗价值和储备资金，以及劳动者创造的价值转移到产品中，资金形态转化为另一种实物形态的资金——生产资金和成品资金；通过销售阶段，成品资金形态又转化为货币资金形态。

2. 财务管理的概念

企业财务管理是对企业资金运行的管理，即对资金筹集、资金投放、资金耗费、资金回收和资金分配等财务活动过程的管理。

财务管理渗透在全部经营活动之中，涉及生产、供应、销售每个环节和人、财、物各个要素，所以抓企业内部管理以财务管理为突破口，通过价值管理来协调、促进、控制企业的生产经营活动。

(二) 企业财务管理的内容

总的来说，企业财务管理包括以下四个方面的内容：

1. 企业资金的筹集

企业通过筹资可以形成两种不同性质的资金来源：

(1) 企业的权益资金，企业可以通过向投资者吸收直接投资、发行股票、用留存收益转增资本等方式取得，其投资者包括国家、法人、个人等；

（2）企业债务资金，企业可以通过向银行借款、发行债券、利用商业信用等方式取得。由企业筹资而引起的财务活动，是企业财务管理的主要内容之一。

2. 投资活动

企业投资可以分为广义的投资和狭义的投资。广义的投资是指企业将筹集的资金投入使用的过程，包括企业内部使用资金的过程和对外投放资金的过程。狭义的投资仅指对外投资。企业在投资过程中，必须考虑投资规模；同时，企业还必须通过投资方向和投资方式的选择，来确定合理的投资结构。这些投资活动都是财务管理的内容。

3. 资金营运活动

企业在日常生产经营过程中所发生的资金收付活动。

（1）企业要采购材料或商品，以便进行生产和销售活动，同时，还要支付工资和其他营业费用；

（2）当企业售出商品后，便可收回资金；

（3）企业现有资金不能满足经营的需要，还要采取短期借款方式来筹集所需资金。

以上的财务活动构成资金营运活动。

4. 分配活动

广义的分配是指企业对各种收入进行分割和分派的过程；狭义的分配仅指对净利润的分配。随着分配过程的进行，资金退出或留存企业，必然会影响企业的资金运动，这不仅表现在资金运动的规模上，而且表现在资金运动的结构上。因此，合理确定分配规模和分配方式，也是财务管理的主要内容之一。

上述财务管理的四个方面，是互相联系又有一定区别的四个方面，构成了完整的企业财务活动，也构成了企业财务管理的基本内容。

二、财务管理基本环节及财务指标

（一）财务管理的基本环节

财务管理的基本环节是指财务管理的工作步骤和一般程序，它包括财务预测、财务决策、财务计划、财务控制和财务分析。

1. 财务预测

财务预测是根据财务活动的历史资料，考虑目前的条件和要求，对企业未来的财务活动和财务成果作出科学的预计和测算。财务预测是财务决策的基础，是编制财务计划的前提，是组织企业日常财务活动的必要条件。

财务预测的方法主要有定性预测法和定量预测法两种。

（1）定性预测法是利用一些直观资料，依靠财务人员过去的经验和各方面的意见进行分析判断，预测企业未来的发展状况和发展变动趋势。

（2）定量预测法是根据比较完整的资料，运用数学方法，建立数学模型，对企业的未来进行预测。

2. 财务决策

财务决策是指财务人员在财务管理目标的总体要求下，采用一定方法，从若干个备选方案中选出最优或满意方案的过程。财务决策是企业财务管理的核心，它贯穿企业财务管理的全过程。财务决策一般包括以下工作步骤：①确定决策对象；②提出备选方案；③选择最优方案。

3. 财务计划

财务计划是在一定的计划期内，以货币形式反映生产经营活动所需的资金及其来源、财务收入和支出、财务成果及其分配的计划。财务计划是财务预测和财务决策的具体化，是控制和分析财务活动的依据。财务计划一般包括如下工作步骤：①分析财务环境，确定计划指标；②协调人力、物力、财力，进行综合平衡；③编制财务计划。

4. 财务控制

财务控制是指在财务管理过程中，利用有关信息和特定手段，对企业的财务活动加以影响或调节，以便实现财务计划所规定的财务目标。财务控制是落实财务计划和保证财务计划实现的有效措施。

财务控制一般包括如下工作步骤：①制定控制标准，分解和落实计划指标；②实施追踪控制；③确定和调整差异；④确定考核奖惩。

5. 财务分析

财务分析是根据核算资料提供的信息，运用特定的方法，对企业财务活动过程及其结果进行分析和评价的一项工作。借助财务分析，可以掌握各项财务计划的完成情况，评价财务状况，研究和掌握企业财务活动的规律性，有利于改善财务预测、财务决策、财务计划和财务控制，从而提高企业管理水平和经济效益。

财务分析一般包括如下工作步骤：①进行指标对比，作出评价；②分析原因，明确责任；③落实措施，改进工作。

财务管理各个基本环节互相联系、互相制约，形成周而复始的财务管理循环过程，构成财务管理的完整工作体系。

（二）财务指标

1. 财务指标概念及内容

财务指标是指企业总结和评价财务状况和经营成果的相对指标，中国《企业财务通则》中为企业规定的三种财务指标为：偿债能力指标，包括资产负债率、流动比率、速动比率；营运能力指标，包括应收账款周转率、存货周转率；盈利能力指标，包括资本金利润率、销售利润率（营业收入利税率）、成本费用利润率等。

2. 综合指标分析

综合指标分析就是将各方面指标纳入一个有机整体之中，全面地对企业经营状况、财务状况进行揭示和披露，从而对企业经济效益的优劣作出准确的判断和评价。综合财务指标体系必须具备三个基本要素：指标要素齐全适当；主辅指标功能匹配；满足多方信息需要。

三、财务管理活动

（一）企业的筹资管理

1. 企业筹资的概念

企业筹资是指企业根据其生产经营、对外投资和调整资金结构需要，采用适当的筹资渠道和筹资方式，从企业外部有关单位和个人，或从企业内部获取所需资金的一种行为，是企业财务管理的重要内容，是资金运动的起点。

2. 企业筹资的动机

企业筹资的基本目的是为了自身的生存和发展。具体可归纳为三类：

（1）扩张性筹资动机。扩张性动机是企业为了扩大生产规模或追加对外投资而筹集资金的动机。凡是具有良好的发展前景、处于成长时期的企业通常会产生这种筹资动机。扩张性筹资动机所产生的直接结果，是使企业的资产规模有所扩大，资本结构有可能发生变化。

（2）偿债性筹资动机。企业为了偿还某些债务而筹资，称为偿债性筹资动机。偿债筹资主要分为两种情况：①调整性偿债筹资，是企业因调整现有资本结构的需要而产生的筹资动机；②恶性偿债筹资，即企业现有的支付能力已不足以偿还到期旧债，被迫举债偿还，即借新债还旧债，这种情况说明财务状况已有恶化。

（3）混合性筹资动机。企业既为扩张规模又为调整资本结构而产生了筹资动机。通过混合性筹资，企业既扩大了资金规模，又调整了资本结构，偿还了部分旧债，即在这种筹资中混合了扩张性筹资和偿还性筹资两种动机。

3. 筹资渠道和筹资方式

（1）筹资渠道。企业筹资活动需要通过一定的渠道并采用一定的方式来完成。筹资渠道是指客观存在的筹措资金的来源方向与通道。

从筹集资金的来源的角度看，筹资渠道可以分为企业的内部渠道和外部渠道。

企业目前的筹资渠道主要包括：银行信贷资金、非银行金融机构资金、其他企业资金、居民个人资金、国家财政资金、企业自留资金。

（2）筹资方式。筹资方式是指可供企业在筹措资金时选用的具体筹资形式，随着我国金融市场的发展，企业的筹资有多种方式可以选择，企业可以针对特定的筹资渠道选择合适的筹资方式，有效地进行筹资组合，降低筹资成本。

一是直接投资。直接投资是指投资人直接向企业投入的资金。投资人按其投入资金的比例享有企业相应份额的产权，参加企业税后利润的分红。

二是发行股票。股票是一种有价证券，是股份有限公司在筹集资本时向出资人公开发行的、用以证明出资人的股本身份和权利，并根据股票持有人所持有的股份数享有权益和承担义务的可转证的书面凭证。股票发行的方式有两种：公开发行与不公开发行。目前，股份有限公司已经成为最基本的企业组织形式之一；股票已经成为大企业筹资的重要渠道和方式，亦是投资者投资的基本选择方式；股票市场（包括股票的发行和交易）与债券市场成为证券市场的重要基本内容。

三是发行债券。债券是一种借款凭证，是资金占用者向企、事业单位或个人出具的有限债权证书，是按法定程序发行并承担在指定的时间内支付一定的利息和偿还本金的有价证券。这一方式与借款有很大的共同点，但债券融资的来源更广，筹集资金的余地更大。

四是借款。企业可以向银行、非金融机构借款以满足购并的需要。这一方式手续简便，企业可以在较短时间内取得所需的资金，保密性也很好。但企业需要负担固定利息，到期必须还本归息，如果企业不能合理安排还贷资金就会引起企业财务状况的恶化。

五是租赁。租赁是指按照达成的契约协定，企业把拥有的特定财产（包括动产和不动产）在特定时期内的使用权转让给承租人，承租人按照协定支付租金的交易行为，包括融资租赁、租赁经营和服务性经营三种。

六是商业信用。企业在正常的经营活动和商品交易中由于延期付款或预收账款所形成的企业常见的信贷关系。商业票据是债权人为了确保自己的债权，要求债务者出具的书面债权凭证。商业票据可以在一定范围内流通，分为期票和汇票两种。

七是联合经营。它主要是指企业合资经营。国内企业联合经营的主要优点在于集中各联营单位的优势，扬长避短，实现优势互补，进行技术、资金、劳动力、土地、管理等生产要素的重新组合，从而增加企业的活力。

八是吸收国外资金。它主要是指中方企业通过与外商进行合资经营、合作经营或补偿贸易等形式所吸纳的国外资金。

（二）流动资金管理

1. 流动资金的概念

流动资金是指投放在流动资产上的资金。流动资金的主要项目是现金、应收账款和存货，它们占用了绝大部分的流动资金。流动资金有一个不断投入和收回的循环过程，这一过程没有终止的日期，这就使我们难以直接评价其投资的报酬率。因此，流动资金投资评价的基本方法是以最低的成本满足生产经营周转的需要。

2. 流动资金的内容

（1）现金管理。现金是可以立即投入流动的交换媒介。它的首要特点是普遍的可接受性，即可以有效地立即用来购买商品、货物、劳务或偿还债务。因此，现金是企业中流动性最强的资产。属于现金内容的项目，包括企业的库存现金、各种形式的银行存款和银行本票、银行汇票。

（2）现金的成本。现金的成本通常由以下三个部分组成：一是持有成本。现金的持有成本是指企业因保留一定现金余额而增加的管理费用及丧失的再投资收益。二是转换成本。转换成本是指企业用现金购入有价证券以及转让有价证券换取现金时付出的交易费用，即现金同有价证券之间相互转换的成本，如委托买卖佣金、委托手续费、证券过户费、实物交割手续费等。三是短缺成本。现金短缺成本是指在现金持有量不足又无法及时通过有价证券变现加以补充给企业造成的损失。现金的短缺成本与现金持有量呈反方向变动关系。

（3）确定最佳现金持有量的模式。确定最佳现金持有量的模式主要有成本分析模式和存货模式。成本分析模式　是根据现金的有关成本，分析预测其总成本最低时的现金持有量的方法。该模式只考虑机会成本和短缺成本，而不考虑管理费用和转换成本。

机会成本即因持有现金而丧失的再投资收益，是与现金持有量成正比例变动关系，用公式表示即：

机会成本 = 现金持有量 × 有价证券利率（或报酬率）

存货模式的着眼点也是现金相关总成本最低。在这些成本中，管理费用因其相对稳定，同现金持有量的多少关系不大，因此在存货模式中将其视为决策无关成本而不予考虑。

能够使现金管理的机会成本与固定性转换成本之和保持最低的现金持有量，即为最佳现金持有量。

设 T 为一个时期内现金的总需要量；F 为每次转换有价证券的固定成本；Q 为最佳现金持有量；K 为有价证券利息率；TC 为现金管理相关总成本。

现金管理相关总成本 = 持有机会成本 + 固定性转换成本

即：$TC = (Q/2) \cdot K + (T/Q) \cdot F$

$Q = \sqrt{2T \cdot F/K}$

$(TC) = \sqrt{2T \cdot F \cdot K}$

(4) 现金日常管理。企业在确定了最佳现金持有量后，还应采取各种措施，加强现金的日常管理，以保证现金的安全、完整，最大限度地发挥其效用。现金日常管理的基本内容主要包括以下几个方面：①现金回收管理；②现金支出管理；③闲置现金投资管理。

(三) 应收账款的管理

应收账款是企业因赊销商品或提供劳动而形成的应收未收款项，是企业流动资产的组成部分。从流动资产管理的角度看，是企业的一项投资，是企业提供给客户的商业信用。

1. 应收账款管理的目标

发生应收账款的原因，主要有以下两种：

(1) 商业竞争。这是发生应收账款的主要原因。由竞争引起的应收账款，是一种商业信用；

(2) 销售和收款的时间差距。商品成交的时间和收到货款的时间常不一致，这也导致了应收账款。由于销售和收款的时间差而造成的应收账款，不属于商业信用，也不是应收账款的主要内容，这里只论述属于商业信用的应收账款的管理。

只有当应收账款所增加的盈利超过所增加的成本时，才应当实施应收账款赊销；如果应收账款赊销有着良好的盈利前景，就应当放宽信用条件增加赊销量。

2. 信用政策的确定

信用政策指公司在应收账款投资管理方面确立的基本原则与行为规范。包括信用标准、信用条件与收账政策。

(1) 信用标准。公司用来衡量客户是否有资格享有商业信用的基本条件或最低条件，一般用预期的坏账损失率作为标准。如果顾客达不到信用标准，便不能享受企业的信用或只能享受较低的信用优惠。

企业在设定某一顾客的信用标准时，往往先要评估它赖账的可能性。这可以通过"五 C"系统来进行。所谓"五 C"系统，是评估顾客信用品质的五个方面，即品质 (Character)、能力 (Capacity)、资本 (Capital)、抵押 (Collateral) 和条件 (Conditions)。

(2) 信用条件。公司要求客户支付赊销款项的条件。包括信用期间、折扣期限及现金折扣等。

(3) 应收账款的收账政策。应收账款发生后，企业应采取各种措施，尽量争取按期收回款项，否则会因拖欠时间过长而发生坏账，使企业蒙受损失。这些措施包括对应收账款回收情况的监督、对坏账损失的事先准备和制定适当的收账政策。

（四）存货管理

存货是指企业在生产经营过程中为销售或者耗用而储备的物资，包括材料、燃料、低值易耗品、在产品、半成品、产成品、协作件、商品等。

1. 存货管理的目标

如果工业企业能在生产投料时随时购入所需的原材料，或者商业企业能在销售时随时购入该项商品，就不需要存货。但实际上，企业总有储存存货的需要，并因此占用或多或少的资金。这种存货的需要来自以下原因：

（1）保证生产或销售的经营需要。一旦生产或销售所需物资短缺，生产经营将被迫停顿，造成损失。为了避免或减少出现停工待料、停业待货等事故，企业需要储存存货。

（2）出自价格的考虑。进行存货管理，就要尽力在各种存货成本与存货效益之间作出权衡，达到两者的最佳结合。这也就是存货管理的目标。

2. 存货成本

是指与购买和维持存货有关的成本。其内容可归纳为以下三项：

（1）取得成本。取得成本是指为取得某项存货而支付的费用。具体包括：①订货成本，订货成本是指从企业向对方发出订单起，到所购物资运达企业验收入库为止所发生的各种费用，包括订货业务费、差旅费、邮电费、仓库验收费等。②购置成本，购置成本是指存货本身的价值，其高低取决于存货单价与全年需要量的乘积，即存货的取得成本为订货成本与购置成本之和。

（2）储存成本。是指为保持存货而发生的成本，亦称为持有成本，包括仓储费、保管费、保险费、存储损耗、存货占用资金成本等。储存成本也可分为固定成本和变动成本。

（3）缺货成本。是指存货不能满足生产或销售需要时发生的损失，包括材料供应中断造成的停工损失，产成品库存不足造成的拖欠发货损失和丧失销售机会损失，高价购入应急物资所带来的损失等。

3. 存货日常管理方法

存货日常管理的目标是在保证企业生产经营正常进行的前提下尽量减少库存，防止积压。实践中行之有效的管理方法如下：

（1）根据情况的变化及时修正经济批量；

（2）缩短订货提前期。采取最简捷的订货方式，实行就近采购，从而降低平均库存量、订货点和运输成本；

（3）开辟多种供应渠道，以降低进货成本和缺货成本；

（4）选择经济的运输方式；

（5）改进产品生产工艺，缩短生产周期；

（6）加强库存监控，杜绝由于人为原因而造成的丢失、毁损及自然损耗；

（7）及时处理不适用的存货，包括过时、劣质、滞销、多余或变质的存货；

（8）实行 ABC 管理法。由于大多数企业的存货种类、品种繁多，且使用率经常变化，若对每一种存货进行“均等”管理，其结果必然是事倍功半，因此必须实行有区别的分类管理。

第二节

教学案例选编

中色股份有限公司公司财务报表分析

一、中色股份有限公司概况

中国有色金属建设股份有限公司（英文缩写 NFC，简称：中色股份，证券代码：000758）1983 年经国务院批准成立，主要从事国际工程承包和有色金属矿产资源开发。1997 年 4 月 16 日进行资产重组，剥离优质资产改制组建中色股份，并在深圳证券交易所挂牌上市。

中色股份是国际大型技术管理型企业，在国际工程技术业务合作中，凭借完善的商务、技术管理体系，高素质的工程师队伍以及强大的海外机构，公司的业务领域已经覆盖了设计、技术咨询、成套设备供货，施工安装、技术服务、试车投产、人员培训等有色金属工业的全过程，形成了"以中国成套设备制造供应优势和有色金属人才技术优势为依托的，集国家支持、市场开发、科研设计、投融资、资源调查勘探、项目管理、设备供应网络等多种单项能力于一身"的资源整合能力和综合比较优势。在有色金属矿产资源开发过程中，中色股份把环保作为首要考虑因素，贯彻于有色金属产品生产的各个环节，使自然资源得到更加合理有效利用，促进社会经济发展，使人与自然更加和谐。

目前，中色股份旗下控股多个公司，涉及矿业、冶炼、稀土、能源电力等领域；同时，通过入股民生人寿等稳健的实业投资，增强企业的抗风险能力，实现稳定发展。

二、资产负债比较分析

资产负债增减变动趋势见表 9－1。

表 9－1　资产负债增减变动趋势表

企业	项目	2008 年比 2007 年		2009 年比 2008 年	
		增减额（元）	百分比（%）	增减额（元）	百分比（%）
中色股份	流动资产	383378047.26	9.62	293415176.38	6.72
	固定资产	－73984612.87	－5.83	659535120.82	55.22
	资产总计	635381749.64	8.00	773248957.59	9.02
	负债	632858797.28	13.74	311238842.83	5.94
	股东权益	2522952.36	0.08	462010114.76	13.88

（一）增减变动分析

从表 9－1 可以清楚地看到，中色股份有限公司的资产规模是呈逐年上升趋势的。从负债率及股东权益的变化可以看出虽然所有者权益的绝对数额每年都在增长，但是其增长幅度明显没有负债增长幅度大，该公司负债累计增长了20.49%，而股东权益仅仅增长了13.96%，这说明该公司资金实力的增长依靠了较多的负债增长，说明该公司一直采用相对高风险、高回报的财务政策，一方面利用负债扩大企业资产规模，另一方面增大了该企业的风险。

1. 资产的变化分析

2008年度比上年度增长了8%，2009年度较上年度增长了9.02%；该公司的固定资产投资在2009年有了巨大增长，说明2009年度有更大的建设发展项目。总体来看，该公司的资产是在增长的，说明该企业的未来前景很好。

2. 负债的变化分析

从上表可以清楚地看到，该公司的负债总额也是呈逐年上升趋势的，2008年度比2007年度增长了13.74%，2009年度较上年度增长了5.94%；从以上数据对比可以看到，当金融危机来到的2008年，该公司的负债率有明显上升趋势，2009年度公司有了好转迹象，负债率有所回落。我们也可以看到，2008年当资产减少的同时负债却在增加，2009年正好是相反的现象，说明公司意识到负债带来了高风险，转而采取了较稳健的财务政策。

3. 股东权益的变化分析

该公司2008年与2009年都有不同程度的上升，所不同的是，2009年有了更大的增幅。而这个增幅主要是由于负债的减少，说明股东也意识到了负债带来的企业风险，也关注自己的权益，怕影响到自己的权益。

（二）短期偿债能力分析

1. 流动比率

该公司2007年的流动比率为1.12，2008年为1.04，2009年为1.12，相对来说还比较稳健，只是2008年度略有降低。1元的负债约有1.12元的资产作保障，说明企业的短期偿债能力相对比较平稳。

2. 速动比率

该公司2007年的速动比率为0.89，2008年为0.81，2009年为0.86，相对来说，没有大的波动，只是略呈下降趋势。每1元的流动负债只有0.86元的资产作保障，是绝对不够的，这表明该企业的短期偿债能力较弱。

3. 现金比率

该公司2007年的现金比率为0.35，2008年为0.33，2009年为0.38，从这些数据可以看出，该公司的现金即付能力较强，并且呈逐年上升趋势的，但是相对数还是较低，说明了一元的流动负债有0.38元的现金资产作为偿还保障，其短期偿债能力还是可以的。

（三）资本结构分析

1. 资产负债率

该企业的资产负债率2007年为58.92%，2008年为61.14%，2009年为59.42%。从这些数据可以看出，该企业的资产负债率呈现逐年上升趋势，但是稳中有降，说明该企业开始调节自身的资本结构，以降低负债带来的企业风险，资产负债率越高，说明企业的长期偿债能力就越弱，债权人的保证程度就越弱。该企业的长期偿债能力虽然不强，但是该企业的风险系数却较低，对债权人的保证程度较高。

2. 产权比率

该企业的产权比率2007年为138.46%，2008年为157.37%，2009年为146.39%。从这些数据可以看出，该企业的产权比率呈现逐年上升趋势的，但是稳中有降的，从该比率可以看出，该企业对负债的依赖度还是比较高的，相应企业的风险也较高。该企业的长期偿债能力还是较低的。不过，该企业已经意识到企业的风险不能过大，一旦过大将带来重大经营风险，所以，该企业试图从高风险、高回报的财务结构向较为保守的财务结构过渡，逐渐增大所有者权益比例。

3. 权益乘数

该企业的权益乘数2007年为2.38，2008年为2.57，2009年为2.46。从这些数据可以看出，该企业的权益乘数呈现逐年上升趋势的，但是也是稳中有降的。说明一开始企业较多依赖负债，当意识到带来的企业风险也较大时，股东就加大了权益性资产投入，增大了权益性资本在资产总额中的比重，选择调整为稳健的财务结构，于是降低了权益乘数，使公司更好地利用财务杠杆的作用。

（四）长期偿债能力分析

1. 利息保障倍数

该企业的资产负债率2007年为10.78，2008年为2.92，2009年为3.19。从这些数据可以看出，该企业的利息保障倍数呈现逐年下降的趋势。2008年金融危机来的当年影响最大，后又缓慢上升，说明企业经营开始好转。利息保障倍数越高，说明企业偿还债务能力越有保障，该企业2007年到2009年期间，利润有了大幅下降，而同时财务费用却有进一步增长，对债务的偿还能力有所降低，所以应该要多加注意。

2. 有形资产净值债务率

该企业的有形资产净值债务率2007年为203.64%，2008年为227.15%，2009年为205.51%。从这些数据可以看出，该企业的有形资产净值债务率是呈现逐年上升趋势的，但是也是稳中有降的。该项指标越大，企业的经营风险就越高，长期偿债能力就越弱。以上数据可以看出，该企业正在努力降低该指标，以进一步有效提高企业的长期偿债能力。

三、经营效益比较分析

（一）资产有效率分析

1. 总资产周转率

总资产周转率反映了企业资产创造销售收入的能力。该企业的总资产周转率2007年为0.87，2008年为0.59，2009年为0.52。从这些数据可以看出，该企业的总资产周转率是呈现逐年下降趋势的。尤其是2008年下降幅度最大，充分看出金融危机对该公司的影响很大。之所以下降，是因为该公司近三年的主营业务收入都在下降，虽然主营业务成本也在同时下降，但是下降的幅度没有收入下降的幅度大，这说明企业的全部资产经营效率降低，偿债能力也就有所下降了。总体来看，该企业的主营收入是呈现负增长状态的。

2. 流动资产周转率

该企业的总资产周转率2007年为1.64，2008年为1.18，2009年为1.02。从这些数据可以看出，该企业的流动资产周转率是呈现逐年下降趋势的。尤其也是2008年下降幅度最大，说明2008年的金融危机对该公司的影响很大。总的来说，企业流动资产周转率越快，周转次数越多，周转天数越少，表明企业以占用相同流动资产获得的销售收入越多，说明企业的流动资产使用效率越好。以上数据看出，该企业比较注重盘活资产，较好地控制资产运用率。

3. 存货周转率

该企业的存货周转率2007年为6.19，2008年为4.15，2009年为3.58。从这些数据可以看出，该企业的存货周转率同样是呈现逐年下降趋势的。这说明该企业的存货在逐年增加，或者说存货的增长速度高于主营业务收入的增长水平，不仅耗费存货成本，还影响企业的资金周转。

4. 应收账款周转率

该企业的应收账款周转率2007年为8.65，2008年为5.61，2009年为4.91。从这些数据可以看出，该企业的应收账款周转率依然是呈现逐年下降趋势的。这说明该企业有较多的资金呆滞在应收账款上，回收的速度变慢了，流动性更低并且可能拖欠积压资金的现象也加重了。

（二）获利能力分析

1. 销售利润率

该企业的销售利润率2007年为22.54%，2008年为22.53%，2009年为19.63%。从这些数据可以看出，该企业的销售利润率比较平衡，但是2009年度有较大下降趋势。主要原因是2009年度主营收入有较大的下降，而成本费用并没有随着大幅下降，面对这种情况，企业需要降低成本费用，从而提高利润。

2. 营业利润率

该企业的营业利润率2007年为14.5%，2008年为6.39%，2009年为5.2%。从这些数据可以看出，该企业的营业利润率有较大下降趋势。从其近三年的财务报表数据可以看出，是因为由于主营业务收入不断降低，同时营业总成本的降低低于收入的增长，因而企业应注重要加强管理，以降低费用。

（三）投资能力分析

1. 总资产收益率

该企业的总资产收益率2007年为15.99%，2008年为5.8%，2009年为5.4%。从这些数据可以看出，该企业的总资产收益率比较平衡，但是2008年度以后有较大下降趋势。该企业的此指标为正值，说明企业的投资回报能力较好，但是不可避免的是该企业的收益率增长是负数，说明该企业的投资回报能力在不断下降。

该企业的净资产收益率2007年为30.61%，2008年为6.1%，2009年为4.71%。从这些数据可以看出，该企业的净资产收益率也是自2008年度以后有较大下降趋势。说明该企业的经营状况有较大波动，企业净资产的使用效率日渐降低，投资者的保障程度也随之降低。

2. 每股收益

该企业的每股收益2007年为0.876，2008年为0.183，2009年为0.133。从这些数据可以看出，该企业的每股收益也是自2008年度以后有较大下降趋势。该公司的每股收益不断下降，就是因为其三年的总资产收益率都是呈负增长，净资产收益率也同样是负增长，营业利润也不平稳，因此每股收益会比较低。因此，该公司应及时调整经营策略，改善公司的财务状况。

（四）发展能力分析

1. 销售增长率

该企业的销售增长率2007年为96.06%，2008年为-9.14%，2009年为-6.33%。从这些数据可以看出，该企业的销售增长率是自2008年度以后有较大幅度下降的趋势。从这些数据可以看到，该企业的经营状况不容乐观，连续两年负增长，尤其是2008年度更是大幅下降，突然出现的负的销售收入增长、销售增长率的负增长会对该企业未来的发展带来不利影响。

2. 总资产增长率

该企业的总资产增长率2007年为89.14%，2008年为4.95%，2009年为9.02%。从这些数据可以看出，该企业的总资产增长率也是自2008年度以后有较大幅度下降的趋势，但是总体来看，还是增长的，说明企业还是在发展的，只不过是扩张的速度有所减缓，2007年应该是高速扩张的一年。

四、现金流量比较分析

（一）现金流量的比较

现金流量统计分析见表9-2。

表9-2 现金流量统计分析表

中色股份	2007年	2008年	2009年
经营活动来产生现金流量净额	371990451.61	212212488.50	561041058.08
投资活动来产生现金流量净额	-1168725850.30	-471145249.59	-156369110.26
筹资活动来产生现金流量净额	999997099.23	47258691.69	-45598614.12
现金及等价物净增加额	188348470.91	-229509862.09	356829066.81

通过以上数据不难看出，该企业基本上是依靠正常经营活动来产生现金收入的，其中，投资活动产生的现金流量是负值，说明该企业基本在投资固定资产等较大的投资，以促进企业的壮大发展。而在2009年度有所减缓，并且扩大投资也需要一定的筹资来弥补。

（二）债务保障率分析

该企业的债务保障率2007年为8.08%，2008年为4.05%，2009年为10.11%。债务保障率反映的是经营现金流量偿付所有债务的能力，由于企业每年的经营现金流量都被许多不确定因素所影响，因而该企业的经营现金流量有较大波动，没有一个确定的趋势。好在公司的该比率高于同期银行贷款利率，说明公司仍然能够按时支付利息，从而维持住当前债务规模。

（三）每元现金销售净流量分析

该企业的每元现金销售净流量比率2007年为6.84%，2008年为4.29%，2009年为12.13%。从这些数据可以看出，该企业的每元现金销售净流量比率上下波动幅度很大，没有什么趋势可言，但是2008年下降的幅度最大，反映在其财务报表上就是用于支付的现金额度很大，从而导致该年经营现金流量净额很低。总的来看，该企业的每元现金销售净流量比率还是比较稳定，该企业还有足够的现金可以随时用于支付的需要。

五、业绩的综合评价

通过以上分析，我们对中色股份有限公司有了一个比较详细的了解。但是单独的分析任何一类财务指标，都不足以全面评价企业财务状况和经营效果，只有对各种财务指标进行综合、系统的分析，才能对企业的财务状况做出全面合理的评价。

因此，现在将借助杜邦分析系统，利用企业偿债能力、营运能力、获利能力各指标之间的相互关系，对该企业的情况进行综合分析，见表9－3。

表9－3　　企业情况综合分析表

企业	年份	净资产收益率（%）		销售净利率（%）		总资产周转率		权益乘数	
		本年数	变动率	本年数	变动率	本年数	变动率	本年数	变动率
中色股份	2006	31.64		22.05		0.73		2.23	
	2007	30.61	－0.03	22.54	0.02	0.87	0.19	2.38	0.07
	2008	6.10	－0.80	22.53	0.00	0.59	－0.32	2.57	0.08
	2009	4.71	－0.23	19.63	－0.13	0.52	－0.12	2.46	－0.04

从表9－3可以看出，该企业净资产收益率是呈下降趋势的，但是2009年又有上升趋势了。从表中可以看出，影响净资产收益率的因素中，该公司的总资产周转率起着至关重要的作用，其次是权益乘数，总资产周转率起的作用是最大的。所以该企业应围绕这一指标加大管理力度，以提高总资产的利用效率。

从以上分析数据可以得出如下结论：该企业总资产周转率是呈现逐年下降趋势，资产利用效率不是太高；长期偿债能力比较平稳且有上升趋势；在三项费用控制方面不是很好，是以后需要注意的地方；现金流量比较平稳，偿债能力较好，销售的现金流有所增长，有着较好的信誉，对企业以后的发展是有利的。

（资料来源：百度文库 wenku. baidu. com）

【教学功能】

这是一则关于企业财务管理的案例，中色股份有限公司公司财务报表分析案例，可用于对企业财务管理课堂教学与课堂讨论。

【知识要点】

财务管理 股权收益 现金流量　经营效益

【思考与讨论题】

1. 通过本案例说明企业经营业绩分析的内容，企业在进行经营业绩分析时，应如何发现问题并及时解决问题？

2. 通过对中色股份有限公司公司财务报表分析，你认为该企业经营上存在哪些问题？

3. 追踪中色股份有限公司公司财务报表分析的发现状况，并对其进行财务分析。

管理综合案例课程课堂讨论记录表

班级：　　　　　　　姓名：　　　　　　　年　　月　　日

案例名称			
案例讨论题			
管理案例讨论发言内容			
课堂讨论记录			
教师点评记录			
备注			
综合评语		成绩	

任课教师：　　　年　　月　　日

经典管理故事

一主三仆

古时有一大户人家，主人姓马，人人都叫他马老爷。

马老爷以前在镇上只是做点小买卖，后来生意越做越大，红红火火，赚了不少银子。马家前有大院，后有花园，还雇佣了不少仆人。马老爷对这些仆人奖惩都很分明，做得好会有所奖励；做得不好，就没有奖励，甚至还会被赶出家门。

有一天，马老爷决定出门远游，他想趁这个机会，来看看家里的仆人除了会干活之外，还会不会利用银子来赚取银子，于是他给三个仆人每人一笔银子谋生。

三年后马老爷归来，甲仆说用主人给的银子经商赚了2倍，乙仆说用这些银子放利赚了1倍，丙仆说为防丢失将银子埋进了地里。

主人对甲、乙的做法都很满意，分别交给他们银子。而对丙则收回了原来给的银子。

甲和乙不但保住了原有的银子，还赚取了更多的银子，而丙并没有使原有的银子增多，对于他们三人的谋生之道，主人对甲、乙两人称赞有加，对丙则是原银收回。这是理所当然的。作为一个企业，生存、发展和获利是永恒的主题。使财富增值是企业的最终目标。

如果把故事中的主人当作是企业的股东，而仆人是经营者的话，显然，甲和乙都明白主人给他们银子的目的不仅仅在于保值，还要增值。即不仅要生存，还要发展。

第十章

人力资源管理

【教学内容精要】

【课程性质】

人力资源管理是一门管理学科，其在企业中处于一种对下管理为上服务的职能。人力资源管理工作内容主要包括以下几个方面：招聘与录用、培训与开发、员工档案管理、薪酬福利管理、绩效管理等内容。人力资源管理是一门研究组织选人、用人、育人、留人的科学，是一门实用性很强的学科。

【发展趋势】

人力资源管理课程主要包括人力资源管理基本理论，人力资源规划，工作分析与评价、人员招聘与甄选、人力资源培训与开发、人员测评与激励、薪资管理和劳动关系等内容。由于人力资源的差异性，人力资源管理应本着实用性的角度，针对具体的工作与人员的个体差异性角度来进行研究。

【教学内容】

教学内容主要包括人力资源管理基本理论和 1 个教学案例，内容涉及人力资源配置，工作分析绩效、报酬与激励以及劳动关系管理等内容。

【教学要求】

1. 根据思考与讨论题，在学习人力资源管理基本理论、阅读案例和查阅文献资料的基础上，认真完成思考与讨论题，撰写管理案例课堂讨论书面报告。

2. 设计课堂讨论主题发言和自由发言的内容，认真参与管理案例教学课堂讨论，填写管理综合案例课程课堂讨论记录表。

第一节

基本理论知识

人力资源管理是指通过招聘、甄选、培训、报酬等管理形式对组织内外相关人力资源进行有效运用，满足组织当前及未来发展的需要，保证组织目标实现与成员发展的最大化的一系列活动的总称。它是预测组织人力资源需求并作出人力需求计划、招聘选择人员并进行有效组织、考核绩效支付报酬并进行有效激励、结合组织与个人需要进行有效开发以便实现最优组织绩效的全过程。

一、人力资源管理概述

（一）人力资源与人力资源管理

1. 人力资源的基本概念

广义的人力资源，是指以人的生命为载体的社会资源，凡是智力正常的人都是人力资源。狭义的人力资源是指智力和体力劳动能力的总称。一般认为，人力由体质、智力、知识、技能四部分组成，这四者的不同配比组合，形成了丰富的人力资源。

2. 人力资源的特点

人力资源是进行社会生产最基本最重要的资源，与其他资源相比较，它具有能动性、双重性、再生性、时效性和社会性。

3. 人力资源管理概念

人力资源管理是指根据企业发展战略的要求，有计划地对人力资源进行合理配置，通过对企业中员工的招聘、培训、使用、考核、激励、调整等一系列过程，调动员工的积极性，发挥员工的潜能，为企业创造价值，给企业带来效益。确保企业战略目标的实现，是企业的一系列人力资源政策以及相应的管理活动。

（二）企业人力资源管理内容及过程

1. 人力资源管理内容

现代人力资源管理主要包括求才、用才、育才、激才、留才等内容和工作任务。具体说来，现代人力管理主要包括以下一些具体内容：①制定人力资源计划；②人力资源成本会计工作；③岗位分析和工作设计；④人力资源的招聘与选拔；⑤雇佣管理与劳资关系；⑥入厂教育、培训和发展；⑦工作绩效考核；⑧帮助员工的职业生涯发展；⑨员工工资报酬与福利保障设计；⑩保管员工档案。

2. 人力资源管理过程

企业要追求卓越，各阶层的管理者就必须具备有关“人”的功夫，主要包括五个方面：①知人。知己知彼，知己识人。②选人。适任、适群、适己。③育人。自我培育，培育下属。④用人。知人善任。⑤安人。安于工作，勤于工作，乐于工作。这五个方面体现在人力资源管理的过程中，如图 10－1 所示。

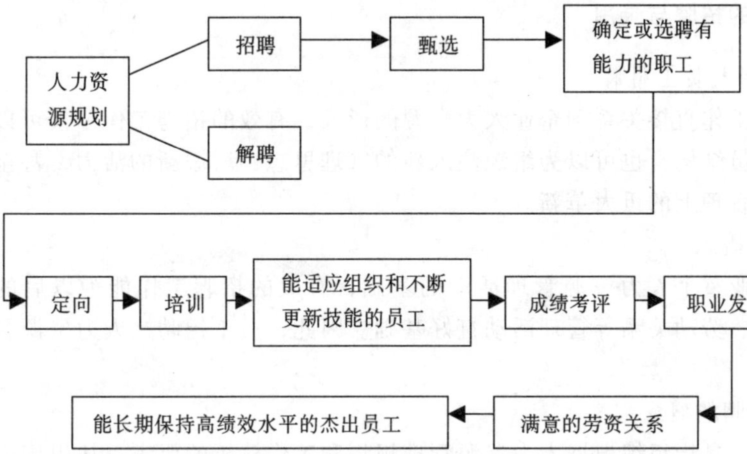

图 10－1　人力资源管理过程

通过前四个步骤，就可以确定和选聘到有能力的员工，一旦你选聘了能胜任的员工，你还要帮助他们适应组织并确保他们的知识和技能不断得到更新，这些需要通过定向和培训来达到。上岗以后还要进行业绩考评，以此作为职业发展的依据。

二、企业人力资源规划

（一）人力资源规划的概念及内容

1. 人力资源规划的概念

人力资源规划，是指根据企业战略目标，预测企业在未来环境变化中人力资源需求情况，并通过相应的计划制订和实施使供求关系协调平衡的过程。

2. 企业人力资源规划的内容

人力资源规划包括五个方面：①战略规划。是根据企业总体发展战略的目标，对企业人力资源开发和利用的方针、政策和策略的规定，是各种人力资源具体计划的核心，是事关全局的关键性计划。②组织规划。组织规划是对企业整体框架的设计，主要包括组织信息的采集、处理和应用，组织结构图的绘制，组织调查、诊断和评价，组织设计与调整，以及组织机构的设置等等。③制度规划。制度规划是人力资源总规划目标实现的重要保证，包括人力资源管理制度体系建设的程序，制度化管理等内容。④人员规划。人员规划是对企业人员总量构成，流动的整体规划，包括人力资源现状分析、企业定员、人员需求和供给预测、人员供需平衡等等。⑤费用规划。费用规划是对企业人工成本，人力资源管理费用的整体规划，包括人力资源费用的预算、核算、结算，以及人力资源费用控制。

（二）人力资源规划层次

人力资源规划包括两个层次，即总体规划和各项业务计划。人力资源总体规划是指有关计划期内人力资源开发利用的总目标、总政策、实施步骤及总预算的安排。人力资源规划所属业务计划包括人员补充计划、人员使用计划、人才接替及提升计划、教育培训计划，评价及激励计划、退休解聘计划、劳动关系计划等等。

三、员工的招聘与录用

（一）招聘与员工招聘

员工招聘工作直接关系到企业人力资源的形成，有效的招聘工作不仅可以提高员工素质、改善人员结构，也可以为组织注入新的管理思想，增添新的活力，甚至可能给企业带来技术、管理上的重大革新。

1. 招聘的概念

招聘是企业整个人力资源管理活动的基础，有效的招聘工作能为以后的培训、考评、工资福利、劳动关系等管理活动打好基础。因此，员工招聘是人力资源管理的基础性工作。

2. 员工招聘的概念

员工招聘，是指组织根据人力资源管理规划和工作分析的要求，从组织内部和外部吸收人力资源的过程。员工招聘包括员工招募、甄选和聘用等内容。

（二）员工招聘与录用

1. 员工招聘的来源

员工招聘的来源可以划分为内部和外部来源两类。外部招聘的渠道大致有：人才交流中心，招聘洽谈会，传统媒体广告，网上招聘，校园招聘，人才猎取和员工推荐等。内部招聘，就是将招聘信息公布给公司内部员工，员工自己可以来参加应聘。

2. 员工招聘与录用的程序

员工招聘与录用一般由以下三个阶段构成：

（1）准备阶段。首先是必须对所聘的职务进行完整的调查和分析，其次是根据职务分析有关材料，制定员工选拔的行动方案，包括确定招聘的方式和准备相关的资料等等。

（2）选拔录用阶段。该阶段大体又可细分为资格审查与初选、面试、测试、征询意见和决定录用等五个步骤。测试有认知能力测试、体格测试、性格与兴趣测试、专业技能与知识测试及情景模拟测试等。在决定应聘者是否适合工作时，可以采用各式各样的技术，如面谈、求职申请表、推荐函、评价中心等。

（3）效果检验阶段。该阶段是指通过研究来确定选拔方法的精确性。招聘效果评价一般是通过对新聘员工工作成绩的评价来进行的。

四、员工培训与开发

（一）员工培训与开发及模型

1. 员工培训与开发的含义

员工培训与开发是指一定组织为开展业务及培育人才的需要，采用各种方式对员工进行有目的、有计划的培养和训练的管理活动，其目标是使员工不断地更新知识，开拓技能，改进员工的动机、态度和行为，使其适应新的要求，更加完美地胜任现职工作或担负更高级别的职务，从而促进组织效率的提高和组织目标的实现。

2. 员工培训作用模型

员工培训其作用模型如图 10－2 所示。

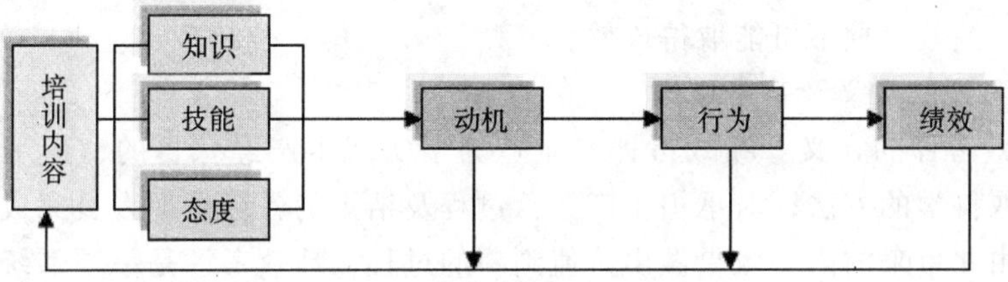

图 10－2　员工培训作用模型

（二）员工培训内容及程序

1. 员工培训的内容

人员培训的内容包括思想政治教育、基础文化知识教育、技术业务培训、管理知识培训、法律政策及制度培训等方面。

2. 员工培训的程序

员工培训对组织的绩效具有十分重要的意义，同时培训还要求收益最大化，因此精心组织培训过程在人力资源管理过程中作用尤显重要。员工培训包括几个环节，培训需求的分析与确定，培训规划的制定、培训方案的实施和培训效果的评估，整个培训过程可看作一项系统工程，其系统模型如图 10－3 所示。

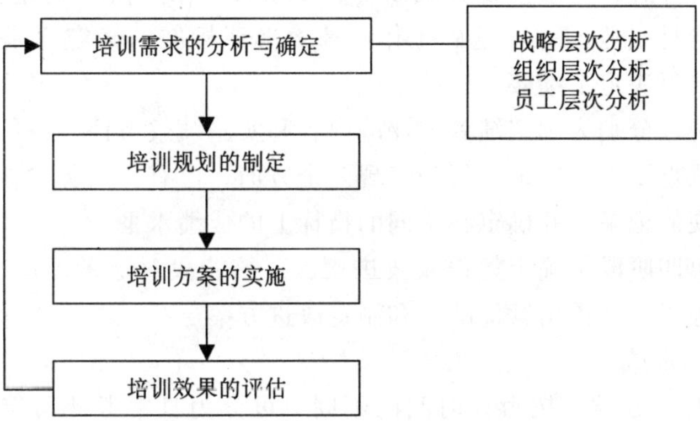

图 10－3　培训过程系统模型图

五、绩效管理

（一）绩效管理与绩效考评

1. 绩效管理的含义

所谓绩效管理，是指各级管理者和员工为了达到组织目标共同参与的绩效计划制定、绩效辅导沟通、绩效考核评价、绩效结果应用、绩效目标提升的持续循环过程，绩效管理的目的是持续提升个人、部门和组织的绩效。

绩效计划制定是绩效管理的基础环节，不能制定合理的绩效计划就谈不上绩效管理；绩效辅导沟通是绩效管理的重要环节，这个环节工作不到位，绩效管理将不能落到实处；绩效考核评价是绩效管理的核心环节，这个环节工作出现问题绩效管理会带来严重的负面影响；绩效结果应用是绩效管理取得成效的关键，如果对员工的激励与约束机制存在问题，绩效管理不可能取得成效。

2. 绩效考评的含义及基本原则

（1）绩效考评的含义。绩效考评是企业为了实现生产经营目的，运用特定的标准和指标，采取科学的方法，对承担生产经营过程及结果的各级管理人员完成指定任务的工作实绩和由此带来的诸多效果做出价值判断的过程。绩效考评是一项系统工程，涉及战略目标体系及其目标责任体系、指标评价体系、评价标准及评价方法等内容，其核心是促进企业获利能力的提高及综合实力的增强，其实质是做到人尽其才，使人力资源作用发挥到极致。

（2）绩效考评基本原则。绩效考评的基本原则：①客观评价原则。应尽可能进行科学评价，使之具有可靠性、客观性、公平性。②全面考评的原则。就是要多方面、多渠道、多层次、多角度、全方位地进行立体考评。③公开原则。应使考评标准和考评程序科学化、明确化和公开化。④差别原则。考评等级之间应当产生较鲜明的差别界限，才会有激励作用。⑤反馈原则。考评结果一定要反馈给被考评者本人，否则难以起到绩效考评的教育作用。

（二）绩效考评的过程及形式

1. 绩效考评的过程

员工的绩效考评过程一般可以分成以下若干阶段：第一阶段是建立绩效考评标准。建立绩效考评标准是企业的一项基础工作。绩效考评标准的确定也是以职务分析为基础，职务分析的结果决定了绩效考评的标准。

第二、第三阶段分别为确定绩效考评的内容和实施绩效考评。一般来说，员工绩效考评的内容主要侧重于工作实绩和行为表现两个方面，由有关人员对被考评员工的实际成绩和表现做客观的记录，并确定在不同的指标上的成绩水平。

绩效考评的第四阶段是确定评语及改进措施。该阶段对被考评员工工作综合评定，确定最后的评价等级，并指出其优缺点和制定改进方案。

2. 绩效考评的形式

（1）按考评时间分类。按考评时间的不同，可分为日常考评与定期考评。日常考评指对被考评者的出勤情况、产量和质量实绩、平时的工作行为所作的经常性考评；定期考评指按照一定的固定周期所进行的考评，如年度考评、季度考评等。

（2）按考评主体分类。按考评主体的不同，可分为主管考评、自我考评、同事考评和下属考评。

①主管考评。指上级主管对下属员工的考评。②自我考评。指被考评者本人对自己的工作实绩和行为表现所作的评价。③同事考评。指同事间互相考评。④下属考评。指下属员工对他们的直接主管领导的考评。⑤顾客考评。许多企业把顾客也纳入员工绩效考评体系中。

（3）按考评结果的表现形式分类。按考评结果的表现形式的不同，可分为定性考评与定量考评。定性考评的结果表现为对某人工作评价的文字描述，或对员工之间评价高低的相对次序以优、良、中、及格、差等形式表示；定量考评的结果则以分值或系数等数量形式表示。

六、薪酬管理

（一）薪酬的含义与构成

1. 薪酬的含义

薪酬的概念要比狭窄的工资有更深的含义，它指企业所付出的人力成本，即企业因使用员工劳动，为员工给企业所做的贡献而付出的经济性报酬。薪酬包括直接薪酬，如基本工资、资金、津贴补贴和股权；间接薪酬，如福利。

2. 薪酬的构成

（1）基本工资制度，也称工资等级制度，员工按工资标准领取的工资构成了全部工资收入的基本部分。目前企业中流行的主要基本工资制度包括：岗位工资制度、技能工资制、绩效工资制、结构工资制；此外，还有对企业董事长、总经理等高管层实行的经营者年薪制。它是以年度为单位确定经营者的基本收入，并视经营成果分档浮动发放风险收入的工资制度。

（2）员工福利。福利是指组织为员工提供的除工资与奖金之外的一切物质待遇。员工福利的内容可以分为两大部分：法定福利和企业福利。法定福利包括：社会保险和法定带薪假日，我国社会保险项目主要有：养老保险、医疗保险、工伤保险、失业保险、生育保险等。企业福利常见的有：工作午餐、交通补贴、通信补贴、房租补助、旅游等。

（二）薪酬制度设计程序和方法

1. 薪酬制度的设计

在企业薪酬制度设计的过程中应遵循以下几点原则：

（1）公平原则。公平是决定薪酬制度的最重要的因素，这里的公平包括外部公平，就是与其他企业工资水平相比，本企业的工资水平是优厚的，否则无法吸引和留住合格的员工；内部公平，就是同企业内其他人相比，员工认为他们的工资是公平的。

（2）竞争原则。企业的薪酬标准应制定的比较有吸引力和竞争力，对关键的管理人员和核心技术人员的薪酬水平要高于同类企业相当一部分，正所谓千军易得，一将难求。对一般员工的薪酬标准可以略高于市场行情。

（3）激励原则。企业内部各类、各级职位之间的薪酬标准适当拉开距离，避免平均化，利用薪酬的激励功能，提高员工的工作积极性。

（4）经济原则。在许多企业，薪酬可以占到销售收入或总成本的1/3左右，因此，企业在设计薪酬制度时必须考虑自身的经济实力，薪酬过高，则成本上升，影响企业竞争力；薪酬过低，难以配置合适的人力资源。设计时需要寻找最佳的平衡点。

2. 薪酬制度设计的程序和方法

（1）薪酬调查。所谓薪酬调查，就是了解本地区、本行业的薪酬状况，尤其是主要竞争对手薪酬状况。其调查途径有：①国家和地区统计部门、劳动部门公开发布的统计资料；②管理咨询机构发布的薪酬调查资料；③从相关企业的招聘信息中了解；④向新招聘的员工和应聘的员工了解。

（2）薪酬总额的计算。薪酬总额的计算通常要考虑市场行情、企业的支付能力和员工的基本生活费用。

（3）选择合适的薪酬体系。如前面所介绍的几种基本工资制度。

（4）选择合适的薪酬结构。目前的薪酬主要由基本工资、津贴、奖金和各种福利等项目构成。企业应根据自身的特点和实际情况决定这几部分的比例。

（5）设计出本企业的薪酬制度。确定本企业薪酬的基本管理办法，将这些办法规范化、制度化、最终形成一个文件，就是薪酬制度。

七、劳动关系

（一）劳动关系与劳动合同

1. 劳动关系定义

劳动者和用人单位（包括各类企业、个体工商户、事业单位等）在劳动过程中建立的社会经济关系。其中：

2. 劳动合同

劳动合同是劳动者与用人单位确立劳动关系、明确双方权利和义务的协议。

（1）劳动合同订立的原则：平等自愿，协商一致。

（2）无效劳动合同：违反法律、行政法规的劳动合同以及采取欺诈、威胁等手段订立的劳动合同属无效的劳动合同。

（3）试用期是指用人单位和劳动者为互相了解、选择而约定得不超过六个月的考察期。

（4）劳动合同具备的条款：劳动合同期限，工作内容，劳动保护和劳动条件，劳动报酬，劳动纪律，劳动合同终止的条件，违反劳动合同的责任。

（5）劳动合同期限的分类：有固定期限、无固定期限、以完成一定的工作为期限。

（6）劳动合同的变更：履行劳动合同的过程中由于情况发生变化，经双方当事人协商一致，可以对劳动合同部分条款进行修改、补充。未变更部分继续有效。

（7）劳动合同的终止的定义：劳动合同期满或劳动合同的终止条件出现劳动合同即终止。

（8）劳动合同的续订：劳动合同期限届满，经双方协商一致，可以续订劳动合同。

（9）劳动合同的解除：是指劳动订立后尚未全部履行前，由于某种原因导致劳动合同一方或双方当事人提前中断劳动关系的法律行为。

3. 集体合同

集体合同是工会（或职工代表）代表职工与企业就劳动报酬，工作条件等问题，经协商谈判订立的书面协议。

（1）集体合同的内容：劳动条件标准规范部分，过渡性规定，集体合同文本本身的规定。

（2）集体合同生效：劳动行政部门自收到劳动合同文本 15 日内未提出异议的，集体合同即生效。

（3）集体合同争议：因集体协商签订集体合同发生争议，双方当事人不能自行协商解决的，当事人可以向劳动行政部门的劳动争议协调处理机构书面提出协商处理申请；未提出申请的，劳动行政部门认为必要时可视情况进行协调处理。

（二）劳动争议含义及内容

1. 劳动争议含义

劳动争议是指劳动关系双方当事人因实行劳动权利和履行劳动义务而发生的纠纷。

2. 劳动争议内容

（1）劳动争议的范围：因开除、除名、辞退职工和职工辞职、自动离职发生的争议；因执行国家有关工资、社会保险和福利、培训、劳动保护的规定而发生的争议；因履行劳动合同发生的争议；国家机关、事业单位、社会团体与本单位建立劳动合同关系的职工之间、个体工商户与帮工、学徒之间发生的争议；法律法规规定的应依照《企业劳动争议处理条例》处理的其他劳动争议。

（2）劳动争议处理机构有：企业劳动争议调解委员会，劳动争议仲裁委员会，人民法院。

（3）劳动争议调解委员会：是用人单位根据《劳动法》和《企业劳动争议处理条例》的规定在本单位内部设立的机构，是专门处理与本单位劳动者之间的劳动争议的群众性组织。劳动争议调解委员会的组成：职工代表；用人单位代表；用人单位工会代表。

（4）劳动争议仲裁委员会：是处理劳动争议的专门机构。

（5）人民法院：是国家审判机关，也担负着处理劳动争议的任务。

21 世纪是全球化、市场化、信息化的世纪，是知识主宰的世纪。在新经济条件下，企业人力资源管理必然要发生相应的变化。因此，企业人力资源管理系统将构筑在计算机网络平台上，形成新型的人力资源管理模式。

第二节　教学案例选编

联想集团的人力资源管理

联想集团公司现已发展成为一家在信息产业内多元化发展的大型企业集团，富有创新性的国际化的科技公司，由联想及原 IBM 个人电脑事业部所组成。联想公司主要生产台式电脑、服务器、笔记本电脑、打印机、掌上电脑、主板、手机 、一体机电脑等商品。从 1996 年开始，联想电脑销量一直位居中国国内市场首位；2013 年，联想电脑销售量升居世界第 1，成为全球最大的 PC 生产厂商。2014 年 1 月 23 日，联想宣布收购 IBM 低端服务器业务。2014 年 1 月 30 日，联想集团以 29.1 亿美元的价格收购摩托罗拉。自 2014 年 4 月 1 日起，联想集团成立四个新的、相对独立的业务集团，分别是 PC 业务集团、移动业务集团、企业级业务集团、云服务业务集团。2016 年 8 月，全国工商联发布“2016 中国民营企业 500 强”榜单，联想名列第四。2019 年 7 月，发布 2019《财富》世界 500 强：位列 212 位。2019 年 9 月，2019 中国制造业企业 500 强发布，联想集团有限公司位列第 16 位。2019 年 10 月，2019 福布斯全球数字经济 100 强榜位列

89 位。截至 2019 年 11 月 1 日联想成立 35 周年时，联想年收入超 3500 亿元人民币，11 月 2 日，耗时两年打造，总面积 6500 平方米的联想未来中心开门迎客。

联想集团在短短的十几年内，从一个不起眼的小公司，发展壮大成为我国高科技信息产业赫赫有名的大公司，并且云集着一大批业界的顶尖人才，不能不引起人们的关注。柳传志曾有一句名言："小公司做事，大公司做人。"那就让我们沿着这个线索，看看联想集团的人力资源管理。

一、联想集团人力资源管理的定位

企业的人力资源工作存在的价值是什么？2000 年，联想集团在国际著名咨询公司麦肯锡的协助下，制定了联想三年发展规划，这份规划不仅是业务上的规划，还有人力资源规划等重要组成部分，以后各年度人力资源规划都将以该规划为指导，并对其规划目标进行分解落实。而且配合公司的中长期战略规划，人力资源工作也要制定自己的中长期规划，每年制定本年度人力资源规划。通过人力资源的管理工作获得敬业的员工和满意的客户，进而实现企业目标。

二、联想集团人力资源工作内容

1. 人力资源工作内容包括吸引人、激励人、留住人、发展人

（1）吸引人。提出员工价值承诺 EVP：为员工创造发展空间，提升员工价值——"联想，成就人，成就于人"，倡导员工"将个人追求融入到企业的长远发展之中"；制定有针对性的招聘策略——在人才招聘渠道上加大猎头和内部举荐力度，并与全国 30 所重点高等学校合作，成立实验室，合办软件学院等；建立企业人才信息库，实现资源的共享。

（2）激励人。建立适合业务当前需要并不断发展的绩效评估机制，对员工的业绩、能力和态度三方面进行评估，并建立有效的沟通反馈机制保证绩效评估的公正和透明。评估结果将运用于员工的工资。奖金、晋升等方面，还特别作为轮岗、培训、个人发展的依据。在绩效评估的基础上，制定适合不同岗位特点的薪酬体系，特别是通过认股权计划，将员工与企业的长远利益紧密结合。

（3）留住人。人才选拔以内部培养为主，外部引进为辅，为内部人才提供发展机会和空间。建立公平竞争的选拔机制，如关键岗位（包括管理岗位）竞聘制度等。

（4）发展人。建立技术职称体系，目前已经完成了研发、工程、技术支持三个体系，尝试建立除行政升迁以外的发展路径；建立研发人员、产品经理、市场营销、职能管理、资材等十几个专业序列，以此为员工提供多渠道发展路径。

2. 建立两级人力资源管理体系

人力资源部负责整体规划，开发工具、总结方法，推进规划在公司范围内落实；群组、区域设立人力资源专岗，负责规划在本系统内的落实，建立适合本业务特点的人力资源管理制度。以此保障了人力资源规划在公司的全面落实，同时兼顾了诸多业务特点。

3. 强调人力资源是"一把手"工程

各级管理者必须同时是人力资源经理，必须承担起相应的人力资源管理职责；通过

培训使各级管理者具备人力资源管理能力；通过与其绩效考核挂钩，落实人力资源职责；通过人力成本控制方法，改变过去单一的行政控制手段，为以经济杠杆控制为主、行政手段为辅，在人力成本控制范围内赋予业务第一负责人更多的人力资源管理权限。

4. 实施规划、控制和调整

在实施规划的过程中，一方面是整体性控制，使人力资源规划与企业经营战略计划一致，与企业的内外部环境一致，在企业经营战略以划进行调整的时候，能够适时调整；另一方面是可操作性控制，对规划实施情况跟踪和控制，考察工作是否按照计划进行，以及员工的意见和反映。

5. 定期考核、评价和改进

在每季度进行规划阶段目标考核，作为部门考核的重要指标；每一财年结束之时，对规划实施进行评价，分析规划达成结果，找出结果与目标的差距，分析产生差距的原因，并在下一年规划中改进落实，从而使人力资源开发与管理机制形成一个完整的闭环。

三、联想集团的教育和培训

1. 建立起较完善的培训体系

（1）培训对象：公司全体员工。根据类别分为：新员工、普通员工和管理者：根据业务分为产品链——产品设计。技术研发、质量；供应链——采购、商务、制造；客户关系链——市场、服务；职能链——企划、法务、审计、人力资源、行政后勤、财务、信息等 4 大类 16 小类。

（2）培训方式：有在岗培训和脱岗培训两种。特别是公司采用新员工指导人。轮岗、网上远程教育的方式，使培训效果更有效，范围更广泛。

（3）培训课程：根据各类岗位的能力体系建立相应的课程体系，有公共课程体系（包括文化与战略发展类、职业技能类、管理技能类）和专业课程体系（分为 16 类）培训队伍：具备一支包括总裁室成员为首、人力资源部、各部门培训专员、专兼职讲师及全体干部在内颇具实力的专兼职讲师队伍。

（4）培训信息：有完整的员工培训记录，讲师档案和授课记录、培训项目档案等。

（5）培训制度：建立了《兼职讲师管理条例》《课程开发流程和规范》《新员工培训制度》《培训费用的使用规范及指南》等制度。

（6）培训设施：设施完备，并专门建设了用于网上培训的电子教室、设备先进的员工自助学习中心及远程教育等培训场所。

2. 培训流程的运作

（1）年度培训规划和培训计划制定：每财年初根据公司战略和年度重点工作，及部门、员工考核结果和员工个人发展计划，制定培训的年度规划和计划。不同员工培训的侧重点也不同。

（2）培训项目运营：每项培训按项目管理方式进行运作，分为四个环节，通过对学员及其直接上级进行问卷、访谈等方式的需求调查，形成项目的策划方案，内容包括：培训背景、目标、时间、内容、讲师、培训方式、费用预算。效果考核等方面。培训后进行现场反应。学习效果、行为改变计划/知识运用三级评估的方式。现场总体满意度平均为90%以上；培训结束后，要求学员列出具体改进计划，由直接上级监督反馈其实践情况；工具技能课要求学员落实到业务中，成为日常规范。通过直接面对着激烈变化的市场环境和业务规模的不断扩大，培训工作在帮助人才成长进步以满足岗位需要方面发挥不可或缺的作用。

（3）培训体系的建设和创新：为使培训工作更好地服务于公司战略及员工发展，培训体系也逐年变革地新。

3. 鼓励和支持员工不断学习

联想集团关于支持员工学习有个生动的比喻——蜡烛和蓄电池。在传统的人事管理中通常把企业员工看成是一支蜡烛，不断地让其燃烧，“春蚕到死丝方尽，蜡炬成灰泪始干”，静态地看待员工的能力和素质。而联想的人力资源管理则不然，它要求把员工看成是一个蓄电池，员工的能力和素质是不断变化着的，是动态发展的。企业要不断地给蓄电池充电，不断地对员工进行培训、鼓励、激励，这样才能让员工焕发出巨大的创造力，从而能更好地为企业效力。

为保证员工能力的提升以适应公司及个人发展的要求，公司给员工提供多种方式以实现与工作和职务发展、技能提高相关的学习目标。每年都会投入大量的培训经费；在培训规划中明确规定每个员工的脱岗培训时间。在员工年度考核中列出三项能力短板，作为下财年的个人发展目标和培训的内容。对员工尤其是干部的培训情况与其在公司的发展相挂钩，如“管理在联想”MAL课程为部门总经理以上的干部必须参加，并能将此课程向本部门的员工讲授将作为此人的任职条件之一。使员工能乐于培训，勤于培训，不断提高自身能力。

四、激励机制

1. 建立绩效管理体系

这一体系包括公司、部门与员工的三级绩效评估机制；优胜劣汰的管理机制；公平、公正的薪酬福利体系和能力评价体系。

2. 在组织结构、职责分工、方式方法、反馈与申诉渠道方面有充分的保障

（1）组织结构：人力资源部、企划部有专人负责，同时运用打包的方式由人力资源部客户经理推广到各业务部门，各业务部门/业务群组设置接口人。职责分工：公司对绩效激励管理体系中人力资源部、各级经理、接口人以及员工的职责进行了严格而细致的划分，如人力资源部的职责是制定政策、培训推广并检查监督，各级经理的职责要了解掌握公司的政策、流程，根据自身业务的特点灵活运用等。

（2）方式方法：每季度、年度对部门进行绩效评估从经营指标、业务进展、客户满意度调查、费用率等方面考评和量化，对全体员工进行业绩评价，通过目标达成、态度、能力评价量表，用自评、上级评价及上下级面谈的方式，确定考核结果。对于中高层干部运用360度干部民主评议结果、部门绩效评估结果和团队氛围指数调查报告，通过公开述职的方式，全方位地进行个人绩效的评价；在能力体系的评价方面，借助世界一流顾问咨询公司，通过专家小组进行评审。建立技术职称序列，技术序列的层次级别与行政职务之间有对应的关系门主任工程师相当于总经理，收入待遇对等为员工提供多途径的发展空间，使其充分体现个人价值。

(3) 反馈与申诉渠道：建立了信息反馈的渠道，如在绩效考核方面员工除了在绩效面谈中去发表自己的意见和建议外，如对上级的评价有异议，可以向各级主管、部门总经理和人力资源部提出申诉。

3. 随公司发展而不断完善的薪酬福利体系和员工关怀机制

公司薪酬体系包括月薪、津贴、表彰奖（公司级、部门级）年底红包、认股权等；福利方面，除了国家要求的社会福利外，公司为员工提供了带薪休假、出国休假、免费工作餐等公司福利；还针对员工的病、丧、困、独生子女人学、入托、大龄青年等问题建立了不断完善的员工关怀机制，让员工感受到家庭般的温暖。公司根据经营业绩和外部环境变化，逐步完善员工的薪酬福利体系，保证员工的生活质量和工作质量随公司发展而不断提高。

公司采取年底红包与经营业绩挂钩、全员（符合一定条件即可）拥有认股权的方式，让员工分享公司发展所带来的利益。

在“长远规划、稳定发展”原则下，建立了薪酬调查机制，定期对公司薪酬在同行中的竞争力水平作调查，并进行深入的分析，以便及时调整公司薪酬水平，保证公司在薪酬方面的竞争力。

每年公司根据经营目标，并参照业界的标准，确定人力成本的投入，每年年初进行一次工资的调整、福利组合形式的确定。

每年组织 3 ~4 次员工到不同国家的出国旅游，在重要节日举办多种形式的活动。

五、管理团队与研发人才

1. 管理团队

联想集团除了调整高层管理团队成员、组建了中西合璧的领导班子之外，更大的变化在于“新班子”和“老班子”运作方式的差异。

在“老班子”中，CEO 很强势，重大决策只和少数人商量，然后就开会公布，交给下面执行，导致执行力很差、各部门之间难以有效配合与协同。而在最高领导的搭配与组合方面，也存在错位，配合不畅。例如，表面上看，杨元庆作为董事长负责战略制定，阿梅里奥负责日常运营，但实际的运作使得两人更像“联席 CEO”，通常会影响决策效率的权力分配，除此之外，“班子”成员来自多家公司，不仅有正在整合的联想与 IBM 两种亚文化，又被汇入了戴尔文化，价值观和习惯的行为模式存在着诸多差异，相互之间有隔阂，容易产生一些矛盾和冲突，降低了协同作战的效率。再有，班子成员普遍是“职业经理人心态”，过于注重短期绩效，对战略和成长（如品牌、研发）投资不足。

而在“新班子”中，最高管理层是磨合多年、堪称绝配的“杨柳组合”（柳传志担任董事局主席，杨元庆担任 CEO），执行委员会成员由 4 名中国人和 4 名外国人组成，建立了共同的价值观，相互欣赏、尊重，堪称“中西合璧”；同时，强调集体参与、群策群力，从务虚到务实，对重大决策反复深入沟通，充分考虑各种意见和执行因素质。

2. 研发人才

联想研发中心联想集团是一间极富创新性的高科技公司，秉承自主创新与追求卓越的传统，联想持续不断地在用户关键应用领域进行技术研发投入。联想将最新的研发成果从实验室带到市场，转化为生产力并改善人们的工作和生活。联想集团建立了以中国北京、日本东京和美国罗利三大研发基地为支点的全球研发架构；在中国大陆，联想还拥有北京、深圳、上海和成都四大研发机构。

联想为全球 PC 技术的进步做出了重要贡献。联想集团拥有包括众多世界级技术专家在内的一流研发人才，他们曾赢得了数百项技术和设计奖项，并拥有 2000 多项专利，开创了诸多业界第一。联想研发团队的最终目标是改善个人电脑拥有者的整体体验，同时降低总体拥有成本。

【教学功能】

本案例以联想集团的人力资源管理为分析资料，从联想集团人力资源工作内容、联想集团的教育和培训和激励机制等有关方面的教学，引导学生思考企业应如何建立科学、有效的人力资源管理教育和培训体系和激励机制。

【知识点】

人力资源管理 教育和培训 激励机制

【思考与讨论题】

根据人力资源管理工作内容、教育和培训和激励机制，思考企业应如何建立科学、有效的人力资源管理教育和培训体系和激励机制？

管理综合案例课程课堂讨论记录表

班级： 姓名： 年 月 日

案例名称	
案例讨论题	
管理案例讨论发言内容	
课堂讨论记录	

续表

教师点评记录			
备注			
综合评语		成绩	

任课教师：　　年　　月　　日

经典管理故事

七人分粥

有七个人曾经住在一起，每天分一大桶粥。但粥每天都是不够的。

一开始，他们抓阄决定谁来分粥，每天轮一个。于是每周下来，他们只有一天是饱的，就是自己分粥的那一天。

后来他们开始推选出一个道德高尚的人出来分粥。大家开始挖空心思去讨好他，贿赂他，搞得整个小团体乌烟瘴气。

然后大家开始组成三人的分粥委员会及四人的评选委员会，互相攻击扯皮，粥吃到嘴里全是凉的。

最后想出来一个方法：轮流分粥，但分粥的人要等其他人都挑完后拿剩下的最后一碗。为了不让自己吃到最少的，每人都尽量分得平均，就算不平，也只能认了。大家快快乐乐，和和气气，日子越过越好。

同样是七个人，不同的分配制度，就会有不同的风气。所以一个单位如果有不好的工作习气，一定是机制问题，一定是没有完全公平公正公开，没有严格的奖勤罚懒。如何制定这样一个制度，是每个领导需要考虑的问题。

第十一章

企业信息化管理

【教学内容精要】

【课程性质】

企业信息化管理是研究企业的信息管理、信息量和信息价值的计算、信息处理系统的结构、信息的流动过程、企业信息系统、企业信息资源的管理、企业信息系统建设的原则与战略规划、企业信息系统的开发、信息系统的安全保障与质量管理等内容的科学。

【发展趋势】

企业信息化管理更注重于企业的信息管理、信息的收集方法、信息存储的载体、信息维护以及企业信息系统的概念结构、功能结构和软硬件结构等企业信息管理的发展趋势研究，当前企业信息化管理的重点是企业 ERP 实施的情况及其作用。

【教学内容】

企业信息化管理基本理论和 1 个真实企业的案例，包括企业信息化管理的信息的收集方法、信息存储的载体、信息维护以及企业信息系统的开发、信息系统的安全保障与质量管理，以及当前企业信息化管理重点的企业 ERP 实施问题。

【教学要求】

(1) 根据思考与讨论题，在阅读案例和查阅文献资料的基础上，撰写管理案例课堂讨论书面报告。

(2) 设计课堂讨论主题发言和自由发言的内容，认真参与管理案例教学课堂讨论，填写管理综合案例课程课堂讨论记录表。

第一节

基本理论知识

在信息技术的影响下，越来越多的企业已经采取信息化策略，实现了爆发式成长。为传统企业的发展和改革带来了重要启示。必须应正视信息资源的战略性意义，深化信息技术的应用，走进信息世界的大门，感受信息资源的魅力。

一、信息、信息化及企业信息化

（一）信息及其特征

1. 信息概念

那究竟什么是信息呢？是信号，是数字，是情报，是知识，还是其他的概念呢？

1928 年贝尔实验室的哈特莱对于信息的描述是：“信息是人们选择通信符号的方式”。很显然，哈特莱的问题是将信息的形式与内容错误地划上了等号。以人们之间的交流为例，在进行信息传递时可以选择声音、图像、文字等各种方式，而在接收到信息进行存储时，也选择了各种不同的形式。在 1948 年，还是在贝尔实验室，作为信息论的创始人申农，他在《通信的数学理论》中，“信息是能够帮助人们消除对于周围世界不确定性的东西”。信息是能够消除不确定性的东西。对于信息，控制论的创始人维纳也进行了研究。“信息就是信息，既不是物质，也不是能源！”

2. 信息的特征

（1）真实性。是信息的中心价值，不符合事实的信息不仅没有价值，而且会导致决策的失误，造成经济损失。很多企业为了追求利润，发布虚假广告，到头来真相被揭露，只能是害了自己。

（2）时效性。报纸中的信息具有显著的时效性，只有在生命周期内，才是有效的，否则随着时间的延续，就会导致信息老化。一份过时的报纸充其量是一堆废纸，必将失去它原有的价值。信息时效性的例子非常多，比如人们更加关注今天和明天的天气预报，而很少有人关心昨天、前天的天气情况。再有，企业经常发布促销广告，在广告中显著位置突出促销时间，让人感到机不可失，进而吸引客户。

（3）不完全性。信息不完全性主要指两个方面，一是指人们由于外在环境的复杂性和不确定性，所掌握的信息不可能无所不包。二是说由于人的理性有限，人们通过所掌握的信息也不可能预见一切。

信息的不完全性，是信息的基本特征，也是信息的恒定特征。由于信息的不完备性，一是要求我们尽量全面地收集和处理信息，可是，如果仍然使用传统的数据采集方式是很难做到的，但是在当前的大数据技术支持下，就将越来越有能力采集到更多的数据样本。另外，在自己能力允许范围之内，找到影响事物发展变化的关键信息，做到事半功倍。

（4）可再生性。物质和能源只要使用必然会减少，而信息在使用中却不断扩充，不断再生，不会枯竭。当今世界，一方面是“能源危机”，而另一方面，却是“信息爆炸”。信息经过处理后，可以通过其他形式再生。比如，企业利用以往的销售数据，预测未来的销售情况，之前已失去时效性的历史销售数据，又重新以其他形式获得了再生。

（5）共享性。信息共享性是信息在一定的时空范围内可以被多个认识主体接收和利用。信息的共享性使其可以被重复使用而不会像物质和能源那样产生损耗。

（6）等级性。信息具有一定的等级性。信息的等级性主要取决于组织当中管理的等级性。一般来说，企业或者组织的管理级别从上至下依次分为战略级、战术级、作业级。相应地，不同级别所使用和产生的信息也分别称为战略信息、战术信息和作业信息。

（二）信息化和企业信息化

1. 信息化

首先，三个概念都强调信息化建设是一个动态渐进的过程。其次，信息化的工作内容主要是围绕对信息资源的开发与利用。最后，信息化目标的达成也必须应借助先进的信息技术与设备。

对于信息化，人们通常按照其服务的领域对其进行分类，其分类结果是：

产品信息化、企业信息化、产业信息化、国民经济信息化、社会生活信息化。

企业信息化是产业信息化和国民经济信息化的核心。具有十分重要的地位，是信息化的主体，也是当前信息化的工作重点。

2. 企业信息化

企业信息化就是企业利用现代信息技术，通过信息资源的深入开发和广泛利用，实现企业生产过程的自动化，管理方式的网络化、决策支持的智能化和商务运营的电子化、不断提高生产、经营、管理、决策的效率和水平，进而提高企业经济效益和企业竞争力的过程。信息化概念的内涵：

（1）信息技术的推行和应用是企业信息化工作的核心。企业的各项功能需要通过信息流来引导、控制物流和能源流，而企业物理状况要想映射成信息流，必须经过硬件基础设施、IT技术、通信技术、数据库技术、网络技术等载体。

（2）信息化工作的目标已经从早期的提高效率，逐步过渡到增加效益，进而能够提高企业的竞争力。例如通过数据分析挖掘出企业的新客户，通过市场预测来及时调整企业发展方向，降低风险，都是增加效益、提高竞争能力的表现。

（3）信息化工作与维护不仅仅是信息部门的独立工作，信息化建设应渗透在生产、制造、经营、管理等各方面。相当于企业的“神经系统”。

（4）信息化项目的推行与顺利实施，必须要结合先进管理思想。更准确地说，应该是融合和创新。

（5）企业信息化既是产品的信息化，流程的信息化，同时也是人的信息化。即企业需要拥有信息化理念的管理者和员工，需要信息化的组织思想，总而言之，企业信息化是人机相互结合的信息化。

企业信息化从内容划分，可以分为五个方面：

（1）生产过程信息化：包括产品设计与开发的信息化；生产环节的信息化；生产过程的综合信息化。

（2）流通过程信息化：包括利用电子商务、EDI 信息系统、客户关系管理系统、供应链管理系统等来实现的信息化。

（3）管理信息化：主要包括管理手段和管理内容的信息化。

（4）组织结构信息化：主要是利用信息技术促使组织结构的网络化、协同化。

（5）生产要素信息化。有两层含义。一方面是指信息这种要素在生产要素中的相对作用的不断强化。另一层含义是指传统生产要素的信息化，包括劳动力、生产工具、劳动对象的信息化。

二、企业信息化管理概述

（一）企业信息化管理定义及其精髓

1. 企业信息化管理定义及其精髓

企业信息化管理（Enterprise Informatization Management，EIM）：是指对企业信息实施过程进行的管理。企业信息化管理主要包含信息技术支持下的企业变革过程管理、企业运作管理以及对信息技术、信息资源、信息设备等信息化实施过程的管理。企业信息化管理的三方面的实现是不可分割的，它们互相支持、彼此补充，达到融合又相互制约。企业信息管理属于企业战略管理范畴，其对企业发展具有重要意义。

2. 信息来源

信息来源不仅仅局限于企业内部还包括企业外部，即与企业生产，销售，竞争相关的外部信息源。信息源采集范围和质量受多种因素影响：企业的信息战略指向，企业内部负责生产、决策等的工作者对信息需求，信息获得的难易程度，信息质量水平等等。

3. 企业信息化管理定义及其精髓

企业信息化管理的精髓是信息集成，其核心要素是数据平台的建设和数据的深度挖掘，通过信息管理系统把企业的设计、采购、生产、制造、财务、营销、经营、管理等各个环节集成起来，共享信息和资源，同时利用现代的技术手段来寻找自己的潜在客户，有效地支撑企业的决策系统，达到降低库存、提高生产效能和质量、快速应变的目的，增强企业的市场竞争力。

（二）企业信息化管理范畴及决策系统

1. 企业信息化管理范畴

ERP、OA、CRM、BI、PLM、电子商务等都已经成为企业在管理信息化过程中不可或缺的应用系统。在这其中，ERP 正在向高度整合的全程管理信息化迈进。

2. 决策系统

决策层、战略层和战术层，相应地，企业信息化管理系统包括战略管理、实施管理、运行和维护管理三个层面。战略管理是企业信息化管理的龙头，企业信息化建设必须服从于企业的总体规划和战略。战略管理层面主要包括信息技术如何与企业的中长期规划和发展战略相适应、相融合；信息技术如何有效地保障企业的可持续发展；如何利用信息技术规划企业业务流程、提升企业的竞争力。企业信息化的实施管理层面主要包括商业软件实施、软件开发、硬件部署等方面的内容，通过有效的管理保障软件开发项目、系统集成项目得以顺利的实施。运行和维护管理层面的重点是保障已经实施的项目发挥其应有的作用，保障各种系统能够正常、稳定、高效和安全运行。

（三）企业信息化管理发展趋势

信息带动管理的转变对企业成长有着全方位影响，它将彻底改变企业原有经营思想、经营方法、经营模式，通过业务模式创新、产品技术创新，或对各种资源加大投入，借助信息化提供强有力的方法和手段进行实现。

1. 变革管理

企业信息化实施必涉及企业管理模式、组织架构、业务流程、组织行为的改变等是一个复杂的组织与管理变革过程。在信息管理变革中，通过变革目标导向确保变革有一个具有方向性的、可以监测的、有领导的管理环境，为整个变革历程制定计划，形成有实效的项目小组以及有效管理项目进程。采用新的领导方式对信息技术支持下的企业变革过程的管理的核心价值进行宣传提高管理层领导工作的有效性。通过变革导向、领导方式、激励支持、全员参与四方面的变革管理使员工逐步深入参与到信息管理变革中以尽快实现提高企业员工的工作绩效。

2. 运作管理

企业信息管理第二个方面是指信息技术支持下的企业运作管理，即用信息技术支持企业实现现代化管理，提高企业运作效率和效益，最终提高市场的竞争力。在采用信息技术支持企业运作时，可采用不同管理视角建立相应的信息系统，并以信息系统为基础支持业务的高效运作。实施信息技术支持下的企业运作管理的目的是着力构建企业战略信息系统。企业战略信息系统是指运用信息技术来支持企业竞争战略和企业计划，使企业获得竞争优势。典型的企业战略信息系统有企业资源计划系统、供应链管理系统、产品数据管理系统、制造执行系统、电子商务系统、现代集成制造系统等。现代集成制造系统是先进管理模式与自动化技术、信息技术、先进制造技术在企业的综合集成应用，是企业信息化管理的高级阶段。

3. 相应管理

企业信息化管理第三个方面是指对企业采用的信息技术建立的信息系统、获取到的信息资源，以及对企业信息化实施运作的过程进行计划、组织、控制、协调和指挥，以使企业在信息技术和信息资源上的投资能够收益最大化。信息技术管理包括有信息技术的规划；信息技术的选择；硬件平台、软件平台、网络；应用信息系统设计、开发、测试、实施过程的管理；信息系统的升级、维护、淘汰、运行性能、系统配置、IT 服务管理等。信息资源管理主要包括信息资源规划和信息资源的应用等。信息资源规划主要包括信息基础标准制定、单一信息源定义、信息视图整理、主题数据库设计、数据中心方案设计与信息模型设计等内容。信息资源应用主要包括基于数据中心的信息集中管理、应用软件开发、信息集成以及数据仓库建设、数据挖掘、决策支持和基于信息资源的知识管理、产业化等。企业信息化实施运作过程管理主要包含对信息化过程的计划、组织、控制、协调和指挥。

三、企业信息化管理注意事项及相关软件

（一）企业信息化管理注意事项

1. 分析和规划自身企业信息化建设的需求

在选择信息软件之前，企业必须首先明确自己的需求，也就是企业实现信息化要解决什么问题。

2. 功能是否满足企业自身的需求

在明确了企业的需求以后，使软件的选择有了依据。选择的 ERP 软件的功能与企业的需求相符合，是 ERP 软件实施成功的关键因素。在离散制造生产类型中，又可分为三种类型：多品种小批量生产、大批量流水生产、单件小批生产。这些不同的生产类型有着完全不同的生产模式（不同的生产流程、生产计划方式、生产组织和控制方式等）。多品种小批量生产类型适用 MRPII/ERP 传统的生产计划与控制功能，既由主生产计划（MPS）—物料需求计划（MRP）—车间任务与作业管理组成的三级管理体系，生产管理系统的核心是物料需求计划模块，它将按零件提前期和相适应的批量准则，组织零部件的生产和采购。对于大批量流水生产类型，在 ERP 软件系统中，最适合的生产管理解决方案是 MRP/JIT 混合生产管理模式。

3. 考察并评估 ERP 的成熟度

ERP 软件包是一个大型的、复杂的软件，程序中的关联错综复杂。企业在选择 ERP 软件的时候，要认真考虑该软件是否成熟可靠，这是企业选择 ERP 软件的一个重要标准。企业在选择 ERP 软件时，必须考查该软件公司的历史和经历，考查该软件包的形成和发展过程，以及应用的客户数和应用效果的评价，并且考查该软件商软件版本维护的机制。一般来讲，通过大量客户工程化考验软件的质量和可靠性要高一些，企业要尽量避免成为不成熟产品的试验场。

4. 考察服务提供商的实施经验和能力

企业在考查软件功能的时候，千万不要忽视该软件商实施这些软件的经验和这些模块应用的效果。有些服务提供商在功能清单上虽然也列出了这些模块的介绍，但并没有在客户现场中应用，技术服务人员对这些模块的理解还局限在概念上，对这些新兴功能在企业现场应用缺乏实践经验。这对该系统成功实施造成一定困难。

5. 如何加强企业信息化管理

信息化管理是现代企业管理的一项重要的工具，是企业的经营管理理念和方法的载体。信息化管理的主要内容是企业资源计划，其主要作用有两个方面：一是对外有效利用和整合资源；二是对内实行科学管理，提高工作效率。因此，要做好信息化管理工作，必须做到以下内容：

（二）相关信息化管理软件

1. ERP 系统

ERP：英文为 Enterprise Resource Planning，企业资源规划 ERP 是由美国 Gartner Group 咨询公司在 1993 年首先提出的，作为当今国际上一个最先进的企业管理模式，它在体现当今世界最先进的企业管理理论的同时，也提供了企业信息化集成的最佳解决方案。ERP 首先是一个软件，同时是一个管理工具。它是 IT 技术与管理思想的融

合体，也就是先进的管理思想借助电脑，来达成企业的管理目标。ERP 在企业中的实施和应用，是一项综合了技术和管理的复杂的系统工程。而有的时候，现代管理思想的推进更是其顺利实施的关键。在 ERP 系统中运用的先进的管理思想主要有以下几个方面：

（1）体现对整个供应链资源进行管理的思想。现代管理观念的重大转变是企业和其销售商、供应商、客户之间的关系，已不再是简单的业务往来的关系，而是利益共享的合作伙伴关系。这种合作伙伴关系组成了供应链。所以 ERP 的管理思想，也应跳出企业边界，真正实现“1 +1 >2”的目标。

（2）ERP 系统支持对混合型生产方式的管理。具体表现在两个方面：分别是精益生产和敏捷制造。同时结合并行工程，快速适应市场变化，重新构建新的供应链体系，用最短的时间，捕获市场需求，组织生产，提供多品种高质量的产品。

（3）ERP 系统对于计划职能的全面支持。这种支持既包括对主需求计划、主生产计划、能力需求计划、物料需求计划的支持，还包括对采购计划、生产计划、销售计划、财务预算和人力资源计划等各类计划的支持。ERP 系统借助数据共享与信息集成，使得企业的计划体系一脉相承，保障了计划的科学性和正确性。ERP 系统还可以借助不断的信息反馈，利用预设的控制节点等措施实现对业务执行过程的事中控制，进而有效保障计划与管理的正确落实。

各软件商 ERP 系统的模块结构相差较大，在这里，我们撇开具体的 ERP 系统，如 SAP ERP、Oracle ERP、用友 ERP 等，从实际业务的角度简要说明 ERP 系统的基本功能模块，即 ERP 系统是如何支持实际业务的。

ERP 系统主要包括三方面的内容：财务管理（会计核算、成本管理）、生产控制（计划、制造管理）、物流管理（销售、采购、库存管理）。这三大系统本身就是集成体，它们互相之间有对应的接口，能够很好地整合在一起来对企业进行管理。随着企业对人力资源管理工作的重视，对客户关系管理重要性的认识，已经有越来越多的 ERP 厂商开始将人力资源管理、客户关系管理等也纳入了 ERP 系统，作为其重要组成部分。

2. OA 系统

办公自动化（OA）是面向组织的日常运作和管理，员工及管理者使用频率最高的应用系统，自 1985 年国内召开第一次办公自动化规划会议以来，OA 在应用内容的深度与广度、IT 技术运用等方面都有了新的变化和发展，并成为组织不可缺的核心应用系统。

办公自动化简称 OA 系统，是将现代化办公和计算机网络功能，结合起来的一种新型的办公方式，是当前新技术革命中一个非常活跃和具有很强生命力的技术应用领域，是信息化社会的产物。通过网络，组织机构内部的人员可跨越时间、地点协同工作。通过 OA 系统所实施的交换式网络应用，使信息的传递更加快捷和方便，从而极大地扩展了办公手段，实现了办公的高效率。

通过 OA 系统，为企业构建的是一种新型的办公方式。突破了人们对于传统办公业务职能的理解。OA 系统是当前新技术革命中一个非常活跃和具有很强生命力的技术应用领域。其面向的用户群也同传统办公室文员有所区别。

OA 系统从产生到发展，主要经历了四个重要阶段。从文件型到智能型 OA 系统的发展，实际上也是信息技术对于办公领域服务的深化过程。从早期的单机版办公软件例如：Office、WPS 的使用。将其称为“无纸化办公”；从最初的关注于个体，以文件、档案管理为核心的管理流程，逐渐过渡到通过 OA 系统提供的日常工作平台，整合组织的信息资源，进行“知识管理”，同时随着流程的变革，技术的创新，最终 OA 系统必将会脱胎换骨，全新的“智能型 OA”将成为发展方向，该阶段，OA 将更关注组织的决策效率，提供决策支持、知识挖掘、商业智能等服务。

与企业中应用的其他信息系统相比，OA 系统具有的特点主要有四个方面：

第一，以强大的审批工作流为核心。从 OA 系统的技术开发平台发展过程来看，主要是运用了流转技术，实现对文件实体在网络上的传递，并通过定义接收者的先后顺序，实现审批流转路径的定制功能。

第二，专注于办公事务处理，与业务结合性不强。ERP 系统能够运用先进的管理思想，为企业提供强大的业务解决方案，与企业的业务管理结合性非常紧密，这也是 ERP 产品核心理念和价值所在。与之相比，OA 产品所体现出来的价值表现就并不在于“业务解决能力”上，而是对企业办公事务的处理，与业务的结合性不强。

第三，实施范围较为广泛，要控制得当。随着企业信息化建设的发展，信息系统实现业务管理方面的能力要求越来越受到重视，不少企业在实施 OA 系统的同时提出了很多具有企业业务特色的功能要求。而这些功能要求往往已经超越了传统的 OA 系统所能解决的范畴，造成了对 OA 系统在实施范围控制上的一个“模糊边界”。因此，如果不控制好这个范围的界定，极大可能造成项目的风险和失控。

第四，二次开发量较大。由于上述第三点的特点，必然会出现对原有 OA 产品进行二次开发，开发量需要根据提出的功能要求复杂程度而定。这个过程中也会牵涉到对所选择的 OA 产品技术架构上的问题，如果这个核心架构不能满足企业业务上的灵活要求，那么就意味着全新开发的可能性。

一个较为完善的 OA 系统的主要功能包括：公文管理、事务流程、知识中心、档案管理、个人办公、沟通管理等。

通过消息中心、手机短信、即时通信等提高组织沟通效率。通过公文管理、流程管理等提高事务处理效率。通过知识中心、文件传阅来提升组织的学习能力。通过任务管理、工作计划、日志管理等模块来增加计划控制能力。通过新闻中心、通知公告、员工论坛等来辅助企业文化的建设。

3. CRM 系统

所谓的客户关系管理就是为企业提供全方位的管理视角；CRM 的焦点是自动化并改善与销售、市场营销、客户服务和支持等领域的客户关系有关的商业流程。CRM 既是一套原则制度，也是一套软件和技术。它的目标是缩减销售周期和销售成本、增加收入、寻找扩展业务所需的新的市场和渠道以及提高客户的价值、满意度、盈利性和忠实度。CRM 在整个客户生命期中都以客户为中心，这意味着 CRM 应用软件将客户当作企业运作的核心。CRM 应用软件简化协调了各类业务功能（如销售、市场营销、服务和支持）的过程并将其注意力集中于满足客户的需要上。CRM 应用还将多种与客户交流的渠道，如面对面、电话接洽以及 Web 访问协调为一体。

客户关系管理（CRM）软件系统以最新的信息技术为手段，运用先进的管理思想，通过业务流程与组织上的深度变革，帮助企业最终实现“以客户为中心”的管理模式。

客户关系管理系统的内涵，应该从“客户”“关系”“管理”三个概念的内涵入手。

狭义的客户，指的是产品和服务的最终使用者或接受者。而广义的客户，不仅包括企业产品的终端用户，还包括企业的供应商、经销商等与企业经营相关的各类组织及个人。

所谓关系，是指两个人或两组人中的一方对另一方的行为方式以及感觉状态。因此，对于 CRM 系统，其管理对象既应包括接受产品或服务的消费者，有时也应包括与企业有关的供应商、分销商。其管理的内容，既应包括对于另一方的行为方式的管理，比如顾客的购物记录，也应包括对人们感觉状态的管理。

构建 CRM 系统的前提，是明确客户管理工作的重要意义。

任何一个企业，其客户管理都是一项非常重要的工作。正是不断地通过维系老客户，发掘新客户，才能够为企业带来源源不断的利润。有研究表明，开发一个新客户付出的成本是维护一个老客户的 5 倍，而企业通过建立 CRM 系统能够对客户信息进行收集、整理和分析，并实现内部资源共享，能有效提高服务水平，保持与老客户的关系。

另外，很多企业的客户资源是分散积累的，这直接导致客户信息记录的不完整，价值不高。同时由于销售人员的流动，客户资源会不断流失。而 CRM 系统能够帮助决策者准确得知客户整体推进状况和存在的问题，从而及时开展业务指导和策略调整，避免客户无故流失。其作用还包括，提高客户忠诚度和满意度，降低营销成本，掌握销售人员的工作状态等。

一个完整 CRM 系统的基本功能模块，主要应包括销售管理模块、营销模块、客户服务模块和呼叫中心模块。通过这几大模块，体现其“以客户为中心”的核心理念。为所有能够接触到用户的各个节点的相关人员提供系统支持。

（1）销售管理模块。包括：商业机会与传递渠道管理；日程安排管理；客户账户管理；销售预测和额度管理；销售队伍及领域管理；商品信息及报价管理；费用及佣金管理等。

（2）营销模块。主要包括：市场活动管理，营销伙伴管理；工作进程管理；工作任务管理；分销管理；分销分析管理以及市场促销管理等。

（3）客户服务模块。主要包括：客户服务管理及客户关怀管理。

（4）呼叫中心模块。呼叫中心又叫作客服中心，呼叫中心模块使计算机网络和通信网络融为一体；分布式技术的引入使人工坐席代表不必再集中于一个地方工作；自动语音应答设备的出现不仅在很大程度上替代了人工坐席代表的工作，而且使呼叫中心能 24 小时不间断地运行，互联网和通信方式的革命更使呼叫中心不仅能处理电话，还能处理传真、电子函件、网站访问，甚至是网络电话和视频会议。因此，现在的呼叫中心已远远超出了过去定义的范围，成为以信息技术为核心，通过多种现代通信手段为客户提供交互式服务的服务系统。

（5）商业智能模块。商业智能是目前 CRM 系统的核心和未来的发展方向。通过数据仓库技术、数据挖掘技术、联机分析处理技术将企业内部、外部的数据提炼成信息，进行加工成为知识，支持管理者的决策。

4. 其他管理信息化软件

(1) 进销存软件。进销存软件是对企业生产经营中物料流、资金流进行条码全程跟踪管理，从接获订单合同开始，进入物料采购、入库、领用到产品完工入库、交货、回收货款、支付原材料款等，每一步都为您提供详尽准确的数据。有效辅助企业解决业务管理、分销管理、存货管理、营销计划的执行和监控、统计信息的收集等方面的业务问题。智邦国际进销存系统侧重销售、订单、进货、库存和账款管理。包括销售开单、采购、入库、出库、盘点、调拨、借货、还货、退货、预警、订单、回款、付款、售后、公告、知识库、备忘录、图表统计、自动提醒等功能模块，互联网、局域网皆可使用。

(2) 项目管理软件。项目管理是把企业管理中的财务控制、人才资源管理、风险控制、质量管理、信息技术管理（沟通管理）、采购管理等有效的进行整合，以达到高效、高质、低成本的完成企业内部各项工作或项目的目的。项目管理已成为继 MBA 之后的一种“黄金职业”。

(3) 供应链管理软件。供应链管理（Supply Chain Management，SCM）在 1985 年由 Michael E. Porter 提出。供应链综合管理软件是基于协同供应链管理的思想，配合供应链中各实体的业务需求，使操作流程和信息系统紧密配合，做到各环节无缝衔接，形成物流、信息流、单证流、商流和资金流五流合一的领先模式。实现整体供应链可视化，管理信息化，整体利益最大化，管理成本最小化，从而提高总体水平。

(4) EXP 系统。EXP 是为知识密集型企业打造的，它建立在信息技术基础上，以系统化的管理思想，为企业决策层及员工提供战略、执行与评估的管理平台。

(5) 移动企业信息化。在移动互联网发展过程中，移动企业信息化概念越来越热门，可以说是如火如荼地开展。其中杭州美迪研发的“巡店通”产品，更是在移动企业信息化细分领域取得不俗战绩和业界影响力。美迪巡店通产品，主要通过手机端的应用，实现业务员等企业员工在外出巡店的管理，如新品管理、出样管理、摊头管理、定位导航、巡店轨迹、计划日程等方面做到有效管理。

四、电子商务

（一）电子商务概念及特征

1. 电子商务概念

电子商务可以从狭义和广义两个方面进行定义。狭义的电子商务是指利用网络环境进行的电子交易。而广义的电子商务除电子交易外，还包括利用网络环境进行的其他商务活动。如组建虚拟企业、进行商务决策等。

对于其概念，可以从以下几个方面来进行分析。一是应从“电子技术”和“商务”两个方面来切入。即通过电子技术来完成全新商务模式的变革。二是电子商务通过信息流来实现商流，带动物流。实现商品交易，服务交易。并形成了虚拟的市场交换场所。三是子商务系统涵盖交易的各个环节（交易前，交易中，交易后）。四是电子商务采用电子方式是形式，跨越时空，提高效率是主要目的。

从不同角度看到的电子商务分别是什么呢。从技术角度，电子商务是一种工具。从企业角度，电子商务是一种商业模式。从管理角度，电子商务主要用信息流带动商流。从社会角度，电子商务是一项全球范围内的系统工程。

2. 电子商务特征

电子商务和传统的商务活动相比，具有其特殊性。

（1）具有普遍性。电子商务作为一种新型的交易方式，将生产企业、流通企业以及消费者和政府带入了一个网络经济、数字化交易的新天地。

（2）具有方便性。在电子商务环境中，人们不再受地域的限制，客户能以非常简捷的方式完成过去较为繁杂的商务活动，如通过网络银行能够全天候地存取资金、查询信息等，同时使得企业对客户的服务质量可以大大提高。

此外，电子商务还具有整体性、安全性和协调性的重要特征。电子商务，将人工操作和电子信息处理集成为一个不可分割的整体。它要求网络能提供一种端到端的安全解决方案。它需要客户与公司内部、生产商、批发商、零售商间通过信息化手段，通力合作，协调运行。

（二）电子商务交易模式

1. 按照交易主体的不同，电子商务可以分为五种交易模式。

第一种是 B2B 交易模式。B2B 模式也称为企业对企业的电子商务交易模式。这一电子商务交易模式如今在企业原材料采购、物流供应链业务、国际贸易等方面广泛应用。比如：为中小企业交易提供交易平台的阿里巴巴、慧聪网、马可波罗网、中关村等，都是 B2B 的交易平台。

第二种是 B2C 交易模式。B2C 模式也称企业对用户（个人）的电子商务交易模式。这种模式已经成为企业市场营销的一种新的营销形式，现在已经有越来越多的个人接受和喜欢在线购物。例如同学们比较熟悉的淘宝网、卓越、当当、京东等等都是 B2C 的例子。

第三种是 C2C 交易模式。C2C 模式也称个人对个人的电子商务交易模式。典型的例子如 eBay 网上拍卖和易趣个人物品竞标网。其特点是将电子商务平台看作是虚拟大市场，在网站上可以交易各类物品，大到计算机和彩电，小到邮票和电话卡。此外，很多同学都使用过的二手交易网站也是非常典型的 C2C 交易模式。

另外两种，分别是 B2G 模式和 C2G 模式。一个是指企业和政府之间的电子商务，一个是个体公民和政府之间的电子商务。C2G 的表现形式多为通过网上来进行个人纳税、社会福利保险的支付等。

2. 电子商务系统的框架体系构成

完整的电子商务体系体现于全面的电子商务应用，而这需要有相应层面的基础设施和众多支撑条件构成的环境，这些环境要素从整体上可分为四个层次和两个支柱。四个层面的基础设施主要包括：网络基础层、多媒体内容与网络出版层、消息/信息发布与传输层以及一般业务服务层。两项支柱条件包括各种技术标准和国家宏观的政策、法律法规。

五、大数据与人工智能

（一）大数据

1. 大数据概念

维基百科给出这样的定义：大数据是指利用常用软件工具捕获、管理和处理数据所耗时间超过可容忍时间的数据集。

实际上这个定义我们可以理解为：大数据是指运用现有一般技术难以管理的大量数据的集合。

2. 大数据特征

大数据具有五个方面的特征：

（1）数量（容量）。据 IDC（国际数据公司）提供的数据。2010 年全球数字世界的规模首次达到 ZB 级别，相当于 1 万亿 GB；在 2005 年的基础上增长了 10 倍。这种爆炸式的增长，意味着到 2020 年，数字世界的规模将达到 40ZB，即 15 年增长了 300 倍。随着技术的进步和人类信息活动的加剧，这个数值还会不断增长。面对大数据，仍然使用常规的例如数据库那样的传统数据处理技术，已无法完成对海量数据的处理，满足人们和企业的各项要求。

（2）种类。大数据和传统数据的另一个区别，是其种类的多样性。以企业为例，传统的数据主要为：能够存储在数据库当中的，规范的、格式化的、数字化的数据。例如，采购订单，销售报表，人事档案等。而现在，随着传感器、智能设备及社交协作技术的激增，企业中的数据也变得更加复杂。其中既包含来自网页、互联网日志文件、搜索引擎的数据，也包括来自社交媒体论坛，电子邮件等领域的数据。还包括一些爆发式增长最为快速的来自于互联网上的位置信息、传感器数据以及视频等。这些，使用企业中传统的主流的关系型数据库是很难存储的，它们都属于非结构化数据。

（3）速度。数据产生和更新的频率也是衡量大数据的一个重要特征。就像之前我们介绍的数据量和数据种类发生了变化一样，生成和处理数据的速度也在发生变化。尤其是之前的数据处理，主要是针对存储在数据库当中静态数据的处理，而现在更多的是要在数据不断变化的动态过程中，对其进行快速处理和分析。例如：遍布全国的便利店，在 24 小时内产生的 POS 机数据，电商网站中，由用户访问所产生的点击数据，高峰时达到每秒几十万条的微信数据等。每天都在产生着庞大的数据，需要我们运用更新的技术及时进行处理。

（4）真实性。这项特征实际上描述的是数据的质量。较为典型的应用是垃圾邮件，它给社交网络带来了严重的困扰。而据统计数据显示，网络垃圾占互联网所有内容的 20% 以上。因此，我们只有尽可能的筛选出，真实性较高的数据，才能让对数据的管控和治理真正有意义。例如：通过网络消费注册获得的数据，即获得了实名认证的数据，常常比通过不可控行为，例如，网络贴吧，匿名留言获取的数据更真实，质量更高。

（5）价值性。数据的价值是指数据对企业的有用程度。这项特征的体现，和前面介绍的数据的真实性有非常密切的联系。此外，价值也依赖于数据的处理时间、数据的存储情况、数据分析的科学性、数据传输的效率等各项因素。所以，我们讲大数据的价值，是我们研究大数据理论，进行大数据实践的基础。

3. 大数据技术和传统数据处理技术

这里直接引用厦门大学林子雨老师的比喻，“池塘捕鱼”好比传统数据库时代的数据管理方式，而“大海捕鱼”则对应着大数据时代的数据管理方式。“鱼”是要处理的数据，而“捕鱼”环境的变化直接导致了“捕鱼”方式的变更。

（1）从数据规模来看，“池塘”规模较小，即便是比较大的“池塘”，如 VLDB（Very Large Database），和如“大海”的 XLDB（Extremely Large Database）相比仍旧偏小。数据库的处理对象通常是以 M 字节为单位，而大数据则动辄 G 字节，太字节乃至皆字节也不为过。

（2）从数据类型方面：“池塘”中“鱼”的种类一般只有一种或几种，以结构化数据为主。而“大海”中“鱼”的种类繁多，不仅包含结构化数据，还有半结构化和非结构化数据，而且后两者的比例越来越高。

（3）从数据模式角度来看：传统数据库是先有模式，再产生数据。好比先建好“池塘”，然后再投放适合在其中生长的“鱼苗”。而大数据时代往往难以预料模式，模式只有在数据产生之后才能确定，而且还会随着数据规模的变化而不断演变。随着时间的推移，“鱼”在不断增长和变化，从而推动了“大海”成分和环境也在不断变化。

（4）从处理对象方面来看：在“池塘”中捕鱼，纯粹就是捕鱼，这就是最终目的。而在“大海”中捕鱼，除了捕鱼，还可以通过某些“鱼”来预测其他“鱼”的存在。也就是说，传统数据库中的数据仅作为处理对象，而大数据时代，数据是一种资源，关键是进行分析、挖掘、预测和解决领域问题。

（5）从处理工具方面来看：在“池塘”捕鱼，少数几种工具就可以应对，也就是所谓的“One Size Fits All”。即一刀切，以不变应万变的处理方式。而在“大海”中捕鱼，可能要针对不同类型的“鱼”采用不同的工具，也就是所谓的“No Size Fits All”。

通过对传统数据库技术和大数据概念和特征的比较，我们可以进一步明确，我们的身边处处皆数据，对企业而言，大数据确实具有改变企业性质的能力。除此之外，我们也顺应时代变革，采用大数据思维来重新审视我们所处的环境。

4. 大数据时代需要进行三个思维的转变

（1）要突破传统以数据样本为基础的数据统计思维，而要分析与目标事物相关的所有数据。组织和个人将不再受到数据收集、记录等传统方法的限制，有条件去获取更为大量的数据。即开启了“全数据样本”模式。

在大数据时代，在某个领域里获得完备的数据是可能的。比如在过去，把全国所有人的面孔收集全是一件不可想象的事情，但是今天这件事情完全能够做到。

（2）在接受数据纷繁复杂性的前提下，不再执着追求精确性。执迷于精确性是信息缺乏时代和模拟时代的产物。只有 5% 的数据是结构化且能适用于传统数据库的。如果不接受混乱，剩下 95% 的非结构化数据都无法被利用，只有接受不精确性，我们才能打开一扇从未涉足的世界窗户。这里的“混乱”，包括格式的混乱、内容的混乱、类型的混乱等。

（3）不要再探求难以捉摸的因果关系，转而关注事物的相关关系。知道“是什么”就够了，没必要知道“为什么”。

在大数据时代，我们不必非得知道现象背后的原因，而是要让数据自己“发声”。相关关系的核心是量化两个数据值之间的数理关系。相关关系强是指当一个数据值增加时，另一个数据值很有可能也会随之增加。大数据的应用领域也从传统的商业领域逐渐扩散到教育领域、公共服务领域、社交服务领域、智能交通服务领域、医疗服务等领域。

大数据技术对企业的帮助具体可以表现为以下几个方面：

（1）通过大数据技术进一步提高数据的透明度。

（2）基于大数据支持通过各种决策验证从而对竞争方式产生影响。

（3）大数据技术能够根据客户的需求精准地进行人群细分。

（4）大数据技术能进一步提高算法和机器分析的作用。通过自动调节减少损失，避免成本高昂的人工干预，最终增加产出。

（5）大数据催生了很多由信息驱动的新类型的数据公司。例如：大数据技术催生出了许多的专业化的数据技术公司、数据咨询公司以及数据分析公司。

（二）人工智能

1. 人工智能概念

尼尔逊教授对人工智能下的定义：“人工智能是关于知识的学科——怎样表示知识以及怎样获得知识并使用知识的科学”。而另一个美国麻省理工学院的温斯顿教授认为：“人工智能就是研究如何使计算机去做过去只有人才能做的智能工作。”

人工智能是研究人类智能活动的规律，构造具有一定智能的人工系统，研究如何让计算机去完成以往需要人的智力才能胜任的工作，也就是研究如何应用计算机的软硬件来模拟人类某些智能行为的基本理论、方法和技术。

2. 人工智能类型

人工智能可以分为三类：

（1）弱人工智能。是擅长于单个方面能力的人工智能。比如有战胜象棋世界冠军的人工智能，但是它只会下棋，你要问它怎样更好地在硬盘上储存数据，它就不知道怎么回答了。

（2）强人工智能。人类级别的人工智能。是指在各方面都能和人类比肩的人工智能，人类能干的脑力活它都能干。创造强人工智能比创造弱人工智能要难得多，我们现在还做不到。

（3）超人工智能。牛津哲学家，知名人工智能思想家 Nick Bostrom 把超级智能定义为“在几乎所有领域都比最聪明的人类大脑都聪明很多，包括科学创新、通识和社交技能”。

3. 大数据技术和人工智能技术

（1）大数据是人工智能发展的基石。如果我们把人工智能看成一个嗷嗷待哺拥有无限潜力的婴儿，某一领域专业的海量的深度的数据就是哺养这个天才的奶粉。奶粉的数量决定了婴儿是否能长大，而奶粉的质量则决定了婴儿持续的智力发育水平。很显然，正是由于各类感应器和数据采集技术的发展，我们开始拥有以往难以想象的海量数据，同时，也开始在某一领域拥有深度的、细致的数据。这些所谓的大数据，就是训练天才婴儿的前提。此外，大数据具有规模大、种类多、产生速度快、处理能力要求高、时效性强、可靠性要求严格、价值大但密度较低等特点，为人工智能提供丰富的数据积累和训练资源。

(2) 人工智能推进大数据应用深化。在计算能力指数级增长及高价值数据的驱动下，以人工智能为核心的智能化正不断延伸其技术应用广度和深度。例如，在新零售领域，大数据与人工智能技术的结合，可以提升人脸识别的准确率，商家可以更好地预测每月的销售情况；在交通领域，大数据和人工智能技术的结合，基于大量的交通数据开发的智能交通流量预测、智能交通疏导等人工智能应用可以实现对整体交通网络进行智能控制；在健康领域，大数据和人工智能技术的结合，能够提供医疗影像分析、辅助诊疗、医疗机器人等更便捷、更智能的医疗服务。同时在技术层面，大数据技术已经基本成熟，并且推动人工智能技术以惊人的速度进步；产业层面，智能安防、自动驾驶、医疗影像等都在加速落地。

第二节

教学案例选编

沃尔玛公司信息化管理

沃尔玛百货有限公司，即沃尔玛公司（WalMart Inc.）（NYSE：WMT），是一家美国的全球连锁企业，主要涉足零售业，公司有8500多家门店，分布于全球15个国家，主要有沃尔玛购物广场、山姆会员店、沃尔玛商店、沃尔玛社区店等四种营业方式。

2016年7月20日，发布《财富》世界500强排行榜。2017年6月7日发布的2017年《财富》美国500强排行榜，沃尔玛连续第五年蝉联榜首。2017年7月20日发布的《财富》世界500强排行榜，沃尔玛连续四年排名第一位。2018年5月21日，2018年《财富》美国500强排行榜发布，沃尔玛连续第六年蝉联榜首。12月18日，世界品牌实验室编制的《2018世界品牌500强》揭晓，沃尔玛排名第12位。2019年7月22日，《财富》世界500强排行榜发布，沃尔玛百货有限公司位列1位。

一、沃尔玛公司的历程

20世纪40年代后半期和整个50年代，杂货业在美国，特别是农村小镇上仍是一种兴旺发达的零售形式。沃尔玛即是以杂货店起家。1951年，沃尔玛公司创始人山姆·沃顿在美国阿肯色州的本顿威尔盘下一家老式杂货店，取名“沃顿5～10美分”商店，主要经营花边、帽子、裁剪纸样等乡下杂货店的传统商品。接着，山姆扩大了店面，并开始采用自助式服务的经营方式。1952年10月，第二家“沃顿5～10美分”商店开业。到1960年，他已有15家商店分布在本顿威尔周围地区，年营业总额达到140万美元。这时，折扣商店在美国开始进入迅速发展的成长期，并已对小镇的传统杂货店形成了可怕的威胁。这是一种低价大量进货，便宜卖出，以经营系列综合商品为特点的零售经营形式。因此，在1960—1962年间，山姆考察了当时美国主要的几个折扣商店连锁集团，下决心从杂货业转入折扣百货业。1962年7月，第一家沃尔玛折扣百货店开业，店名为 Wal - Mart，地址选在人口只要 4500 人的阿肯色州的罗吉斯。之所以选在这里开店，是因为其创始人山姆·沃顿感觉到，这些小镇虽然人口不算太多，但确实存在着不少商机，且往往被大型的连锁店所忽略。当时，沃尔玛所面对的强大的西尔斯、凯玛特等零售业巨人的网点都集中在大城市，无意进入小城镇和乡村。在他们的眼中，小城镇不具备开设零售业的条件。这些巨人的原则是只要超过 25000 人的城市才能考虑设店。而山姆·沃顿的原则是，只要人口超过 4000 人就建店。他认为，小城镇潜力巨大，是未来零售业发展的基础所在。他将小城镇作为发展零售业的细分市场，以州为单位，一个县一个县的建点，然后一个州一个州地发展，再由州发展到全国。经过 20 年的发展，20 世纪 80 年代末，沃尔玛已有 1400 多家分店，分布在美国 29 个州，年销售收入 200 多亿，净收入 10 亿美元，总营业面积近 1000 万平方米，成为全美最大的折扣百货连锁公司。

到了 20 世纪 80 年代，山姆·沃顿发现仓储俱乐部有发展前途。他就于 1983 年，在俄克拉何马城成立了第一家山姆俱乐部，营业面积在 1 万平方米以上，商品组合从食品到一般商品，可以说几乎无所不包，一应俱全，可最大限度地满足消费者一次购齐的需要。同时，仓储俱乐部的销售毛利平均只有 10% ~13%，不但比传统百货公司、食品超市低，甚至比折扣百货店还低一半，因此商品价格格外便宜。保证商品种类齐全、价格又特别便宜的诀窍在于只经营每大类商品中那些需求最多，销量最大的品种、规格或品牌，而且很多商品的最小销售包装要比一般商店大得多，这些措施能使同样商品在仓储俱乐部比普通零售店便宜 30% ~40%，大大提高了对顾客的吸引力。补偿成本和稳定顾客的另一措施是实行会员制，目标顾客是购买批量较大、从事小生意的顾客，如餐馆、食品店等。由于以上种种优点，仓储俱乐部被专家看作是折扣百货店之后最具创新、最有潜力的商业经营形式，可看作是批发和零售的一种完美结合。

20 世纪 90 年代，沃尔玛大力发展购物广场。虽然沃尔玛已经占据美国仓储俱乐部的首位，但山姆并不满足于现状，他总结了顾客的意见及经营中的问题，又开始试验比超级市场面积小一些的购物广场。第一家沃尔玛购物广场在密苏里州的一个 9000 人口的小镇开业。毛利率为 17% ~18%，相比于一般超市的毛利率仍有优势。商品组合相当于一个超市加一个折扣百货店，商品大类比超市略窄，但质量更好，总计约 6.5 万种，食品、综合商品各一半，遵循“一站购齐”的原则，目标是 1 万人口以下的小镇。第二家购物广场在离俄克拉荷马州大城市杜萨 50 千米处的一个 6000 人口的小镇开业。公司认为在这些地方设店是因为当地很多人定期要到几十公里外的都市去购物，而购物广场较小的规模和商品组合的灵活性使之具有适应较小社区的能力。特别是在这些地区，沃尔玛 20 多年的经营已建立起良好的声誉和稳定的顾客群。公司将购物广场看作是以往折扣百货店的延伸。

二、沃尔玛的信息系统战略

20 世纪 50 年代末，当第一颗人造卫星上天的时候，全世界商业界对现代通信技术还无人问津。但到了 20 世纪 70 年代，沃尔玛就率先将卫星通信系统运用于公司的发展。21 世纪开始，沃尔玛又投资 90 亿美元开始实施“互联网统一标准平台”的建设。凭借先发优势、科技实力，沃尔玛的店铺冲出阿肯色州，遍及美国，走向世界。从这个角度看，与其说它是零售企业，不如说它是科技企业。

沃尔玛领先于竞争对手，先行对零售信息系统进行了积极投资的经典事例有：1969年，最早使用计算机跟踪存货；1974年，全面实现S.K.U.单品级库存控制；1980年，最早使用条形码；1984年，最早使用CM品类管理软件；1985年，最早采用EDI；1988年，最早使用无线扫描枪；1989年，最早与宝洁公司等大供应商实现VMIECR产销合作。在信息技术的支持下，沃尔玛能够以最低的成本、最优质的服务、最快速的管理反应进行全球运作。尽管信息技术并不是沃尔玛取得成功的充分条件，但它却是沃尔玛成功的必要条件。这些投资都使的沃尔玛可以显著降低成本，大幅提高资本生产率和劳动生产率。沃尔玛的全球采购战略、配送系统、商品管理、电子数据系统战略在业界都是可圈可点的经典案例。可以说，所有的成功都是建立在沃尔玛利用信息技术的基础上的。

在1985—1987年之间，沃尔玛安装了公司专用的卫星通信系统，该系统的应用使得总部、分销中心和各商店之间可以实现双向的声音和数据传输，全球4000家沃尔玛分店也都能够通过自己的终端与总部进行实时的联系。这一切的优势来自沃尔玛积极地应用最新的技术成果。通过采用最新的信息技术，员工可以更有效地做好工作，更好地做出决策以提高生产率和降低成本。在沃尔玛的管理信息系统中最重要的一环就是它的配送管理。

20世纪90年代沃尔玛提出了新的零售业配送理论：集中管理的配送中心向各商店提供货源，而不是直接将货品运送到商店。其独特的配送体系，大大降低了成本，加速了存货周转，形成了沃尔玛的核心竞争力。沃尔玛的配送系统由三部分组成。

1. 高效的配送中心

沃尔玛的供应商根据各分店的订单将货物送至沃尔玛的配送中心。配送中心则负责完成对货物的筛选、包装和分检工作。沃尔玛的配送中心具有高度现代化的机械设施，送至此处的货物85%都采用机械处理，这样就大大减少了人工处理货物的费用。同时，由于购进货物数量庞大，使自动化机械设备得以充分利用，规模优势充分显示。

2. 迅速的运输系统

沃尔玛的机动运输车队是其供货系统的另一个无可比拟的优势。在1996年的时候，沃尔玛就已拥有了30个配送中心，2000多辆运货卡车，保证进货从仓库到任何一家商店的时间不超过48小时，相对于其他同业商店平均每两周补货一次，沃尔玛可保证分店货架平均每周补两次。迅速的信息传送与先进的计算机跟踪系统，使沃尔玛可以在全美范围内快速地输送货物，使沃尔玛各分店即使只维持极少货存也能保持正常销售，从而大大节省了存贮空间和费用。由于这套快捷运输系统的有效运作，沃尔玛85%的货物通过自己的配送中心运输，而凯玛特只有5%，其结果是沃尔玛的销售成本因此低于同行业平均销售成本2%~3%，成为沃尔玛全年低价策略的坚实基石。

3. 先进的卫星通信网络

1983年，沃尔玛用了2400万美元开始建立自己的卫星通信系统，这套系统的应用，使配送中心、供应商及每一分店的每一销售点都能形成在线作业，在短短数小时内便可完成“填妥订单—各分店订单汇总—送出订单”的整个流程，大大提高了营业的高效性和准确性。即任何一家沃尔玛商店都具有自己的终端，并通过卫星与总部相连，沃尔玛每销售一件商品，都会即时通过与收款机相连的计算机并记录下来，可以随时查货、点货，且使得管理人员每天都能清楚地知道实际销售情况。可见，沃尔玛各分店、供应商、配送中心之间建立的卫星通信网络系统使沃尔玛的配送系统完美无缺。

除了优秀的配送系统外，沃尔玛还把信息技术与经营活动进行密切配合，开发出沃尔玛管理信息系统，该系统的应用更是使其如虎添翼，它可以迅速得到所需的货品层面数据，观察销售趋势、存货水平和订购信息等。沃尔玛在全球拥有3000多家商店、40多个配送中心、多个特别产品配销中心，它们分布在美国、阿根廷、巴西、加拿大、中国、法国等国家。公司总部与全球各家分店和各个供应商通过共同的计算机系统进行联系。它们有相同的补货系统，EDI条形码系统、库存管理系统、会员管理系统、收银系统。这样的系统使沃尔玛能从其任一家商店了解全世界的商店的资料。该系统提供的部分功能包括：

（1）给沃尔玛采购员提供资料。该系统保存了两年的销售历史，记录了所有商品，具体到每一规格、不同颜色的单品的销售数据，包括最近各周的销量，存货多少。这样的信息支持能够使采购员知道什么品种该增加、什么品种该淘汰；好销的品种每次进多少才能满足需求，又不致积压。

（2）给商店员工提供资料。内容包括：单品的当前库存、已订货数量、由配销中心送货工程中的数量、最近各周的销售数量、建议订货数量以及Telxon终端所能提供的信息。Telxon终端是一个无线扫描枪，使用它扫描商品的条形码时，能够显示价格、架存数量、库存数量、在途数量及最近各周销售数量等。扫描枪的应用，使商场人员丢下了厚厚的补货手册，为实施单品管理提供了可靠的数据，而且高效、准确。

（3）给供应商提供资料。一个良好的信息与沟通系统有助于提高内部控制的效率和效果。企业须按某种形式在某个时间之内取得适当的信息，并加以沟通，使员工顺利履行其职责。需要特别注意的是，沃尔玛的信息不仅供内部分店使用，而且与供应商共享。卫星系统每天可将销售点的资料快速、直接地传递给4000多家供应商，以便供应商及时备货，适应市场需求。对于沃尔玛来说，其物流链已经远远超出了本公司的范围，沃尔玛的供应商也被包括进来。20世纪80年代末，沃尔玛通过计算机联网和电子数据交换系统与供应商分享信息，从而与供应商建立起伙伴关系。沃尔玛与供应商的关系都是很友好的，因为沃尔玛认为分享信息的收益肯定是大于风险的，与供应商共享信息是要坚持做下去的事情。通过与供应商建立伙伴关系，可以让供应商及时知道沃尔玛的库存情况，以便决定是否需要供货。以皇后公司和沃尔玛的合作为例，两家公司的计算机进行联网，让供应商随时了解其商品在沃尔玛各分店的销售和库存变动情况，据此调整公司的生产和发货，提高效率，降低成本。

（4）对内部控制进行监督。企业内部控制是一个过程，这个过程通过纳入管理过程的大量制度及活动来实现。要确保内部控制制度切实执行，且执行得效果良好，内部控制能够随时适应新情况等，内部控制必须被监督。沃尔玛的卫星系统可以监控到全集团的所有店铺、配送中心和经营的所有商品，每天发生的一切与经营有关的购销调存等信息。自从沃尔玛建立卫星系统后，其物流程序发生了质的变化。以卫星控制台为核心，沃尔玛利用统一的产品UPC（universal product code）代码对货物进行管理。经理们选择一件商品，扫描一下该商品的UPC代码，不仅可以知道商场目前有多少这种商品、订货量是多少，而且知道有多少这种产品正在运输到商店的途中，会在什么时候运到。这些数据都通过主干网和通信卫星传递到数据中心。管理人员不但能实时地对销售情况、物流情况等进行监控，还能知道当天回收多少张失窃的信用卡，信息卡认可体系是否正常工作，并监督每日做成的交易数目。沃尔玛的数据中心也与供应商建立了联系，从而实现了快速反应的供应链管理。厂商通过运营系统可以进入沃尔玛的计算机分销系统和数据中心，直接从 POS 机得到某供应商的商品流通动态信息，如不同商品的销售统计数据、沃尔玛各仓库的调配状态、销售预测、电子邮件与付款通知等等，以此作为安排生产、供货和送货的依据。整个运作过程协调有序，减少了无效的程序，提高效率。通过这个信息系统，管理人员掌握到第一手的资料，并对日常运营与企业战略做出分析和决策。

目前，在信息化建设上处于零售业前沿的沃尔玛，采用了视频会议系统，以解决传统的电话沟通方式的不便、各地相关员工赶往某地开会花费高昂的差旅费用并严重影响工作效率的问题。例如，通过视频会议系统，全球的沃尔玛公司人员可以在世界各地进行报表分析、销售预测、企业内部培训等。操作人员还可以将 PowerPoint、Excel 等培训资料、数据表格呈现在每个与会者的计算机桌面上，同时，还可以在已共享的文档上进行勾画、修改等操作，为他们提供了极大的方便。

从沃尔玛的成功中可以看出，信息技术的采用虽然投资巨大，但是它却能降低成本，带来无限的收益与竞争力，信息技术成为沃尔玛成功的一大法宝。

（资料来源：中国食品产业网）

【教学功能】

本案例阐述了沃尔玛公司信息化管理，其内容可用于研讨现代企业信息化管理设计与实施。

【知识要点】

信息管理　信息化　信息系统

【思考与讨论题】

1. 有人说：“信息技术始于战略，而不是系统。”从沃尔玛的成功事例中谈谈你对此的理解。

2. 从信息技术对公司的作用角度，分析沃尔玛公司成功的原因。

管理综合案例课程课堂讨论记录表

班级：　　　　　　　　姓名：　　　　　　　　年　　月　　日

案例名称	
案例讨论题	

续表

管理案例讨论发言内容			
课堂讨论记录			
教师点评记录			
备注			
综合评语		成绩	

任课教师：　　年　　月　　日

经典管理故事

某知名主持人有一天访问一名小朋友，问他：“你长大后想要做什么呀？”小朋友天真地回答：“我要当飞机的驾驶员！”主持人接着问：“如果有一天，你的飞机飞到太平洋上空所有引擎都熄火了，你会怎么办？”小朋友想了想说：“我会先告诉坐在飞机上的人绑好安全带，然后我挂上我的降落伞跳出去。”当在现场的观众笑得东倒西歪时，主持人继续注视这个孩子，想看看他是不是自作聪明的家伙。没想到，接着孩子的两行热泪夺眶而出，于是主持人问他：“为什么要这么做？”小孩的答案透露出一个孩子真挚的想法：“我要去拿燃料，我还要回来！”

启示：反馈信息系统被切断，领导就成了“孤家寡人”，与手下保持畅通的信息交流，将会使你的管理如鱼得水，以便及时纠正管理中的错误，制定更加切实可行的方案和制度。

第十二章

企业形象管理

【教学内容精要】

【课程性质】

企业形象管理是一门系统地研究企业识别理论和实践操作的科学，它具有丰富的思想内涵和文化内涵，更具有系统、规范的实践操作程序与方法。

【发展趋势】

科学技术的发展突飞猛进，信息变革和网络经济使市场成全球化趋势，企业间的竞争日趋激烈，因此企业形象管理面临着挑战。为应对挑战，企业形象管理的理论研究工作者和从事企业形象管理的实践工作者都在努力地进行着探索，从而推动着企业形象管理的创新。

【教学内容】

企业形象管理的基本理论和选编了1个涵盖企业形象管理主干知识点的教学案例，使学生在掌握理论概念的基础上了解具体的实践过程，验证知识点，并从企业实际情况出发思考对策方案，亲自动手、动口进行实践操作，进而提高沟通表达能力、理解分析能力、解决问题能力。企业形象管理的内容包括：企业形象管理内涵、企业形象管理的必要性，导入 CIS 投资、实态调研、创意设计、成果实施、效果评估。

【教学要求】

（1）根据思考与讨论题，在学习企业形象管理的基本理论、阅读案例和查阅文献资料的基础上，撰写管理案例课堂讨论书面报告。

(2) 设计课堂讨论主题发言和自由发言的内容，认真参与管理案例教学课堂讨论，填写管理综合案例课程课堂讨论记录表。

第一节

基本理论知识

企业形象是企业自身的一项重要无形资产，因为它代表着企业的信誉、产品质量、人员素质、股票的涨跌等。塑造企业形象虽然不一定马上给企业带来经济效益，但它能创造良好的社会效益，获得社会的认同感、价值观，最终会收到由社会效益转化而来的经济效益。

一、企业形象概念及形象的重要性

(一) 企业形象概念及内容

1. 企业形象概念

企业形象概念的诞生已有百年，在国际上，企业形象指的是社会公众对企业的整体感觉，包含企业精神和外在特征，可分为两个方面的含义，社会公众对企业的整体评价、社会公众是形象要素的确定者、社会公众的评价基于企业自身表现。作为一个企业，要想塑造好企业形象，就必须深刻认识到企业形象的相关概念，了解社会公众对企业形象的影响，这样才能起到督促的作用，制约企业管理者的相关行为，提高企业的公信力，刻画良好的企业形象。

企业形象管理是以内强素质、外树形象为目标，全面提升企业内在素质和外在表现，从而提高其市场综合表现的现代管理，是对企业内外各方面的全方位的管理。

2. 企业形象管理内容

企业形象管理的内容十分广泛，但主要涉及企业总体形象、全面质量管理、产品形象管理、环境形象管理、员工形象管理和社会形象管理。其中企业总体形象管理是企业形象管理的灵魂和灯塔，它是企业决策者根据企业长期发展战略。

(二) 企业形象的重要性

1. 形象的重要性

(1) 企业形象管理定位，抢占市场先机。好的形象才能使你的企业得到更多关注，好的形象才能使你的企业得到更多机会，好的企业形象才能在竞争中立于不败之地。

(2) 千里之行，始于足下，百年品牌，成于形象！21 世纪的竞争是企业形象和品牌的竞争。只有建立有竞争力的品牌才能取得“万古长青”的长久利益，而企业形象是建立企业品牌的基础和保证。

(3) 员工的工作热情是企业提高效率的基本保证。通过企业培训为员工塑造统一而完美的职业形象，潜移默化地给员工灌输企业文化的内涵，增强员工的归属感，忠诚度，凝聚力。

（4）提升服务质量，赢得更多客户。完善的服务是现代企业核心竞争武器与形成差异化的重要手段，良好的服务是降低顾客流失率和赢得更多新客户的有效途径，提供良好的服务促进企业利润持续增长，提升服务质量，赢得更多客户。

2. 企业形象策划

（1）企业形象策划的重要性。企业形象是社会公众对企业的整体感觉和认知，是企业参与市场竞争的基础，也是企业赢得最佳效益的根本动力。为了确保企业能够拥有良好的企业形象，企业形象策划是帮助企业建立良好形象的重要方式。在市场竞争中，企业需要依靠管理和产品或服务来建立企业形象。因此在策划中要着重做好高层的管理工作，制定止确的决策，在产品或服务方而要严格控制好产品质量，为客户提供优质的服务，这样才能赢得更多客户的信任，得到长久的发展。另外，良好的企业形象不仅能够提高市场竞争力，也能建立良好的企业乂化，提高企业内部凝聚力。员工是构成企业的基础要素，高素质的员工才能提高企业的生产效率，为企业赢得更多的收益。否者，员工的心不齐，企业也无法很好地经营管理，这样将很难为企业带来收益。企业形象非常重要，企业要想得到更好的发展就必须树立良好的企业形象，提高员工的素质和服务质量，同时要提高管理的管理方法，这样才能为企业带来最佳的经济效益。

未来的企业竞争不仅仅是产品品质、品种之战，更重要的还是企业形象之战，因此，塑造企业形象便逐渐成为有长远眼光企业的长期战略。

（2）企业形象策划。企业形象策划是组织企业形象管理方法而产生的，如今已经演变为一种企业的文化战略。从本质上来看，形象策划是对企业自身的经营理念与文化活动的认知。

企业想要进行形象策划，就要导入 CIS 企业识别系统，这也是当代大型企业为了加强企业文化建设的一项重要战略。企业识别系统是由理念识别、行为之别与视觉识别组合而成的一套完成体系，分别对应企业文化建设的精神层、制度层与物质层，因此企业形象策划是通过统一的整体传达系统将企业文化外化为企业形象的过程。

二、CI 设计及 CI 系统的构成

（一）CI 设计

1. CI 设计概念

CI（Corporate Identity），直译为“企业形象规范体系”。这是指一个企业为了获得社会的理解与信任，将其企业的宗旨和产品包含的文化内涵传达给公众，而建立自己的视觉体系形象系统。

CI 设计是现代企业走向整体化、形象化和系统管理的一种全新的概念。其定义是：将企业经营理念与精神文化，运用整体传达系统（特别是视觉传达系统），传达给企业内部与大众，并使其对企业产生一致的认同感或价值观，从而达到形成良好的企业形象和促销产品的设计系统。

2. CI 系统的构成

CI 系统是由理念识别（Mind Identity，简称 MI）、行为识别（Behaviour Identity，简

称 BI）和视觉识别（Visual Identity，简称 VI）三方面所构成。

（1）理念识别（MI）。它是确立企业独具特色的经营理念，是企业生产经营过程中设计、科研、生产、营销、服务、管理等经营理念的识别系统。是企业对当前和未来一个时期的经营目标、经营思想、营销方式和营销形态所作的总体规划和界定，主要包括：企业精神、企业价值观、企业信条、经营宗旨、经营方针、市场定位、产业构成、组织体制、社会责任和发展规划等。属于企业文化的意识形态范畴。

（2）行为识别（BI）。是企业实际经营理念与创造企业文化的准则，对企业运作方式所作的统一规划而形成的动态识别形态。它是以经营理念为基本出发点，对内是建立完善的组织制度、管理规范、职员教育、行为规范和福利制度；对外则是开拓市场调查、进行产品开发，透过社会公益文化活动、公共关系、营销活动等方式来传达企业理念，以获得社会公众对企业识别认同的形式。

（3）视觉识别（VI）。是以企业标志、标准字体、标准色彩为核心展开的完整、体系的视觉传达体系，是将企业理念、文化特质、服务内容、企业规范等抽象语意转换为具体符号的概念，塑造出独特的企业形象。视觉识别系统分为基本要素系统应用要素系统两方面。基本要素系统主要包括：企业名称、企业标志、标准字、标准色、象征图案、宣传口语、市场行销报告书等。应用系统主要包括：办公事务用品、生产设备、建筑环境、产品包装、广告媒体、交通工具、衣着制服、旗帜、招牌、标识牌、橱窗、陈列展示等。

视觉识别（VI）在 CI 系统中最具有传播力和感染力，最容易被社会大众所接受，据有主导的地位。

（二）CI 设计发展历程

1. CI 设计产生

企业形象设计系统（Corporate ldentity System，简称 CIS），其理论的发源地一般认为是在美国。

2. 发展历程

20 世纪 50 年代中期，美国 IBM 公司在其设计顾问“透过一些设计来传达 IBM 的优点和特点，并使公司的设计在应用统一化”的倡导下，首先推行了 CI 设计。

20 世纪 60 年代初美国一些大中型企业纷纷将能够完整树立和代表形象的具体要素是作为一种企业经营战略，并希望它成为企业形象传播的有效手段。它包含了企业形象向各个领域渗透的整个宣传策略与措施，这种完整的规划与设计在经过相当长的一段时间后被人们广泛认知并正式冠以企业形象识别系统的名称。

20 世纪 70 年代 CI 理论引入日本，少数有远见的企业先行导入 CI，并逐渐产生了功效。

20 世纪 80 年代，中国南方一些企业也开始 CI 尝试。

三、企业形象设计

（一）企业形象设计概述

1. CI 设计

企业形象设计就是指企业的经营理念、文化素质、经营方针、产品开发、商品流通等有关企业经营的所有因素。从信息这一观点出发，从文化、形象、传播的角度来进行筛选，找出企业具有的潜在力，找出他的存在价值及美的价值，加以整合，使他在信息社会环境中转换为有效的标识。

2. CI设计规划过程

CI设计规划与实施导入是一种循序渐进的计划性作业，整个计划的进行与推展，综合国内外企业导入CI的经验。其作业流程大约可分为下列四个阶段：

（1）企业实态调查阶段。把握公司的现况、外界认知和设计现况，并从中确认企业实际给人的形象认知状况。

（2）形象概念确立阶段。以调查结果为基础，分析企业内部、外界认知、市场环境于各种设计系统的问题，来拟定公司的定位与应有形象的基本概念，作为CI设计规划的原则依据。

（3）设计作业展开阶段。根据企业的基本形象概念，转变成具体可见的信息符号。经过精致作业和测试调查，确定完整并符合企业的识别系统。

（4）完成于导入阶段。重点在于排定导入实施项目的优先顺序、策划企业的广告活动以及筹组CI。

（二）塑造企业形象效果及注意事项

1. 塑造企业形象效果

企业形象是企业内在的各种文化信息所形成的凝聚力、创造力、吸引力和竞争力的综合体现。塑造良好的企业形象，可以给企业带来以下三方面的效果：

（1）信任效果。一个深得社会公众认同和好感的企业，总是能顺利地推销它的产品和开展它的工作，即使与其他企业做相同的事，销售相同的产品，也容易得到较高的评价。相反，如果一家企业形象不好，尽管其产品打折、优惠销售，也容易遭到社会公众的怀疑。

（2）缓和效果。一家形象良好的企业，当它于无意之中犯过错时，往往能比企业形象一般的企业得到社会公众更多的谅解，从而减轻社会舆论对企业的压力。

（3）竞争效果。消费者对于形象良好的企业及其产品总会优先考虑使用，因此，这类企业常常能击败竞争对手，夺得优胜。一般而言，有知名度、企业形象良好的企业总比没有知名度、没有良好形象的企业能销售更多的产品。

2. 注意事项

企业形象是一种有价值的无形资产，是一种开发性的投资，要有投资效应。在导入企业形象系统之前，应注意以下几点：

（1）认真编制形象塑造规划，敢于投资。在企业形象规划中，要制定企业形象发展目标与具体实施步骤，编制规划前应找出企业实际形象与期望之间的差距，同时应注意规划的可建设性与可操作性。如果一开始就不敢投资，往后的工作自然就无法进行，就会使企业形象建设受阻，或半途而废。

（2）企业形象塑造要坚持从实际出发。企业形象如何建设，应根据不同企业不同的条件、优势、基础和需要来考虑。企业形象建设应由一点入手，带动其余的方方面面，不能只顾一点，不问其余，否则极易使形象扭曲变形。

（3）企业形象塑造要有特色。差别性是企业形象塑造最基本的特征。在市场经济条件下，企业应追求富有个性化的企业形象。个性化的形象可方便消费者识别，给企业带来较稳定的客源和生机。

（4）企业塑造企业形象。企业要对企业全体员工进行职业道德、思想素质、业务素质的培训与教育，要培养员工养成讲质量、讲信誉的风气，要培育员工爱店敬业、忠于职守、和睦团结的敬业精神。

塑造良好的企业形象，是发展社会主义市场经济的客观需要，是社会主义制度下企业对国家和社会所承担的责任，是企业在竞争中奋进取胜的必要条件，同时也是企业文化建设的重要内容。

第二节

教学案例选编

古井贡酒公司导入 CIS 提升形象

古井贡酒，属浓香型白酒，中国名酒之一，有“酒中牡丹”之称，产自安徽省亳州市。古井贡酒拥有悠久的历史，其渊源始于公元 196 年曹操将家乡亳州产的“九酝春酒”酿造方法晋献给汉献帝刘协。以“色清如水晶、香纯似幽兰、入口甘美醇和、回味经久不息”的独特风格，赢得了海内外的一致赞誉。古井贡酒先后四次蝉联全国评酒会金奖，荣获国家名酒称号。1988 年在第 13 届巴黎国际食品博览会上荣登榜首。古井集团以古井贡酒为主导产品，现已发展成为集酒业、酒店业、房地产业、农产品深加工业等为一体，跨行业、跨地区的国家大型一档企业。1963 年第二届全国评酒会金质奖，中国名酒；1979 年第三届全国评酒会金质奖，中国名酒；1984 年第四届全国评酒会金质奖，中国名酒；1988 年巴黎第十三届国际食品博览会，唯一荣获金奖的中国名酒；1989 年第五届全国评酒会金质奖，中国名酒；2013 年古井贡酒酿造遗址被国务院列为“国保”单位；2013 年“华樽杯”第五届中国酒类品牌价值评议活动中，“古井贡”品牌价值为 261.65 亿元，位居中国白酒行业第六位，安徽省第一位。2016 年 8 月，在“华樽杯”第八届中国酒类品牌价值评议活动中，古井贡酒以 492.59 亿元的品牌价值位列安徽省白酒第一名，中国白酒第五名。如今，随着古井贡酒全球巡礼活动的开启，古井贡酒正在向世界诠释中国白酒的品牌形象。2019 年 9 月，入选工业和信息化部绿色工厂名单。

一、古井贡 CIS 导入的背景

随着我国加入 WTO，酒业的竞争狼烟四起，不仅国内的名酒、新酒激烈争夺市场，而且国外的各种洋酒，凭借其品牌、质量、资金实力，也纷纷抢滩中国，不断扩大其市场占有份额，赚回了巨额利润。

在这种情况下，中国酒业向何处去？凭什么占领市场，免遭败仗？可以说凡是想干一番事业，有强烈自尊心的企业及其领导人都使尽了浑身解数，当中不乏成功之士，也不免悲壮之士。然而，市场不相信眼泪，只相信实力。

实力反映在许多方面，如人才、资金、产品、质量、市场。但是，仅仅有人才、质量和资金，如果不能让“美酒飘香”，那么即使是好酒也会“留在深山无人问”，照样没有市场。“酒香不怕巷子深”，虽然强调了产品质量的重要性，但那是小生产时代的产物，在现代市场竞争中只能是坐以待毙，没有什么积极意义。

作为地处中原的以生产和销售白酒为主的企业——古井贡怎样才能占领市场，走向全国乃至世界呢？这确实是一个重大难题。然而，这个问题并没有难住深谙酒文化之道的古井贡人。他们深知，变是万物之规。改革开放以来，我国经济、社会、文化发展很快，正由传统农业社会向工业社会转变，伴随着这一转变，人们的消费观念也发生了巨大变化：人们追求名牌、酒、啤酒。于是，他们进行战略调整，跳出物以稀为贵的传统观念，没有效仿茅台、五粮液，而是进行了科学的市场定位，走“质优、价廉、量大”之路。与这些重大战略决策同时并举的，就是实施 CIS 导入战略。

二、古井贡 CIS 导入的时机

古井贡人实施 CIS 战略的目的是为了激励和振奋员工精神，增强古井贡的凝聚力，打造古井贡的独特的文化，提升古井贡在市场中的整体形象，扩大古井贡的知名度，并创造古井贡巨大的无形资产。1993 年 1 月 20 日古井集团发表了“古井 CIS 宣言”，决定全面导入 CIS。

三、古井贡的 CIS 功效

古井的视觉识别标志是由一轮红日和一个井字构成。在冉冉升起的朝阳背景上，“井”字拔地而起，象征着实力雄厚的古井集团朝气蓬勃、蒸蒸日上。这个“井”字以中国传统书法的笔力及特有的表现力，用现代构成的造型原理结合成强烈的视觉冲击效果，同时也体现出古井集团独树一帜、敢为人先的企业精神和以“古井贡酒”为龙头的全方位发展战略方针。

古井酒厂的主导产品古井贡酒，是广大消费者心目中的一块金牌。但是金牌需要放大、需要增辉。因此，古井酒厂以实施 CIS 战略为契机，营造名牌“森林”，提高名牌含金量，实现了巨大的金牌放大效应。

古井酒厂根据客户群多元化的市场需求，“按照高技术、大批量、系列化”的方针，不断优化产品结构，实现产品的多元化，先后开发创造了 55 度、45 度、38 度、30 度等系列产品及中低档次、多品种、多规格的古井牌古井酒、古井牌古井 988 酒、古井牌古井特曲等产品，在市场上非常畅销，壮大了古井系列酒的名牌阵容，获得了巨大的名牌效益。

古井集团通过实施 CIS 战略，成功地赢得了市场。“古井贡牌”和“古井牌”是古井酒厂的两大品牌，古井酒厂导入 CIS 后，在广告宣传和公共促销活动中突出地进行品牌宣传，提高了这两大品牌的知名度，极大地增加了企业无形资产的分额，从而提高了名牌的含金量，提高了单瓶酒的价格和利润水平，实现了产品的高价位竞争。以“古井贡酒”为龙头的古井贡牌系列产品和古井牌系列产品在市场上旺销不衰，价格稳中有升，为古井酒厂赢得了不断增长的经济效益，近几年来，该集团取得了骄人的成绩，在激烈的竞争中树起了一座丰碑。

古井全体员工以“做真人、酿美酒、善其身、济天下”为企业核心价值观，重塑信念、坚定信心，夯实主业白酒，优化产能结构，对内固化、优化产品质量，对外细化、强化市场营销，实现了经济效益连续增长。

（案例来源：全国高校管理案例库研究编写组编．管理案例库教程．北京：中国科学技术出版社，2004）

【教学功能】

本案例阐述了古井贡酒股份有限公司导入CIS提升形象，其内容可用于研讨现代企业CIS战略策划与实施。

【知识要点】

CIS战略　企业形象　品牌战略

【思考与讨论题】

1. 从理论与实践的结合上谈谈CIS战略的功效。
2. 探讨企业形象、品牌等无形资产在企业竞争中的作用。
3. 古井集团导入CIS战略有哪些成功之处？

管理综合案例课程课堂讨论记录表

班级：　　　　　　　　　姓名：　　　　　　　　　年　　月　　日

案例名称	
案例讨论题	
管理案例讨论发言内容	
课堂讨论记录	

续表

教师点评记录			
备注			
综合评语		成绩	

任课教师：　　年　　月　　日

经典管理故事

雷尼尔效应

位于美国西雅图的华盛顿大学选择了一处地点，准备修建一座体育馆。消息一传开，立即遭到教授们的反对，因为校方选择的位置在校园的华盛顿湖畔，体育馆一旦落成，会挡住教职工从餐厅就可以欣赏到窗外美丽的湖光山色。于是校方顺从教授们的意见，取消了这项计划。

为什么学校如此尊重教授们的意见呢？因为与美国其他大学教授的平均工资相比，华盛顿大学教授的工资一般要低20%左右。教授们之所以愿意接受学校的低工资，完全是处于留恋西雅图的湖光山色：西雅图滨临太平洋，大大小小的湖泊星罗棋布，天气晴朗时可以看到美洲的雪山之一——雷尼尔山峰；开车出去，还可以在较短时间到达圣海伦火山观光……为了美好的景色而放弃更高收入的机会，被美国大学界戏称“雷尼尔效应”。也就是说，华盛顿大学教授工资的80%以货币形式支付，20%是由美丽宜人的自然环境补偿。

“雷尼尔效应”告诉我们，优美的自然环境可以弥补低工资不足，起到稳定员工队伍的作用。由此可以得出，企业承担一定的社会责任，如保护环境、赞助慈善事业等，不仅对社会有好处，也符合企业的长远利益。

第十三章

企业创业管理

【教学内容精要】

【课程性质】

创业管理不同于传统管理。它主要研究企业管理层的创业行为，研究企业管理层如何延续注入创业精神和创新活力，增强企业的战略管理柔性和竞争优势。创业管理反映以创业为基础的经济发展规律，以经济规律为核心的社会发展规律的科学。

【发展趋势】

以信息概念为根基的理论框架将成为创业管理学的研究主流，创业管理将深入研究有价值的创业机会与创业个体的交互，创业过程的研究将成为创业领域的核心组成部分之一，使创业管理方法科学化和创业管理体系科学化的方向演进。

【教学内容】

教学内容包括创业管理基本理论和1个教学案例，通过学习使创业者了解创业与创业精神、创业类型与模式、创意与机会识别、创业者应有素质及创业团队的组建、创业信息的获取、新创企业和融资渠道与方式、商业计划书的撰写及应注意的问题，新创企业的市场营销与管理、新创企业收获与退出策略等知识与技巧。

【教学要求】

(1) 根据思考与讨论题，在创业管理基本理论、阅读案例和查阅文献资料的基础上，撰写管理案例课堂讨论书面报告。

(2) 设计课堂讨论主题发言和自由发言的内容，认真参与管理案例教学课堂讨论，填写管理综合案例课程课堂讨论记录表。

第一节

基本理论知识

创新和创业是相辅相成的、无法割裂的关系。创新是创业的手段和基础，而创业是创新的载体。创业者只有通过创新，才能使所开拓的事业生存、发展并保持持久的生命力。

一、创新与创业

（一）创新概述

1. 创新本质

创新是指以现有的思维模式提出有别于常规或常人思路的见解为导向，利用现有的知识和物质，在特定的环境中，本着理想化需要或为满足社会需求，而改进或创造新的事物、方法、元素、路径、环境，并能获得一定有益效果的行为。在经济和社会领域生产或采用、同化和开发一种增值新产品；更新和扩大产品、服务和市场；发展新的生产方法；建立新的管理制度。它既是一个过程，也是一个结果。

从本质上说，创新是创新思维蓝图的外化、物化、形式化。

2. 创新方法

创新方法一直被世界各国所重视，在美国被称为创造力工程，在日本被称为发明技法，在俄罗斯被称为创造力技术或专家技术。我国学者认为创新方法是科学思维、科学方法和科学工具的总称。创新方法既包含实现技术创新的方法，也包含实现管理创新的方法。创新方法包含试错法、六顶思考帽法、大脑风暴法、六西格玛等。

3. 创业管理与传统管理

创业管理与传统管理的内容不同表现为以下四方面：

(1) 时代背景不同。管理产生、成熟于机器大工业时代；而今天世界正在经历从工业社会向消费社会的转变，从工业社会向信息社会的转变，这就是创业管理产生的新经济时代。传统的管理范式聚焦于商品，是技术导向型的，研发、设计、工程、大批量制造、大市场、大规模操作、自动化和专业化都是重要因素。在知识经济时代，产品市场的生命周期缩短，重点是如何快速进入和退出市场，迅速推出升级产品，竞争的关键转向产品生命周期的前端，新事业、新产品策略包括研发管理、创新管理、知识产权管理等成为管理关注的重点。

(2) 研究的客体不同。传统的管理理论是以现有的大公司为研究对象，而创业管理理论则是以不同层次的新建事业以及新的创业活动为研究对象。传统管理理论侧重于向人们提供在现存大企业中开展管理工作所需要的知识和技能，灌输用保守的规避风险的方式来运用这些理论和分析方法，为的是培养优秀的职业经理人。创业管理培养优秀的企业家，其研究客体不仅仅包括中小企业，其内容也不是一般企业管理知识在中小企业领域的翻版。

(3) 研究出发点不同。传统职能管理的出发点是效率和效益，创业管理的出发点是通过找寻机会并取得迅速的成功与成长。创业管理的核心问题是机会导向，即创业是在不局限于所拥有资源的前提下，识别机会，开发机会，利用机会并产生经济成果的行为。

(4) 内容体系不同。传统职能管理通过计划、组织、领导和控制来实现生产经营；而创业管理则是在不成熟的组织体制下，更多地依靠团队的力量，靠创新和理性冒险来实现新事业的起步与发展。创业管理的内容体系是围绕如何识别机会、开发机会、利用机会而展开的。其中创业过程中组织与资源之间的关联性和耦合是其研究重点之一。它包括：个人的知识准备与新机会之间的耦合；创业过程中核心团队成员知识和性格的耦合；现有资源和能导致事业成功的战略之间的耦合；新的潜在事业特征和当前用户实践之间的耦合等。

（二）创业概述

1. 创业概念

根据杰夫里·提蒙斯（Jeffry A. Timmons）所著的创业教育领域的经典教科书《创业创造》（New Venture Creation）的定义：创业是一种思考、品行素质，杰出才干的行为方式，需要在方法上全盘考虑并拥有和谐的领导能力。

创业是以点滴成就点滴喜悦致力于理解创造新事物（新产品，新市场，新生产过程或原材料，组织现有技术的新方法）的机会，如何出现并被特定个体发现或创造，这些人如何运用各种方法去利用和开发它们，然后产生各种成果。

创业是创业者对自己拥有的资源或通过努力对能够拥有的资源进行优化整合，从而创造出更大经济或社会价值的过程。创业是一种需要创业者组织经营管理、运用服务、技术、器物作业的思考、推理和判断的行为。

2. 基本阶段

第一阶段，生存阶段，以产品和技术来占领市场，只要有想法（点子）会搞关系（销售）就可以。

第二阶段，公司化阶段，规范管理来增加企业效益，这是需要创业者的思维从想法提升到思考的高度，而原先的搞关系就转变成一个个渠道的建设，公司的销售是依靠渠道来完成，团队也初步形成。

第三阶段，集团化阶段。这时依靠的是硬实力（产业化的核心竞争力），整个集团和子公司形成了系统平台，依靠的是一个个团队通过系统平台来完成管理，（人治变成了公司治理），销售变成了营销，区域性渠道转变成一个个地区性的网络。从而形成了系统。思维从平面到三维。这时你就可以退休了，创业者就有了现金流系统（赚钱机器），它是 24 小时为你工作的，这就是许多创业者梦想达到的理想状态。

第四阶段，这是创业者的最高境界，集团总部阶段，是一种无国界的经营，也就是俗称跨国公司。集团总部的系统平台和各子集团的运营系统形成的是一种体系。集团总部依靠的是一种可跨越行业边界的无边界核心竞争力（软实力）子集团形成的是行业核心竞争力（硬实力），这样将使集团的各行各业取得它们在单兵作战的情况下所无法取得的业绩水平和速度。思维已从三维到多维，这才是企业发展所能追求和达到的最高境界。

二、创业管理

（一）创业管理模式

W. B. Cartner（1985）提出了个人、组织、创立过程和环境的创业管理模式；William（1997）在 Cartner 概念框架的基础上，提出了由人、机会、环境、风险和报酬等要素构成的创业管理概念框架；Timmons（1999）提出了机会、创业团队和资源的创业管理理论模型，Christian（2000）提出了创业家与新事业之间的互动模型，强调创立新事业随时间而变化的创业流程管理和影响创业活动的外部环境网络是创业管理的核心。

创业管理的核心问题是机会导向、动态性等；所谓机会导向，即指创业是在不局限于所拥有资源的前提下，识别机会、利用机会、开发机会并产生经济成果的行为，或者将好的创意迅速变成现实。而创业的动态性，一方面即创业精神是连续的，创业行为会随着企业的成长而延续，并得以强化；另一方面即机会发现和利用是动态过程。

（二）创业管理范式

基于创业管理研究领域专家、学者的研究成果，创业管理范式可以概括为：以环境的动态性与不确定性以及环境要素的复杂性与异质性为假设，以发现和识别机会为起点，以创新、超前行动、勇于承担风险和团队合作等为主要特征，以创造新事业的活动为研究对象，以研究不同层次事业的成功为主要内容，以心理学、经济学、管理学和社会学方法为工具研究创业活动内在规律的学说体系。

三、创业计划书

（一）创业计划书

创业计划是创业者叩响投资者大门的“敲门砖”，是创业者计划创立的业务的书面摘要，一份优秀的创业计划书往往会使创业者达到事半功倍的效果。

创业计划书是一份全方位的商业计划，其主要用途是递交给投资商，以便于他们能对企业或项目做出评判，从而使企业获得融资。它是用以描述与拟创办企业相关的内外部环境条件和要素特点，为业务的发展提供指示图和衡量业务进展情况的标准。

（二）创业计划书范本

通常一本创业计划书在前面需要写一页左右的摘要，接下来是创业计划书的具体章节，一般分成 10 章。

1. 事业描述

就是你的事业到底是什么。必须描述所要进入的是什么行业是买卖业、制造业还是服务业，卖什么产品还是提供什么服务，谁是主要的客户，还有进入产业生命周期是处于萌芽、成长、成熟还是衰退阶段再来，要进入事业的状况是新创的还是加入或承接既有的，是要用独资的方式还是合伙或公司的型态，为何能获利、成长打算、开业要不要配合节日，营业时间有多长，是否有季节性。

2. 产品/服务

产品和服务到底是什么，或者是两者都有。有什么特色的产品，特色能带给客户什么利益，跟竞争者有什么差异，如何使人想买，如果有的产品服务并不特别，为什么别人要买。

3. 市场

就是你的东西要卖给谁，先界定目标市场在哪里，还有怎样去定位、上市、促销，这些都跟市场规模多大、想要有的市场占有率和每年成长的潜力有关，以及预算要怎么做，要采取什么样的策略等等。

4. 地点

一般公司对地点的选择可能影响不那么大，但是如果要开店，店面地点的选择就很重要，要不然为什么麦当劳要开在街口转角。通常一个不好的地点绝对会让关门大吉，好的地点会让利润多一点。

5. 竞争

下列三种情况要做竞争分析，留意跟竞争者的关系。①当要创业或要进入一个新市场时，当然要先做竞争分析。②竞争有时是来自直接的竞争者，有时是来自其他的行业，所以当一个新竞争者进入在经营的市场时要做竞争分析。③随时随地做竞争分析，这样最好最省力，可以从这五个方向去想：谁是最接近的五大竞争者，他们的业务如何，他们与业务相似的程度，从他们那里学到什么，如何做得比他们好。

6. 管理

要建立自己的管理专业及相关背景，清楚自己的弱势，创业团队之间如何互补创业团队之间的强弱势，彼此间职务及责任如何分工职责是否界定明确，除了团队本身是否有其他资源可分配和取得。

7. 人事

要考虑人事需求是什么，还需要引进哪些专业技术，有专业技术的人在哪里，可否引入是需要全职还是非全职的人力，薪水是算月薪还是时薪，所提供的福利有哪些，是不是有加班费，有没有安排教育训练，这些人事成本会是多少。

8. 财务需求与运用

筹资/融资款项要如何运用，是要拿来营运周转还是添购设备、备料进货或是技术开发，价格、数量、运费、税金等需求如何计算，筹融资款对专业的获利有何贡献。

9. 风险

经营企业一定会有风险，平时就要注意，另外还要注意当风险来时如何应对。

10. 成长与发展

在创业计划书中要体现：下一步要怎么样，三年后要怎么样，五年以后要怎么样，这个计划是要能永续经营的，所以在规划时要能够做到深耕化、多元化和全球化。

第二节

教学案例选编

马云与阿里巴巴集团

阿里巴巴集团，是一家由中国人创建的国际化的互联网公司；经营多元化的互联网业务，致力为全球所有人创造便捷的交易渠道；自成立以来，集团建立了领先的消费者电子商务、网上支付、B2B 网上交易市场及云计算业务，近几年更积极开拓无线应用、手机操作系统和互联网电视等领域。集团以促进一个开放、协同、繁荣的电子商务生态系统为目标，旨在对消费者、商家以及经济发展做出贡献。

一、马云创业之路

1988 年 24 岁的马云大学毕业后进入杭州电子科技大学当英语老师。1988—1995 年在杭州电子科技大学任教期间业余时间在杭州一家夜校兼职教英语，同时帮助别人从事英语翻译。1995 年辞去大学教师工作。1994 年 30 岁而立之年的马云开始创业，创立杭州第一家专业翻译社——海博翻译社。1995 年，31 岁的马云受浙江省交通厅委托到美国催讨一笔债务。结果是钱没要到一分，却发现了一个"宝库"——在西雅图，对计算机一窍不通的马云第一次上了互联网。刚刚学会上网，他竟然就想到了为他的翻译社做网上广告，上午 10 点他把广告发送上网，中午 12 点前他就收到了 6 个 E－mail，分别来自美国、德国和日本，说这是他们看到的有关中国的第一个网页。马云当时就意识到互联网是一座金矿。开始设想回国建立一个公司，专门做互联网。马云萌生了这样一个想法，把国内的企业资料收集起来放到网上向全世界发布，他立即决定和西雅图的朋友合作，一个全球首创的 B2B 电子商务模式，就这样开始有了创意，并起名"中国黄页"。回国当晚，马云约了 24 个做外贸的朋友也是他在夜校名义上的学生，给他们介绍，结果 23 人反对，只有一个人说可以试试。马云想了一个晚上，第二天早上还是决定干，哪怕 24 人都反对，他也要干。"其实最大的决心并不是我对互联网有很大的信心，而是我觉得做一件事，经历就是成功，你去闯一闯，不行你还可以调头，但是如果你不做，就像你晚上想走千条路，早上起来走原路，一样的道理"。马云提起当初，赞赏的是自己的勇气而不是眼光。1996 年，32 岁的马云艰难地推广自己的中国黄页，在很多没有互联网的城市，马云一律被称为"骗子"，但马云仍然天天这样提醒自己："互联网是影响人类未来生活 30 年的长跑，你必须跑得像兔子一样快，又要像乌龟一样耐跑。"然后出门跟人侃互联网，说服客户。业务就这样艰难地开展了起来。1996 年营业额不可思议地做到了 700 万元！也就是这一年，互联网渐渐普及了。

1996 年 3 月因为与杭州电信实力悬殊的竞争，最后马云不得已和杭州电信合作，马云的中国黄页资产折成 60 万元，占 30% 股份，杭州电信投入 140 万元人民币，占 70% 股份。后因经营观念不同，马云和杭州电信分道扬镳，放弃了自己的中国黄页，并将自己拥有的 21% 的中国黄页股份，全数送给了一起创业的员工。这一年是 1997 年，这是马云创业生涯第一次的失败，这一年马云 33 岁。1997 年，马云离开中国黄页后，受外经贸部邀请，加盟外经贸部新成立的公司，中国国际电子商务中心（EDI），由马云组建、管理，并占 30% 股份，参与开发了外经贸部的官方站点以及后来的网上中国商品交易市场。在这个过程中，马云的思路渐渐成熟——"用电子商务为中小企业服务"，连网站的域名他都想好了——阿里巴巴。互联网像一个无穷的宝藏，等待人们前去发掘，就像阿里巴巴用咒语打开的那个山洞。

1999 年 1 月 15 日，马云和他的团队悄然南归。1999 年 2 月，在杭州湖畔家园马云的家中召开第一次全体会议，18 位创业成员或坐或站，在这次的会议上，马云和伙伴共筹了 50 万元本钱。并按照惯例进行了全程录像，马云坚信这将有极大的历史价值。

在这次会议上马云说："我们要办的是一家电子商务公司，我们的目标有三个：第一，我们要建立一家生存102年的公司；第二，我们要建立一家为中国中小企业服务的电子商务公司；第三，我们要建立世界上最大的电子商务公司，要进入全球网站排名前十位。"从这天开始，马云开始铁下心来做电子商务。

1999年3月阿里巴巴正式推出，直至逐渐为媒体、风险投资者关注，并在拒绝了38家不符合自己要求的投资商之后于1999年8月家接受了以高盛基金为主的500万美元投资、于2000年第一季度接受了软银的2000万美元的投入，逐渐成为全球最大网上贸易市场、全球电子商务第一品牌，并逐步发展壮大为阿里巴巴集团。

二、阿里巴巴集团

1. 发展历程

1999年，马云带领18位创始人在杭州的公寓中正式成立了阿里巴巴集团；2002年，阿里巴巴B2B公司开始盈利；2003年，在马云位于杭州的公寓中，个人电子商务网站淘宝成立；2003年，发布在线支付系统——支付宝；2005年，阿里巴巴集团与雅虎美国建立战略合作伙伴关系。2009年9月，阿里巴巴集团庆祝创立十周年，同时成立阿里云计算。2011年6月，阿里巴巴集团将淘宝网分拆为三个独立的公司：淘宝网（taobao. com），淘宝商城（tmall. com）和一淘（etao. com），以更精准和有效的服务客户。2012年1月，淘宝商城宣布更改中文名为天猫，加强其平台的定位。2012年6月，阿里巴巴网络有限公司正式从香港联交所退市。2012年7月，阿里巴巴集团宣布将现有子公司的业务升级为阿里国际业务、阿里小企业业务、淘宝网、天猫、聚划算、一淘和阿里云七个事业群。2012年9月，阿里巴巴集团完成对雅虎初步的股份回购并重组与雅虎的关系。2012年11月，淘宝网和天猫平台本年度的交易额突破人民币10000亿元。

2014年7月，阿里巴巴集团与银泰成立合资企业，以在中国发展O2O业务。阿里巴巴集团完成对数字地图公司高德的收购。2014年9月19日，阿里巴巴集团于纽约证券交易所上市。2014年10月，阿里巴巴集团关联公司蚂蚁金融服务集团（前称"小微金融服务集团"）正式成立。2015年2月1日，阿里巴巴集团宣布成立十亿港元的香港青年企业家基金，该基金为非牟利性质。2015年4月15日，阿里巴巴集团宣布和香港上市的阿里健康信息技术有限公司达成最终协议。2015年8月10日，阿里巴巴集团与苏宁云商集团股份有限公司共同宣布达成全面战略合作。2015年8月12日，阿里巴巴集团与美国百货零售巨头梅西百货共同宣布，双方正式达成长期独家战略合作。2015年9月10日，阿里巴巴集团荣膺2015年世界零售大会（World Retail Congress）最高奖项"年度最佳零售商"（retailer of the year）。2015年11月6日，阿里巴巴集团和优酷土豆集团宣布，双方已经就收购优酷土豆股份签署并购协议，根据这一协议，阿里巴巴集团将收购优酷土豆集团。2015年11月12日，阿里巴巴入选MSCI中国指数。2015年12月11日，阿里巴巴集团宣布与南华早报集团达成协议，收购《南华早报》以及南华早报集团旗下的其他媒体资产。2015年12月17日，阿里巴巴集团斥资12.5亿美元，成饿了么第一大股东。2016年2月17日，阿里巴巴集团与国家发展改革委签署结合返乡创业试点发展农村电商战略合作协议。2016年5月，阿里巴巴集团成为国务院首批双创“企业示范基地”。2016 年 6 月 15 日，阿里巴巴集团 CEO 张勇宣布，正式成立“阿里巴巴大文娱板块”。2018 年 4 月 2 日，阿里巴巴集团、蚂蚁金服集团与饿了么联合宣布，阿里巴巴已经签订收购协议，将联合蚂蚁金服以 95 亿美元对饿了么完成全资收购。2018 年 8 月 2 日，阿里巴巴与星巴克宣布达成新零售全面战略合作，星巴克将依托饿了么配送体系，逐步上线外送服务；同时，基于盒马以门店为中心的新零售配送体系，共同打造星巴克“外送星厨”。2018 年 8 月 8 日，阿里巴巴宣布推出“88VIP”全新会员计划，打通了阿里巴巴旗下多个平台的会员体系。2018 年 9 月 7 日，马云与茅台集团党委书记、董事长李保芳相继表达了推动两家集团进一步战略合作。2019 年 1 月 8 日，阿里巴巴收购柏林的 data Artisans 公司，以发展数据处理技术。2019 年 7 月，发布 2019 年《财富》世界 500 强：阿里巴巴集团位列 182 位。2019 年 9 月 1 日，2019 年中国服务业企业 500 强榜单在济南发布，阿里巴巴集团控股有限公司排名第 24 位。2019 年 10 月，2019 年福布斯全球数字经济 100 强榜位列 10 位。2019 年 10 月 23 日，2019 年《财富》未来 50 强榜单公布，阿里巴巴集团排名第 11 位。“一带一路”中国企业 100 强榜单排名第 5 位。11 月 16 日，胡润研究院发布《2019 胡润全球独角兽活跃投资机构百强榜》，阿里巴巴排名第 7 位。

2. 商标抢注

2014 年 10 月 30 日，阿里取得了“双十一”的注册商标，并且授权天猫独家使用该商标，任何其他公司机构不得使用。通告函显示：阿里集团已经于中国取得了“双十一”注册商标，经阿里巴巴集团授权，天猫就“双十一”商标享有专用权、受法律保护，其他任何人的使用行为都是商标侵权行为。

3. 上市历程

2014 年 9 月 9 日，阿里巴巴集团正式开始上市前的路演，与投资者沟通并推介股票。超过 700 位投资者参加了路演，马云在路演当中做了演讲并回答了投资者的问题。2014 年 9 月 19 日晚，阿里巴巴登陆纽交所，证券代码为“BABA”，价格确定为每股 68 美元。这项交易成为全球范围内规模最大的 IPO 交易之一。此次阿里巴巴上市受热捧，招股价区间由最初的 60 美元至 66 美元提高到 66 美元至 68 美元，并最终在 68 美元的上限定价，融资 218 亿美元。2014 年 11 月 4 日晚，阿里巴巴集团公布的上市以来首份季度财报显示，2014 年第三季度，阿里巴巴收入达到 168.29 亿元人民币，同比增长 53.7%；核心业务运营利润达 84.93 亿元人民币；调整后的净利润为 68.08 亿元人民币。经调整摊薄后每股盈利为 2.79 元人民币。

4. 旗下业务

（1）阿里巴巴国际交易市场。阿里巴巴国际交易市场创立于 1999 年，为全球领先的小企业电子商务平台，旨在打造以英语为基础、任何两国之间的跨界贸易平台，并帮助全球小企业拓展海外市场。阿里巴巴国际交易市场服务全球 240 多个国家和地区数以百万计买家和供应商，展示超过 40 个行业类目的产品。

（2）1688。1688（前称阿里巴巴中国交易市场）创立于 1999 年，现为中国领先的小企业国内贸易电子商务平台。1688 早年定位为 B2B 电子商务平台，逐步发展成为网上批发及采购市场，其业务重点之一是满足淘宝系平台卖家的采购需求。

（3）全球速卖通。全球速卖通创立于 2010 年 4 月，是全球领先的消费者电子商务平台之一，集结不同的小企业卖家提供多种价格实惠的消费类产品。全球速卖通服务数百万名来自220多个国家和地区的注册买家，覆盖20多个主要产品类目，其目标是向全球消费者提供具有特色的产品。

（4）淘宝网。淘宝网成立于2003年5月，是中国最受欢迎的C2C购物网站，致力向消费者提供多元化且价格实惠的产品选择，截至2013年3月，约有7.6亿条产品信息。根据Alexa的统计，淘宝网是全球浏览量最高的20个网站之一。

（5）天猫。天猫是中国领先的平台式B2C购物网站，致力提供优质的网购体验。天猫由淘宝网于2008年4月创立，于2011年6月独立于淘宝网的C2C交易市场，自行运营。自推出以来，天猫已发展成为日益成熟的中国消费者选购优质品牌产品的目的地。根据Alexa的统计，天猫是中国浏览量最高的B2C零售网站。截至2013年3月，超过70000个国际和本地品牌已在天猫上开设官方旗舰店，当中包括优衣库、欧莱雅、adidas、宝洁、联合利华、Gap、Ray－Ban、Nike、Levi's等。天猫设有多个专注不同行业的垂直商城，包括“电器城”“书城”“家装馆”“名鞋馆”及“美容馆”等，针对个别行业的特性提供合适的客户服务。

（6）聚划算。聚划算是中国全面的品质团购网站，由淘宝网于2010年3月推出，于2011年10月成为独立业务，其使命是结合消费者力量，以优惠的价格提供全面的优质商品及本地．生活服务选择。

（7）一淘。一淘是中国全面覆盖商品、商家及购物优惠信息的网上购物搜索引擎，由淘宝网于2010年10月推出，于2011年6月成为独立业务。一淘旨在为网上消费者打造“一站式的购物引擎”，协助他们做购买决策，并更快找到物美价廉的商品。一淘的功能和服务包括商品搜索、优惠及优惠券搜索、酒店搜索、返利、淘吧社区等。一淘的搜索结果涵盖多个B2C购物网站和品牌商家的商品和信息，包括淘宝网、天猫以及亚马逊中国、当当网、国美、1号店、Nike中国及凡客诚品等。

（8）阿里云计算。阿里云计算于2009年9月创立，现为云计算与数据管理平台开发商，其目标是打造互联网数据分享第一服务平台，并提供以数据为中心的云计算服务。阿里云计算致力向淘宝系平台卖家以及第三方用户提供完整的互联网计算服务，包括数据采集、数据处理和数据存储，以助推动阿里巴巴集团及整个电子商务生态系统的成长。

（9）支付宝。支付宝成立于2004年12月，是中国最多人选用的第三方网上支付平台，致力为上亿计的个人及企业用户提供安全可靠、方便快捷的网上支付和收款服务。在2012年11月11日，支付宝完成了超过1亿笔交易，创下了单日交易量的新高。支付宝是中国互联网商家首选的网上支付方案，它提供的第三方信用担保服务，让买家可在确认所购商品满意后才将款项支付给商家，降低了消费者网上购物的交易风险。支付宝与多个金融机构包括全国性银行、各大地区性银行以及Visa和MasterCard合作，为国内外商家提供支付方案。除淘宝网和天猫外，支持使用支付宝交易服务的商家已经涵盖了网上零售、虚拟游戏、数码通信、商业服务、机票、公用事业等行业。支付宝同时提供有助全球卖家直销到中国消费者的支付方案，支持14种主要外币的支付服务。

（10）汽车事业部。2015年4月8日，阿里巴巴集团对外宣布整合旗下汽车相关业务，成立阿里汽车事业部。原聚划算总经理王立成担任阿里汽车事业部总经理。阿里汽车事业部将整合阿里集团大数据营销、汽车金融业务以及6000万车主汇聚的平台优势，协同汽车生态产业链各合作方，通过无线业务场景，向车主提供“看、选、买、用、卖”的全链路汽车电商O2O一站式服务。阿里汽车事业部后续将进一步整合集团内各方资源。而2015年上海车展期间，阿里巴巴将通过论坛方式与各领域合作伙伴共同发布汽车业务的全新战略。

5. 关联企业

2013年9月23日，阿里巴巴集团正式发布新一代好友互动平台“来往”，除了语音、文字等基本的通信功能之外，来往的定位是建立一个熟人之间沟通、交流、分享的社交平台。支持单人、多人参与，通过手机网络发送语音、图片、文字等，并可以使用来往随时随地联系身边的朋友，分享心情。

物流信息平台运营商中国智能物流骨干网（或称“浙江菜鸟供应链管理有限公司”）是阿里巴巴集团的一家关联公司的全资子公司，致力于满足中国网上和移动商务业在物流方面的需求。中国智能物流骨干网经营的物流信息平台，一方面为买家及卖家提供实时信息，另一方面向物流服务供应商提供有助其改善服务效率和效益的信息。

（资料来源：阿里巴巴网）

【教学功能】

本案例阐述了马云创业之路和阿里巴巴发展历程，其内容可用于研讨创业管理理念、创业成功之道和创业公司的业务和盈利模式。

【知识要点】

创业管理　经营理念　创业技巧

【思考与讨论题】

1. 谈谈你对马云创业之路的看法，分析马云创业成功的原因？得到哪些启示？

2. 分析阿里巴巴旗下的公司及其业务和盈利模式。

3. 结合阿里巴巴的“双十一”购物节，谈谈阿里巴巴的营销策略及马云的经营理念。

管理综合案例课程课堂讨论记录表

班级：　　　　　　　　　姓名：　　　　　　　　　年　　月　　日

案例名称	
案例讨论题	

续表

管理案例讨论发言内容			
课堂讨论记录			
教师点评记录			
备注			
综合评语		成绩	

任课教师：　　　年　　月　　日

经典管理故事

我想跟什么样的人合作

曾经有人采访比尔·盖茨成功的秘诀。盖茨说：因为有更多的成功人士在为我工作。

成功的人很多，但在我生活中我不认识，也没有办法去为他工作，而让成功的人为我工作，在现阶段，我更没有这个实力。

只有合作，是我最喜欢和最欣赏的。我也力图借助一个宽松的环境和积极的团队，与更多的人公平合作，以便在未来替自己经营一个抵抗风险的事业。我最喜欢合作的人应该有以下几个特点：

(1) 不甘心。21 世纪，最大的危机是没有危机感，最大的陷阱是满足。人要学会用望远镜看世界，而不是用近视眼看世界。顺境时要想着为自己找个退路，逆境时要懂得为自己找出路。

(2) 学习力强。学历代表过去，学习力掌握将来，懂得从任何的细节，所有的人身上学习和感悟，并且要懂得举一反三。学习，其实是学与习两个字。学一次，做一百次，才能真正掌握。学，做，教是一个完整的过程，只有达到教的程度，才算真正吃透。而且在更多时候，学习是一种态度。只有谦卑的人，才真正学到东西。

(3) 行动力强。只有行动才会有结果，行动不一样，结果才不一样。知道不去做，等于不知道，做了没有结果，等于没有做。不犯错误，一定会错，因为不犯错误的人一定没有尝试。错了不要紧，一定要善于总结，然后再做，一直到正确的结果出来为止。

(4) 要懂付出。要想杰出一定得先付出，斤斤计较的人，一生只得两斤。没有点奉献精神，是不可能创业的。要先用行动让别人知道，你有超过所得的价值，别人才会开更高的价格。

(5) 有强烈的沟通意识。沟通无极限，这更是一种态度，而非一种技巧。一个好的团队当然要有共同的愿景，非一日可以得来。需要无时不在的沟通，从目标到细节，甚至到家庭等等，都在沟通的内容之列。

(6) 诚恳大方。每人都有不同的立场，不可能要求利益都一致。关键是大家都要开诚布公地谈清楚，不要委曲求全。相信诚信才是合作的最好基石。

(7) 有最基本的道德观。曾经有一个记者在家写稿时，他的四岁儿子吵着要他陪。记者很烦，就将一本杂志的封底撕碎，对他儿子说："你先将这上面的世界地图拼完整，爸爸就陪你玩。"过了不到五分钟，儿子又来拖他的手说："爸爸我拼好了，陪我玩!"记者很生气："小孩子要玩是可以理解的，但如果说谎话就不好了。怎么可能这么快就拼好世界地图!"儿子非常委屈："可是我真的拼好了呀!"记者一看，果然如此：不会吧？家里出现了神童？他非常好奇地问："你是怎么做到的?"儿子说：世界地图的背面是一个人的头像。我反过来拼，只要这个人好了，世界就完整了。所以做事先做人。做人做好了，他的世界也就是好的。

大家可以看到，我希望合作的这七个特点，跟年龄、性别、相貌、体重、学历、出身、背景、能力都没有太大的关系。因为人和人的最大不同，并不在以上因素，而在于对人对事对己的态度不同。我也希望能交到有共鸣的朋友，一起开创我们的未来。

第三篇

实 训 篇

开篇语

管理是一种语言，管理是一种实践。管理是通过别人的劳动完成自己的愿望，管理是沟通，管理是语言，只要大家都懂得这种语言，才会有效地管理；管理又是一种实践，没有实践，就不能说谁对谁错，不能真正找出核心点，不能真正创造出核心竞争力。

（摘自：《世界经理人周刊》，程晓宇、李会宁）

如果说管理案例教学是一种管理实践的话，那么管理案例实践是实践基础上的再实践。管理案例实践教学过程就是实践基础上的再实践教学过程，也是知识学习的内化和再提升、强化素质的过程。

（摘自：《管理综合案例教程》，苗雨君、李亚民）

实训篇主要是课程实践教学，内容包括课程实践教学设计与实践。课程实践教学设计与实践主要是在基本理论和教学案例学习的基础上，针对一个教学案例内容设计实践教学环节课题，根据课题深入到企业进行实践。教学内容主要是由任课教师根据课堂教学讲授的基本理论和教学案例内容，设计课程实践教学环节实训教学项目，学生或实训团队选择实训教学项目，到实践企业进行实际调研和查阅资料，撰写调研报告。

第十四章

管理案例实训教学

【章前导读】

实训，即“实习（践）”加“培训”；本源自于IT业的管理实践和技术实践；目前引入到“营销管理”和“商务管理”专业。实训的最终目的是全面提高学生的职业素质，最终达到学生满意就业、企业满意用人的目的。

“实训 = 素质 + 技能 + 经验”

成长在于理论之事的积累和实践。在企业实际工作中，要理论结合实践，只有将理论与实践有机地结合起来，才能少走弯路。理论知识源自于实践的土壤，而不是理论研究者闭门造车的产物。没有实践的根基，只能筑起空中楼阁，最终成为空谈，其结果及其价值必然遭受怀疑。通过学习ERP沙盘模拟理论，与企业管理实践工作相结合，让理论指导实践，以实践来验证理论，才能行之有效。

管理案例实践教学是一项极为重要的教学活动，强化素质教育的今天，研究管理案例实践教学是十分必要的，具有重要的意义。

管理案例实训教学项目（课题）的实践主题实施具体设计10个实训主题，实训主题包括实训教学目的、实训内容及要求、实训组织方法与步骤、实训时间、实训成果与考核的具体内容。本章重点进行管理案例实训教学，完成实训教学的教学目标、开展素质拓展训练，培养学生综合素质和实践能力。

实训主题一

企业战略管理实训教学项目

实训项目

【实训教学目的】

企业战略管理实训教学项目，使学生学习掌握企业战略管理的基本理论，学习掌握企业战略管理的方法技能，学习掌握运用企业战略管理分析问题技能、综合行动计划技能，使学生在建立积极态度、培养成熟判断力、培养合作性学习和团队精神等方面得到培养和训练，提升学生综合素质和能力水平。

【实训内容及要求】

调查了解某企业的战略管理状况，结合企业战略管理的重点及难点内容有选择性地对某企业的战略管理进行调查实践研究，主要研究企业战略管理的战略使命、战略类型、战略制定、战略实施、战略评价等多方面战略管理内容，对企业战略管理的战略环境的发展、战略研究对象的变化、战略内容的发展、战略过程拓展及战略管理理论的基础进行深入研究等。要与企业战略管理教学案例紧密结合，选择大中型企业，对企业的战略管理状况进行实训教学研究，撰写实训报告。

【实训组织方法与步骤】

1. 组建实训团队，每个实训团队 5 ~ 7 人，由学生推荐团队长；

2. 拟定实训实施计划方案，选定实践企业，拟定具体实施计划，由实训团队集体研究确定；

3. 实训调研与资料收集，由团队长主持，实训团队集体到实践企业进行调研；

4. 资料的整理分析，对调研资料进行整理和分析；

5. 撰写实训报告，每个实训团队撰写一份实训报告；

6. 准备答辩考核，实训团队进行集体答辩。

【实训时间】

实训时间安排为 4 ~ 6 周。

【实训成果与考核】

1. 每个实训团队撰写实训报告，评定成绩。

2. 每个人的发言提纲可作为一次作业，评定成绩。

3. 根据实训团队在实践中的表现评定成绩（可由实训团队长和实训指导教师负责评定）。

4. 提供的所调查企业的战略管理方面材料。

素质拓展

企业环境分析

[实训项目]

企业环境分析。

[实训目标]

1. 培养分析外部环境的能力；

2. 培养分析内部环境的能力。

[实训内容与要求]

利用课余时间实地调查一家企业，或搜集一家企业的系统资料。例如：根据某公司的各种资料信息，策划一个营销专题活动。各模拟公司围绕着如何以本公司形象、宣传推销主导产品为主题分别策划一个营销专题活动，每个模拟公司起草一份计划书，可参照以下步骤进行：

（1）分析该公司所处的环境。这既包括企业的内部环境，也包括企业的外部环境；既要考虑企业的现实环境，也要考虑企业的未来环境。从而确定该公司主要产品的优势、劣势、机遇和威胁，为下一步确定模拟公司的营销专题活动可行性目标提供依据。

（2）制定目标。详细制定此次策划活动的目标，包括初期目标和最终目标。

（3）设计与抉择方案。为实现目标，要合理配置人、财、物等资源，选择正确的实施途径与方法，制定系统的计划方案。

（4）编制计划。要依据计划目标与所确定的最优方案，按照计划要素与工作要求，编制计划书。

（5）计划的实施与反馈。计划付诸实施，管理的计划职能并未结束。为了保证计划的有效执行，要对计划进行跟踪反馈，及时检查计划执行情况，分析计划执行中存在的问题，并对计划执行结果进行总结。

[实训成果与检测]

1. 每个人都要提供一份企业外部环境和内部环境的简要报告。

2. 由教师对学生的两个报告评定分数。

3. 每个模拟公司分别写出计划书交给教师审阅评估，此环节非常重要，学生所作计划书毫无新意或可行性极差，教师应要求学生重新制定。

管理游戏

青年游戏比赛

在一次中、美、日三国青年游戏比赛中，各队出 16 名男队员，1 名女队员，共设三个比赛项目。

第一个项目是走原木。各队16名男队员站在一根原木上，然后，要想办法让本队的女队员通过这根原木，从原木的一端走到另一端。以最快到者为胜，但是女队员和男队员都不允许从原木上掉下来。

美国队率先表演，他们的16名男队员整齐排列在原木上，那名女队员走原木，来到第一名男队员面前，她要通过这名男队员，两个人必须配合默契地抱在一起保持平衡，然后女队员再小心谨慎地转到第二个男队员的怀里，结果这些男队员就像传篮球一样，顺利地把女队员从原木的一端传到了另一端，惹得在场的观众哈哈大笑。

随后是日本队出场，他们的男队员整齐地站在原木上，然后弓着腰双手扶原木，把他们的脊梁对接成一条路，那名女队员爬上男队员的脊背，晃晃悠悠走到了另一端。日本队的表演，引来了观众们的一片感叹之声。

最后出场的是中国队，男队员们两个人一组，面对面，手拉手，脚对脚站在原木上，身体则向两侧倾斜，把中间空当让出来，8对男队员在原木上组成了一条通道，那名女队员迅速从通道的一端跑到了另一端，中国队的出色表演，赢得了在场观众的热烈掌声。

第一项比赛结束，中国队以最快的速度赢得第一名，日本队第二，美国队第三。裁判给予中国队最佳技巧奖，给予日本队最佳协作奖，美国队则获得最佳娱乐奖。

第二个比赛项目是过河。树林中有一条齐腰深湍急的小河，男队员要想尽一切办法让女队员走过河去，比赛的规则是女队员的脚不能湿，也不能抬着女队员过河。工具是绳子、斧头、锯，还有像手臂长的短木板。

裁判的哨音一响，三国的队员迅速行动起来。日本队16名男队员一起跑下河，排成一队，把短木板反搭在他们的肩头，准备让女队员从男队员肩膀上的木板走过河去。

美国队拿起斧头和锯，要把河边一棵树锯倒，让女队员从独木桥上过河去。

中国队则派出两名队员，拿着绳子的一端，飞快游过河去，把绳子系在河两边的树上，架起空中绳索。

日本队女队员站在男队员的肩膀上，一步三晃，提心吊胆地向前迈进，女队员每走过一名男队员，这名男队员则抽身迅速走到前面排队，继续向对岸铺设这条用肩膀搭成的板桥。

中国队男队员把绳索系好之后，迅速在河里站成一排给女队员搭成人桥，女队员稳稳抓住绳索，从男队员的肩膀上顺利走到了河对岸。日本姑娘由于没有扶手保持平衡，两次从男队员的肩膀上掉下来坠入水中。不过最终，他们还是到达了对岸，美国小伙子手下锋利的斧头和锯很快就把树砍倒了，美国的姑娘轻松自如地从独木桥上过了河。

这项游戏竞赛，中国队获得了第一名，并获得最佳创新奖。

第三项游戏竞赛比较复杂。这项游戏是给女队员各自一只漏桶，里面要求装2000克水，跑100米，看看谁余下的水多、谁跑得最快，男队员可以用身体辅助女队员想办法不让水漏掉，除了身体之外，不允许用其他的办法堵漏桶，但可以利用身体和衣物运送水。

中国队男队员脱掉鞋，把2000克水分装在鞋里，迅速抵达了终点，赢得了在场观众一片掌声，但是水却被鞋吸收了300克。

日本队把水含在嘴里，跟随在中国队的后面，那扭捏的姿态和欲吞不能、欲吐不行的神态，让观众们忍俊不禁。

最让观众笑破肚皮的是美国队。他们 14 个人站成两排，肩膀对肩膀形成一副担架，让女队员平躺在这副担架上，然后把漏桶放在女队员的肚皮上，让肚皮堵住桶底儿。再由两名队员把水倒进桶里，并负责稳固，然后他们优哉游哉地向目的地进发，乐得全场观众前仰后合。自然美国队是最后一个到达终点，但是他们的水却几乎没有遗失。

这回美国队赢得了最佳游戏奖和最佳节约奖；中国获得最快速度奖；日本队只得到了最佳忍耐奖。

［讨论题］

1. 评价一下整个比赛情况，你有什么体会和感想？

2. 你有类似的经历吗？谁有过与这种类似的经历？感觉如何？

实训主题二

企业组织管理实训教学项目

实训项目

【实训教学目的】

企业组织管理实训教学项目，使学生学习掌握企业组织管理与组织结构设计的基本理论，学习掌握企业组织管理与组织结构设计的方法技能，学习掌握运用企业组织管理分析问题技能、学习掌握公司组织结构的演变分析、组织结构合理化、组织结构的功能优化、组织文化建设的综合技能，使学生在创新精神和创新能力、培养成熟判断力、培养合作性学习和团队精神等方面得到培养和训练；增强对企业组织结构的感性认识；培养对企业组织结构分析的能力；提升学生组织管理方面的综合素质和能力水平。

【实训内容及要求】

主要是调查了解某企业的企业组织管理与组织结构设计状况。围绕企业组织管理与组织结构设计调查一个具体企业，研究企业的企业组织管理工作的历史沿革，组织战略和组织结构的关系，组织结构的设计从直线型、职能型、直线职能型组织结构、事业部制组织结构、矩阵式组织结构和委员会等形式组织结构的演变，组织结构合理化、组织结构的功能优化，组织变革，组织文化建设等的现状分析；公司组织结构性维度和管理性维度现状分析，提出该公司组织变革的思路（包括治理结构、组织结构、组织文化、运行机制的变革等。要与企业组织管理与组织结构设计教学案例结合，选择大中型企业，对企业组织管理与组织结构设计状况进行实践教学研究，撰写实践报告。

【实训组织方法与步骤】

1. 组建实训团队，每个实训团队 5 ~ 7 人，由学生推荐团队长；

2. 拟定实训实施计划方案，选定实践企业，拟定具体实施计划，由实训团队集体研究确定；

3. 实训调研与资料收集，由团队长主持，实训团队集体到实践企业进行调研；

4. 资料的整理分析，对调研资料进行整理和分析；

5. 撰写实训报告，每个实训团队撰写一份实训报告；

6. 准备答辩考核，实训团队进行集体答辩。

【实践训练时间】

实训时间安排为4～6周。

【实践训练成果与考核】

1. 每个实训团队撰写实训报告，评定成绩。

2. 每份实训报告应包含调查方式，调查的企业名称、经营范围、企业类型、企业法律形式，调查的组织结构形式等。

3. 根据实训团队在实践中的表现评定成绩（可由实训团队长和实训指导教师负责评定）。

4. 每实训团队提交一份调查报告，对你所走访的组织的结构进行分析。

5. 实训团队长对每个同学的表现进行评议，并分析成功与不足，或者实训团队内部互评综合得分。

6. 各实训团队派代表发言，各组分别对其他各组评分，并指出成功与不足。

素质拓展

组织结构设计——新新广告公司的组织结构

新新广告公司是拥有300余名职工的大型广告公司，就广告业务来说，具体工作内容有：

（1）与老顾客建立固定联系，搜寻新顾客。

（2）对承揽的广告业务进行文字创作和艺术创作。

（3）对广告内容进行电视制作、电台制作、报纸制作、杂志制作或路牌制作以及其他制作。

（4）调查各种新闻媒体的性质、栏目、时间、版面、价格，决定整段时间、整段版面，整段购买还是分别购买，并与新闻媒体保持联系。

（5）帮助顾客设计陈列方式、包装样式或商品分配办法。

（6）帮助顾客调查市场、估计潜力、确定广告影响等。

[思考与讨论]

1. 请根据上述六个方面的工作内容，给新新公司设计出两种组织结构模式，并用组织图表示。

2. 试分析每种结构模式的利弊，以提供给总经理选择。

管理游戏

齐眉棍/圈

［游戏方法］

1. 准备一根2～3米的轻质塑料棍（最好可伸缩）；

2. 让小组成员站成相对的两列或并排一列亦可，小组成员全部将双手举到自己的眉头的位置；

3. 将轻质塑料棍放在每个人的双手上，注意：必须保证每双手都接触到轻质塑料棍，并且手都在轻质塑料棍下面；

4. 要求小组成员将轻质塑料棍保持水平，小组成员的任务是：在保证每个人的手都在轻质塑料棍下面的情况下将轻质塑料棍完全水平地往下移动，一旦有人的手离开轻质塑料棍或轻质塑料棍没有水平往下移动，任务就算失败。

［游戏的启示］

1. 看似游戏很简单，但要成功完成非常不容易；

2. 如果一个人去完成这个任务是相当简单的一个事情，但是一个人做的工作由几个人来做，比一个人干时还要不容易完成，因为几个人之间将形成许多相互关系，制造出许多新工作，因此团队的力量不容忽视，可以引申到帕金森定律；

3. 如果小组中有任何一个人不同于组织的共同节奏，轻质塑料棍将无法保持水平下降。

实训主题三

人力资源管理实训教学项目

实训项目

【实训教学目的】

企业人力资源管理实训教学项目，使学生学习掌握企业人力资源管理的基本理论，学习掌握企业人力资源管理方法技能，学习掌握企业人力资源管理中的选人、用人、育人、留人的科学方法与技能，使学生在人力资源规划，工作分析与评价、人员招聘与甄选、人力资源培训与开发、人员测评与激励、薪资管理和劳动关系等方面得到培养和训练；增强学生对企业人力资源管理的重要性认识；培养学生从事人力资源管理工作的能力；提升学生人力资源管理方面的综合素质和能力水平。

【实训内容及要求】

调查了解某企业的人力资源管理状况。人力资源管理课程主要包括人力资源管理基本理论，人力资源规划，工作分析与评价、人员招聘与甄选、人力资源培训与开发、人员测评与激励、薪酬管理和劳动关系等内容。要与企业人力资源管理教学案例紧密结合，着重对某企业的人力资源管理进行调查研究，内容涉及某企业的人力资源配置，工作分析绩效、报酬与激励以及劳动关系管理等内容；深入某企业调查人力资源的选聘、使用、培训的有关政策，企业在组织选人、用人、育人、留人的科学做法和实效；某企业激励有关的政策，如薪酬、考核及奖惩制度等，可以设计员工满意度调查表，对员工满意度进行调查，结合调查结果对该企业人才激励机制的状况进行评估，分析存在的问题并提出改进建议。由于人力资源的差异性，人力资源管理应本着实用性的角度，针对具体的工作与人员的个体差异性角度来进行研究。建议选择大中型企业，对企业的人力资源管理状况进行实践教学研究，撰写实训报告。

【实训组织方法与步骤】

1. 组建训练实践团队，每个实训团队 5 ~ 7 人，由学生推荐团队长；

2. 拟定实训实施计划方案，选定实践企业，拟定具体实施计划，由实训团队集体研究确定；

3. 实训调研与资料收集，由团队长主持，实训团队集体到实践企业进行调研；

4. 资料的整理分析，对调研资料进行整理和分析；

5. 撰写实训报告，每个实训团队撰写一份实训报告；

6. 准备答辩考核，实训团队进行集体答辩。

几点要求：

（1）调查以实训团队为单位进行，调查之前要明确调查目的，要有调查提纲。

（2）员工满意度调查表的设计要结合企业的实际情况要切实可行。

（3）对企业实际的调查数据一定要实事求是，要来源于企业实际，不能弄虚作假。

（4）最后要提交的内容包括调查提纲、满意度调查结果及总结报告。

【实训时间】

实训时间安排为 4 ~ 6 周。

【实训成果与考核】

1. 每个实训团队撰写的实训报告，评定成绩。

2. 每个人的发言提纲可作为一次作业，评定成绩。

3. 根据实训团队在实践中的表现评定成绩（可由实训团队长和实训指导教师负责评定）。

4. 提供的所调查企业的人力资源管理方面材料。

5. 所设计的员工满意度调查表，对企业实际的调查数据的统计和分析材料。

素质拓展

人力资源部门的职责与作用

[实训项目]

访谈一家规模较大的企业人力资源部门，了解它在所属单位的工作职责，在该单位所起的作用，特别是其整个管理过程，包括人力资源管理的规划、员工的选聘解聘、采用的培训方式及薪酬制定和绩效评价等。

[实训目标]

1. 使学生结合实际，加深对人力资源管理的感性认识与理解。
2. 初步培养现代人力资源管理者素质的能力。
3. 初步认识当今人力资源发展的阶段和水平。

[实训内容与要求]

参观本课程实训基地企业，学生自愿组成小组，每组6~8人。在调查访问之前，每组需根据课程所学知识经过讨论制定调查访问的主题，并把具体步骤和主要问题计划好，具体可参考下列问题：企业中主要有哪些人力资源管理工作？如何招聘员工？如何培训员工？薪酬制定的标准是什么？如何进行绩效评价？

[实训成果与检测]

调查访问结束后，组织一次课堂讨论。各小组在讨论的基础上，每个同学把自己调查访问所得重要的信息如照片、文字材料、影音资料等制作成宣传册展出，之后交老师存档，教师根据各小组表现进行评估打分。

管理游戏

猎人与兔子

阅读下列资料，设想你就是猎人，你想怎样对待猎狗？

(1) 一条猎狗将兔子赶出了窝，一直追赶他，追了很久仍没有捉到。牧羊人看到此种情景，讥笑猎狗说："你们两个之间小的反而跑得快得多。"猎狗回答说："你不知道我们两个跑的目的是完全不同的！我仅仅为了一顿饭而跑，他却是为了性命而跑呀！"

(2) 这话被猎人听到了，猎人想：猎狗说的对啊，那我要想得到更多的猎物，得想个好法子：

猎人又买来几条猎狗，凡是能够在打猎中捉到兔子的，就可以得到几根骨头，捉不到的就没有饭吃。这一招果然有用，猎狗们纷纷去努力追兔子，因为谁都不愿意看着别人有骨头吃，自己没的吃。就这样过了一段时间，问题又出现了，大兔子非常难捉到，小兔子好捉。但捉到大兔子得到的奖赏和捉到小兔子得到的骨头差不多，猎狗们善于观察发现了这个窍门，专门去捉小兔子。慢慢的，大家都发现了这个窍门。猎人对猎狗说：最近你们捉的兔子越来越小了，为什么！猎狗们说：反正没有什么大的区别，为什么费那么大的劲去捉那些大的呢？

接下来你怎么办？

（3）猎人经过思考后，决定不将分得骨头的数量与是否捉到兔子挂钩，而是采用每过一段时间，就统计一次猎狗捉到兔子的总重量。按照重量来评价猎狗，决定一段时间内的待遇。于是猎狗们捉到兔子的数量和重量都增加了，猎人很开心。但是过了一段时间，猎人发现，猎狗们捉兔子的数量又少了，而且越有经验的猎狗，捉兔子的数量下降得就越厉害。于是猎人又去问猎狗。猎狗说"我们把最好的时间都奉献给了您，主人，但是我们随着时间的推移会老，当我们捉不到兔子的时候，您还会给我们骨头吃吗？"

接下来你还要怎么办？

（4）猎人做了论功行赏的决定，分析与汇总了所有猎狗捉到兔子的数量与重量，规定如果捉到的兔子超过了一定的数量后，即使捉不到兔子，每顿饭也可以得到一定数量的骨头。猎狗们都很高兴，大家都努力去达到猎人规定的数量，一段时间过后，终于有一些猎狗达到了猎人规定的数量。这时，其中有一只猎狗说："我们这么努力，只得到几根骨头，而我们捉的猎物远远超过了这几根骨头。我们为什么不能给自己捉兔子呢？"于是，有些猎狗离开了猎人，自己捉兔子去了。

你该怎么办？

实训主题四

市场营销实训教学项目

实训项目

【实训教学目的】

企业市场营销管理实训教学项目，使学生学习掌握企业市场营销的基本理论和方法，学习掌握企业市场营销管理的方法与市场调研的技术技能，学习掌握企业市场营销过程中的捕捉市场机遇、准确的市场定位、分析消费者的购买行为、制定市场营销组合策略的方法与技能，训练学生市场营销的环境因素分析、制定市场营销战略、确定目标市场、对市场进行细分、市场营销组合策略等的制定的能力，培养学生的创新能力和团队精神，提升学生市场营销与市场调研方面的综合素质和能力水平。

【实训内容及要求】

调查了解某企业的企业市场营销状况。围绕着市场营销的重点和难点，有选择性地就市场营销战略、市场竞争战略、营销组合策略、市场定位、市场信息、市场细分服务营销等内容，结合教学案例内容，对实践企业的市场营销的环境因素分析、制定市场营销战略、确定目标市场、对市场进行细分、市场营销组合策略等的制定以及捕捉市场机遇、准确的市场定位、分析消费者的购买行为、制定市场营销组合策略等重点内容进行实践教学研究，撰写实训报告。企业市场营销实训教学项目内容繁杂，可以灵活多样的选择不同行业的企业进行实践教学研究。

【实训组织方法与步骤】

1. 组建实训团队，每个实训团队 5 ~7 人，由学生推荐团队长；

2. 拟定实训实施计划方案，选定实践企业，拟定具体实施计划，由实训团队集体研究确定；

3. 实践调研与资料收集，由团队长主持，实训团队集体到实践企业进行调研；

4. 资料的整理分析，对调研资料进行整理和分析；

5. 撰写实训报告，每个实训团队撰写一份实训报告；

6. 准备答辩考核，实训团队进行集体答辩。

【实训时间】

实训时间安排为 4 ~6 周。

【实训成果与考核】

1. 每个实训团队撰写实训报告，评定成绩。

2. 每个人的发言提纲可作为一次作业，评定成绩。

3. 根据实训团队在实践中的表现评定成绩（可由实训团队长和实训指导教师负责评定）。

4. 所设计的市场调查问卷，提供的所调查企业的企业市场营销管理方面材料。

素质拓展

情景剧——如果我是经理

［实训目标］

培养了解人的心理需求，分析解决复杂管理问题的能力；培养运用激励与沟通理论，调动人积极性的能力。

［实训形式］

1. 课堂演讲；

2. 网上搜集资料进行分析；

3. 由模拟公司组织小组讨论；

4. 每人写出发言提纲；

5. 以班级为单位组织讨论。

［实训内容与要求］

1. 本次实训的主要内容是管理冲突的处理与人的激励，采用情景剧表演与分析的方式。

2. 根据本次实训目标，由学生在课下搜集、选择、编写和讨论预习剧本，并进行必要的排练。

3. 由“演员”按照选择的方案与剧本进行表演。

4. 由同学们对各成员的表演，特别是管理行为的合理性进行分析与评价。

[实训成果与检验]

1. 每组提交一份总结，对如何与陌生人沟通进行深入分析。

2. 组长对每个同学的表现进行评议，并分析成功与不足，或者小组内部互评综合得分。

3. 各组派代表发言，分别对其他各组评分，并指出成功与不足。

管理游戏

激发创造力的自由讨论

[游戏目的]

给与会人员一个机会参与创造性解决问题的讨论。

[所需材料]

在每张桌子上放一个回形针。

[游戏步骤]

研究表明，一些简单实用的练习可以激发创造力。然而，创造的火花经常被具有杀伤力的话熄灭，如“我们去年就这样试过了”“我们已经那样做过了”，以及其他一系列诸如此类的评论。

要使与会人员养成为自己的创造力开绿灯的习惯，可以使用下面这种自由讨论的方法。自由讨论的基本规则是：

(1) 不允许使用批评性的评语；

(2) 欢迎海阔天空式的自由讨论（即思路越开阔越好）；

(3) 要的是数量，而不是质量；

(4) 寻求观点的结合与深化。

按照这四条基本原则，把与会人员分成4~6人的小组进行讨论。给他们20秒的时间，请他们想出使用回形针的尽可能多的方法。每组指定一人负责统计，只需统计想出的方法数目，不一定要把方法本身也记录下来。1分钟以后，请各组长首先报告想出的方法数目，再请他们说出一些看起来极其“疯狂”、极其“不着边际”的想法。向与会人员指出，有时候这些貌似“愚蠢”的想法其实是行之有效的。

替代游戏：布置与会人员的任务还可以是想出改进普通铅笔（非自动铅笔）的办法。

[思考与讨论]

1. 你对于自由讨论的方法有无保留意见？

2. 自由讨论对哪类问题最适用？

3. 你认为自由讨论这一方法还有哪些待开发的应用方式？

实训主题五

企业生产运营管理实训教学项目

实训项目

【实训教学目的】

企业生产运营管理实训教学项目，使学生学习掌握企业生产运营管理的基本理论，学习掌握企业生产运营管理的方法技能，训练分析生产过程中问题的能力，增强对企业生产运营管理的感性认识，培养有效控制生产过程的初步能力，培养合作性学习和团队精神，提升学生企业生产运营管理方面的综合素质和能力水平。

【实训内容及要求】

调查了解某企业的企业生产运营管理状况，针对生产运营管理学的生产运作系统的设计和生产运作过程的设计、组织和控制等研究对象及生产运营管理的生产运营管理系统、生产运营战略、生产运营的系统设计、生产运营系统的运行与控制及生产运营系统的维护与改进等内容，选择某企业对企业的生产与运作管理进行实践教学研究，撰写实训报告。要与企业生产运营管理教学案例紧密结合，建议选择大中型制造业企业进行实践教学研究。

【实践训练组织方法与步骤】

1. 组建实训团队，每个实训团队 5 ~7 人，由学生推荐团队长；
2. 拟定实训实施计划方案，选定实践企业，拟定具体实施计划，由实训团队集体研究确定；
3. 实践调研与资料收集，由团队长主持，实训团队集体到实践企业进行调研；
4. 资料的整理分析，对调研资料进行整理和分析；
5. 撰写实训报告，每个实训团队撰写一份实训报告；
6. 准备答辩考核，实训团队进行集体答辩。

几点要求：

(1) 建议在讲完企业生产运营管理教学案例之后安排此实训教学项目；
(2) 此实训教学项目在课下准备，可安排 1 ~2 课时集中讨论；
(3) 每个人认真阅读实训内容及要求，制定翔实的实施计划，并全面搜集有关资料；
(4) 每人写出发言提纲，可以班级为单位组织讨论。

【实训时间】

实训时间安排为 4 ~6 周。

【实训成果与考核】

1. 每个实训团队撰写的实训报告，评定成绩。
2. 每个人的发言提纲可作为一次作业，评定成绩。

3. 根据实训团队在实践中的表现评定成绩（可由实训团队长和实践指导教师负责评定）。

4. 提供的所调查企业的企业生产运营管理方面材料。

5. 对企业生产运营管理实际的调查数据的统计和分析材料。

素质拓展

自我心理突破——跨越难堪

［实训目标］

1. 培养在众人面前敢于讲话的能力；

2. 克服心理障碍，增强自信和勇气；

3. 培养管理者的基本人际交往技能。

［实训形式］

1. 必须是在众多陌生人面前作宣讲或表演。

2. 既可以以小组为单位，每组 6 ~ 10 人，由学生推荐的组长主持；也可以全班集中进行，但每个人都必须当着陌生人公开宣讲。

3. 以自我推销、产品推销、“我心目中的管理者”演讲等为主题进行训练。

［实训内容与要求］

1. 要明确目标与要求，所选行为既要有积极意义，又要当众进行。

2. 注重思想发动，可先组织研讨，让同学深切认识到心理训练的必要性。通过潜能开发等形式首先实现认识上的突破，使同学产生强烈的参与欲望。

3. 协助班级主持人或组长搞好策划和设计，训练一定要注重实效，切实可行。

4. 要指导学生认真实施，并注意能够实行有效考核。教师与主持者一定要注意现场氛围的营造，使每一个同学都能够产生强烈的参与、表现冲动，以克服畏惧、怯场心理，真正实现自我突破。

［实训成果与检测］

1. 每个人写出训练的简要报告，包括活动名称、时间、地点、主题、发言提纲、活动效果等。

2. 组长对每个同学的表现进行评议，并分析成功与不足，或者小组内部互评综合得分。

3. 各组派代表发言，分别对其他各组评分，并指出成功与不足。

管理游戏

如果我来做

概述：参与者两人一组，模拟一场服务竞赛。小组成员共同努力，寻找既能宣传企业，又能带给客户惊喜的点子。本游戏的目的在于激发参与者进行创造性思考，以寻求为客户服务的各种方法。同时，通过本游戏，还要参与者认识到客户与利润之间的联系。本游戏适用于所有服务人员，参与小组在6～8个，游戏将能取得最佳的效果。

时间：15～20分钟。

你需要：有关虚拟企业内容的复印件一份。沿虚线剪开，这样你就有了几张小纸片，每张小纸片分别介绍一个虚拟企业。此外，还需要一顶帽子或一个碗来盛放纸片，以便让参与者从中随机抽取。

怎样做：首先告诉参与者，他们将参加一次由社区企业协会主办的“创造性服务竞赛”。将参与者分成小组，每组两人，各组分别代表一个不同的虚拟企业。小组成员应该互相合作，设计出一个满足竞赛要求的点子。

这个竞赛的目标是找出一个点子，要求既能宣传企业，又能够更好地服务客户。在寻找点子时，鼓励参与者尽可能地发挥他们的创造力。竞赛不设预算限制，但点子必须“符合常理”，也必须紧密联系本企业。例如：杂货店不可能免费提供小狗。

现在让大家一起看下面的例子，来了解游戏应该怎样开展。

公司名称：千年银行

所属行业：银行

点子：对于每第2000名到银行开户的客户，无论是经常账户还是储蓄存款账户，我们都将给他（她）终身免票手续费的优惠待遇。

现在开始分组，并让每组派出一名代表，从“帽子”里抽取一张小纸片，然后让各组为其抽取的虚拟企业设计点子，限时10分钟。10分钟后，要求各组依次大声念出他们所抽到的虚拟企业的简介，以及他们为其设计的点子。最后让大家投票，选出最佳的点子。

分发的复印材料：

1. 公司名称：运动游戏
   所属行业：体育用品商店
   点子：＿＿＿＿＿＿＿＿＿＿＿＿＿＿＿＿
2. 公司名称：君往何处
   所属行业：交通服务行业
   点子：＿＿＿＿＿＿＿＿＿＿＿＿＿＿＿＿
3. 公司名称：木材店
   所属行业：木制品商店
   点子：＿＿＿＿＿＿＿＿＿＿＿＿＿＿＿＿
4. 公司名称：美女与野兽
   所属行业：男女皆宜理发店
   点子：＿＿＿＿＿＿＿＿＿＿＿＿＿＿＿＿
5. 公司名称：给我电话
   所属行业：移动电话服务公司
   点子：＿＿＿＿＿＿＿＿＿＿＿＿＿＿＿＿
6. 公司名称：第一页
   所属行业：书店

点子：________________

7. 公司名称：雏菊连锁店

所属行业：花店

点子：________________

8. 公司名称：城市动物园

所属行业：国内最大的动物园之一

点子：________________

实训主题六

企业财务管理实训教学项目

实训项目

【实训教学目的】

企业财务管理实训教学项目，使学生学习掌握企业财务管理的基本理论，学习掌握企业财务管理的方法技能，培养学生对财务活动进行分析的能力和水平。增强学生对财务管理和财务分析等基本知识的认识，培养财务管理的初步能力，使学生学会企业财务分析、筹资决策、投资决策、资本运营应收账款管理等方法和技能，培养学生分析问题、解决问题的能力，提升学生财务管理方面的综合素质和能力水平。

【实训内容及要求】

调查了解某企业财务管理状况。财务管理是企业组织财务活动处理与各方面财务管理的经济管理工作，财务管理及企业生产经营的各个方面，是以资金时间价值、风险价值理论为基础，对财务活动进行分析。要结合企业财务管理教学案例的内容，就企业财务管理和财务分析等基本知识及重点、难点的筹资决策、投资决策、收益和风险的衡量、信用政策的确定等主要内容，选择某企业，着重对某企业的企业财务管理进行调查研究，撰写实训报告。要与企业财务管理教学案例紧密结合，建议选择大中型企业进行实践教学研究。

【实训组织方法与步骤】

1. 组建训练实践团队，每个实训团队 5 ~ 7 人，由学生推荐团队长；

2. 拟定实训实施计划方案，选定实践企业，拟定具体实施计划，由实训团队集体研究确定；

3. 实践调研与资料收集，由团队长主持，实训团队集体到实践企业进行调研；

4. 资料的整理分析，对调研资料进行整理和分析；

5. 撰写实训报告，每个实训团队撰写一份实训报告；

6. 准备答辩考核，实训团队进行集体答辩。

组织实施建议：

(1) 建议在讲完企业财务管理教学案例之后安排此实训教学项目；

(2) 此实训教学项目在课下准备，可安排1~2课时集中讨论；

(3) 每人写出发言提纲，以班级（实训团队）为单位组织讨论。

【实训时间】

实训时间安排为4~8周。

【实训成果与考核】

1. 每个实训团队撰写实训报告，评定成绩。

2. 每个人的发言提纲可作为一次作业，评定成绩。

3. 根据实训团队在实践中的表现评定成绩（可由实训团队长和实训指导教师负责评定）。

4. 提供的所调查企业的财务管理方面材料。

素质拓展

企业盈利水平分析

[实训目标]

在实践中理解收入、成本、利润等基本财务指标含义；学会利润计算方法，会简单评价企业经营绩效。

[实训形式]

每个人认真阅读分析案例，并搜集有关材料；中小企业实地调查与访问；网上搜集资料进行分析。

[实训内容与要求]

1. 阅读并分析某企业经营情况表。

宏发公司是一家小型企业，创办初期效益较好，销售利润率可高达7.6%。后来大量投资（主要是贷款）、大力扩张，销售额上去了，利润水平却不理想。企业经营情况见下表。

2. 计算该企业主营业务利润、营业利润、利润总额、净利润，并填于下表横线上。

3. 计算该企业盈利水平，主要计算销售利润率、成本费用利润率、与上一年相比销售利润率增长百分比。

4. 评价其经营绩效。

[实训成果与检测]

1. 每组提交一份调查报告，对管理者的分类和技能进行详细分析。

2. 每份报告应包含调查方式、调查的企业名称、控制类型、控制方法、控制效果等。

3. 组长对每个同学的表现进行评议，并分析成功与不足，或者小组内部互评综合得分。

4. 各组派代表发言，分别对其他各组评分，并指出成功与不足。

宏发公司利润表

项　　目	2020 年
一、主营业务收入	10379.46
减：主营业务成本	8432.54
主营业务税金及附加	51.92
二、主营业务利润	—
加：其他业务利润	15.46
减：营业费用	498.56
管理费用	330.85
财务费用	481.75
三、营业利润	—
加：投资收益	26.56
补贴收入	0.00
营业外收入	3.18
减：营业外支出	4.26
四、利润总额	—
减：所得税	209.86
五、净利润	—

管理游戏

超级三人组

一个团队中的成员来自四面八方，他们有着不同的文化背景、丰富各异的个性，而且各有所长。但是他们亦不乏共同和共通之处。一个真正富有竞争力的团队正是恰到好处地融合了他们的同与异。

游戏目标：了解团队成员的异同点，思考如何充分发挥成员的才能

游戏时间：30～40 分钟

游戏人数：12～18 人，最好是 3 的整数（也可安排 4 人一组）

游戏教具：每人一张纸和一枚别针

游戏过程：

1. 游戏准备：让所有学员造句，句型：我是一位＿＿＿＿＿＿＿。

要求：完成 10 句完全不同的造句。将答案写在纸上，并用别针将纸固定于自己的衣服上。

2. 游戏开始：

（1）学员自由组合，三人一组。

游戏要求：小组成员所造句子的相同点要尽可能多。

游戏时间：3 分钟。

游戏总结：其实人们之间的共同点要比我们看到的多。

（2）学员自由组合，三人一组。

游戏要求：小组成员所造句子的不同处尽可能多。

游戏时间：3 分钟。

游戏总结：即使在差异最大的小组中还是存在某些共同点。

如果有小组其成员没有一句是相同的（虽然此种可能性很小），可邀请所有人集体讨论，一起总结出至少 10 点相似处。

(3) 学员们随意进行三人组合。

游戏要求：共同提出一个有创新精神的创业计划，开办一家公司。要求最大限度地挖掘小组成员的不同能力，充分利用三个人的智慧。以下一份计划可供参考：

团队的计划是开展用录像方式进行英语培训的项目，对象是那些以英语为第二语言的印度籍人。因为我对印度比较熟悉，也有进行教育设计的经验。霍华德可以利用他在录像带制造上的技能和他柔和的中西部口音，再加上爱达教授英语的经验和女性特有的细心，相信这个计划会非常成功。

游戏时间：5 分钟。

(4) 每个小组详细阐述他们的创业计划。最后大家投票选举最佳创业计划。

游戏总结：善于融合不同的智慧可以使整体在激烈的竞争中始终处于领先。

实训主题七

企业物流管理实训教学项目

实训项目

【实训教学目的】

企业物流管理实训教学项目，使学生学习掌握企业物流与供应链管理的基本理论，学习掌握企业物流与供应链管理的方法与技术，增强学生对企业内部的物流活动（诸如物资的采购、运输、配送、储备等）进行认识，学习掌握使物流功能达到最佳组合，在保证物流服务水平的前提下，实现物流成本的最低化的方法和技巧，培养学生物流管理的能力，提升学生企业物流管理方面的综合素质。

【实训内容及要求】

调查了解某企业的战略管理状况。围绕企业物流管理的企业内部的物流活动（诸如物资的采购、运输、配送、储备等），通过使物流功能达到最佳组合，在保证物流服务水平的前提下，实现物流成本的最低化。物流与供应链管理内容包括：运输管理、储存管理、装卸搬运管理、包装管理、流通加工管理、配送管理、物流信息管理、客户服务管理和供应链管理等，选择某企业对企业的物流管理进行实践教学研究，撰写实训报告。要与企业物流与供应链管理教学案例紧密结合，建议选择大中型企业或物流企业进行实践教学研究。

【实训组织方法与步骤】

1. 组建实训团队，每个实训团队 5 ~7 人，由学生推荐团队长；

2. 拟定实训实施计划方案，选定实践企业，拟定具体实施计划，由实训团队集体研究确定；

3. 实践调研与资料收集，由团队长主持，实训团队集体到实践企业进行调研；

4. 资料的整理分析，对调研资料进行整理和分析；

5. 撰写实训报告，每个实训团队撰写一份实训报告；

6. 准备答辩考核，实训团队进行集体答辩。

组织实施建议：

（1）建议在讲完企业物流与供应链管理教学案例之后安排本教学项目；

（2）本教学项目在课下准备，可安排 1 ~2 课时集中讨论；

（3）每个人认真阅读本教学项目实训内容及要求，按照实训组织方法与步骤搜集有关资料；

（4）每人写出发言提纲，可以班级（实训团队）为单位组织讨论。

【实训时间】

实训时间安排为 4 ~6 周。

【实训成果与考核】

1. 每个实训团队撰写的实训报告，评定成绩。

2. 每个人的发言提纲可作为一次作业，评定成绩。

3. 根据实训团队在实践中的表现评定成绩（可由实训团队长和实践指导教师负责评定）。

4. 提供的所调查企业的物流与供应链管理方面材料。

素质拓展

中小型企业的质量保证体系与库存管理办法

[实训项目]

走访一个中小型生产企业或超市，了解其质量保证体系或库存管理的具体办法。

[实训目的]

1. 通过对一个中小型生产企业或超市质量保证体系或库存管理具体办法的了解，使学生对建立企业管理控制系统有初步的整体认识。

2. 通过对质量保证体系或库存管理办法的进一步分析，使学生具备初步的控制技术和方法的运用能力。

[实训内容与要求]

1. 要求学生了解质量保证体系的具体组织，或库存管理办法的具体运作过程。

2. 能运用相关控制技术和方法加以分析，并能找出具体的关键控制点。

[实训组织]

将全班学生分成两大组，分别走访一个中小型生产企业和超市。

[实训成果与检测]

1. 要求每组学生写出一份关于质量保证体系或库存管理办法的说明。

2. 要求每组学生写一份1000~1500字的实训报告。

管理游戏

禅宗的公案（一杯茶）

[游戏目的]

帮助学生开阔思路以接受新的知识，培养学生的创新意识。

[所需的材料]

茶杯、茶碟、咖啡（也可以是茶或水）、用来接溢出来的水的托盘。

步骤：

1. 在发言开始时，把下面这个故事讲给参考者听。这是一段禅宗的公案，是一个流传了几个世纪之久的意味深长的人生故事。

日本高僧南院法师接待了一位来研究禅宗的大学教授。闲谈片刻后，南院法师随即上茶招待客人。他把客人的杯子斟满后，还继续往茶杯里倒茶。教授盯着溢出来的茶水，终于忍不住了，叫道："杯子太满了，再也装不进去茶了。"

南院法师说："你就像这杯茶一样，头脑里装满了自己的判断、见解和推测。如果你不倒空你的杯子，我怎么向你揭示禅的真谛呢?"

2. 替代游戏。等到有一位自认为无所不知的参与者站出来说，他以前听过你要讲的内容时，再开始讲这个故事。把它当作一则寓言，供所有人进行反思（这需要高超的技巧，还可能要冒得罪至少一个人的风险）。

3. 不是把故事叙述出来，而是把道具摆出来，然后请一位助手（另一位发言者或一位参与者）帮你演出。如果表演到位的话，这种意料之外的真实感会对与参与者产生巨大影响。

[思考与讨论]

1. 这与你的发言有什么关系?

2. 谁有过与禅师类似的经历? 谁有过与教授类似的经历? 感觉如何?

3. 在这些角色中突出体现了哪些基本观念?

实训主题八

企业信息化管理实训教学项目

实训项目

【实训教学目的】

企业信息化管理实践训练教学项目的实践，使学生学习掌握企业信息化管理的基本理论，学习掌握企业信息化管理的方法与实施技能，增强学生对企业的信息管理、信息量和信息价值的计算、信息处理系统的结构、信息的流动过程、企业信息系统、企业信息资源的管理、企业信息系统建设的原则与战略规划、企业信息系统的开发、信息系统的安全保障与质量管理的认识，培养企业信息化管理的能力和水平，提升学生创新能力和综合素质。

【实训内容及要求】

调查了解某企业的战略管理状况。围绕企业的信息管理、信息量和信息价值的计算、信息处理系统的结构、信息的流动过程、企业信息系统、企业信息资源的管理、企业信息系统建设的原则与战略规划、企业信息系统的开发、企业 ERP 实施的情况等内容深入企业进行调查，对企业 ERP 实施的评价。选择某企业对企业的企业信息化管理进行实践教学研究，撰写实训报告。要与企业信息化管理教学案例紧密结合，建议选择大中型企业（实施 ERP）进行实践教学研究。

【实训组织方法与步骤】

1. 组建实训团队，每个实训团队 5 ~7 人，由学生推荐团队长；

2. 拟定实训实施计划方案，选定实践企业，拟定具体实施计划，由实训团队集体研究确定；

3. 实践调研与资料收集，由团队长主持，实训团队集体到实践企业进行调研；

4. 资料的整理分析，对调研资料进行整理和分析；

5. 撰写实训报告，每个实训团队撰写一份实训报告；

6. 准备答辩考核，实训团队进行集体答辩。

【实训时间】

实训时间安排为 4 ~6 周。

【实训成果与考核】

1. 每个实训团队撰写实训报告，评定成绩。

2. 每个人的发言提纲可作为一次作业，评定成绩。

3. 根据实训团队在实践中的表现评定成绩（可由实训团队长和实训指导教师负责评定）。

4. 提供的所调查企业的信息化管理方面材料。

5. 对企业 ERP 实施的总体情况作出介绍和评价，并结合企业某管理部门（如生产、财务、采购、销售、库存等）深入分析 ERP 实施给该部门的业务带来哪些转变，产生的效益如何等方面材料。

素质拓展

西湖公司的控制方法

西湖公司是由李先生靠3000元创建起来的一家化妆品公司。公司开始时只经营指甲油，后来逐渐发展成为颇具规模的化妆品公司，资产已达6000万元。李先生于1984年发现自己患病之后，对公司的发展采取了两个重要措施：①制定了公司要向科学医疗卫生方面发展的目标；②高薪聘请雷先生接替自己的职位，担任董事长。

雷先生上任以后，采取了一系列措施，推进李先生为公司制定的进入医疗卫生行业的计划：在特殊医疗卫生业方面开辟一个新行业，同时开设一个凭处方配药的药店，并开辟上述两个新部门所需产品的货源、运输渠道。与此同时，他在全公司内建立了一个严格的控制系统：要求各部门制定出每月的预算报告，每个部门在每月初都要对本部门的问题提出切实的解决方案，每月定期举行一次由各部门经理和顾客参加的管理会议。要求各部门经理在会上提出自己本部门在当月的主要工作目标和经济来往数目。同时他特别注意资产回收率、销售边际及生产成本等经济动向。他也注意人事、财务收入和降低成本费用方面的问题。

由于实行了上述措施，该公司获得了巨大成功。到20世纪80年代末期，年销售量提高4%，到1990年销售额达到20亿元。然而进入20世纪90年代以来，该公司逐渐出现了问题。1992年出现了公司有史以来第一次收入下降趋势，商品滞销、价格下跌。主要原因：①化妆品市场的销售量已达到饱和状态；②该公司制造的高级香水，一直未能打开市场，销售情况没有预测的那样乐观；③国外公司对本国市场的占领；④公司在国际市场上出现了不少问题，如推销员的冒进得罪了推销商，公司形象未能很好地树立。

雷先生也意识到公司存在的问题。准备采取有力措施，以改变公司目前的处境，他计划要对国际市场方面进行总结和调整，并领导公司开始研制新产品。他相信用大量资金研制的医疗卫生工业品不久也可进入市场。

[思考与讨论]

1. 雷先生在西湖公司里采用了哪些控制方法？

2. 假设西湖公司原来没有严格的控制系统，雷先生在短期内推行这么多控制措施，其他管理人员会有什么反应？

3. 就西湖公司目前的状况而言，应怎样健全控制系统？

[实训目标]

增强对控制方法的感性认识；培养对实际工作进行有效控制的初步能力；培养对实际控制系统进行观察与分析的能力。

［实训形式］

每个人认真阅读分析案例，并搜集有关材料；中小企业实地调查与访问；网上搜集资料进行分析。

［实训内容与要求］

1. 要求搜集和分析该企业管理者的分类，并分别分析高层、中层、基层管理者的技能要求有何不同，综合管理者、职能管理者的职位表现形式有何区别；

2. 建议分组进行，真正走访实地了解中小企业进行控制问题的具体分析；

3. 每组组长首先要搞好走访企业的调查与活动的策划，做好组内成员的分工。

［实训成果与检测］

1. 每组提交一份调查报告，对管理者的分类和技能进行详细分析。

2. 每份报告应包含调查方式、调查的企业名称、控制类型、控制方法、控制效果等。

3. 组长对每个同学的表现进行评议，并分析成功与不足，或者小组内部互评综合得分。

4. 各组派代表发言，分别对其他各组评分，并指出成功与不足。

管理游戏

穿网球鞋的外星人

［游戏目的］

这是一个生动、有趣的游戏，参与者在游戏中口头教一位“外星人”穿短袜和网球鞋但是不允许进行示范。本游戏的目的是教会参与者清晰地发出指挥命令的能力。

［游戏时间］

15～20 分钟。

［需要的材料］

一双短袜，一双球鞋（教师的尺码），其中一只网球鞋没系上鞋带，向每个学生分发的材料（或幻灯片）。

［游戏步骤］

1. 教师自己扮演外星人，走进教室，一只脚穿着袜子和系了鞋带的鞋，另一只脚则光着。将材料分发给大家（或放映幻灯片），然后坐下，将短袜、鞋带和网球鞋放在面前，等大家给予指导。

2. 教师的任务是帮助参与者认识到，他们做出的指令必须意思清晰。不要说话，完全按照他们的指令去做。如果一个参与者说“将短袜放在脚上”，你就捡起短袜放在脚上。如果参与者说“捡起鞋带”，就从中间捡起鞋带”，而不是从两头。如果参与者说：“将鞋带穿进鞋上的孔”，就将鞋带的头部穿进任何一个空，而不一定是第一个或者是将鞋带整个塞进孔里。

3. 如果几个参与者同时对你进行指导，或某个参与者变得过于情绪化，失落或骂人，你可以停下来，装傻。如果参与者有对你说了或做了你愿意继续游戏的事，你可以继续配合他们进行游戏。

4. 限时 10 分钟，时间一到即停止活动，提出问题。如果时间允许，继续这个游戏，参与者在进行第二轮指导时就应有所改善。

[思考与讨论]

要求现场回答以下问题。

1. 你从指导他人中学会了什么？

2. 这个游戏中，你会看到外星人有时听从你的指导，有时又不听从你的指导。那么你怎么让客户理解你的指导并加以实施？

3. 你怎样才能更好地指导你的客户？

实训主题九

企业形象管理实训教学项目

实训项目

【实训教学目的】

企业形象管理实训教学项目，使学生学习掌握企业形象管理的基本理论与方法，学习掌握企业形象管理，研究企业识别理论和实践操作的科学操作程序与方法，增强学生对企业形象管理内涵、导入 CIS 的必要性与时机选择、创意设计、成果实施、效果评估等内容的认识，使学生在掌握理论概念的基础上了解具体的实践过程，提高沟通表达能力、理解分析能力、解决问题能力，提升学生企业形象管理的综合素质和能力。

【实训内容及要求】

调查了解企业形象管理状况。以某企业为研究对象，针对企业形象管理内涵、导入 CIS 的必要性与时机选择、创意设计、成果实施、效果评估等内容，对企业形象管理进行评述。要结合企业形象管理教学案例的内容及企业形象管理实施的体现在工作伦理、管理伦理、精神化管理、借助企业形象与企业精神等方面的发展趋势，选择某知名或品牌企业对某企业的企业形象管理进行实践教学研究，撰写实训报告。

【实训组织方法与步骤】

1. 组建实训团队，每个实训团队 5 ~ 7 人，由学生推荐团队长；

2. 拟定实训实施计划方案，选定实践企业，拟定具体实施计划，由实训团队集体研究确定；

3. 实践调研与资料收集，由团队长主持，实训团队集体到实践企业进行调研；

4. 资料的整理分析，对调研资料进行整理和分析；

5. 撰写实训报告，每个实训团队撰写一份实训报告；

6. 准备答辩考核，实训团队进行集体答辩。

【实训时间】

实训时间安排为4~6周。

【实训成果与考核】

1. 每个实训团队撰写实训报告，评定成绩。

2. 每个人的发言提纲可作为一次作业，评定成绩。

3. 根据实训团队在实践中的表现评定成绩（可由实训团队长和实训指导教师负责评定）。

4. 提供的所调查企业形象管理方面材料。

素质拓展

模拟公司的组织文化建设

[实训项目]

模拟公司的组织文化建设。

[实训目标]

培养学生初步分析与建设组织文化的能力。

[实训内容]

1. 把班级学生分成小组，每个小组7~10人，要求每组成立一家模拟公司；

2. 每个小组结合自己本公司的实际，明确应树立哪些先进的管理理念；

3. 对本公司的文化建设提出各种设想，并制定建设方案；

4. 在课堂上组织一次小组之间的交流，每个公司推荐一名成员谈公司的文化建设方案。

[实训要求]

1. 每个公司提交一份本公司的文化建设方案；

2. 由教师对各公司所交材料与交流中的表现进行评估打分。也可以由教师和学生共同评价。

管理游戏

价值观大拍卖

[活动目标]

协助学生澄清自己的价值观；协助学生了解自己的个性对行动力的影响。

[活动程序]

1. 活动前教师先制作“价值观项目表”（如附录），并将这些项目书写于墙报纸上。

2. 教师发给每位学生一张“价值观项目表”及一张A4影印纸。

（1）教师请学生将A4影印纸做成总金额为10000元的纸钞，面额为5000元、2000元、1000元及500元（亦可为其他面值，只是单位越小，所花时间越多），张数不限，但总金额须为10000元。

（2）请学生预想：若10000元代表人的一生所有时间及精力，他会花多少钱来买“价值观项目表”的那些项目？教师可给予五分钟，让学生于“价值观项目表”上进行估算。

3. 教师的身份转成银行，担任拍卖的工作（拍卖工作亦可让学生轮流担任）。

（1）教师说明拍卖规则（如可不可以向银行借款、或可不可以将买到的“物品”转卖等）。

（2）进行拍卖。

4. 心得分享与讨论：

（1）拍卖完毕可让学生分组讨论，或于班级里分享自己在此活动中的心得。

（2）教师说明价值观对个人的发展与人际关系有极大的影响。因此，认清自己的价值观，可增强自己对人、事的辨别与决策能力。而此活动亦可看到个人是属于敏锐果断、眼明手快或是优柔寡断、犹疑不决的个性。

教师带领讨论方向：

1. 你是否买到自己认为最重要的价值观项目？

①如果是，买到时的心情如何？②如果不是，则因何故没有买到？没有买到的心情如何？③你最想买的项目是什么？其背后隐含的价值观为何？为什么它对你而言那么重要？

2. 有些人都没有买到，为什么？

3. 参与拍卖活动时，你的心态为何？

①你所买的项目是否都是自己喜欢的？还是在赌气或不得已的情况下买的？②在拍卖的过程中，你的心情是紧张的？兴奋的？……

（附录）项目　优先级　预估价格　成交价格

附录：价值观项目表

1. 使世上的人对待他人正如个人所希望的方式；

2. 有100万元给世界上需要的人；

3. 有机会成为你所希望的那一科最好的学生；

4. 有一年可以尽量做自己爱做的事；

5. 有一年做全世界最聪明的人；

6. 有一粒使人说实话的药丸；

7. 有机会完全自主；

8. 有一屋子的钱；

9. 有机会当总统；

10. 被班上每个人喜爱；

11. 在世界上最美的地方有座房子；

12. 有机会成为世界上最具吸引力的人；

13. 有机会健康地活到100岁；

14. 有颗药丸可以解决你担心的问题；

15. 有座藏有你喜爱的书的图书馆。

实训主题十

企业创业管理实训教学项目

实训项目

【实训教学目的】

创业管理实训教学项目，使学生学习掌握创业管理的基本理论和做法，增强学生对创业管理的重要性认识，使学生的创业意识和创业能力等方面得到培养和训练，培养学生的成熟判断力，提升学生综合素质和能力水平。

【实训内容及要求】

调查了解创业管理状况。主要围绕创业理念、创业技巧和创业管理等内容，了解如何开展创业管理、走创业成功之路的？创业管理、创业技巧和创业成功之路需要哪些方面的知识？依据调研所得的资料，说明创业管理、创业技巧和创业成功的重要性等进行实践教学研究，撰写实训报告。

【实训组织方法与步骤】

1. 组建实训团队，每个实训团队 5 ~ 7 人，由学生推荐团队长；

2. 拟定实训实施计划方案，选定实践企业，拟定具体实施计划，由实训团队集体研究确定；

3. 实践调研与资料收集，由团队长主持，实训团队集体到实践企业进行调研；

4. 资料的整理分析，对调研资料进行整理和分析；

5. 撰写实训报告，每个实训团队撰写一份实训报告；

6. 准备答辩考核，实训团队进行集体答辩。

【实训时间】

实训时间安排为 4 ~ 8 周。

【实训成果与考核】

1. 每个实训团队撰写实训报告，评定成绩。

2. 每个人的发言提纲可作为一次作业，评定成绩。

3. 根据实训团队在实践中的表现评定成绩（可由实训团队长和实训指导教师负责评定）。

4. 提供的所调查创业管理方面材料。

5. 提供创业管理、创业技巧和创业成功之路等方面材料。

素质拓展

策划与交流

[实训目标]

培养学生的创意思维；培养学生运筹与决策能力；培养学生对决策方案的分析评价能力。

[实训内容与要求]

1. 将全班分成A、B两组，并相对而坐，围成圆圈。

2. 教师每10分钟发放一个题目（也可以抽签）。教师公布题目后，负责制定计划的一组用抢答的方式确定制定计划者，经过5～10分钟准备后提出一个简要的创意或计划构想。

也可在课前先确定题目，以使同学有更充分的准备时间。

3. 第一节由A组对指定题目进行策划，提出计划要点或构想；B组成员对该计划构想进行分析评论，指出其合理之处，存在的问题和不足；制定一方的成员可对计划构想做进一步补充和解释说明。第二节课A、B两组轮换角色。

4. 每一个计划的题目进行10～15分钟，总共利用大约两节课时间。

[实训要领]

1. 每位学生都要有较高的参与欲望，并对相关知识有较好的掌握。

2. 选择的题目一定是同学们所熟悉的，或能搜集到相关资料的，以使同学们能够顺利构思与运筹。

3. 同学在构思运筹的过程中，一方面要按照目标→环境分析→决策方案（包括行动内容、形式、时间、地点与资源配备等）的基本结构进行运筹；另一方面要通过创造性思维，形成创意，有较高质量的决策，注意有一个清晰的思路。

4. 教师要激励学生发言，学生也要主动锻炼自己的表达能力。

5. 负责评价的同学要依据计划构思的要领，积极地进行分析评价。

6. 策划与交流可由轮值模拟公司主持。

[成果与检测]

1. 每个提出计划构想的学生都要编写一个简要的发言提纲，可计为一次作业成绩。

2. 由主持训练的轮值公司负责评定成绩。主要参考标准为：

(1) 对于通过竞争负责策划的学生，记为1分，策划较为突出者记为2分。

(2) 分析评价方态度积极，观点正确，记为1分，表现突出、反驳有力的记为2分。

(3) 其他参与发言的，一般记1分，突出的记2分。如果计划好，评价也好的总分记3分。

管理游戏

自我创新的“头脑风暴”

[游戏目的]

使参与者有机会参加到创造性地解决问题的练习中来。

[游戏介绍]

头脑风暴这一讨论方法就是一个可以让参加者习惯于开启创造性思维之门的例子，集思广益的讨论的基本原则是：

(1) 不允许有批评性意见。

(2) 欢迎随心所欲地思考（即越疯狂的想法越好）。

(3) 要求的是数量而不是质量。

(4) 寻求各种观点的结合和提高。

了解了这4个基本原则后，将参加者分成4~6人的小组。60秒内他们的任务是想到使用回形针的尽可能多的方法。每组派一个人专门记录想法的数量，但不一定要记录这些想法的内容。1分钟后，让每组首先汇报他们提出的想法的数量，然后举个例子说明一些看似“疯狂”或“极端”的主意。提醒他们有时这些“愚蠢”的想法很有可能变成行之有效的想法。

[思考与讨论]

1. 你对这个方法有什么保留意见？

2. 头脑风暴法适用于哪些问题？

3. 你认为集思广益在工作中有哪些可能的用途？

参考文献

1. 杨善林．企业管理学．北京：高等教育出版社，2015

2. ［美］加雷思·琼斯，珍妮弗·乔治著．郑风田，赵淑芳译．当代管理学（第3版）．北京：人民邮电出版社，2005

3. 王方华主编．现代企业管理．上海：复旦大学出版社，2007

4. ［美］斯蒂芬·P. 罗宾斯著．黄卫伟等译．管理学（第4版）．北京：中国人民大学出版社，1997

5. ［美］加里·戴斯勒著．吕延杰，赵欣艳译．管理学精要（第2版）．北京：中国人民大学出版社，2004

6. ［美］R. W 格里芬著．刘伟译．管理学（第8版）．北京：中国市场出版社，2006

7. 王素梅．现代企业管理．北京：机械工业出版社，2014

8. 苗雨君，李亚民．管理综合案例教程．北京：高等教育出版社，2016

9. ［美］彼得·德鲁克著．王永贵译．管理：使命、责任、事务．北京：机械工业出版社，2006

10. 张建华，冯瑞．现代企业管理学．北京：中国经济出版社，2012

11. ［美］德鲁克著，朱雁斌译．21世纪的管理挑战．北京：机械工业出版社，2006

12. 伍爱．现代企业管理学．广州：暨南大学出版社，2009

13. 单凤儒编著．管理学基础实训教程．北京：高等教育出版社，2005

14. ［美］彼得·德鲁克著．许是祥译．卓有成效的管理者．北京：机械工业出版社，2005

15. ［美］彼得·德鲁克著．齐若兰译．管理的实践．北京：机械工业出版社，2006

16. ［美］理查德·L. 达夫特著．李维安等译．组织理论与设计精要．北京：机械工业出版社，2003

17. 肖祥伟．企业管理理论与实务．广州：中山大学出版社，2007

18. ［美］丹尼尔·A. 雷恩著．孔令济译．管理思想的演变（第4版）．北京：中国社会科学出版社，2002

19. 苗雨君，赖胜才主编．管理学——原理·方法·实践·案例（第2版）．北京：清华大学出版社，2012

20. 金占明，白涛．企业管理学．北京：清华大学出版社，2010